Grundgesetzliche Vorgaben bei der staatlichen Anerkennung von Feiertagen

Europäische Hochschulschriften

Publications Universitaires Européennes

European University Studies

Reihe II

Rechtswissenschaft

Série II Series II

Droit

Law

Bd./Vol. 4025

PETER LANG

Frankfurt am Main · Berlin · Bern · Bruxelles · New York · Oxford · Wien

Jan Heinemann

Grundgesetzliche Vorgaben bei der staatlichen Anerkennung von Feiertagen

PETER LANG
Europäischer Verlag der Wissenschaften

Bibliografische Information Der Deutschen Bibliothek
Die Deutsche Bibliothek verzeichnet diese Publikation in der Deutschen Nationalbibliografie; detaillierte bibliografische Daten sind im Internet über <http://dnb.ddb.de> abrufbar.

Zugl.: Düsseldorf, Univ., Diss., 2003

D 61
ISSN 0531-7312
ISBN 3-631-53081-1

www.peterlang.de

Für Angie

Vorwort

Die vorliegende Schrift wurde im Wintersemester 2002/03 von der Juristischen Fakultät der Heinrich-Heine-Universität Düsseldorf als Dissertation angenommen und als elektronisches Dokument publiziert. Das Manuskript ist im Sommer 2002 abgeschlossen worden; Schrifttum und Rechtsprechung haben bis zu diesem Zeitpunkt Berücksichtigung gefunden. Für die - erst nach Abschluss meines Referendariats mögliche - Drucklegung sind lediglich kleinere redaktionelle Berichtigungen und Aktualisierungen (insbesondere im 4. Teil) vorgenommen worden. Auch wenn gerade die angesprochenen Fragen zum Islam eine extreme Aktualität erlangt haben und ständigen Änderungen unterliegen, erweist sich das Feiertagsrecht in seinem Kern doch als äußerst beständige Rechtsmaterie. Die in der Arbeit gewonnenen Erkenntnisse werden daher hoffentlich noch auf lange Sicht hilfreich sein können!

Mein besonderer Dank gilt meinem Doktorvater, Herrn Univ.-Prof. Dr. Johannes *Dietlein*, für die hervorragende Unterstützung und Betreuung des Projekts. Er hat mir bei meiner Tätigkeit am Lehrstuhl für Öffentliches Recht und Verwaltungslehre nicht nur die nötigen Freiräume gelassen, sondern durch hilfreiche Ratschläge und Anregungen maßgeblich zum Gelingen der Arbeit beigetragen. Weiterhin danke ich Prof. Dr. Martin *Morlok* für die Erstellung des Zweitgutachtens. Ebenso schulde ich Dr. Dr. Markus *Thiel* Dank für die kontroversen, aber zugleich fruchtbaren Diskussionen über die Thematik. Schließlich möchte ich meinen Eltern für die großzügige finanzielle Unterstützung bei der Publikation der Arbeit herzlich danken.

Köln im Juni 2004

Jan Heinemann

Inhaltsverzeichnis

Teil 1: Einführung

Kapitel 1: Problemaufriss

Gemäß Art. 139 WRV bleiben die staatlich anerkannten Feiertage (und der Sonntag) als Tage der Arbeitsruhe und seelischen Erhebung gesetzlich geschützt. Erregt die Frage, wie der Sonn- und Feiertagsschutz im Einzelnen rechtlich auszugestalten ist, immer wieder die Gemüter und führt zu nachhaltigen wissenschaftlichen Diskussionen[1], erinnert sei nur an den Streit um den Ladenschluss anlässlich sog. „Fremdenverkehrsregelungen"[2], führt die Problematik, welche Tage überhaupt als anerkannte Feiertage gelten sollen bzw. gelten dürfen, demgegenüber nur ein Schattendasein[3]. Nach der Wiedervereinigung wurde der Tag der Deutschen Einheit vom 17. Juni – dem Tag des Arbeiteraufstandes in der ehemaligen DDR - auf den 3. Oktober – den Tag des Beitritts der DDR zur Bundesrepublik - verlegt[4]. Im Zuge der Einführung der Pflegeversicherung im Jahre 1995 wurde politisch wie rechtlich um die Möglichkeit gestritten, einzelnen Feiertagen die staatliche Anerkennung zu entziehen um dadurch die Arbeitgeber zu entlasten. Ergebnis war der ersatzlose Wegfall des Buß- und Bettages als staatlich anerkanntem Feiertag in allen Bundesländern außer Sachsen[5]. Seitdem ist es wieder still geworden um die Festlegung von Feiertagen. Jedoch ist langfristig damit zu rechnen, dass es zu Änderungen im Bestand der Feiertage kommen wird. Ausschlaggebend dafür sind mehrere Faktoren.

Zunächst steht das System staatlicher Feiertage unter einem erheblichen Kostendruck von Seiten der Wirtschaft. So entlastet allein die Umwandlung des Buß- und Bettages in einen regulären Arbeitstag die Arbeitgeber jährlich um

---

[1] Zusammenfassend etwa *Winter*, KuR 160, S. 1 ff.; *Tettinger*, KuR 160, S. 7 ff.

[2] Vgl. dazu insbesondere *Rozek*, NJW 1999, 2921ff; allgemein zur einfachgesetzlichen Ausgestaltung des Feiertagsrechts in der Bundesrepublik etwa *Mattner*, Sonn- und Feiertagsrecht, 2. Aufl., 1991; *Hoeren/Mattner*, Feiertagsgesetze der Bundesländer, 1989; *Dirksen*, Das Feiertagsrecht, 1961; *Strätz*, HStKR II, 1. Aufl., 1975, § 42, S. 801 ff.

[3] Vgl. aus der spärlichen Literatur etwa *Busch/Werner*, DÖV 1998, 680 ff.; *Kästner*, DÖV 1994, 464 ff.; *ders.*, NVwZ 1993, 148 ff.; *Mattner*, NJW 1988, 2207 ff.

[4] Allgemein dazu *Wassermann*, NJW 2001, 793 f.

[5] Ausführlich dazu unten (Teil 3, Kap. 1); bis zur Streichung des Buß- und Bettages spielte die Frage nach den Spielräumen des Gesetzgebers im Hinblick auf die Bestimmung der Feiertage in Wissenschaft und Praxis keine Bedeutung. Angesichts der Bedeutung der Feiertage, welche diesen als Ausdruck kultureller Identifikation zukommt, mag dies zunächst verwundern, dürfte aber auf den bislang bestehenden allgemeinen Wertekonsens zurückzuführen sein.

etwa 9 Milliarden D-Mark[6]. Etwas skurril mutet in diesem Zusammenhang der Vorschlag des Präsidenten des deutschen Handwerks, *Philipp*, vom 18.5.2001 an, alle Feiertage auf einen Montag zu legen, um die finanzielle Belastung durch sog. „Brückentage" zu senken. Dieser Vorstoß offenbart jedoch ein weiteres Dilemma, in dem sich die Feiertage gegenwärtig befinden. Ihre Existenz begründet stets ein besonderer (meist religiöser) Anlass. Dieser Anlass tritt jedoch in einer Gesellschaft mit schwindenden konfessionellen Bindungen zunehmend in den Hintergrund, so dass Feiertage mittlerweile von vielen Menschen ausschließlich als zusätzliche Freizeit aufgefasst werden[7]. Das Zusammenspiel von volks- wie betriebswirtschaftlichen Kosten, die mit der Festlegung von Feiertagen verbunden sind, auf der einen und der sinkenden anlassgetreuen Wahrnehmung der Feiertage auf der anderen Seite, lässt für die Zukunft ein Aufkeimen der Diskussion um die Rechtfertigung einer Vielzahl religiöser Feiertage, wie sie gegenwärtig besteht, erwarten.

Umgekehrt ist aber nicht zu verkennen, dass in unserer offenen Gesellschaft mittlerweile auch solche Religionsgemeinschaften in nicht unerheblichem Maße vertreten sind, deren Bindungskräfte an Stärke gewinnen. So leben nach Schätzungen der Bundesregierung gegenwärtig etwa 2,8 bis 3,2 Millionen Menschen muslimischen Glaubens in der Bundesrepublik[8]. Dies sind etwa 4% der Gesamtbevölkerung, so dass es in Zukunft keineswegs ausgeschlossen zu sein scheint, über die rechtlichen Möglichkeiten zu diskutieren, einen islamischen Feiertag staatlich anzuerkennen[9].

---

[6] Sondergutachten des Sachverständigenrates zur Begutachtung der gesamtwirtschaftlichen Entwicklung vom 2.7.1995 zur Kompensation der Pflegeversicherung.

[7] Ausführlich zur „Krise des Sonntags" etwa *Kästner*, DÖV 1994, 464 f.; so wird der Sonntag mittlerweile häufig nicht als Tag des Herrn, sondern als integraler Bestandteil eines homogenen Freizeitblocks „Wochenende" wahrgenommen. Entsprechendes dürfte für die religiös veranlassten Feiertage gelten. Man braucht sich insoweit nur die Bedeutung der Feiertage in Kombination mit den sog. „Brückentagen" für ein verlängertes Wochenende zu vergegenwärtigen; zu diesem „Dilemma" auch *Dietlein*, FS Rüfner, S. 131.

[8] BT-Drs. 14/4530, S. 5.

[9] Gleichwohl ist diese Diskussion bislang unterblieben. Die zunehmende gesellschaftliche Präsenz des Islam lässt ein Aufkeimen dieser Frage jedoch als naheliegend erscheinen. Dafür spricht nicht zuletzt der von Muslimen verstärkt geltend gemachte Teilhabeanspruch an staatlichen „Leistungen", der sich zur Zeit juristisch auf die Erteilung islamischen Religionsunterrichts an staatlichen Schulen bzw. die Anerkennung islamischer Religionsgemeinschaften als Körperschaften des öffentlichen Rechts fokussiert (ausführlich dazu in Teil 4, Kap. 2, Abschn. 1, II. 3; allgemein zur Integration der Muslime: *Lemmen*, Muslime in Deutschland: Eine Herausforderung für Kirche und Gesellschaft, 2001). Die Anerkennung etwa eines jüdischen oder hinduistischen Feiertages scheint hingegen aufgrund der gegenwärtigen gesellschaftlichen Gegebenheiten bis auf weiteres ausgeschlossen. Die hinsichtlich des Islam zu entwickelnden rechtlichen Maßstäbe können jedoch ohne weiteres auch auf andere Religio-

Damit ist der politische Rahmen für die Festlegung von Feiertagen abgesteckt. Die folgende Untersuchung soll Aufschluss darüber geben, welche verfassungsrechtlichen Bindungen das Grundgesetz sowohl für die staatliche Anerkennung von Feiertagen wie auch für deren Entzug aufstellt.

---

nen angewendet werden. Zu beachten ist aber, dass die jeweils unterschiedlichen tatsächlichen Voraussetzungen der rechtlichen Bewertung zugrunde gelegt werden.

Kapitel 2: Gang der Untersuchung

Die Untersuchung gliedert sich in drei Hauptteile. Zunächst sollen die Grundlagen des Feiertagsrechts und des Staatskirchenrechts in der Bundesrepublik dargestellt werden. Der Blick auf diesen rechtlichen Rahmen erleichtert das Verständnis der spezifischen Problematik der Festlegung von Feiertagen. Da staatlicher Feiertagsschutz einer kulturchristlichen Traditionslinie entspringt, sollen dabei auch die Grundzüge des Staatskirchenrechts mitberücksichtigt werden (Teil 2, Kapitel 2). Neben der Darstellung der gegenwärtigen Rechtslage, insbesondere im Hinblick auf die einfachrechtliche Ausgestaltung des für alle anerkannten Feiertage gleichermaßen geltenden Feiertagsschutzes – etwa durch das Ladenschlussgesetz oder die §§ 9-13 ArbZG – werden dabei auch die historischen Entwicklungsprozesse des Feiertagsschutzes angesprochen (Teil 2, Kapitel 1, 2. Abschnitt, I.).

Im zweiten Hauptteil werden die verfassungsrechtlichen Rahmenbedingungen für die Anerkennung von Feiertagen untersucht. Ausgangspunkt der Darstellung bildet dabei die 1995 erfolgte Streichung des Buß- und Bettages, dessen rechtliche Umsetzung sowie die darauf folgenden Reaktionen der Rechtsprechung kurz erläutert werden (Teil 3, Kapitel 1). Im Rahmen der eigentlichen Untersuchung der rechtlichen Gestaltungsmöglichkeiten wird zwischen den Vorgaben aus Art. 139 WRV (Teil 3, Kapitel 2), der spezifischen Feiertagsnorm des Grundgesetzes, und grundrechtlichen Bindungen differenziert (Teil 3, Kapitel 3). Innerhalb der Ausführungen zu Art. 139 WRV wird zunächst die Existenz eines Gestaltungsspielraumes des einfachen Gesetzgebers hinsichtlich der Festlegung der Feiertage nachgewiesen (Teil 3, Kapitel 2, 2. Abschnitt) und auf dieser Erkenntnis basierend nach näheren Kriterien für die Auswahl an Feiertagen gefragt (Teil 3, Kapitel 2, 3. Abschnitt). An die Analyse des Art. 139 WRV schließt sich die Frage an, welche grundrechtlichen Bindungen bei der Entscheidung über die Anerkennung eines Feiertages bzw. deren Entzug zu beachten sind (Teil 3, Kapitel 3).

Im letzten Teil wird schließlich der Problematik nachgegangen, ob und unter welchen Voraussetzungen die staatliche Anerkennung eines islamischen Feiertages verfassungsrechtlich möglich wäre. Nach einer einführenden Darstellung der Situation des Islam in Deutschland (Teil 4, Kapitel 1) wird wiederum zwischen den Vorgaben aus Art. 139 WRV und solchen aus Grundrechten differenziert. Im Rahmen der grundrechtlichen Betrachtung dieser Fragestellung wird auch auf die besondere Bedeutung der Gleichheitssätze in diesem Zusammenhang eingegangen (Teil 4, Kapitel 3, 2. Abschnitt).

Teil 2: Grundlagen des Feiertagsrechts und des Staatskirchenrechts in der Bundesrepublik Deutschland

Kapitel 1: Kirchliches und staatliches Feiertagsrecht

Kulturhistorisch liegen die Ursprünge der Feiertagsbegehung auf einer kirchlichen Traditionslinie[10]. Die Säkularisierung des Staates von der Kirche hat jedoch dazu geführt, dass heutzutage in erster Linie der Staat allgemeinverbindliche Regelungen über den Feiertagsschutz trifft. Dabei greift er in weitem Umfang auf innerkirchliche Traditionen und Gebräuche zurück, so dass neben der Darstellung des staatlichen Feiertagsschutzes auch ein Blick auf das kirchliche Feiertagsrecht geboten scheint[11].

1. Abschnitt: Kirchliches Feiertagsrecht

Die Begehung eines wöchentlichen Ruhetages hat unmittelbare Wurzeln im alten Testament. Dort heißt es:

„...aber der siebte Tag ist ein Sabbat zu Ehren des Herren, deines Gottes, du sollst keinerlei Geschäfte an ihm verrichten...“[12].

Zwar lassen sich auch Hinweise auf eine Feiertagsheiligung im babylonischen Reich und im Ägypten des Altertums finden[13], seine besondere Bedeutung erfuhr der „siebte Tag“ als wöchentlicher Ruhetag jedoch erst durch das Judentum[14]. Dabei spielte die heilige Zahl „Sieben“ eine besondere Rolle. Hieraus entwickelte sich der für unser Leben prägende Sieben-Tage-Rhythmus. Die meisten großen Religionen orientieren sich heute an diesem Wochenrhythmus und begehen einen wöchentlichen Ruhetag. Dies ist für die Juden der Samstag, für die Christen der Sonntag und für die Muslime der Freitag[15]. Ungeklärt ist dabei allerdings der genaue Ursprung des Sonntags als christlichem Ruhetag. Bisweilen wird vertreten, dies gehe auf eine Opposition der Christen gegen-

---

[10] Vgl. etwa *Mattner*, Sonn- und Feiertagsrecht, 2. Aufl., 1991, S. 7.

[11] Zusammenfassend hierzu etwa *Dietlein*, FS Rüfner, 131, 132 ff.

[12] 5 Mose 5, 14.

[13] Vgl. *Rordorf*, Sabbat und Sonntag in der alten Kirche, Einleitung XIV; weitere Nachweise bei *Burtscheidt*, Der Sonn- und Feiertagsschutz nach der Reichsverfassung vom 11. August 1919, S. 5 ff.

[14] Zur Bedeutung der Zahl „Sieben“ etwa *Zenger*, Lebendige Seelsorge, Alttestamentlich-jüdischer Sabbat und neutestamentlicher Sonntag, S. 249 ff.

[15] *Rordorf*, Der Sonntag, S. 5.

über dem jüdischen Sabbat zurück, die darin bestand, den Gottesdienst auf den dem Sabbat folgenden Tag zu verlegen[16].

Neben der Begehung eines wöchentlichen Ruhetages entwickelten sich zunehmend außerordentliche, außerhalb des Sieben-Tage-Rhythmusses stehende, aus besonderem Anlass zu begehende Festtage heraus. Deren Zahl nahm ständig zu, überdies bestand innerhalb der Kirche kein Konsens im Hinblick auf die zu begehenden Feiertage.

Diese Entwicklung nötigte die Kirche dazu, der bislang bloß rituellen Begehung der Ruhe- und Festtage einen (kirchen-) rechtlichen Rahmen zu geben. Erste allgemeinverbindliche Festlegungen der Ruhe- und Festtage erließ Papst *Viktor* gegen Ende des 2. Jahrhunderts. In der Folgezeit wurden nicht nur die Ruhe- und Festtage bestimmt, sondern auch kirchenrechtliche Regelungen über die Art und Weise deren Begehung geschaffen. Zunächst proklamierten verschiedene Synoden Arbeitsverbote und forderten die Einstellung lärmender Lustbarkeiten. Nach und nach bildete sich eine Unterscheidung zwischen Festtagen, an denen auch Gerichtsverhandlungen verboten waren („dies feriandi, feriati oder feriae“) und solchen, an denen lediglich die Sonntagspflicht zu erfüllen war, also ein Kirchgang gefordert wurde („festa de praecepto“), heraus[17]. Sanktioniert wurde die Nichterfüllung dieser Pflichten durch die Gläubigen im Extremfall mit der Exkommunikation[18].

Die Zahl der Feiertage nahm dabei ständig zu. Waren es im 8. Jahrhundert noch etwa 70 Ruhetage im Jahr, stieg diese Zahl im 12. Jahrhundert auf mindestens 100 an[19]. Dies hatte eine durchaus spürbare Behinderung des Handels und der wirtschaftlichen Entwicklung zur Folge, die eine innerkirchliche Diskussion um das Maß der Ruhetage auslöste. Die Päpste *Urban* VIII. und *Benedikt* XIV. reduzierten die Zahl der Ruhetage in den Jahren 1642 und 1771 erheblich, um die gesellschaftliche Akzeptanz der Feiertage nicht zu unterlaufen.

Wichtigste Rechtsquelle des katholischen Kirchenrechts bildete zunächst der Codex Iuris Canonici (CIC) vom 19.5.1917. Er enthielt einerseits das Verbot von knechtlicher Arbeit, der Veranstaltung von Märkten und Messen, des öffentlichen An- und Verkaufs sowie mit Einschränkungen der Vornahme gerichtlicher Amtshandlungen und andererseits die Sonntagspflicht, die an gebotenen Feiertagen („dies festi sub praecepto“) zu erfüllen war[20]. Neben allen Sonntagen handelte es sich dabei um zehn weitere Feiertage.

---

[16] Vgl. dazu *Mattner*, Sonn- und Feiertagsrecht, 2. Aufl., 1991, S. 8.
[17] Zu dieser Terminologie etwa Strätz, HStKR I, 1. Aufl., 1974, S. 801 ff.
[18] *Hinschius*, Kirchenrecht, Bd. 4, 1959, S. 288 ff. mwN.
[19] Vgl. *Mattner*, Sonn- und Feiertagsrecht, 2. Aufl., 1991, § 2 Rdn. 6 (S. 9).
[20] Can. 1243 ff. CIC.

Der 1983 neu gefasste CIC betont weniger ausdifferenzierte Einzelregelungen, sondern stellt den Sinngehalt des Glaubens in den Vordergrund. Der kirchenrechtliche Schutz der Sonn- und Feiertage gebietet den Gläubigen nunmehr gemäß can. 1247, „sich ... jener Arbeiten und Geschäfte (zu) enthalten, die den göttlichen Kult, die dem Herrentag eigene Freude oder die notwendige Erholung des Geistes und des Leibes behindern.“[21] Die geforderte Erholung von Körper und Geist steht dem in Art. 139 WRV verwendeten Begriff der „seelischen Erhebung“ inhaltlich erstaunlich nahe[22]. Soweit gebotene Feiertage staatlich nicht anerkannt sind, ist kirchenrechtlich das Sonntagsgebot entweder ganz entfallen oder auf die Pflicht zum Gottesdienstbesuch beschränkt[23]. Das II. Vatikanische Konzil legt den Schwerpunkt der Christenpflicht an Sonn- und gebotenen Feiertagen unverkennbar auf den Besuch der Messe und lässt vor allem die Arbeitsruhe im Range deutlich dahinter zurücktreten[24]. Dieses Element des Sonn- und Feiertagsschutzes wird in einer zunehmend säkularisierten Gesellschaft anderen Kräften überlassen.

Weniger ausgeprägt ist das Feiertagsrecht in den evangelischen Kirchen. Zwar sieht das Kirchenjahr durchaus auch regelmäßig wiederkehrende Festtage vor (Sonn- und Feiertage), doch besteht keine ausdrückliche „Sonntagspflicht“ der Gläubigen. Kirchengesetzliche Vorschriften über die Einhaltung der Arbeitsruhe und die Pflicht zur Teilnahme am Gottesdienst bestehen nicht[25]. Gleichwohl beruhen die Ausgestaltung des Kirchenjahres und der besondere Charakter des Gottesdienstes an Festtagen auf der Vorstellung, dass der Sonntag und andere Feiertage, wie etwa der Karfreitag und der Buß- und Bettag, bevorzugte Tage des gemeindlichen Gottesdienstes sind[26].

Beiden Großkirchen in Deutschland gemeinsam ist somit das von Festtagen geprägte Kirchenjahr. Strukturelle Unterschiede bestehen lediglich hinsichtlich der Existenz bzw. des Umfangs der „Sonntagspflicht“. Während die evangeli-

---

[21] Übersetzung von Heinrich J. F. *Reinhardt*, in: Münsterischer Kommentar zum Codex Iuris Canonici, Bd. 4, 6. Erg. Lfg. Okt. 1987, 1247/1, der lateinische Originalwortlaut lautet: *„Die dominica aliisque diebus festis de praecepto fideles obligatione tenetur Missam paticipandi; abstineant ab illis operibus et negotiis quae cultum Deo reddendum, laetitiam diei Domini propriam, aut debitam mentis ac corporis relaxationem impediant.“*

[22] So auch *Mattner*, Sonn- und Feiertagsrecht, 2. Aufl., 1991, § 2 Rdn. 8 (S. 10 f.).

[23] *Mörsdorf*, Lehrbuch des Kirchenrechts auf Grund des CIC, 11. Aufl., Bd. 2, 1967, S. 360 ff.

[24] *Strätz*, HStKR II, 1. Aufl., 1975, § 42, S. 801, 804.

[25] *K. Hesse*, „Feste und Feiern VI“, in: RGG, 3. Aufl., Bd. 2, 1958, Sp. 923 f.; *Pirson*, Art. „Sonn- und Feiertage II“, in: EvStL, Sp. 1979.

[26] *Jannasch*, Art. „Feste und Feiern V“, in: RGG, 3. Aufl., Bd. 2, 1958, Sp. 921ff; zur Stellung des Buß- und Bettages vgl. unten (Teil 3, Kap. 1).

schen Kirchen von ihren Gläubigen die Begehung der Festtage lediglich erwarten, enthält das Recht der katholischen Kirche eine ausdrückliche Pflicht der Gläubigen, zum Gottesdienst zu erscheinen.

2. Abschnitt: Staatlicher Feiertagsschutz

Im säkularen Staat entfalten die kirchenrechtlichen Feiertagsschutzvorschriften ausschließlich Rechtswirkung im Verhältnis zwischen Gläubigen und Kirche. Allgemeingültige Regelungen vermögen die Kirchen hingegen nicht zu erlassen. Ein allgemeinverbindlicher und wirksamer Feiertagsschutz kann im weltlichen Staat nur dadurch realisiert werden, dass der Staat die religiösen Bedürfnisse und Gebräuche der Bevölkerung aufnimmt und in staatliches Recht umsetzt.

I.) Historische Entwicklung

1.) Ursprünge staatlichen Feiertagsschutzes

Das erste staatliche Gesetz zum Schutz des Sonntags erließ der zum Christentum bekehrte römische Kaiser *Konstantin* am 7.3.321. Es lautete:

„Alle Richter sowie das Volk in den Städten und die Ausübung sämtlicher Gewerbe sollen am heiligen Sonntag ruhen. Die Landbevölkerung aber kann den Ackerbau frei und ungehindert betreiben, weil es sich ja häufig trifft, dass kein anderer Tag ebenfalls geeignet ist, Getreide auszusäen oder Weinstöcke einzupflanzen, damit nicht zugleich mit der günstigen Gelegenheit des Augenblicks der durch die himmlische Vorsorge verliehene Vorteil verlorengehe.“[27]

Kaiser *Leo* (457-474) erweiterte das Verbot schließlich auch auf landwirtschaftliche Arbeiten. Flankiert wurden die Verbote durch zum Teil erhebliche Sanktionen im Falle eines Verstoßes gegen das Verbot der Sonntagsarbeit[28]. Auch wurden nach und nach jährlich wiederkehrende, anlassgebundene Feiertage wie Ostern, Pfingsten oder Weihnachten in den Sonntagsschutz einbezogen, wobei deren Zahl nicht konstant war, sondern Schwankungen unterlag.

---

[27] Zitiert nach *Mattner*, Sonn- und Feiertagsrecht, 2. Aufl., 1991, § 2 Rdn. 17 (S. 15).

[28] Insbesondere die germanischen Könige wollten dadurch die Christianisierung ihrer Völker fördern, vgl. *Burtscheid*, Der Sonn- und Feiertagsschutz nach der Reichsverfassung vom 11. August 1919, S. 8.

2.) Die Vorreiterrolle Preußens

Eine Schlüsselrolle in der Entwicklung des jüngeren staatlichen Feiertagsrechts nahm der Staat Preußen ein. Die dort getroffenen Regelungen - insbesondere des Gewerberechts - haben unser geltendes Feiertagsrecht in erheblichem Maße geprägt.

Das Preußische Allgemeine Landrecht von 1794 wies die Anordnung von öffentlichen Feiertagen (§ 34, 2. Teil, 11. Abschnitt) sowie die Ausgestaltung des Schutzes dieser Festtage (§ 35) ausschließlich dem Staat zu. § 358 enthielt ein Verbot sonn- und feiertäglicher Gesellentätigkeit[29]. Die am 31.1.1850 von *Friedrich Wilhelm* verkündete Preußische Verfassung enthielt demgegenüber keine ausdrückliche Vorschrift über die Sonn- und Feiertage[30]. Jedoch entwikkelte sich in Preußen auf der Ebene des einfachen Rechts ein differenzierter Schutz der Sonn- und Feiertage heraus. Bereits § 105 S. 2 der Gewerbeordnung für den Norddeutschen Bund v. 21.6.1869[31] enthielt ein zivilrechtliches Verbot von Arbeitsverpflichtungen an Sonn- und Feiertagen. Im Jahre 1878 wurden jedoch Ausnahmen vom Arbeitsverbot zugelassen, wenn betriebliche Erfordernisse einen Aufschub der Arbeit nicht zuließen.

Kernstück des preußischen Feiertagsrechts bildeten die 1890 verabschiedeten §§ 105a ff. GewO, die bis zum 30.6.1994 als einfaches Bundesrecht galten[32]. Dieses Regelwerk beruhte auf zwei Grundprinzipien. Erstens wies § 105a II GewO den Landesregierungen und damit ausschließlich dem Staat die Kompetenz zur Bestimmung der Festtage zu[33]. Zweitens waren im Grundsatz gewerb-

---

[29] § 34, 2. Teil, 11. Abschnitt ALR wies *„die Anordnung öffentlicher Bet-, Dank- und anderer außerordentlicher Feiertage allein dem Staat"* zu. § 35 ALR lautete: *„Inwiefern die bereits angeordneten Kirchenfeste mit Einstellung aller Handarbeiten und bürgerlicher Gewerbe begangen werden sollen, oder nicht, kann nur der Staat bestimmen."* § 358 ALR hatte folgenden Wortlaut: *„Nur an Sonn- und solchen Festtagen, deren Feyer nach den Gesetzen des Staates verordnet ist, mag er (der Geselle) die Arbeit unterlassen."*

[30] Jedoch legte Art. 14 PrVf. *„bei allen staatlichen Einrichtungen im Zusammenhang mit der Religionsausübung die christliche Religion zugrunde"*. Zwar war der Sonn- und Feiertagsschutz nicht ausdrücklich in die Verfassung einbezogen, doch wurde dieser überwiegend als staatliche Einrichtung iSd. Art. 14 angesehen, vgl. dazu *Mattner*, Sonn- und Feiertagsrecht, 2. Aufl., 1991, § 2 Rdn. 21 (S. 18) mwN. Der Sonn- und Feiertagsschutz war damit jedenfalls mittelbar in der Preußischen Verfassung verankert, vgl. *Kaisenberg*, in: Nipperdey, Art. 139 S. 428.

[31] RGBl. S. 245, vgl. dazu *Fischer*, Industrielle Sonntagsarbeit, S. 1 ff.

[32] Abdruck bei *Mattner*, Sonn- und Feiertagsrecht, 2. Aufl., 1991, § 2 Rdn. 24 (S. 19 ff.); ausführlich zu den §§ 105a ff. GewO *Neumann*, in: Landmann/Rohmer, GewO, §§ 105a ff.

[33] § 105a II GewO lautete: *„Welche Tage als Festtage gelten, bestimmen unter Berücksichtigung der örtlichen und konfessionellen Verhältnisse die Landesregierungen."*

liche Tätigkeiten verboten[34]. Die §§ 105b ff. GewO enthielten spezielle Regelungen über die zu gewährende Arbeitsruhe (§ 105b GewO) sowie differenzierte Ausnahmetatbestände vom Verbot der Sonntagsarbeit (insb. §§ 105c-f GewO). Dabei wurde insbesondere auf mit der Industrialisierung des Gewerbes zusammenhängende Umstände Rücksicht genommen. Zur Verhütung des Verderbens von Rohstoffen oder des Misslingens von Arbeitserzeugnissen erforderliche Tätigkeiten waren vom Verbot ausgenommen, ebenso Arbeiten, die der Instandhaltung oder der Wiederaufnahme der werktäglichen Produktion dienten (§ 105c I GewO). Die GewO regelte somit insbesondere das Spannungsverhältnis zwischen Erwerbstätigkeit und Feiertagsschutz. Es hat die heute geltenden Vorschriften des ArbZG und zum Teil auch des LSchlG maßgeblich geprägt[35].

Daneben trat die am 23.11.1931 erlassene preußische Polizeiverordnung[36]. Sie regelte den äußeren Schutz der Sonn- und Feiertage, indem sie zunächst durch eine Generalklausel alle öffentlich bemerkbaren sowie alle geräuschvollen Arbeiten verbot (§ 2 I) und weitere Vorschriften zur Wahrung besonderer Ruhe während des Gottesdienstes enthielt (§ 4). Für einzelne, besonders heilige Feiertage wie den Karfreitag, den Buß- und Bettag oder den Totensonntag bestanden weitergehende Handlungsverbote, die auf den ernsten Charakter dieser Tage Rücksicht nahmen (§§ 5, 6). Ferner enthielt § 3 Ausnahmen vom Handlungsverbot etwa für Betriebe des öffentlichen Personenverkehrs. In ihrer Struktur ähnelt die preußische Polizeiverordnung in weitem Umfang den Feiertagsgesetzen der Länder[37].

3.) Feiertagsschutz in der Weimarer Reichsverfassung

Auf Reichsebene bildete die Verabschiedung der Weimarer Reichsverfassung eine entscheidende Zäsur in der Entwicklung des Sonn- und Feiertagsrechts.

---

[34] Vgl. § 105b I S. 1 GewO: *„Im Betrieb von Bergwerken, Salinen, Aufbereitungsanstalten, Brüchen und Gruben, von Hüttenwerken, Fabriken und Werkstätten, von Zimmerplätzen und anderen Bauhöfen, von Werften und Ziegeleien sowie bei Bauten aller Art dürfen Arbeiter an Sonn- und Festtagen nicht beschäftigt werden."*

[35] Vgl. *Neumann*, in: Landmann/Rohmer, GewO, § 105a Rdn. 1; so wurden die Vorschriften der §§ 105a ff. GewO insbesondere durch die neugeschaffenen Normen der §§ 9 ff. ArbZG ersetzt und europäischen Richtlinien entsprechend modifiziert (insb. RL 93/104, deren Art. 5 eine wöchentliche kontinuierliche Mindestruhezeit von 35 Stunden vorsieht, die den Sonntag mit einschließt, dazu *Neumann*, aaO., § 9 ArbZG, Rdn. 1).

[36] PrGS S. 249, später geänd. d. VO v. 3.3.1933, S. 38; Abdruck bei *Mattner*, Sonn- und Feiertagsrecht, 2. Aufl., 1991, § 2 Rdn. 29 (S. 24 ff.).

[37] *Mattner*, Sonn- und Feiertagsrecht, 2. Aufl., 1991, § 2, Rdn. 28 (S. 24); vgl. auch die Begründung zum FTG NW, Drs. Nr. 77 der 2. Wahlp., Bd. 1.

Mit Art. 139 WRV wurde eine reichsverfassungsrechtliche Garantie für den Bestand von Sonn- und Feiertagen geschaffen, die freilich noch der einfachrechtlichen Ausgestaltung bedurfte, wobei bestehende Regelungen wie etwa die Gewerbeordnung fortgalten.

4.) Feiertage während der NS-Diktatur

Während des Nationalsozialismus wurden die kirchen- und sozialpolitischen Intentionen des Feiertagsschutzes von der Instrumentalisierung für politische Zwecke verdrängt. Feiertage dienten in weitem Maße nicht mehr der körperlichen und seelischen Erbauung, sondern wurden zum Gedenken an nationalsozialistische „Führer" und Schicksalstage missbraucht. Der NS-Ideologie entsprechend wurden Feiertagsregelungen insbesondere nicht mehr durch die Länder, sondern zentralistisch auf Reichsebene getroffen[38].

5.) Rechtslage nach 1945

Nach 1945 erfolgte zunächst in weitem Maße ein Rückgriff auf die feiertagsrechtlichen Vorschriften der Weimarer Republik[39]. Auffälligstes Beispiel hierfür ist die Inkorporierung des Art. 139 WRV in das Grundgesetz. Aber auch die §§ 105a ff. GewO galten zunächst als einfaches Bundesrecht fort[40]. Die preußische Polizeiverordnung wurde zwar durch Landesfeiertagsgesetze ersetzt, diese griffen jedoch in weitem Umfang die Regelungsintentionen der preußischen Polizeiverordnung auf. Im Laufe der Zeit entwickelte sich ein umfassendes, der föderalen Struktur der Bundesrepublik angepasstes Feiertagsrecht, welches in seiner Ausgestaltung ständigen Änderungen - vor allem durch sich wandelnde Produktionsabläufe - ausgesetzt ist.

II.) Das geltende Feiertagsrecht in der Bundesrepublik Deutschland

Das Recht der Feiertage wird sowohl auf der Verfassungs- als auch auf der Ebene des einfachen Rechts angesprochen. Das Ineinandergreifen der Norm-

---

[38] Dies galt sowohl hinsichtlich der Bestimmung der Feiertage als auch für die rechtliche Ausgestaltung des Feiertagsschutzes. Eine Auflistung der reichsrechtlichen Vorschriften während der NS-Diktatur findet sich bei *Mattner*, Sonn- und Feiertagsrecht, 2. Aufl., 1991, § 2 Rdn. 31 (S. 26 f.).

[39] Zur Rechtslage in der ehemaligen DDR vgl. *Mattner*, Sonn- und Feiertagsschutz auf dem Gebiet der ehemaligen DDR, Arbeit und Arbeitsrecht, 1991.

[40] Die Vorschriften wurden erst ab dem 1.7.1994 durch Art. 5 Arbeitszeitrechtsgesetz aufgehoben und durch die §§ 9 ArbZG ersetzt (BGBl. I, S. 1170). Die inhaltliche Struktur der Normen wurde von Detailänderungen abgesehen übernommen.

ebenen vollzieht sich grundsätzlich dergestalt, dass verfassungsrechtlich ein Gesetzgebungsauftrag zum Feiertagsschutz statuiert wird[41], der durch Vorschriften des einfachen Rechts ausgestaltet wird. Zu unterscheiden ist zwischen solchen Regelungen, welche die Bestimmung, das heißt die Auswahl der Feiertage regeln, und solchen, die den für alle Feiertage gleichermaßen geltenden Schutz dieser Tage betreffen.

Kompetenziell lässt sich eine einheitliche Regelungsmaterie „Feiertagsrecht" im Grundgesetz nicht finden[42], was Regelungen sowohl bundes- als auch landesrechtlicher Art bedingt[43].

Bundesverfassungsrechtlicher Ausgangspunkt und Maßstab für den staatlichen Schutz der Sonn- und Feiertage ist Art. 140 GG iVm. Art. 139 WRV. Art. 139 WRV hat folgenden Wortlaut:

„Der Sonntag und die staatlich anerkannten Feiertage bleiben als Tage der Arbeitsruhe und seelischen Erhebung gesetzlich geschützt."

Art. 139 WRV beinhaltet damit den Verfassungsauftrag eines selbständigen, vom innerkirchlichen Recht unabhängigen, staatlichen Feiertagsrechts. Inhaltlich gleichlautende Vorschriften enthalten die Verfassungen der meisten Bundesländer[44]. Insbesondere Berlin, Bremen und Brandenburg benennen allein

---

[41] *V. Campenhausen*, in: v. Mangoldt/Klein/Starck, GG-Komm., Bd. 3, 4. Aufl., 2001, Art. 139 WRV Rdn. 11; BVerwG DÖV 1988, 642; BVerwG GewArch 1982, 20 ff.; OVG NW, DÖV 1987, 1069.

[42] Beachte aber *Neumann*, in: Landmann/Romer, GewO, § 105a Rdn. 1, der davon ausgeht, dass „das Feiertagsrecht nach der Zuständigkeitsregelung des GG grundsätzlich Ländersache ist, aber nicht ausschließlich". Ein solches Regel-/Ausnahmeprinzip geht jedoch zu weit. Vielmehr ist zu differenzieren, welcher Teil des Feiertagsrechts geregelt wird. Angesichts der umfassenden Kompetenz des Bundes zur Regelung des Arbeits- und Wirtschaftsrechts (Art. 74 I Nr. 11, 12 GG) dürfte es daher zu weit gehen, feiertagsrechtliche Bundeskompetenzen als Ausnahme aufzufassen.

[43] Zu den Gesetzgebungszuständigkeiten *Neumann*, in: Landmann/Romer, GewO, § 105a Rdn. 12 ff. Näher dazu unten, Teil 3, 3. Abschn., III.; Mattner, Sonn- und Feiertagsrecht, 2. Aufl., 1991, S. 77 ff.

[44] Vgl. etwa Art. 25 VerfNW: *„Der Sonntag und die staatlich anerkannten Feiertage werden als Tage der Gottesverehrung, der seelischen Erhebung, der körperlichen Erholung und der Arbeitsruhe anerkannt und gesetzlich geschützt."*; Art. 53 HessVerf. entspricht wörtlich der Regelung des Art. 139 WRV; die Verfassungen der neuen Länder mit Ausnahme Brandenburgs rezipieren die Regelung des Art. 139 WRV durch ausdrückliche Inkorporation entweder des Art. 139 WRV selbst oder des Art. 140 GG; vgl. Art. 9 MVVerf.; Art. 109 IV SächsVerf.; Art. 32 SAVerf.; Art. 40 ThürVerf.

den sozialpolitischen Zweck einer Feiertagsgarantie[45], während die Verfassungen Niedersachsens, Schleswig-Holsteins und Hamburgs keinerlei entsprechende Regelung beinhalten[46]. Die systematische Stellung des Art. 139 WRV sowie das Merkmal der seelischen Erhebung in Verbindung mit den noch vorhandenen religiösen Bindungen der Bevölkerung bedingen jedoch zumindest auch eine religiöse Ausrichtung des Feiertagsrechts (vgl. dazu unten). Dies stellt keinen Verstoß gegen das Gebot staatlicher Neutralität dar, sondern ist Ausdruck einer grundsätzlich religionsfreundlichen Haltung des Staates. Dieser befürwortet eine religiöse Rückbindung der Bürger. Dies verdeutlicht nicht zuletzt die verfassungsrechtliche Garantie des Religionsunterrichts als ordentlichem Lehrfach (Art. 7 III GG). Das Neutralitätsgebot[47] untersagt es jedoch dem Staat, sich den Glaubensinhalt einer bestimmten Religion zu Eigen zu machen bzw. eine Religionsgemeinschaft gezielt gegenüber anderen zu privilegieren, weil er deren Inhalte unterstützt. Sofern der religiös-kulturelle Aspekt der Feiertagsbegehung in den Landesverfassungen nicht ausdrücklich benannt ist, verpflichtet Art. 139 WRV als vorrangiges Bundesrecht die Länder zu dessen Beachtung[48].

Gleichwohl sind die Vorgaben der Bundesverfassung für die Gestaltung des staatlichen Feiertagsrechts spärlich. Die Garantie des Art. 139 WRV beschränkt sich neben dem Schutz des Sonntages[49] auf die Merkmale der Arbeitsruhe und seelischen Erhebung an staatlich anerkannten Feiertagen. Diese „Zurückhaltung“ des Grundgesetzes folgt maßgeblich daraus, dass der Feiertagsschutz in erster Linie kulturelle Aspekte betrifft, deren Regelung nach der Kompetenzordnung des Grundgesetzes Sache der Länder ist[50]. Die Bundesverfassung beschränkt sich daher im Wesentlichen auf einen Gesetzgebungsauf-

---

[45] Vgl. Art. 35 BerlVerf.: *„(1) Der Sonntag und die gesetzlichen Feiertage sind als Tage der Arbeitsruhe geschützt. (2) Der 1. Mai ist gesetzlicher Feiertag.“*; Art. 14 BbgVerf.: *„(1) Das Land schützt die Sonntage und staatlich anerkannten Feiertage als Tage der Arbeitsruhe“*.

[46] Gleichwohl setzt die Landesverfassung Schleswig-Holsteins die Existenz von Sonn- und Feiertagen voraus, indem dort Art. 3 II ausdrücklich bestimmt, dass Wahlen und Abstimmungen an einem Sonntag oder öffentlichen Ruhetag stattfinden; vgl. dazu auch *Kästner*, DÖV 1994, 464, 467; *Morlok*, in: Dreier (Hg.), GG-Komm., Art. 139 WRV/Art. 140, Fn. 16.

[47] Dazu unten, Kap. 2, V.

[48] *Morlok*, aaO., Rdn. 7; *Mattner*, Sonn- und Feiertagsrecht, 2. Aufl., 1991, S. 179 f.; *Kästner*, DÖV 1994, 464, 467; *Strätz*, HStKR II, 1. Aufl., 1975, § 42, S. 801, 805 f.

[49] Dieser soll im Rahmen dieser Darstellung nicht weiter vertieft werden, vgl. dazu *Häberle*, Der Sonntag als Verfassungsprinzip, 1988; *Kunig*, Der Schutz des Sonntags im verfassungsrechtlichen Wandel, 1989.

[50] Die Art. 73 ff. GG kennen keinen Kompetenztitel „Kultur“, so dass kulturelle Fragen gem. Art. 70 GG in den Zuständigkeitsbereich der Länder fallen. Dem Bund können lediglich partielle, ausdrücklich zugewiesene Kompetenzen in kulturellen Angelegenheiten zustehen; vgl. auch *Strätz*, aaO. S. 805.

trag[51]. Allein aus den Begriffen der „Arbeitsruhe“ und „seelischen Erhebung“ lassen sich keine konkreten Rechtsfolgen ableiten. Sie bedürfen notwendigerweise der Ausgestaltung durch den einfachen Gesetzgeber, wobei sowohl das Über- als auch das Untermaßverbot zu berücksichtigen ist. Welche Bindungen sich diesem Gesetzgebungsauftrag im Hinblick auf die Entscheidung über die staatliche Anerkennung eines Feiertages entnehmen lassen, wird im dritten Teil dieser Arbeit näher untersucht.

Im Rahmen der bundesverfassungsrechtlichen Vorgaben haben die Länder den Schutzauftrag des Art. 139 WRV durch Schaffung eigener Feiertagsgesetze umgesetzt.

Gemeinsam ist allen Feiertagsgesetzen die Differenzierung zwischen verschiedenen Kategorien von Feiertagen und einem daran anknüpfenden, unterschiedlich weit reichenden Schutz. Im Detail bestehen zwar nicht ganz unerhebliche Unterschiede, doch lässt sich den Feiertagsgesetzen eine typisierende Grundstruktur entnehmen[52].

1.) Kategorien von Feiertagen

Auch wenn Sprachgebrauch und inhaltliche Ausgestaltung sich zwischen den Ländern in weiten Teilen als inkongruent erweisen[53], lassen sich im Wesentlichen drei Kategorien von Feiertagen voneinander abgrenzen[54].

Die erste Kategorie ist grundgesetzlich vorgeschrieben und in ihren Grundzügen vorgezeichnet. Es sind die den Sonntagen gleichgestellten *staatlich anerkannten* Feiertage, in manchen Landesverfassungen auch als „staatlich aner-

---

[51] *V. Campenhausen*, in: v. Mangoldt/Klein/Starck, GG-Komm., Bd. 3, 4. Aufl., 2001, Art. 139 WRV Rdn. 11; BVerwG DÖV 1988, 642; BVerwG GewArch 1982, 20 ff.; OVG NW, DÖV 1987, 1069.

[52] Diese wird bei *Hoeren/Mattner*, Feiertagsgesetze der Bundesländer, 1989, systematisch dargestellt.

[53] Dazu *Strätz*, HStKR II, 1. Aufl., 1975, § 42, S. 801, 806 f., der auf Verfassungsebene die Bezeichnungen „staatlich anerkannte“, „staatlich anerkannte kirchliche“ sowie „gesetzliche“ Feiertage nachweist. In den landesrechtlichen Bestimmungen sind demgegenüber mehr als sieben Arten geschützter Feiertage zu finden, vgl. die Nachw. bei *Strätz*, aaO., Fn. 28 und 29.

[54] Zum Teil werden auch nur zwei Kategorien, nämlich anerkannte und kirchliche Feiertage voneinander unterschieden, vgl. etwa *Mattner*, Sonn- und Feiertagsrecht, 2. Aufl., 1991, § 4 Rdn. 5 ff. (S. 79 ff.). Richtiger erscheint mir demgegenüber eine Dreiteilung, da es auch Tage gibt, die keiner der beiden Kategorien angehören, gleichwohl aber bestimmte, feiertagsspezifische Rechtsfolgen auslösen. Eine Zweiteilung ohne „Auffangkategorie“ kann daher eine vollständige terminologische Erfassung und Zuordnung aller Feiertage nicht leisten.

kannte kirchliche"[55] oder „gesetzliche"[56] Feiertage bezeichnet, deren zentrale Elemente die ganztägige Arbeitsruhe und seelische Erhebung bilden.

In die zweite Kategorie fallen diejenigen Feiertage, die von den Kirchen und Religionsgemeinschaften begangen werden und nicht bereits der ersten Kategorie angehören[57]. Der Schutz dieser Tage erstreckt sich nicht auf ganztägige Arbeitsruhe und seelische Erhebung, sondern maßgeblich auf den Besuch des Gottesdienstes auch während der Arbeitszeit. Diese Feiertage sollen fortan als *kirchliche Feiertage* bezeichnet werden[58]. Qua definitionem können Feiertage mit weltlichem Hintergrund dieser Kategorie nicht angehören.

Die dritte Kategorie bilden jene Tage, die, ohne bereits einer der vorgenannten Kategorien anzugehören, wegen ihres engen zeitlichen oder inhaltlichen Zusammenhangs mit den christlichen Hochfesten oder mit Rücksicht darauf, dass sie von der Bevölkerung tatsächlich begangen werden, in sehr eingeschränktem Umfange geschützt werden. Diese Tage sollen fortan als *geschützte Tage* bezeichnet werden[59].

2.) Art und Umfang des Schutzes der Feiertage

a) Die anerkannten Feiertage

(1) Allgemeines

In diese Kategorie fallen alle diejenigen Feiertage, deren Schutz auf Grund eines staatlichen Anerkennungsaktes den Anforderungen des Art. 139 WRV iVm. Art. 140 GG genügen muss. Die staatliche Anerkennung dieser Feiertage erfolgt nicht durch einen Exekutivakt, sondern mittels Festlegung durch den einfachen Gesetzgeber. So nennen die Feiertagsgesetze der Länder enumerativ alle dieser Kategorie zugehörigen Tage[60].

---

[55] Art. 41 SaarVerf. lautet beispielsweise: *„Der Sonntag und die staatlich anerkannten kirchlichen Feiertage sind als Tage der religiösen Erbauung, seelischen Erhebung und Arbeitsruhe gesetzlich geschützt"*.

[56] So etwa Art. 35 BerlVerf.

[57] Vgl. etwa § 8 I FeiertagsG NW: *„Kirchliche Feiertage sind Feiertage, die von den Kirchen oder Religionsgemeinschaften außer den in § 2 genannten Feiertagen begangen werden."*.

[58] Vgl. zur Begrifflichkeit *Strätz*, aaO. S. 807; *v. Campenhausen*, in: v. Mangoldt/Klein/Starck, GG-Komm., Bd. III, 4. Aufl., 2001, Art. 139 WRV Rdn. 26.

[59] Zur Terminologie vgl. *Strätz*, aaO., S. 808; *v. Campenhausen*, in: v. Mangoldt/Klein/Starck, GG-Komm., Bd. III, 4. Aufl., 2001, Art. 139 WRV Rdn. 26.

[60] Vgl. etwa § 2 FTG NW, § 1 FTG Berlin, § 1 SächsSFG, § 1 FTG BW.

Obwohl die Anerkennung gesetzlicher Feiertage prinzipiell Ländersache ist, besteht hinsichtlich der Auswahl der anerkannten Tage zwischen den Ländern über weite Strecken Übereinstimmung. In allen Bundesländern anerkannt sind gegenwärtig neun Feiertage, die nicht immer auf einen Sonntag fallen. Dies sind Neujahr, Karfreitag, Ostermontag, der Maifeiertag, Christi Himmelfahrt, Pfingstmontag, der Tag der Deutschen Einheit sowie der erste und zweite Weihnachtstag. Überdies werden mit Ausnahme der Stadtstaaten Berlin, Bremen und Hamburg sowie Niedersachsens in allen Bundesländern verschiedene weitere Feiertage anerkannt. So wird das Erscheinungsfest in Bayern, Baden-Württemberg und Sachsen-Anhalt gesetzlich anerkannt, Fronleichnam in Baden-Württemberg, Bayern, Hessen, Nordrhein-Westfalen, Rheinland-Pfalz, dem Saarland, in Sachsen und Thüringen jedoch nur in einzelnen Gemeinden. Mariä Himmelfahrt ist anerkannter Feiertag im Saarland sowie in Bayern in Gemeinden mit überwiegend katholischer Bevölkerung. Der Reformationstag ist gesetzlicher Feiertag in allen der fünf neuen Bundesländer, nicht jedoch in Berlin. Allerheiligen hingegen als katholischer Feiertag wird in Bayern, Baden-Württemberg, Nordrhein-Westfalen, Rheinland-Pfalz und dem Saarland gesetzlich anerkannt. Nach Einführung der Pflegeversicherung ist dem Buß- und Bettag in allen Bundesländern außer Sachsen die staatliche Anerkennung entzogen worden. Als Besonderheit sei letztlich das Augsburger Friedensfest (8. August) zur Erinnerung an die im Osnabrücker Friedensinstrument von 1648 für die Stadt angeordnete Parität erwähnt. Dadurch wurde das am 8. August 1629 erlassene kaiserliche Verbot der Amtsausübung für protestantische Prediger beseitigt[61].

Die Zahl der gesetzlich anerkannten Feiertage schwankt damit regional unterschiedlich zwischen nur neun in den Stadtstaaten sowie in Niedersachsen und vierzehn in Augsburg. Diese Differenzen sind Folge der aus der Kulturhoheit der Länder resultierenden Befugnis, grundsätzlich selbst über die Anerkennung von Feiertagen zu entscheiden[62]. Unterschiede bestehen aber nicht nur zwischen den Ländern, sondern auch innerhalb der Länder. So ist es üblich, einzelne Feiertage nur für Gemeinden mit überwiegend katholischer Bevölkerung anzuerkennen[63]. Die engste lokale Begrenzung hat zweifellos das Augsburger Friedensfest, welches nur in der Stadt Augsburg begangen wird.

---

[61] Vgl. *W. Zorn*, Augsburg, Geschichte einer deutschen Stadt, 1972, S. 220 ff.

[62] Im Einzelnen zu den Gesetzgebungszuständigkeiten im Feiertagsrecht unten (Teil 3, Kap. 2, 3. Abschn., III).

[63] So Mariä Himmelfahrt in Bayern, Fronleichnam in Sachsen und Thüringen. Schwierigkeiten könnte die Feststellung einer „überwiegend" katholischen Bevölkerung bereiten. Art. 1 III BayFTG enthält eine ausdrückliche Regelung dieser Frage. Danach stellt das Landesamt für Statistik und Datenverarbeitung nach dem Ergebnis der letzten Volkszählung fest, in welchen Gebieten entweder mehr katholische oder mehr evangelische Einwohner ihren

(2) Funktionselemente des Art. 139 WRV: Arbeitsruhe und seelische Erhebung

Gemäß Art. 139 WRV sind der Sonntag und die staatlich anerkannten Feiertage als Tage der „Arbeitsruhe und seelischen Erhebung“ zu schützen[64]. Diese Funktionselemente binden den einfachen Gesetzgeber zunächst bei der Ausgestaltung des für alle Feiertage gleichermaßen geltenden Schutzes. Sie können aber auch in gewissem Umfang zu einer verfassungsrechtlichen Präjudizierung der anzuerkennenden Feiertage führen[65]. Feiertage die von vornherein zur Förderung dieser verfassungsrechtlichen Ziele ungeeignet sind, darf der Staat nicht anerkennen. Insoweit kann dem Art. 139 WRV nicht nur ein Gebot, Feiertage zum Zwecke der Arbeitsruhe und seelischen Erhebung zu schützen, sondern auch ein Verbot, Feiertage anzuerkennen, welche den in Art. 139 WRV benannten Zielvorgaben nicht förderlich sind, entnommen werden.

Die Kombination von Arbeitsruhe und seelischer Erhebung wird bisweilen als Andeutung auf einen verfassungsrechtlichen Kompromiss verstanden, welcher kirchliche und sozialpolitische Forderungen in sich vereint und nur so die Schaffung des Art. 139 WRV in seiner jetzigen Form ohne größere Auseinandersetzungen in den verfassunggebenden Gremien ermöglichte[66]. Die Vorschrift wird als Materie des Staatskirchenrechts und zugleich als Konkretisierung des Sozialstaatsprinzips verstanden[67]. Diese Einschätzung trifft dem Grunde nach zu, darf jedoch nicht dahingehend verstanden werden, dass das Merkmal der „Arbeitsruhe“ allein die sozialpolitische Funktion und das der „seelischen Erhebung“ die religiöse Akzentuierung im Verfassungswortlaut repräsentieren[68]. Die mit der Garantie des Sonntags verbundene regelmäßige Unterbrechung des Wochenrhythmusses hat eindeutig auch biblische Ursprün-

---

Wohnsitz hatten. Die Feiertagsgesetze Sachsens und Thüringens hingegen treffen keine entsprechende Regelung. Vielmehr wird gem. § 1 I Sächs SFT bzw. § 2 II ThürFTG das Ministerium des Innern zur Festlegung ermächtigt. Auf welche Grundlage es sich dabei zu stützen hat, wird jedoch offengelassen.

[64] Ausführlich zu den Auswirkungen der Verfassungsvorgaben auf die Ausgestaltungen des einfachgesetzlichen Feiertagsschutzes *Mattner*, Sonn- und Feiertagsrecht, 2. Aufl., 1991, S. 44 ff.

[65] Dazu unten, Teil 3, Kap. 3, Abschn. 2.

[66] Vgl. etwa *Rüfner*, FS Heckel, S. 447, 452; *v. Campenhausen*, in: v. Mangoldt/Klein/Starck, GG-Komm., Bd. 3, 4. Aufl., 2001, Art. 139 WRV Rdn. 2 f. mwN.

[67] *V. Campenhausen*, in: v. Mangoldt/Klein/Starck, GG-Komm., Bd. 3, 4. Aufl., 2001, Art. 139 WRV Rdn. 4; *Richardi*, EssGespr. 24 (1990), 43 f.; *Kästner*, HStKR II, 2. Aufl., 1995, § 51, S. 337, 341 f.

[68] So aber offenbar *Hoeren/Mattner*, Feiertagsgesetze der Bundesländer, 1989, Einf. Rdn. 14 ff.; zutreffend dagegen *Kästner*, HStKR II, 2. Aufl., 1995, § 51, S. 337, 341 f., der von einer Bündelung sowohl sozialpolitischer als auch religions- bzw. weltanschauungspolitischer Motive spricht.

ge[69]. Es entspricht christlicher Kulturtradition, den Sonntag als arbeitsfreien Ruhetag zu begehen. Richtigerweise kommen sowohl die religiöse wie die sozialpolitische Traditionslinie in beiden Funktionselementen des Art. 139 WRV zum Ausdruck und sind daher bei der Auslegung der Merkmale der „Arbeitsruhe und seelischen Erhebung" gleichermaßen zu berücksichtigen. Bei beiden Merkmalen handelt es sich um unbestimmte Rechtsbegriffe, die vor dem Hintergrund der mit der Vorschrift des Art. 139 WRV verfolgten verfassungsrechtlichen Intentionen auszulegen sind[70].

Aus dem Regelungszusammenhang mit der Sonntagsgarantie ergibt sich, dass mit dem Merkmal der Arbeitsruhe eine prinzipielle Unterbrechung des werktäglichen Alltagsprozesses bedingt ist[71]. Das bedeutet einen Zustand des Ruhens typisch werktäglicher Betätigungen, mit der vor allem verbunden ist[72], dass abhängig Beschäftigte ihrer Tätigkeit am Sonntag nicht nachzukommen brauchen. Diese verfassungsrechtlichen Vorgaben hat der einfache Gesetzgeber bei der Ausgestaltung des Sonn- und Feiertagsschutzes zu berücksichtigen, insbesondere darf er Ausnahmen vom prinzipiellen Arbeitsverbot nicht in einem solchen Maße zulassen, dass sonntägliche Arbeit ihren Ausnahmecharakter verliert und der besondere Ruhecharakter des Sonntages eliminiert wird[73].

Schwieriger gestaltet sich hingegen die rechtliche Erfassung des Begriffs der „seelischen Erhebung". Bedenklich scheint es, dieses Merkmal ausschließlich dahingehend zu interpretieren, dass es der Sonn- und Feiertagsgarantie ein religiöses Element verleihe[74]. Verkürzt man dieses Funktionselement auf religiöse Belange, so hätte dies konsequenterweise zur Folge, dass der einfache Gesetzgeber, der an die Funktionselemente des Art. 139 WRV gebunden ist, nur religiöse Feiertage anerkennen könnte, da ansonsten dem Merkmal der seelischen Erhebung nicht genügt wäre. Eine solche Festlegung der Verfassung auf ausschließlich religiöse Feiertage vermag freilich nicht zu überzeugen. Zuzugeben ist zwar, dass der Begriff der „seelischen Erhebung" seinen Ursprung in der religiösen Bedeutung des Sonntags hat[75], doch wird diese historische Wurzel durch den laizistischen Begriff der „seelischen Erhebung" ausdrücklich

---

[69] Dazu oben Teil 2, Kap. 1, Abschn. 1.
[70] *Kästner*, HStKR II, 2. Aufl., 1995, § 51, S. 337, 342.
[71] Vgl. etwa *Kästner*, HStKR II, 2. Aufl., 1995, § 51, S. 337, 342; *Rüfner*, FS Heckel, S. 447, 452 f.
[72] *Kästner*, HStKR Bd. II, § 51 S. 337, 342.
[73] Zu den Ausprägungen der Sonntagsruhe sogleich.
[74] So aber *Hoeren/Mattner*, Feiertagsgesetze der Bundesländer, 1989, Einf. Rdn. 17.
[75] Vgl. *Rüfner*, FS Heckel, 1999, S. 447, 452.

verschüttet[76]. Vielmehr soll die Bestimmung den individuellen Bedürfnissen von Menschen jeder Glaubensrichtung und Nichtgläubigen gleichermaßen dienen[77]. Schon *Kaisenberg*[78] sprach für seine Zeit erstaunlich fortschrittlich davon, dass der Begriff der „seelischen Erhebung" eine Brücke zu anderen Religionen und Weltanschauungen darstelle. In der Tat beinhaltet dieser Begriff ein über die bloße Arbeitsruhe hinausgehendes Moment, das zwar auf kirchliche Traditionen zurückgeht, von der Verfassung aber bewusst von dieser religiösen Bindung gelöst wird. Nähert man sich von diesem Standpunkt dem Begriff der „seelischen Erhebung", so zeigt sich zunächst, dass die bloße Unterbrechung des Alltagsprozesses der Feiertagsgarantie des Grundgesetzes nicht gerecht würde. Diese Facette wird bereits vollständig vom Merkmal der „Arbeitsruhe" erfasst[79]. Es beinhaltet die Möglichkeit zur „sinnvollen" Ausfüllung der mit der Arbeitsruhe verbundenen Freizeit. Der Einzelne soll in der arbeitsfreien Zeit zur psychischen Erholung finden können[80]. Dies umfasst die Gelegenheit zur Entfaltung eigener Interessen, zur Kommunikation mit Familienangehörigen und Freunden, zur Betätigung in Vereinen, aber auch zur religiösen Besinnung. Diese Enthebung von den Zwängen und Erfordernissen des Alltags muss folglich nicht unbedingt religiös geprägt sein. Zur Bestimmung derjenigen Tage, welche der Bevölkerung in größtem Umfang zur seelischen Erhebung dienen können, sind die religiösen Bedürfnisse aber mit einzubeziehen, da die religiösen Bindungskräfte gerade in „sinnstiftender" Hinsicht nach wie vor stark ausgeprägt sind. Das Merkmal der seelischen Erhebung „transformiert" den religiösen Bezug der Feiertage in ein gesellschaftliches Bedürfnis, auf welches der Gesetzgeber bei der Ausgestaltung des Feiertagsrechts Rücksicht nehmen muss.

Neben diese individuelle Komponente der „seelischen Erhebung", die in psychischer Erholung besteht, enthält dieses Merkmal des Art. 139 WRV zugleich auch eine kollektive Facette. Sie verpflichtet den Gesetzgeber zur Schaffung eines äußeren Umfeldes, in dem der Einzelne zu seelischer Erhebung finden kann[81]. Dazu zählen etwa der besondere Schutz der Gottesdienste durch die Feiertagsgesetze der Länder oder besondere Vorschriften zur Wahrung äußerer Ruhe, nicht zuletzt auch die Regelungen betreffend die „stillen

---

[76] *Pirson*, EvStL, 3. Aufl., Sp. 3150 spricht daher von einem „eigenartigen, nicht ganz glücklichen Begriff".

[77] Vgl. *Rüfner*, FS Heckel, 1999, S. 447, 452, der allerdings nur allgemein auf gläubige und nichtgläubige Menschen abstellt, ohne ausdrücklich Angehörige anderer als christlicher Religionen zu nennen.

[78] *Kaisenberg*, in: Nipperdey, Die Grundrechte der Reichsverfassung, Bd. II, Art. 139.

[79] Vgl. nur *Rüfner*, FS Heckel, S. 447, 452 f.

[80] *Kästner*, HStKR II, 2. Aufl., 1995, § 51, S. 337, 342.

[81] Vgl. *Rüfner*, FS Heckel, S. 447, 452.

Feiertage", welche den besonders ernsten Charakter einzelner Feiertage berücksichtigen[82].

Diese Funktionsmerkmale hat der einfache Gesetzgeber bei der Auswahl der anzuerkennenden Feiertage zu berücksichtigen. Er darf nur Feiertage schützen, die der seelischen Erhebung der Bevölkerung dienen können. Dies schließt zwar die Anerkennung weltlicher Feiertage nicht aus, doch darf der Staat die Feiertage nicht zu politischen Zwecken instrumentalisieren. Schlechthin unzulässig wäre daher eine Ursupierung von Feiertagen wie dies während der NS-Zeit in Form von sog. „Ahnen- und Heldengedenktagen" geschah. Ohne weiteres zulässig sind jedoch weltliche Feiertage, die den Staat als solchen betreffen (etwa der Nationalfeiertag oder ein Feiertag aus Anlass der Staatsgründung), nicht aber, wenn sie Ausdruck einer bestimmten politischen Ansicht sind. Im Einzelfall mag diese Abgrenzung durchaus Schwierigkeiten bereiten, so dass bei weltlichen Feiertagen insgesamt eine gewisse Zurückhaltung, wie sie bislang in der Bundesrepublik geübt wurde, geboten erscheint. Entscheidendes Kriterium ist insoweit, dass der Staat vorhandene gesellschaftliche Bedürfnisse lediglich aufgreift und durch Anerkennung eines entsprechenden Feiertages deren Ausleben unterstützt. Will er jedoch solche Bedürfnisse mittels Anerkennung eines Feiertages erst schaffen oder beeinflussen, so ist dies unzulässig. Er hat sich an vorhandenen gesellschaftlichen Bedürfnissen zu orientieren.

(3) Umsetzung der Sonntagsruhe im Einzelnen

Die Umsetzung der verfassungsrechtlichen Vorgaben obliegt dem einfachen Gesetzgeber[83]. Das Feiertagsrecht existiert als homogene Regelungsmaterie nicht, so dass mangels ausdrücklicher Zuweisung an den Bund zunächst grundsätzlich die Länder zur Normsetzung zuständig sind (Art. 70 GG). Auf Landesebene erfolgt die Konkretisierung dieses Schutzauftrages durch die Feiertagsgesetze, die in ihrer Grundstruktur in allen Ländern parallele Regelungen enthalten. Anders als die Auswahl der Feiertage berührt die Ausgestaltung des Feiertagsschutzes nicht ausschließlich kulturelle Aspekte. Der dabei zu berücksichtigende Dualismus von Arbeitsruhe und seelischer Erhebung positioniert das Feiertagsrecht auf die Schnittstelle zwischen den Ausdruck kulturellen Selbstverständnisses einerseits und wirtschaftlichen Interessen andererseits. Soweit die Realisierung der Arbeitsruhe betroffen ist, eröffnet Art. 74 I Nrn. 11, 12, 22 und 24 GG dem Bund die vorrangige Gesetzgebungskompetenz. Von dieser partiellen Zuständigkeit im Feiertagsrecht hat der Bund durch

---

[82] Dazu sogleich.

[83] Zuletzt OVG Magdeburg, NJW 1999, 2982, 2983; *Morlok*, in: Dreier, GG-Komm., Art. 140/Art. 139 WRV Rdn. 26.

den Erlass der in der Praxis überaus bedeutsamen Regelungen der §§ 9-13 ArbZG und des LSchlG Gebrauch gemacht. Demgegenüber nehmen die Feiertagsgesetze der Länder im Wesentlichen das Merkmal der seelischen Erhebung in Bezug, indem sie die Voraussetzungen einer allgemeinen äußeren Ruhe konkretisieren, während das Bundesrecht das Merkmal der Arbeitsruhe ausgestaltet.

(a) Die Feiertagsgesetze der Länder

1.1.) Die Generalklauseln in den Feiertagsgesetzen der Länder

Zentrale landesrechtliche Vorschriften in diesem Zusammenhang sind die in allen Feiertagsgesetzen enthaltenen Arbeits- und Handlungsverbotstatbestände[84]. Sie dienen in erster Linie der Herstellung äußerer Ruhe als Rahmen, in dem der Einzelne zu seelischer Erhebung gelangen kann. Danach sind an anerkannten Feiertagen sowie den Sonntagen öffentlich bemerkbare Handlungen bzw. Arbeiten[85] untersagt. Das Feiertagsgesetz NW verlangt als zusätzliches Verbotstatbestandsmerkmal die Geeignetheit der öffentlich bemerkbaren Handlung zur Störung der äußeren Ruhe des Tages (§ 3 S. 1 FeiertagsG NW).

Schwierigkeiten bereitet Rechtsprechung und Lehre seit jeher die Anwendung bzw. Auslegung der generalklauselartigen und daher vage und ausfüllungsbedürftigen Verbotstatbestände. Bei einer auf Sinn und Zweck abstellenden Auslegung ergibt sich das Verbot von typischerweise an Werktagen ausgeübten Tätigkeiten[86]. Alltagstypische Tätigkeiten sind geeignet, die von Art. 139 WRV intendierte Unterbrechung des Alltagsrhythmusses zu vereiteln. Eine der Werktagsarbeit vergleichbare Tätigkeit liefe dem Zweck der äußeren Sonntagsruhe zuwider.

Umgekehrt kann vor dem Hintergrund des Schutzzweckes der Verbotstatbestände nicht jede bemerkbare (vor allem körperliche) Tätigkeit untersagt sein. Gerade die gewandelten Arbeitsbedingungen bringen es mit sich, dass viele Menschen zum Ausgleich bewegungsarmer Arbeit an ihren freien Tagen körperlichen Betätigungen wie etwa Gartenarbeit[87] nachgehen[88]. Auch erscheint

---

[84] Allgemein zu den Entwicklungen des Sonn- und Feiertagsrechts etwa *Scholtissek*, GewArch 1992, 51 ff.; *Mattner*, Sonn- und Feiertagsrecht, 2. Aufl., 1991.

[85] Vgl. zur Kritik an der uneinheitlichen Terminologie *Hoeren/Mattner*, Feiertagsgesetze der Bundesländer, 1989, § 3 Rdn. 3 ff.

[86] VGH BW, GewArch 1985, 174; BayOLG, GewArch 1985, 143; OLG Düsseldorf, GewArch 1987, 143, 144; *v. Campenhausen* in: v. Mangoldt/Klein/Starck, GG-Komm., Bd. 3, 4. Aufl., 2001, Art. 139 WRV Rdn. 34 f.; *Strätz*, HStKR II, 1. Aufl., 1975, S. 801, 810 f.

[87] Vgl. aber § 4 Nr. 4 FTG NW, wonach Gartenarbeiten zu den Ausnahmen vom Verbot zählen. Meines Erachtens ergibt sich die Zulässigkeit solcher Tätigkeiten jedoch bereits aus ei-

es im Einzelfall kaum möglich, zwischen erlaubter Hobby- und verbotener Erwerbstätigkeit zu unterscheiden[89]. Entscheidendes Abgrenzungskriterium sollte daher die Frage sein, inwieweit eine öffentlich bemerkbare Tätigkeit dem Gelderwerb dient und damit gewerblichen Charakter hat, der den Ruhecharakter der anerkannten Feiertage, die ja gerade ein Aussetzen vom Prozess des Geldverdienenmüssens darstellen sollen, stört.

So ist etwa die durchaus äußerlich bemerkbare Reinigung eines Kraftfahrzeuges als freizeitliche und damit erlaubte Tätigkeit zu qualifizieren[90], der Betrieb einer Autowaschanlage (Waschstraße) hingegen stellt eine gewerbliche, dem Konkurrenzdruck und Gewinnstreben unterliegende und damit an Sonn- und Feiertagen unerlaubte Tätigkeit dar[91]. Gleiches gilt etwa für Münzwaschsalons[92], Videotheken[93], Fitness- und Bräunungsstudios[94]. Da es sich bei ihnen

---

ner Tatbestandsreduktion, die Beschränkung der Zulässigkeit auf geräuschlose oder belanglose Tätigkeiten stellt eine unverhältnismäßige, da zur Herstellung der Sonn- und Feiertagsruhe nicht erforderliche Belastung dar. Verboten sind danach allein gewerbliche Tätigkeiten.

[88] *V. Campenhausen*, in: v. Mangoldt/Klein/Starck, GG-Komm., Bd. 3, 4. Aufl., 2001, Art. 139 WRV Rdn. 35.

[89] Vgl. *v. Campenhausen*, in: v. Mangoldt/Klein/Starck, GG-Komm., Bd. 3, 4. Aufl., 2001, Art. 139 Rdn. 34.

[90] Dies ist jedoch nicht unproblematisch, vgl. *v. Campenhausen*, in: v. Mangoldt/Klein/Starck, GG-Komm., Bd. 3, 4. Aufl., 2001, Art. 139 WRV Rdn. 35; verboten sind jedoch idR alle lästigen und lauten Tätigkeiten wie Teppichklopfen, Hacken, Sägen o.ä. Vgl. auch *Rüfner*, FS Heckel, 1999, S. 447, 452 f., der darauf hinweist, dass Rasenmähen bundesrechtlich durch § 6 der 8. VO zur Durchführung des BImSchG i.d.F. v. 13.7. 1992 verboten ist.

[91] OLG Oldenburg, NJW 1972, 696; OVG NW, GewArch 1983, 274; OLG Hamm, GewArch 1985, 311; BayOLG, GewArch 1987, 348; VGH Kassel, NJW 1988, 2257.; OLG Zweibrücken, GewArch 1998, 126; Schl.Holst. VGH, GewArch 1997, 262; auch eine Ausnahme aufgrund des in vielen Feiertagsgesetzen enthaltenen „Verkehrsprivilegs" (so etwa § 4 Nr. 2 FTG NW) für Waschstraßen kommt nicht in Betracht, da die Fahrzeugreinigung nicht für die Weiterfahrt erforderlich ist, vgl. dazu *Hoeren/Mattner*, Feiertagsgesetze der Bundesländer, 1989, § 4 Rdn. 30.

[92] OVG NW, GewArch 1986, 277; OVG NW, GewArch 1994, 264; OVG Koblenz, GewArch 1986, 277; Hess.VGH, GewArch 1992, 355ff; Hess.VGH, GewArch 1994, 160 f.; OLG Düsseldorf, GewArch 1998, 497; anders hingegen noch das OLG Düsseldorf, GewArch 1980, 98 und das VG Frankfurt, GewArch 1992, 79 f.; vgl. dazu auch *Scholtissek*, GewArch 1992, 51 ff.

[93] OVG NW, GewArch 1984, 349ff; BayOLG, GewArch 1985, 143; VGH Mannheim, GewArch 1985, 174; VGH München, GewArch 1985, 309; OLG Koblenz, GewArch 1985, 245; OVG Hamburg, GewArch 1985, 309; OLG Düsseldorf, GewArch 1985, 349; OVG Lüneburg, NJW 1985, 448.

[94] Das OLG Düsseldorf nahm in seiner Entscheidung GewArch 1987, 144 noch einen Verstoß gegen die Sonn- und Feiertagsruhe an. In NW ist jedoch der Betrieb von Bräunungs- und Fitnessstudios ausdrücklich vom Handlungsverbot ausgenommen, was jedoch im Um-

um kommerziell orientierte Betriebe handelt, ist deren Öffnung an Sonn- und Feiertagen geeignet, die äußere Ruhe der zu schützenden Tage zu stören.

Angesichts des zunehmend konsumorientierten Freizeitverhaltens der Bundesbürger erlangt aber die Frage nach der Zulässigkeit des Betriebes profitorientierter Unternehmen der „Freizeitindustrie“ an Sonn- und Feiertagen besondere Bedeutung. Gerade die auf bestimmte, wegen Art. 139 WRV arbeitsfreie Tage konzentrierte Nachfrage nach bestimmten Dienstleistungen wie etwa Vergnügungsparks, Restaurants oder kulturellen Einrichtungen bringt ein zwar gewandeltes, aber eben eindeutig freizeitbezogenes Verhalten an diesen Tagen zum Ausdruck. Insofern zeigt sich diese Facette als Bekräftigung der Funktion der Sonn- und Feiertage als Tage der Arbeitsruhe. Mit diesen Freizeitbedürfnissen der Mehrheit korrespondiert die Notwendigkeit für eine Minderheit, diese Tage für Erwerbszwecke zu nutzen. Unstreitig handelt es sich bei den Verboten öffentlich bemerkbarer Arbeiten um Einschränkungen der Berufsfreiheit zumindest auf der ersten Stufe, die ihrerseits verhältnismäßig im Sinne der Drei-Stufen-Lehre sein müssen[95]. Grundsätzlich bringt Art. 139 WRV insoweit eine verfassungsrechtliche Vorentscheidung zu Gunsten der Arbeitsruhe zum Ausdruck. Andererseits soll es dem Einzelnen selbst überlassen bleiben, in welcher Weise er die Freizeit nutzt. Eine Verpflichtung zur geruhsamen Nutzung kann Art. 139 WRV gerade nicht entnommen werden[96]. Handlungsverbote dürfen vor diesem Hintergrund den Freizeitbedürfnissen nicht zuwiderlaufen, sondern erweisen sich nur als gerechtfertigt, soweit sie gerade diesen Interessen dienen. Feiertägliche Erwerbstätigkeit kann nur dann zulässig sein, wenn die Freizeitgestaltung das gleichzeitige Anbieten der Dienstleistung voraussetzt[97]. Bei der Vermietung von Videokassetten ist dies beispielsweise nicht der Fall, da zwar die Abspielung, nicht jedoch die Anmietung zur Befriedigung der feiertagsrechtlich schützenswerten Bedürfnisse notwendigerweise an den geschützten Tagen erfolgen muss. Wer einen Film am Sonntag schauen möchte, kann die Kassette bereits am vorangehenden Werktag anmieten, so

kehrschluss die Auffassung des Gesetzgebers offen legt, diese Tätigkeiten fielen jedenfalls unter den Verbotstatbestand und bedürften von daher einer expliziten Ausnahmeregelung; anders hingegen BVerwG, GewArch 1993, 13ff, das in der Zulassung des Betriebes eines Bräunungsstudios keinen Verstoß gegen Bundesrecht sieht.

[95] *Kunig*, Der Schutz des Sonntags im verfassungsrechtlichen Wandel, 1989, S. 25; *Mattner*; Sonn- und Feiertagsrecht, 2. Aufl., 1991, S. 71; vgl. auch bereits H. P. *Ipsen*, DVBl. 1950, 385, 390, allerdings im Hinblick auf das Ladenschlussrecht; zur Drei-Stufen-Lehre erstmals BVerfGE 7, 377, ausführlich dazu etwa *Tettinger*, in: Sachs, GG-Komm., 2. Aufl., 1999, Art. 12 Rdn. 100 ff.; *Scholz*, in: Maunz/Dürig, GG-Komm., Art. 12 Rdn. 318 ff.

[96] *V. Campenhausen*, v. Mangoldt/Klein/Starck, GG-Komm., Bd. 3, 4. Aufl., 2001, Art. 139 WRV Rdn. 35.

[97] Vgl. BayVGH, GewArch 1985, S. 309 f.

dass eine Öffnung von Videotheken zur Befriedigung der Freizeitbedürfnisse nicht zwingend erforderlich ist[98].

Andererseits soll die Feiertagsruhe die betreffenden Tage von Konkurrenz- und Profitdruck befreien. So kann nicht jede, auf freizeitlichen Konsum ausgerichtete Betätigung von den Verbotstatbeständen ausgenommen werden[99]. So wurde etwa der Betrieb eines Gebrauchtwagenmarktes trotz des (auch) freizeitlichen Charakters auf Kundenseite in erster Linie als Erwerbstätigkeit betrachtet, die uneingeschränkt dem Konkurrenzdruck unterliegt und daher an Sonn- und Feiertagen unzulässig ist[100].

Insofern erscheint es angezeigt, ungeschriebene Ausnahmen vom Verbot öffentlich bemerkbarer, kommerzieller Tätigkeiten nur für klassische Freizeiteinrichtungen wie etwa Schwimmbäder, Theater, Museen, Kinos oder Freizeitparks (Phantasialand o.ä.) anzuerkennen[101]. Diesen Einrichtungen fehlt anders als etwa Autowaschanlagen[102] die werktägliche Charakteristik, sie sind ausschließlich auf die Befriedigung spezifisch freizeitbezogener Bedürfnisse fixiert. Die verfassungsrechtliche Grundentscheidung des Art. 139 WRV zu Gunsten der Sonntagsruhe zwingt zu einer weiten Auslegung der Verbotstatbestände und zu einer nur begrenzten Zulassung von Ausnahmen.

Zwar impliziert das sich wandelnde Freizeitverhalten eine gewisse Dynamik des Begriffs der *klassischen Freizeiteinrichtung*, doch erscheinen die damit verbundenen Abgrenzungsschwierigkeiten durchaus überwindbar, wenn man den Verbotstatbeständen vor dem Hintergrund des Verfassungsauftrags des

---

[98] So auch BayVGH aaO., BVerwG, GewArch 1995, 373; a.A. jedoch AG Düsseldorf, GewArch 2000, 294, 295, das allerdings die Differenzierung zwischen Anmietung und Konsum bespielter Videokassetten nicht in seine Erwägungen einbezieht und allein darauf abstellt, dass das Abspielen eine typische Freizeitaktivität bildet. Zu gemeinschaftsrechtlichen Aspekten des feiertagsgesetzlichen Verbots, Videotheken an Sonn- und Feiertagen geöffnet zu halten vgl. BVerwG, GewArch 1999, 24 f.

[99] So bejahte das VG Hannover (GewArch 1996, 25 f.) die Rechtmäßigkeit des Verbots eines Flohmarktes am Maßstab des Niedersächsischen Feiertagsgesetzes; ebenso entschied das VG Regensburg, GewArch 1992, 159 f.

[100] Vgl. BVerwG, NJW 1988, S. 2255 (Gebrauchtwagenmarkt); zur Beurteilung bei Trödelmärkten („Flohmärkte") vgl. *Bardenz*, GewArch 1998, 53 ff.; vgl. auch VG Stuttgart, GewArch 1998, 115 f., VG Regensburg, GewArch 1992, 159 f.; das das Betreiben eines Erotikartikelmarktes als typisch werktägliche Betätigung einordnet.

[101] So auch *Hoeren/Mattner*, Feiertagsgesetze der Bundesländer, 1989, § 3 Rdn. 60.

[102] Vgl. nur OVG Saarland, GewArch 1992, 398; ablehnend auch VG Wiesbaden in einem Fall, in dem es um die Zulässigkeit einer an eine Tankstelle angeschlossenen, automatischen Autowaschanlage ging (GewArch 1992, 318 f.); beachte auch OVG Hamburg, GewArch 1992, 76 f., das die Zulässigkeit eines sonntäglichen Betriebs von Münzstaubsaugern an Tankstellen verneint.

Art. 139 WRV das Gebot zur nur eng begrenzten Zulässigkeit von Ausnahmen entnimmt.

Soweit der Betrieb von Freizeiteinrichtungen landesrechtlich ausdrücklich als Ausnahme anerkannt wird[103], dabei jedoch nicht näher ausgeführt ist, welche Betriebe als Freizeiteinrichtungen gelten sollen, sind für die Auslegung dieser Vorschriften die genannten Grundsätze entsprechend anzuwenden[104].

Die bundesrechtliche Zulässigkeit bestimmter öffentlich bemerkbarer Arbeiten derogiert wegen Art. 31 GG das landesrechtliche Verbot unabhängig von der Existenz landesrechtlicher Ausnahmetatbestände[105].

Bei einer an Sinn und Zweck orientierten Auslegung der Verbotstatbestände sind die Freizeitbedürfnisse der Bevölkerung daher zu berücksichtigen. Das gewandelte Freizeitverhalten zwingt zu einem Abrücken vom Abgrenzungskriterium verbotener körperlicher und erlaubter nichtkörperlicher Arbeit und legt eine funktionale Betrachtungsweise nahe, die darauf abstellt, ob die jeweilige Tätigkeit Erwerbs- oder Freizeitzwecken dient. Die Grenze erlaubten Freizeitverhaltens bildet jedoch die Störung der äußeren Ruhe des geschützten Sonn- oder Feiertages.

2.2.) Positivierte Ausnahmen von den Verboten

Neben der soeben erörterten notwendigen Restriktion der Verbotstatbestände anerkennen die Feiertagsgesetze der Länder durchweg einige ausdrückliche Ausnahmen von den Arbeits- bzw. Handlungsverboten. Im Wesentlichen handelt es sich dabei um den Betrieb öffentlicher oder privater Verkehrsträger[106] und sonstiger Versorgungsunternehmen sowie bestimmte unaufschiebbare Not- und Gartenarbeiten[107]. Ferner sehen die Feiertagsgesetze der Länder die

---

[103] So etwa in NW gem. § 4 Nr. 5 FTG.

[104] Beachte aber etwa § 4 Nr. 5 FTG NW, wonach Saunas, Bräunungs- und Fitnessstudios ausdrücklich vom Handlungsverbot ausgenommen werden.

[105] So gestattet beispielsweise § 6 LSchlG den Betrieb von Tankstellen auch an Sonntagen. § 8 I LSchlG erlaubt den ganztägigen Verkauf von Reisebedarf auf Personenbahnhöfen an allen Tagen. Die ausdrückliche bundesrechtliche Zulässigkeit dieser Tätigkeiten derogiert ein entsprechendes landesrechtliches Verbot. Zum Verhältnis des LSchlG zum ArbZG vgl. unten (c).

[106] Vgl. etwa § 4 Nr. 2 FTG NW; zur Frage, ob die Komplettwäsche von Taxen an Sonn- und Feiertagen von dieser Ausnahmevorschrift gedeckt ist vgl. OLG Köln, GewArch 1992, 396 f. (ablehnend). Nach diesem Urteil kommt eine Befreiung vom Handlungsverbot allein für solche Teile des Wagens in Betracht, die für die Betriebssicherheit von Bedeutung sind wie etwa Scheiben, Scheinwerfer etc.

[107] Vgl. etwa § 4 Nr. 4 FTG NW.

Möglichkeit vor, Befreiungen im Einzelfall zu erteilen[108]. Dadurch kann ein schonender Ausgleich zwischen Einzelinteressen an werktäglicher Arbeit im Einzelfall und dem Gesamtinteresse an der Wahrung des ruhetäglichen Charakters erzielt werden.

Soweit die Feiertagsgesetze der Länder Betriebe der Freizeitindustrie bzw. bundesrechtlich geregelte Fälle ausdrücklich vom Verbot ausnehmen, kommt diesen Bestimmungen lediglich deklaratorische Bedeutung zu[109].

3.3.) Schutz des Gottesdienstes

Neben das ganztägige Verbot öffentlich bemerkbarer Arbeiten treten in den Feiertagsgesetzen der Länder besondere Schutzvorschriften für die Zeit des Hauptgottesdienstes[110].

Regelmäßig untersagt sind zu dieser Zeit insbesondere öffentliche Versammlungen unter freiem Himmel und öffentliche Aufzüge, die nicht mit dem Gottesdienst zusammenhängen, alle der Unterhaltung dienenden öffentlichen Veranstaltungen, bei denen nicht ein höheres Interesse der Kunst, Wissenschaft oder Volksbildung vorliegt, öffentliche Versammlungen in geschlossenen Räumen, soweit hierdurch der Gottesdienst unmittelbar gestört wird, sowie größere sportliche oder sonstige Veranstaltungen, durch die der Gottesdienst beeinträchtigt wird (beispielsweise § 5 FTG NW)[111]. Auffallend ist dabei, dass die Verbotstatbestände nicht ausschließlich an eine mögliche Störung des Gottesdienstes, sondern zum Teil lediglich an die zeitliche Lage einer Veranstaltung anknüpfen. Dies dient nicht dem Schutz der Gottesdienste vor „Konkurrenzveranstaltungen", sondern der Schaffung äußerer Ruhe zu dieser Zeit, um dem besonderen Charakter und der Bedeutung des Tages gerecht zu werden.

Flankiert werden diese Verbotstatbestände durch landesrechtliche Bußgeldtatbestände in den Feiertagsgesetzen der Länder, wonach Verstöße gegen näher bezeichnete Verbote der Feiertagsgesetze als Ordnungswidrigkeit geahndet

---

[108] In NW ist gemäß § 10 II FTG grundsätzlich die nach § 7 OBG zu bestimmende Aufsichtsbehörde für die Erteilung der Genehmigung zuständig. Über die Erteilung von Dispensen an den besonders geschützten stillen Feiertagen sowie an Gründonnerstag und Heiligabend entscheidet gemäß § 10 II FTG NW der Regierungspräsident. Eine solche Befreiung muss sich freilich auf einen bestimmten Feiertag im Einzelfall beziehen. Eine generelle Befreiung für alle Feiertage in einem bestimmten Zeitraum – ähnlich der gaststättenrechtlichen Sperrzeitverkürzung – ist unzulässig, vgl. VG Stuttgart, GewArch 2000, 432.

[109] Vgl. oben; etwas anderes gilt jedoch, wenn die positivierten Ausnahmen weiter gehen als die oben herausgearbeiteten Tatbestandsrestriktionen.

[110] Die Hauptzeit des Gottesdienstes wird landesrechtlich festgelegt, in Nordrhein-Westfalen ist dies gem. § 5 I S. 4 FTG NW die Zeit von sechs bis elf Uhr.

[111] Vgl. auch das ganztägige Verbot von Treib-, Lapp- und Hetzjagden gem. § 3 S. 3 FTG NW.

werden können[112]. Die Feiertagsgesetze enthalten jedoch auch Ermächtigungen für Ausnahmen von den Verboten im Einzelfall[113].

4.4.) Schutz der „Hochfeste“

Einzelnen anerkannten Sonn- und Feiertagen gewähren die Feiertagsgesetze der Länder einen noch weitergehenden Schutz. Dieser gesteigerte Schutz dient der Wahrung eines besonderen bzw. ernsten Charakters der betreffenden Tage. Dementsprechend finden sich für jeden dieser Tage einzelne, auf den Charakter des Tages individuell abgestimmte Verbote, welche über den allgemeinen Schutz hinausgehen[114].

Allgemein gelten Karfreitag, der Volkstrauertag, Allerheiligen sowie der Totensonntag als „stille Feiertage“[115]. Der Begriff der „stillen Tage“ bringt bereits den ernsten Charakter dieser Tage zum Ausdruck. Im Detail divergierend, in der grundsätzlichen Konzeption jedoch identisch sind die an diesen Tagen geltenden, weitergehenden Veranstaltungsverbote, insbesondere für solche Veranstaltungen, die der Vergnügung und Unterhaltung dienen, da diese dem betont ernsten Charakter dieser Tage in besonders augenscheinlicher Weise widersprechen. Der ernste Charakter dieser Tage ist überwiegend religiösen Ursprungs, so dass sich die Frage aufdrängt, ob die staatlichen Schutzvorschriften zur Bewahrung dieses Charakters nicht als Verstoß gegen die Neutralitätspflicht des Staates anzusehen sind. Dies ist jedoch nicht der Fall. Vielmehr sichert der Staat hierdurch die Toleranz, auf die auch Mehrheiten gegenüber andersdenkenden Minderheiten Anspruch haben[116].

(b) Die §§ 9 - 13 ArbZG

Ähnlich den Feiertagsgesetzen der Länder unterscheidet das ArbZG zwischen einem grundsätzlichen Verbot der Beschäftigung von Arbeitnehmern an Sonn- und Feiertagen (§ 9) sowie einem enumerativen Katalog an Ausnahme-

---

[112] Vgl. dazu OLG Düsseldorf, GewArch 1992, 39 f.

[113] Vgl. dazu bereits oben (sub 2.2.).

[114] Zur Zulässigkeit eines Weihnachtsmarktes am Totensonntag vgl. Hess.VGH, GewArch 1998, 242 f. (ablehnend); nach zutreffender Auffassung des Hess.VGH, GewArch 1994, 263 f., widerspricht der Betrieb einer Spielhalle ebenfalls dem besonderen Ruhecharakter „stiller Feiertage“ und ist damit an diesen Tagen unzulässig; zur Rechtmäßigkeit von Beschränkungen für das Musical „Starlight Express“ an stillen Feiertagen vgl. BVerwG, GewArch 1994, 322 ff.

[115] Bis zur Abschaffung des Buß- und Bettages in allen Bundesländern mit Ausnahme von Sachsen genoss auch dieser Tag besonderen, erhöhten Schutz als „stiller Tag“.

[116] *Strätz*, HStKR II, 1. Aufl., 1975, § 42, S. 801, 814; vgl. auch *Hoeren/Mattner*, Feiertagsgesetze der Bundesländer, 1989, § 7 Rdn. 1.

tatbeständen (§ 10)[117]. § 11 regelt den Freizeitausgleich für geleistete Sonn- und Feiertagsarbeit, während § 12 eine Öffnungsklausel für in bestimmtem Umfang abweichende tarifvertragliche Regelungen enthält. Der Regelungskomplex der §§ 9-13 ArbZG ersetzt die aufgehobenen Vorschriften der §§ 105a-112 GewO. Soweit die Regelungen des ArbZG landesrechtlichen Vorschriften widersprechen, wird das Landesrecht gem. Art. 31 GG derogiert. Anders als die landesrechtlichen Verbotstatbestände verbietet § 9 ArbZG allein die Beschäftigung von Arbeitnehmern, dies jedoch umfassend ohne Rücksicht auf die äußere Bemerkbarkeit der Tätigkeit. Weiter gefasst sind auch die Ausnahmen des § 10 ArbZG[118]. Die ausgeweitete Zulässigkeit sonn- und feiertäglicher Arbeit gemäß § 10 I und II ArbZG hat verfassungsrechtliche Bedenken hervorgerufen, da dadurch das in Art. 139 WRV angeordnete Regel-/Ausnahmeverhältnis umgekehrt werden könnte[119]. Dem dogmatischen Ansatz dieser Kritik ist zuzustimmen, nicht jedoch deren Ergebnis. Art. 139 WRV ordnet die Arbeitsruhe als Regelfall an. Ausnahmen sind daher nur solange zulässig wie die allgemeine Arbeitsruhe nicht in Frage gestellt wird. Zwar ist der Ausnahmekatalog des § 10 I ArbZG erheblich ausgeweitet, der Ruhecharakter des Sonntags wird dadurch aber nicht grundsätzlich angetastet. Sonntagsarbeit bleibt auch danach die Ausnahme. Die Regelungen sind Ausdruck einer sorgsamen gesetzgeberischen Abwägung zwischen Versorgungs- und Freizeitbedürfnissen einerseits und dem Gebot der Sonntagsruhe andererseits. Es handelt sich nach wie vor um eine enumerative, abschließende Regelung, die auf eine Generalklausel verzichtet. Des Weiteren benennt § 10 I ArbZG nicht lediglich Gruppen von Arbeitnehmern, die an Sonn- und Feiertagen beschäftigt werden dürfen, sondern stellt zum Teil weitere Voraussetzungen auf, die erfüllt sein müssen, um eine Ausnahme von der Sonntagsruhe zu rechtfertigen[120].

Auch § 10 II ArbZG stellt keinen „Freibrief" für sonntägliche Beschäftigung dar. Denn es sind eben nicht die wirtschaftlichen Erwägungen, welche eine durchgehende Produktion legitimieren, sondern es ist das Interesse an einer ge-

[117] Allgemein zum Normenkomplex der §§ 9-13 ArbZG etwa *Kollmer*, GewArch 1994, 406 ff.

[118] Ausnahmen sind nach Abs. 1 unter anderem zulässig in Rettungsdiensten und bei der Feuerwehr (Nr. 1), in Krankenhäusern (Nr. 3), in Gaststätten (Nr. 4), bei Musik-, Theater- und sonstigen Kulturveranstaltungen (Nr. 5), im Bereich des Sports, der Freizeit- und Erholungsindustrie (Nr. 7) und Rundfunkbetrieben (Nr. 11). Abs. 2 lässt Produktionsarbeiten zu, wenn die mit der Unterbrechung und Wiederaufnahme der Produktion verbundenen Arbeiten den Einsatz von mehr Arbeitskräften als bei durchgehender Produktion erfordern.

[119] Zur Verfassungskonformität des § 10 IV ArbZG bzw. des § 13 ArbZG vgl. *Richardi/Annuß*, Sonn- und Feiertagsarbeit unter der Geltung des Arbeitszeitgesetzes, 1999, S. 26 ff.; vgl. ferner *Buschmann/Ulber*, ArbZG, § 9 Rdn. 1; *Kuhr*, DB 1994, 2186, 2189.

[120] Vgl. etwa § 10 I Nr. 14 ArbZG.

ringstmöglichen Störung der Sonntagsruhe. § 10 II ArbZG beruht auf einem Vergleich zwischen dem Umfang sonntäglicher Arbeit bei durchgehender Produktion einerseits und der notwendigen, nach § 10 I Nr. 14 ArbZG zulässigen Sonntagsarbeit, die mit der Unterbrechung und der Wiederaufnahme der Produktion verbunden ist. Die Zulässigkeit durchgehender Produktion orientiert sich nicht an finanzieller Effizienz, sondern an der Zahl der benötigten Arbeitskräfte. Betriebe, die sich auf § 10 II ArbZG berufen, müssen darlegen, dass die Unterbrechung und Aufnahme der Produktion mehr Arbeitskräfte erfordern würde, als ein durchgehender Betrieb. Dies wird lediglich in Ausnahmefällen gelingen, so dass das Regel-/Ausnahme-Prinzip des Art. 139 WRV gewahrt bleibt.

(c) Das Ladenschlussgesetz

Die zweite zentrale bundesrechtliche Ausgestaltung der Arbeitsruhe bildet das Ladenschlussgesetz (LSchlG)[121]. § 3 I Nr. 1 LSchlG verbietet die Öffnung von Verkaufsstellen für den geschäftlichen Verkehr mit Kunden an Sonn- und Feiertagen. Von diesem grundsätzlichen Verbot wiederum lässt das Gesetz verschiedene Ausnahmen zu. Bereichsbezogene Ausnahmen betreffen etwa die Öffnung von Apotheken (§ 4)[122], den Verkauf von Zeitschriften an Kiosken an Sonn- und Feiertagen von 11 bis 13 Uhr (§ 5 Nr. 2), die ganztägige Öffnung von Tankstellen einschließlich des Verkaufs von Reisebedarf (§ 6), den Betrieb von Warenautomaten (§ 7), Verkaufsstellen auf Personenbahnhöfen (§ 8) sowie Flug- und Fährhäfen (§ 9). § 11 LSchlG eröffnet hingegen die Möglichkeit, durch Rechtsverordnung der Landesregierung die Öffnung näher zu bezeichnender Verkaufsstellen in ländlichen Gebieten während der Zeit der Feldbestellung bzw. Ernte zuzulassen, wenn dies zur Befriedigung dringender Kaufbedürfnisse der Landbevölkerung erforderlich ist. Die auf Grundlage des

---

[121] Allgemein dazu etwa *Kollmer*, GewArch 1997, 92 ff.; *Weise*, GewArch 1994, 139 ff.; zum Drittschutz der Vorschriften des LSchlG vgl. *Wallerath*, NJW 2001, 781 ff.; Rechtsfragen der Flexibilisierung des Ladenschlusses im Verhältnis zum Feiertagsschutz erörtert *Kirste*, NJW 2001, 790 ff.

[122] Dies jedoch mit der Einschränkung gemäß § 4 II, dass von mehreren Apotheken nur die Öffnung einer sog. „Notapotheke" zulässig ist. Zur Dienstbereitschaft von Bahnhofsapotheken VG Stuttgart, GewArch 2000, 126 f. Beachte aber die Entscheidung des BVerfG vom 16.1. 2002, Az.: 1 BvR 1236/99 - bislang unveröffentlicht -, in der ein Verstoß des § 14 IV LSchlG gegen Art. 12 GG festgestellt wurde. § 14 LSchlG enthält die Regelungen für eine begrenzte Zahl verkaufsoffener Sonntage im Jahr. § 14 IV LSchlG nimmt Apotheken jedoch von der begünstigenden Regelung aus und verweist stattdessen auf § 4 LSchlG, nach dem lediglich die Öffnung von „Notapotheken" zulässig ist. Nach der Entscheidung des BVerfG dürfen die Apotheken nicht von einer Freigabe des Ladenschlusses an einzelnen Sonntagen ausgenommen werden.

§ 12 I vom Bundesministerium für Arbeit und Sozialordnung am 21.12. 1957[123] erlassene Rechtsverordnung gestattet ferner den sonntäglichen Verkauf von Milcherzeugnissen, Bäcker- und Konditorwaren, frischen Früchten, Blumen und Zeitungen. § 14 hingegen gewährt die Möglichkeit, bis zu vier Sonntage im Jahr aus Anlass von Märkten, Messen oder ähnlichen lokalen Veranstaltungen zum Verkauf freizugeben[124]. Zum einen dient diese Ausnahme den Versorgungsinteressen der Besucher, zum anderen bewirkt die Vorschrift eine Belebung der örtlichen Wirtschaft[125]. Ein Interesse an der Stärkung der örtlichen Wirtschaft allein vermag jedoch keine Ausnahmen vom Ladenschluss an Sonn- und Feiertagen zu rechtfertigen. Jedoch ist die Förderung wirtschaftlicher Interessen nicht als eigentlicher Zweck, sondern lediglich als durchaus erwünschter Reflex der Regelung zu bezeichnen[126].

Wird von der Möglichkeit der sonntäglichen Ladenöffnung Gebrauch gemacht, so müssen die offenen Verkaufsstellen zum Ausgleich der beschäftigten Arbeitnehmer am jeweils vorausgehenden Samstag ab 14 Uhr geschlossen bleiben (§ 14 I S. 2).

§ 10 I LSchlG ermächtigt die Landesregierungen, durch Rechtsverordnung an touristisch bedeutsamen Orten den Verkauf bestimmter Waren mit Bezug zum lokalen Tourismus, vor allem also Andenken und Souvenirs, zuzulassen. Der Gefahr einer Erosion des Ladenschlusses durch eine großzügige Handhabung dieser „Fremdenverkehrsregelung"[127] muss durch eine Besinnung auf die Funktion dieser Ausnahmeregelung, allein die spezifischen, sich gerade von denen der Einheimischen abhebenden Einkaufsbedürfnisse der Ortsfremden zu

---

[123] BGBl. I S. 1881

[124] Eine zur Ladenöffnung berechtigende „ähnliche Veranstaltung" iSd. § 14 I LSchlG liegt nur vor, wenn sie sich von Veranstaltungen an „normalen" Sonn- und Feiertagen abhebt, einen „beträchtlichen Besucherstrom" anzieht und aus diesem Grund Anlass bietet, die Offenhaltung von Verkaufsstellen freizugeben, vgl. VGH Bad. Württ., GewArch 1995, 349. Zur Frage des Ladenschlusses an dem einem verkaufsoffenen Sonntag vorangehenden Samstag vgl. *Huber*, GewArch 1998, 406 ff.; OVG Bremen, GewArch 1998, 485 ff.
Gem. § 14 IV iVm. § 4 LSchlG nehmen Apotheken jedoch nicht an der generellen Freigabe des Ladenschlusses einzelner Sonntage teil; vielmehr wird nur die Öffnung von Notapotheken zugelassen. Das BVerfG (NJW 2002, 666 ff.) sieht darin allerdings einen Verstoß gegen die Berufsfreiheit der betroffenen Apotheker.

[125] Vgl. *Stober*, LSchlG, 4. Aufl. (2000), § 14 Rdn. 4.

[126] Anders hingegen *Stober*, aaO., Rdn. 4, der dies als gleichberechtigten Zweck ansieht. Doch schließt bereits der Wortlaut des § 14 LSchlG eine Ladenöffnung ohne Bezug zu lokalen Veranstaltungen aus. Primärer Grund einer Ladenöffnung sind von daher die durch die Veranstaltung hervorgerufenen Versorgungsbedürfnisse.

[127] Eingehend dazu *Rozek*, NJW 1999, S. 2921 ff.

befriedigen[128], begegnet werden. In jedem Falle unzulässig ist daher beispielsweise die Etikettierung des gesamten Warensortiments mit Aufklebern „Souvenir“ wie dies im Falle des Kaufhof-Warenhauses Berlin-Alexanderplatz erfolgte. Die vom Berliner Landesamt für Arbeitsschutz erlassene Untersagungsverfügung bezüglich des Verkaufs von Waren ohne Ortsbezug ist demgemäss vom VG Berlin unter Hinweis auf die offenkundige Umgehung des Verkaufsverbots bestätigt worden[129].

Besondere Bedeutung hat in der Praxis in letzter Zeit vor allem der Befreiungstatbestand des § 23 LSchlG erlangt. Danach können die obersten Landesbehörden in Einzelfällen befristete Ausnahmen vom Ladenschluss zulassen, wenn dies im öffentlichen Interesse dringend nötig ist. Als problemhaltig hat sich dabei die Bestimmung eines öffentlichen Interesses erwiesen. So hatte das OVG Sachsen-Anhalt beispielsweise darüber zu entscheiden, ob der politische Wille zur wirtschaftlichen Förderung einer strukturschwachen Region die Freigabe der Ladenöffnungszeiten zu rechtfertigen vermag[130]. Das Gericht lehnte die Ladenöffnung aus solchen Gründen mit der Begründung ab, dass anderenfalls der Gehalt der Sonn- und Feiertagsgarantie ausgehöhlt würde. § 23 LSchlG könne vielmehr nur bei Vorliegen eines qualifizierbaren Versorgungsbedürfnisses zur Anwendung kommen. Dieser Sichtweise ist einerseits unter Berücksichtigung der verfassungsrechtlichen Bindungen des Art. 139 WRV, andererseits aber auch aus Gründen des einfachen Rechts zuzustimmen. Zunächst verlangt der Wortlaut des § 23 LSchlG eine Dringlichkeit für die Erteilung der Erlaubnis. Dies setzt nach allgemeinen ordnungsrechtlichen Maßstäben die Gefahr eines Schadens für wichtige Rechtsgüter voraus[131], die aber bei allgemein strukturfördernden Maßnahmen kaum jemals vorliegen dürfte. Auch verdeutlicht die Systematik des LSchlG den Ausnahmecharakter sonn- und feiertäglicher Ladenöffnung. Dieser einfachgesetzlich ausgestaltete Ausnahmecharakter wird verfassungsrechtlich durch Art. 139 WRV iVm. Art. 140 GG zwingend vorgegeben. Sonntägliche Ladenöffnung würde diesem Ausnahmeprinzip jedoch widersprechen. So entspringen die ausdrücklich im LSchlG geregelten Ausnahmen ganz überwiegend der Notwendigkeit, bestimmte Versorgungsinteressen zu befriedigen[132]. Zu Recht hat das OVG Sach-

[128] BR-Drs. 310/54, S. 19; *Stober*, aaO., § 10 Rdn. 2.
[129] VG Berlin, NJW 1999, S. 2988.
[130] OVG LSA, DVBl. 1999, 1447 ff.
[131] Vgl. zum Begriff der „dringenden Gefahr“ etwa *Drews/Wacke/Vogel/Martens*, Gefahrenabwehr, 9. Aufl., 1985, S. 205 f.
[132] Vgl. etwa § 14 LSchlG, der primär Versorgungsinteressen der Besucher lokaler Veranstaltungen im Blick hat; ebenso § 11, der auf spezifische Versorgungsbedürfnisse der Land-

sen-Anhalt daher festgestellt, dass für die Öffnung ein solches Versorgungsinteresse nicht bestehe, da die Einkäufe auch ohne weiteres werktags zu erledigen seien[133]. § 23 I LSchlG lässt Ausnahmen vom Ladenschluss nur dann zu, wenn ein gegenüber dem Schutz des Verkaufspersonals und der Sonntagsruhe höherrangiges Interesse dies zwingend gebietet. Eine Umgehung der Wertungen des LSchlG durch die Verwaltungsbehörden mittels einer „uferlosen" Erteilung von Ausnahmegenehmigungen ist somit rechtlich ausgeschlossen[134]. Der Anwendungsbereich des § 23 I LSchlG liegt in der Erfassung atypischer Ausnahmefälle wie etwa dem drohenden Verderb großer Mengen Lebensmittel[135] oder der Versorgung bei Großveranstaltungen soweit die §§ 14 I bzw. 16 I LSchlG nicht bereits einschlägig sind. Schließlich ist zu berücksichtigen, dass der strukturfördernde Effekt sonntäglicher Ladenöffnung nur dann greifen kann, wenn damit ein lokaler Standortvorteil verbunden ist. Die Ladenöffnung an Sonntagen kann die ihr zugedachte Wirkung daher nur dann erzielen, wenn angrenzende Kommunen die Läden geschlossen halten, was wiederum zu Lasten der anderen Regionen ginge. Einen solchen Wettbewerb der Regionen will und darf das LSchlG indes gar nicht ermöglichen. Absehbare Folge wäre, dass andere Kommunen mit der Freigabe der Ladenschlusszeiten gemäß § 23 LSchlG nachfolgen würden, so dass die Garantie des sonn- und feiertäglichen Ladenschlusses in der regionalpolitischen Konkurrenz ausgehöhlt würde.

Vor diesem Hintergrund lässt das LSchlG keinen Raum, Ladenöffnungszeiten als politisches Gestaltungsmittel im Wettbewerb um regionale Wirtschaftsstandorte einzusetzen[136].

Der Grundsatz generellen Ladenschlusses an Sonn- und Feiertagen nach dem LSchlG wird somit allein durch eng umrissene Versorgungsbedürfnisse durchbrochen. Soweit das LSchlG Ausnahmen vom Verbot des Ladenschlusses an Sonn- und Feiertagen vorsieht, gestattet § 17 LSchlG die Beschäftigung von Arbeitnehmern während dieser Zeit. Kollidiert die nach dem LSchlG zu-

---

bevölkerung während der Erntezeit Bezug nimmt, da es vielen Menschen dann nur schwer möglich ist, ihre Besorgungen während der üblichen Ladenöffnungszeiten zu erledigen.

[133] OVG LSA, aaO.

[134] BR-Drs. 310/54, S. 39; BVerwG, GewArch 1974, 277, 278.

[135] Vgl. *Zmarzlik/Roggendorff*, LSchlG, 2. Aufl. (1997), § 23 Rdn. 4; *Neumann*, Das neue Ladenschlussgesetz, 3. Aufl. (1997), § 23 Anm. 2; *Rozek*, aaO., S. 2924.

[136] Entsprechendes gilt für sonstige allgemeine öffentliche Interessen wie die Sicherung oder Schaffung von Arbeitsplätzen oder die Belebung des Fremdenverkehrs, vgl. *Rozek*, aaO., S. 2924 mwN.; vgl. auch VG Schleswig, GewArch 2000, 498 f., das ausdrücklich ein Versorgungsinteresse für eine Ausnahmebewilligung nach § 23 I LSchlG verlangt und die Vorschrift aufgrund der verfassungsrechtlichen Gewährleistung des Sonn- und Feiertagsschutzes restriktiv auslegt.

lässige Beschäftigung von Arbeitnehmern mit dem Verbot des § 3 ArbZG und sieht das ArbZG in diesem Fall keine entsprechende Befreiung vor, stellt sich die Frage nach dem Verhältnis beider Regelungskomplexe zueinander.

Im Grundsatz ist anerkannt, dass Schutzvorschriften zu Gunsten der Arbeitnehmer aus verschiedenen Regelungskomplexen kumulativ nebeneinander treten[137], doch würde bei Hinnahme eines eventuellen Beschäftigungsverbots nach dem ArbZG die erkennbare Intention des LSchlG ad absurdum geführt. Denn das LSchlG betrifft die Zulässigkeit der Öffnung von Verkaufsstellen[138], die ohne Beschäftigung von Arbeitnehmern in einer Vielzahl von Fällen praktisch nicht durchführbar wäre[139]. Die Regelungsintention des LSchlG würde in diesem Falle unvertretbar verkürzt bzw. vollständig vereitelt und das LSchlG zu einer „Hülle ohne Kern“ verkommen. Vor allem aber handelt es sich bei § 17 LSchlG gegenüber dem ArbZG um eine speziellere und damit vorrangige Regelung auf gleicher Normebene[140], da das LSchlG ausschließlich die Beschäftigung von Arbeitnehmern in Verkaufsstellen regelt und damit nur eine Facette des Anwendungsbereichs des ArbZG berührt.

b) Kirchliche Feiertage

Die zweite Kategorie bilden die *kirchlichen Feiertage*. Anders als bei den anerkannten Feiertagen beschränkt sich die Intention des Gesetzgebers in dieser Kategorie auf die Ermöglichung ungestörter Religionsausübung, nicht jedoch auf die Durchsetzung ganztägiger Arbeitsruhe, so dass die Ausgestaltung des Schutzes dieser Tage ausschließlich durch die Länder erfolgt.

Die Bestimmung kirchlicher Feiertage kann einerseits durch einen Rückgriff auf das Selbstverständnis der Kirchen oder Religionsgemeinschaften erfolgen. Insoweit spielt das kirchliche Feiertagsrecht in begrenztem Umfang in die weltliche Rechtsordnung hinein. So definiert beispielsweise § 8 I des nordrhein-westfälischen Feiertagsgesetzes (FTG NW) kirchliche Feiertage wie folgt:

---

[137] Vgl. *Neumann* in: ders./Biebl, LSchlG, § 17 Rdn. 1; *Stober*, aaO, § 17 Rdn. 3.

[138] Vgl. § 1 LSchlG.

[139] In diesem Fall käme allein die Öffnung von Familienbetrieben und Warenautomaten an Sonntagen in Betracht. In der Praxis handelt es sich dabei jedoch um Ausnahmen. Regelmäßig sind in Verkaufsstellen Arbeitnehmer unentbehrlich.

[140] Vgl. OVG Koblenz, GewArch 1995, 36; *Zmarzlik/Roggendorf*, LSchlG, § 17 Rdn. 1; *Stober*, aaO. Rdn. 3.

„Kirchliche Feiertage sind Feiertage, die von den Kirchen oder Religionsgemeinschaften außer den in § 2 genannten Feiertagen begangen werden.“[141]

Entscheidend ist somit, welche Tage innerhalb des Kirchenjahres als Feiertage anerkannt und begangen werden. Unerheblich ist hingegen das Bestehen einer „Sonntagspflicht“ oder ähnlichen an die Qualifizierung als Festtag geknüpften (binnen-) kirchenrechtlichen Rechtsfolgen.

Andere Bundesländer legen in ihren Feiertagsgesetzen neben den anerkannten auch die kirchlichen Feiertage enumerativ fest[142].

Elemente des Schutzes kirchlicher Feiertage sind Freistellungsansprüche von Arbeitnehmern gegen ihre Arbeitgeber zum Zwecke des Gottesdienstbesuches sowie die Geltung derjenigen Handlungsverbote, die für die Zeit des Hauptgottesdienstes an anerkannten Feiertagen festgeschrieben sind[143]. Landesrechtlich werden dabei jedoch nicht immer beide Aspekte aufgegriffen.

Die Existenz kirchlicher Feiertage ist nicht durch Art. 139 WRV bedingt. Sie dienen nicht ganztägiger Arbeitsruhe und seelischer Erhebung, sondern allein der ungestörten Religionsausübung. Die Anforderungen des Art. 139 WRV bestehen somit nur für Feiertage der ersten Kategorie. Im Rahmen des Schutzes kirchlicher Feiertage sind sie hingegen nicht zu beachten. Gleichwohl erscheint die Existenz dieser Kategorie von Feiertagen verfassungsrechtlich geboten, doch bildet nicht Art. 139 WRV, sondern Art. 4 GG den dabei zu be-

---

[141] Vgl. auch § 4 I HessFTG: *„Soweit betriebliche Notwendigkeiten nicht entgegenstehen, haben die Arbeitgeber Mitgliedern der Kirchen und Religionsgemeinschaften Gelegenheit zu geben, an deren Feiertagen, auch wenn diese nicht zugleich gesetzliche Feiertage sind, den Gottesdienst zu besuchen.“*

Vgl. ferner § 10 I SchlHolstFTG: *„Den in einem Beschäftigungs- oder Ausbildungsverhältnis stehenden Mitgliedern der Religionsgesellschaften ist, soweit betriebliche Notwendigkeiten nicht entgegenstehen, an den Feiertagen ihres Bekenntnisses Gelegenheit zu geben, am Gottesdienst teilzunehmen.“*

Vgl. weiter § 2 I FTG Berlin: *„Kirchliche Feiertage im Sinne dieses Gesetzes sind Feiertage, die von den Kirchen und Religionsgemeinschaften begangen werden und nicht allgemeine Feiertage im Sinne des § 1 sind.“*

Vgl. schließlich § 9 FTG RhldPf.: *„An den kirchlichen Feiertagen, die nicht gesetzliche Feiertage sind, soll in der Nähe von Kirchen oder anderen religiösen Handlungen dienenden Gebäuden alles vermieden werden, was den Gottesdienst unmittelbar stören kann.“*

[142] So beispielsweise §§ 2, 4 FTG BW. Als kirchliche Feiertage gelten gemäß § 2 FTG BW allein der Gründonnerstag, der Buß- und Bettag sowie das Reformationsfest. § 4 I FTG BW gewährt bekenntniszugehörigen Beschäftigten und Auszubildenden das Recht, der Arbeit fernzubleiben, wobei über den Verdienstausfall hinausgehender Nachteil nicht entstehen darf. Für die übrigen beiden kirchlichen Feiertage beschränkt § 4 II FTG BW diesen Anspruch auf die Zeit zum Gottesdienstbesuch. Weitere kirchliche Feiertage schützt das Feiertagsgesetz Baden-Württembergs nicht. Vgl. ferner § 8 FTG Bremen, § 7 NdsFTG.

[143] Beispielsweise § 8 III FTG NW.

achtenden grundgesetzlichen Hintergrund. Ohne die Gewährleistung arbeitsrechtlicher Freistellungsansprüche wäre eine überwältigende Zahl an Gläubigen nicht in der Lage, die betreffenden Tage ihren religiösen Überzeugungen entsprechend zu begehen. Insbesondere vor dem Hintergrund, dass Art. 4 GG im privatrechtlichen Bereich selbst keine Ansprüche auf Arbeitsbefreiung vermittelt[144], erweist sich der durch die Feiertagsgesetze der Länder gewährleistete Schutz dieser Tage in erster Linie als Ausgestaltung einer grundrechtlichen, aus Art. 4 GG fließenden staatlichen Schutzpflicht denn als aus Art. 139 WRV abzuleitendes Gebot. Anders als bei den anerkannten Feiertagen bildet die Arbeitsruhe aber auf die Gesamtbevölkerung bezogen auch während der Zeit des Hauptgottesdienstes die Ausnahme. Das Gesetz sieht lediglich individuelle Befreiungen von arbeitsvertraglichen Pflichten vor, auf die jedoch ein Anspruch besteht, sofern nicht betriebliche Interessen ausnahmsweise vorrangig sind[145]. Bei der Abwägung ist jedoch angesichts der Bedeutung des Freistellungsanspruchs vor dem Hintergrund des Art. 4 GG ein strenger Maßstab an den Begriff der vorrangigen betrieblichen Belange anzulegen. Überdies darf dem Arbeitnehmer aus dem Fernbleiben von der Arbeit während dieser Zeit kein weitergehender Nachteil als der entsprechende Lohnausfall entstehen[146]. Vor allem aber müssen Arbeitnehmer den Anspruch gegenüber ihren Arbeitgebern erst geltend machen. Der Lohnausfall wird hingegen anders als bei den anerkannten Feiertagen hingenommen. Anderenfalls bestünde die Gefahr, dass die ausschließlich der Religionsausübung dienenden Ansprüche in der Praxis als reine Freizeitgarantien missbraucht würden.

Durch dieses im Vergleich zu den anerkannten Feiertagen umgekehrte Regel-Ausnahme-Prinzip wird den religiösen Bedürfnissen einerseits entsprochen, andererseits aber auch der werktägliche Charakter der Tage gewahrt.

Im Unterschied zu anderen Bundesländern, die ausschließlich Freistellungsansprüche vermitteln, ordnet § 8 III FTG NW das Inkrafttreten der an Sonn- und anerkannten Feiertagen geltenden Handlungsverbote an, wenn mindestens 2/5 der Gemeindebevölkerung den Feiertag begehen oder die allgemeine Achtung des Feiertages einer langjährigen Gewohnheit entspricht. Diese Verbote dienen jedoch nicht allein dem Schutz der Gottesdienste, sondern auch der Herstellung äußerer Ruhe. Angesichts des an kirchlichen Feiertagen zu bewahrenden werktäglichen Charakters könnte sich die teilweise Schaffung äußerer Ruhe als systemwidrig erweisen. Jedoch sind auch hier die getroffenen Abstufungen zu beachten. Der Charakter der Sonntagsruhe wird maßgeblich geprägt

---

[144] Vgl. LAG Düsseldorf, BB 1964, 587; *Hoeren/Mattner*, Feiertagsgesetze der Bundesländer, 1989, § 7 Rdn. 12.

[145] Vgl. bspw. § 8 II FTG NW.

[146] Dies legt beispielsweise § 8 II S. 2 FTG NW ausdrücklich fest.

vom umfassenden Verbot öffentlich bemerkbarer Tätigkeiten. Die Handlungsverbote während des Gottesdienstes vertiefen lediglich eine Facette dieser Ruhe. Das allgemeine Arbeits- und Handlungsverbot tritt an diesen Tagen hingegen in keiner Weise in Kraft. An kirchlichen Feiertagen entsteht daher kein der Sonntagsruhe vergleichbarer Stillstand öffentlichen Lebens. Die Handlungsverbote verengen sich an kirchlichen Feiertagen allein auf die Funktion, den ungestörten Gottesdienst zu gewährleisten.

Greift der Gesetzgeber auf das Selbstverständnis der Kirchen und Religionsgemeinschaften zurück, besteht die praktische Notwendigkeit, das Inkrafttreten von allgemeinen Handlungsverboten - wie in Nordrhein-Westfalen - von bestimmten Mindestquoren abhängig zu machen, da ansonsten zumindest theoretisch die Gefahr besteht, dass durch eine nahezu unüberschaubare Zahl kirchlicher Feiertage beinahe täglich Einschränkungen des täglichen Lebens entstehen. Die Freistellungsansprüche der abhängig Beschäftigten unterliegen hingegen nicht dieser Beschränkung. Hierfür besteht insbesondere deshalb keine Veranlassung, weil diese Ansprüche ausschließlich das Verhältnis zwischen dem einzelnen Arbeitnehmer und seinem Arbeitgeber betreffen und gerade nicht jedermann beeinträchtigende Rechtsfolgen auslösen. Für die Geltung der Freistellungsregeln muss es daher genügen, dass der Einzelne einen bestimmten Tag als Feiertag begehen möchte. Andererseits läge eine sachlich nicht gerechtfertigte Ungleichbehandlung gegenüber größeren Religionsgemeinschaften vor.

c) Sonderfall: Jüdische Feiertage

Als Besonderheit ist der ausdrückliche Schutz einzelner jüdischer Feiertage in Nordrhein-Westfalen und Bayern zu nennen. Dabei handelt es sich dem Grunde nach um kirchliche Feiertage, doch ist der jüdische Bevölkerungsanteil nicht hoch genug, um die für kirchliche Feiertage vorgesehenen Handlungsverbote auszulösen. So werden in Nordrhein-Westfalen kirchliche Feiertage nur dann geschützt, wenn wenigstens 2/5 der Bevölkerung den betreffenden Tag als Feiertag begehen (§ 8 III 1 FTG NW).

Gleichwohl sieht der Gesetzgeber in Nordrhein-Westfalen und Bayern ein Bedürfnis für einen besonderen Schutz jüdischer Feiertage, welches in der besonderen landesrechtlichen Anerkennung einzelner jüdischer Feiertage zum Ausdruck kommt. Als jüdische Feiertage schützt § 9 FTG NW zwei Tage des Neujahrsfestes und den Versöhnungstag, Art. 6 des bayerischen Feiertagsgesetzes darüber hinaus vier Tage des Osterfestes, das Wochenfest (2 Tage) und das Laubhüttenfest (4 Tage).

Gegenüber anderen kirchlichen Feiertagen sind mit der Anerkennung jüdischer Feiertage modifizierte Rechtsfolgen verbunden. Dies sind das Verbot aller vermeidbaren, Lärm erregenden Handlungen in der Nähe von Synagogen und sonstigen der Gottesdienstausübung dienenden Räumlichkeiten während des Hauptgottesdienstes sowie öffentlicher Versammlungen und Umzüge zu dieser Zeit an den benannten Orten. Im Vergleich zu den an sonstigen kirchlichen Feiertagen geltenden Verboten sind die Regelungen bezüglich der jüdischen Feiertage nicht so weitgehend und speziell auf die Besonderheiten dieser Tage abgestimmt.

Unabhängig von einer Mindestrepräsentanz in der Bevölkerung bestehen an allen kirchlichen Feiertagen vor dem Hintergrund des Art. 4 GG Freistellungsansprüche zum Besuch des Gottesdienstes. Für die genannten jüdischen Feiertage wird dieser Grundsatz jedoch dahingehend modifiziert, dass diese Ansprüche ohne Rücksichtnahme auf etwa entgegenstehende betriebliche Belange gewährleistet werden (vgl. § 9 III FTG NW). Diese Privilegierung begegnet angesichts des geringen Anteils jüdischer Mitbürger auch am Maßstab des Art. 12 bzw. 14 GG keinen durchgreifenden Bedenken.

d) Geschützte Tage

Die dritte Kategorie bilden die geschützten Tage. Dies sind diejenigen Tage, die wegen ihres engen zeitlichen oder inhaltlichen Zusammenhangs mit den christlichen Festen oder mit Rücksicht darauf, dass sie von der Bevölkerung tatsächlich begangen werden, einen - freilich eingeschränkten - Schutz genießen. Diese Tage und der Umfang ihres Schutzes werden im Einzelnen durch die Feiertagsgesetze der Länder bestimmt[147]. Solche geschützten Tage sind - je nach Landesrecht - Heiligabend, Silvester oder einzelne Tage des Osterfestes[148]. An diesen Tagen werden insbesondere öffentliche Vergnügungsveranstaltungen eingeschränkt. Mit zeitlichen Einschränkungen entspricht der Schutz dieser Tage damit dem der kirchlichen Feiertage[149], Ansprüche auf Arbeitsbefreiung werden hingegen nicht gewährt.

---

[147] Allein Hamburg kennt diese Kategorie von Feiertagen nicht, so dass es dort bei der Zweiteilung zwischen anerkannten und kirchlichen Feiertagen bleibt.

[148] Vgl. § 7 FTG NW, der am Gründonnerstag öffentlichen Tanz untersagt sowie Heiligabend ab 16 Uhr wie einen kirchlichen Feiertag schützt.

[149] Näher dazu: *Strätz*, HStKR II, 1. Aufl., 1975, S. 801, 817.

Kapitel 2: Grundlagen des Staatskirchenrechts in der Bundesrepublik Deutschland

Art. 139 WRV als verfassungsrechtlich maßgebliche Norm für die Garantie anerkannter Feiertage stellt einen der durch Art. 140 GG im Wege einer statischen Verweisung in das Grundgesetz inkorporierten sog. „Kirchenartikel“ dar[150]. Zwar ist das Feiertagsrecht aus diesem Grunde nicht ausschließlich als staatskirchenrechtliche Materie zu verstehen, doch sind Feiertage stets Ausdruck kultureller Identifikation und Tradition, welche in unserem Land stark ausgeprägte religiöse Bezüge aufweisen[151]. Das Staatskirchenrecht kann bei der Untersuchung feiertagsrechtlicher Fragestellungen daher nicht ausgeblendet werden. Im Folgenden sollen die staatskirchenrechtlichen Grundlagen kurz beleuchtet werden, um auf die hier gewonnenen Erkenntnisse später zurückgreifen zu können[152].

Auf der Ebene der Bundesverfassung existiert das Staatskirchenrecht zwar nicht als homogener Normenkomplex[153], gleichwohl findet sich im Grundgesetz eine Vielzahl an Vorschriften, die das Verhältnis des Staates zu den Kirchen regeln[154].

Zunächst ist das individualbezogene (Grund-) Recht des Art. 4 zu nennen, sodann die Vorschriften der Art. 136 ff. WRV iVm. Art. 140 GG, welche im Wesentlichen die Rechtsbeziehungen von Staat und Kirche zueinander, also das eigentliche Staatskirchenrecht, zum Gegenstand haben. Überlagert werden die Normkomplexe von dem sich aus der Gesamtschau der grundgesetzlichen, das Staatskirchenrecht betreffenden Regelungen ergebenden Neutralitätsgebot[155].

---

[150] So *Ehlers*, in: Sachs, GG-Komm., 2. Aufl., 1999, Art. 140/Art. 139 WRV Rdn. 2, näher zur Inkorporierung bzw. Rezeption unten (Teil 3, Kap. 2, Abschn. 1, III).

[151] Dazu *Kästner*, HStKR II, 2. Aufl., 1995, § 51, S. 337, 343; *Häberle*, Feiertagsgarantien als kulturelle Identitätselemente des Verfassungsstaates, 1987, S. 53.

[152] Ausführlich dazu etwa *Hollerbach*, in: HStKR I, 1. Aufl., 1974, § 5, S. 215 ff.

[153] Vgl. zum Streit um den Begriff „Staatskirchenrecht“ *Cmerzak*, NVwZ 1999, 743 f.; *Hollerbach*, HStR VI, 1989, § 138 Rdn. 1 f.; *Görisch*, NVwZ 2001, 885 f.; zu den Rechtsquellen des Staatskirchenrechts etwa *Badura*, HStKR I, 2. Aufl., 1994, § 6, S. 211 ff.; die vertragsrechtlichen Grundlagen des Staatskirchenrechts beleuchtet etwa *Hollerbach*, HStKR I, 2. Aufl., 1994, § 7, S. 253 ff.

[154] Zusammenfassend zu Begriff und Rechtsquellen des Staatskirchenrechts *Ehlers*, in: Sachs, GG-Komm., 2. Aufl., 1999, Art. 140 Rdn. 5 f., *v. Campenhausen*, in: v. Mangoldt/Klein/Starck, GG-Komm., Bd. 3, 4. Aufl., 2001, Art. 140 Rdn. 38 ff.

[155] Ausführlich dazu *v. Campenhausen*, in: v. Mangoldt/Klein/Starck, GG-Komm., Bd. 3, 4. Aufl., 2001, Art. 140 Rdn. 15 ff.; *Maunz*, in: Maunz/Dürig, GG-Komm., Art. 140 Rdn. 42 ff.

Im Verhältnis Staat-Kirche gilt der Vorrang staatlichen Rechts[156], so dass der Staat die Rechtsbeziehungen zu den Kirchen entweder durch einseitigen Rechtsetzungsakt oder mittels kooperativem Kirchenvertrag zu regeln befugt ist[157].

Trotz der in Art. 137 I WRV statuierten Trennung von Staat und Kirche erweisen sich die geltenden Regelungen des Grundgesetzes als Ausprägung einer grundsätzlich kirchenfreundlichen Haltung des Staates. Dies belegen etwa die Garantie des Religionsunterrichts als ordentlichem Lehrfach an staatlichen Schulen (Art. 7 III GG) sowie die Möglichkeit einer Anerkennung einer Religionsgesellschaft als Körperschaft des öffentlichen Rechts (Art. 140 GG iVm. Art. 137 V WRV). Das Staatskirchenrecht des Grundgesetzes ist weder auf eine Nivellierung religiöser und weltanschaulicher Positionen ausgerichtet noch liegt ihm eine nihilistische, das Areligiöse bevorzugende Tendenz zugrunde. Vielmehr anerkennt und schützt es die Vielfalt der gesellschaftlich vorhandenen religiösen und weltanschaulichen Positionen. Dies ist eine Kernaussage des Art. 4 GG in seiner objektivrechtlichen Funktion.

1. Abschnitt: Historische Entwicklung

Der zu unserem heutigen Staatskirchenrecht führende Entstehungsprozess weist zwei eng miteinander verknüpfte Entwicklungsstränge auf[158]. Zum einen war er geprägt von der grundsätzlichen Frage des Verhältnisses von Staat und Kirche zueinander, die sich in einer fortschreitenden Säkularisierung zeigte, zum anderen von der langsam fortschreitenden Ausprägung der Religionsfreiheit als individuellem Freiheitsrecht. Diese beiden Entwicklungslinien werden im gegenwärtigen Staatskirchenrecht in der Erkenntnis vereint, dass nur der weltanschaulich neutrale, also in keiner Weise weltanschaulich engagierte und nicht gegenüber Andersgläubigen lediglich tolerante Staat in der Lage ist, volle Glaubens- und Gewissensfreiheit zu gewährleisten.

Am Beginn dieser Entwicklung steht die Einheit von Staat und Kirche. Politische Macht und organisierte Religion waren aufs Engste - nicht selten in Personalunion - miteinander verknüpft[159]. Der damaligen Gedankenwelt war eine

---

[156] Vgl. nur *Ehlers*, in: Sachs, GG-Komm., 2. Aufl., 1999, Art. 140 Rdn. 7.
[157] Ausführlich dazu unten (Teil 2, Kap. 2, 3. Abschn., II).
[158] Zur historischen Entwicklung des Staatskirchenrechts vgl. etwa *Obermayer*, in: BoKo, Art. 140 Rdn. 1 ff.; *Morlok*, in: Dreier, GG-Komm., Bd. III, 2000, Art. 140 Rdn. 1 ff.; *Pirson*, in: HStKR I, 2. Aufl., 1994, § 1, S. 3 ff.; *H. Maier*, KuR 120, S. 43 ff.
[159] Vgl. *Morlok*, in: Dreier, GG-Komm., Bd. III, 2000, Art. 140 Rdn. 1 f.

Trennung von geistlicher und weltlicher Ordnung fremd[160]. Erst nach der Beilegung des Investiturstreits durch das Wormser Konkordat von 1122[161] fand als erste Stufe der Säkularisation[162] die Unterteilung des *orbis christianus* in einen weltlichen und einen geistlichen Bereich weite Anerkennung. Die Reformation hingegen ergänzte den Dualismus von staatlicher und lediglich einer geistiger Ordnung nunmehr um eine Differenzierung zwischen zwei verschiedenen Glaubensrichtungen.

Damit begann das „Auseinandertreten der drei Rechtskreise des katholischen, des evangelischen und des staatlich-weltlichen Rechts“[163].

Der Augsburger Religionsfriede von 1555 vermochte den sich aus dieser inneren Spaltung des Reiches ergebenden Konflikt nicht materiell zu lösen, doch suchte er die Grundlage dafür zu schaffen, ein Leben mit diesem Konflikt zu ermöglichen. Dies wurde durch eine Neutralität des Reiches gegenüber den Reichsständen in religiösen Belangen erreicht. Die Reichsorgane wurden konfessionell paritätisch besetzt, um in Religionsstreitigkeiten unter Ausschluss des Mehrheitsprinzips eine einvernehmliche Einigung zu erzielen[164]. Kernstück des Religionsfrieden war das Recht der Reichsstände, jeweils für ihr Gebiet die Religion verbindlich festzulegen. Es galt das Prinzip *„cuius regio, eius religio“*. Andersgläubigen wurde lediglich das *ius emigrandi*, das angesichts der damaligen Sesshaftigkeit kaum aktualisierbare Recht zur Auswanderung in einen Reichsstand ihrer Konfession, zugestanden. Zwar konnte der Einzelne innerhalb seines angestammten Territoriums seine Konfession somit nicht frei bestimmten, das *ius emigrandi* kann gleichwohl aber als erstes zaghafte Recht der Glaubensfreiheit bezeichnet werden[165], das freilich nur Angehörigen zweier Konfessionen zukam.

---

[160] Einen ersten gedanklichen Anknüpfungspunkt für eine Trennung geistlicher und weltlicher Ordnung lieferte die Lehre von den zwei Schwertern (biblischer Anknüpfungspunkt hierfür ist Lukas 22, 38). Diese wurde teilweise als Explikation der Dualität weltlicher und geistlicher Organisation interpretiert, vgl. die Nachweise bei *Morlok*, in Dreier, GG-Komm., Bd. III, 2000, Art. 140 Fn. 1.

[161] Text abgedruckt bei *Buschmann*, Kaiser und Reich, 1984, S. 63 ff.

[162] *Obermayer*, in: BoKo, Art. 140 Rdn. 1.

[163] *M. Heckel*, ZevKR 12 (1966), S. 13.

[164] *M. Heckel*, EvStL, Sp. 95, *ders.* Jus 1967, 492 f.

[165] So auch *Mager*, in: v. Münch/Kunig, GG-Komm., Bd. 1, 5. Aufl., 2000, Art. 4 Rdn. 1; freilich wurde das Toleranzproblem dadurch zu einem Freizügigkeitsproblem transformiert, vgl. *Zippelius*, in: BoKo, Art. 4 Rdn. 4; *Böckenförde*, VVDStRL 28 (1970), S. 37 f.; *M. Heckel*, Gesammelte Schriften, S. 173, 712; *Werner*, Recht und Toleranz, 1963, S. 5.

Der Westfälische Friede von 1648, das *Instrumentum Pacis Osnabrugense*, führte nunmehr zur Anerkennung dreier Konfessionen[166]: der katholischen, der lutherischen und der reformierten Kirche. Beibehalten wurde zwar die institutionelle Verflechtung von Staat und Kirche in Form der Territorialkirchentümer, doch wurde den jeweils Andersgläubigen das Recht zur Hausandacht und zum kirchlichen Begräbnis verliehen[167], sofern sie nicht zur Auswanderung gezwungen waren. Dieses Recht wurde überwiegend so weit verstanden, dass sich hierzu mehrere Familien versammeln und einen auswärtigen Geistlichen hinzuziehen durften[168]. Auch entfiel die bischöfliche Jurisdiktion über die Angehörigen des evangelischen Bekenntnisses[169]. Der Staat zeigte sich nun gegenüber seinen andersgläubigen Untertanen tolerant, obgleich er sich nach wie vor eindeutig zu jeweils einer Glaubensrichtung bekannte.

Hatte man so zwar nicht auf Dauer, aber doch zumindest vorübergehend eine Regelung gefunden, welche den interkonfessionellen Konflikten ihre Schärfe nahm, blieb nach wie vor die grundlegende Frage nach dem Verhältnis von staatlicher und kirchlicher Macht ungeklärt. Der absolutistische Staat erstreckte seine Herrschaftsmacht auch auf die Kirche. In den evangelischen Territorien etablierte sich dabei das landesherrliche Kirchenregiment. Dieses wurde dadurch begründet, dass in der Reformation zugefallenen Gebieten, die fürstlichen Landesherren als „mächtigste Laien" die weggefallene bischöfliche kirchliche Jurisdiktionsgewalt übernahmen und als Inhaber des *ius in sacra* die Leitung der Kirche übernahmen[170]. In Anlehnung an das landesherrliche Kirchenregiment in den evangelischen Territorien erhoben sich auch die katholischen Fürsten zu Herren der katholischen Territorialkirche ihres Landes. Als höchste innerkirchliche und damit ihre Jurisdiktion begrenzende Instanz anerkannten sie jedoch den „extraterritorialen" Papst. Diese personelle Verquickung von Staat und Kirche begünstigte die Säkularisierung kirchlichen Besitzes in erheblichem Maße, war hierfür doch nur die Umwidmung eines Gegenstandes des

---

166 Die Duldung anderer Konfessionen und Religionen blieb jedoch von Reichs wegen verboten, obgleich sich nicht alle Landesherren daran hielten, vgl. *Zippelius*, in: BoKo, Art. 4 Rdn. 5.

167 Art. V §§ 34, 35, 36 IPO.

168 *V. Campenhausen*, HStR VI, § 136 Rdn. 16.

169 Art. V § 48 f. IPO.

170 Zur staatstheoretischen Begründung des landesherrlichen Kirchenregiments wurden im Wesentlichen drei Erklärungsansätze vertreten: Nach dem Episkopalsystem nahm der Landesherr in Personalunion die Stellung eines Bischofs inne, das Territorialsystem begründete den staatlichen Herrschaftsanspruch aus einer auch die Kirchen umfassenden Souveränität des Staates heraus, während das Kollegialsystem davon ausging, die Kirchen hätten als freiwillige Kollegien ihre interne Organisationsgewalt auf den Landesherrn übertragen; näher dazu *Schlaich*, Kollegialtheorie, S. 133 ff.; 225, 302 ff.; *Obermayer*, in: BoKo, Art. 4 Rdn. 7 f.

öffentlichen Vermögens von einem öffentlichen zu einem anderen öffentlichen Zweck vonnöten[171].

Einen Sonderweg in der Entwicklung der Religionsfreiheit zum individuellen Freiheitsrecht nahm in der Folgezeit Preußen ein. Dieses Land war besonders stark geprägt von Differenzen in der religiösen Struktur. Zwar war die Mehrheit der Bevölkerung lutherischen Glaubens, doch existierten starke katholische Minderheiten. Als ausschlaggebend erwies sich aber, dass das Herrscherhaus calvinistisch war und von daher ein starkes Interesse an einem friedlichen Zusammenleben der Konfessionen hatte. So gingen die Regelungen des preußischen allgemeinen Landrechts (ALR) weit über die reichsrechtlich empfohlene Toleranz[172] hinaus und sicherten den Einwohnern erstmals volle, individuelle Glaubens- und Gewissensfreiheit zu[173]. Ferner gewährte § 10 II 11 pr. ALR die Freiheit der religionsgesellschaftlichen Vereinigung, die jedoch unter staatlichem Genehmigungsvorbehalt stand. Das Recht zu öffentlichen religiösen Feierlichkeiten kam gemäß § 17, 20, 25 II 11 pr. ALR jedoch nur den öffentlich aufgenommenen Kirchengesellschaften zu. Art. 12 der preußischen Verfassung vom 31.1.1850 verlieh den Gläubigen schließlich erstmals das uneingeschränkte Recht zur öffentlichen Religionsausübung.

Auf Reichsebene vollzog der Reichsdeputationshauptausschuss (RDH) 1803 einschneidende Änderungen der staatskirchenrechtlichen Ordnung in Deutschland. Er regelte insbesondere die Entschädigung der deutschen Landesherren für die Verluste, die ihnen durch die Abtretung der linksrheinischen Gebiete an Frankreich entstanden waren. Diese sollte unter anderem durch eine umfassende Säkularisierung insbesondere der reichsunmittelbaren geistlichen Fürstentümer (Bistümer, Abteien, Klöster, Stifte, Orden) vollzogen werden. Soweit kirchlicher Besitz von dieser Säkularisation nicht erfasst war, versah ihn § 63 RDH mit einer besonderen Bestandsgarantie. Auch stellte es § 63 RDH den Landesfürsten frei, Angehörige andere „Religionsverwandte" zu dulden und ihnen die vollen bürgerlichen Rechte zu gewähren[174].

---

[171] *Morlok*, in: Dreier, GG-Komm., Bd. III, 2000, Art. 140 Rdn. 7.

[172] Zu Begriff und Inhalt von Religionsfreiheit und Toleranz vgl. *Scheuner*, HStKR I, 1. Aufl., 1974, § 1, S. 5, 50 ff.

[173] § 1 II 11 pr. ALR lautete: „Die Begriffe der Einwohner des Staates von Gott und göttlichen Dingen, der Glaube und der innere Gottesdienst können kein Gegenstand von Zwangsgesetzen sein." § 2 II 11 pr. ALR lautete: „Jedem Einwohner im Staat muss eine vollkommene Glaubens- und Gewissensfreiheit gestattet werden." § 3 II 11 pr. ALR lautete: „Niemand ist schuldig, über seine Privatmeinungen in Religionssachen Vorschriften vom Staat anzunehmen.".

[174] Diese Form von individueller Religionsfreiheit war freilich nur auf die drei im Reich aufgenommenen christlichen Konfessionen beschränkt.

Die Paulskirchenverfassung vom 28.3.1849[175] enthielt eine für die damalige Zeit fortschrittliche, die individuelle Glaubensfreiheit betonende Konzeption eines Staatskirchenrechts, trat jedoch nie in Kraft[176].

Enthielt die bismarcksche Reichsverfassung von 1871 selbst keine Regelung des Staatskirchenrechts, so galt das aus der Zeit des Norddeutschen Bundes stammende Gesetz betreffend die Gleichberechtigung der Konfessionen in bürgerlicher und staatsbürgerlicher Beziehung vom 3.7.1869[177] reichsrechtlich fort. Es hob alle noch bestehenden „aus der Verschiedenheit des religiösen Bekenntnisses hergeleiteten Beschränkungen der bürgerlichen und staatsbürgerlichen Rechte“ auf und bestimmte, dass die Befähigung zur Bekleidung öffentlicher Ämter vom religiösen Bekenntnis unabhängig sei. Die bismarcksche Zeit war aber vor allem geprägt vom Kulturkampf, der weniger die Ausübung individueller Glaubensfreiheit als vielmehr das Verhältnis zwischen Staat und Kirche betraf. Die bis dahin geistliche Schulaufsicht wurde durch eine staatliche ersetzt, die Errichtung eines staatlichen Gerichtshofs für kirchliche Angelegenheiten angeordnet und die freie Ämterbesetzung erheblich eingeschränkt. Ferner wurde das Kirchenaustrittsrecht staatlich geregelt und die obligatorische Zivilehe eingeführt. Nachdem Papst *Pius* IX. alle preußischen Kulturkampfgesetze für ungültig erklärt und für den Fall ihrer Befolgung den Kirchenbann angeordnet hatte, zeichnete sich ab, dass die Kulturkampfgesetzgebung *Bismarcks* sich für diesen als Niederlage erweisen würde. Im Jahre 1880 begann der schrittweise Abbau der als „Maigesetze“ bekannt gewordenen antikatholischen Regelungen. Lediglich die Zivilehe und die Staatsschule blieben erhalten.

Die Weimarer Reichsverfassung von 1919 hob schließlich das landesherrliche Kirchenregiment auf und statuierte konstitutionell die organische Trennung von Staat und Kirche. Einher mit dieser Neutralität bzw. vollständigen Säkularisierung des Staates ging eine umfassende grundrechtliche Gewährleistung voller Religions- und Glaubensfreiheit. Kirchliche Güter wurden in ihrem Bestand vor staatlichen Eingriffen geschützt, die kirchliche Ämterhoheit garantiert.

---

[175] Abgedruckt bei *E. R. Huber*, Dokumente 1, Nr. 102, S. 319 f.

[176] Gleichwohl griff die verfassunggebende Nationalversammlung 1919 bei der Regelung der Art. 135 ff. WRV die Regelungen der gescheiterten Paulskirchenverfassung über weite Strecken auf, was deren für die damalige Zeit fortschrittlichen Charakter belegt.

[177] Bundesgesetzblatt 1869, S. 292.

2. Abschnitt: Die einzelnen Grundzüge

I.) Religionsfreiheit

Der soeben skizzierten Entwicklung entspricht die Platzierung der Religionsfreiheit im Grundrechtsteil des Grundgesetzes. Innerhalb der Ordnung des Grundgesetzes kommt der Religionsfreiheit fundamentale Bedeutung zu[178]. In Rechtsprechung und Lehre werden die Garantien des Art. 4 als besondere Ausprägungen des Persönlichkeitsrechts und der Menschenwürde anerkannt[179]. Dieser herausragenden Bedeutung der Religionsfreiheit entspricht überdies die dem Wortlaut nach vorbehaltlose Garantie dieses Grundrechts[180].

Die Religionsfreiheit wird in Art. 4 I/II GG in verschiedenen Ausprägungen benannt, nicht jedoch als einheitliches Grundrecht[181]. Ausdrücklich gewährleistet werden in Abs. 1 die Freiheit des Glaubens und die Freiheit des religiösen und weltanschaulichen Bekenntnisses. Art. 4 II gewährleistet die ungestörte Religionsausübung.

1.) Die geschützte Freiheitssphäre

Schwierige Definitionsprobleme ergeben sich bei der näheren Bestimmung der verfassungsrechtlichen Leitbegriffe des Glaubens, der Religion und der Weltanschauung. Ein zu enges Verständnis birgt die Gefahr einer Aushöhlung grundrechtlicher Schutzpflichten. Ein zu extensives Verständnis hingegen führte zu einer systemwidrigen Umwandlung des Art. 4 GG in eine vorbehaltlose Gewährleistung allgemeiner Handlungsfreiheit.

In systematischer Erfassung des Art. 4 I/II GG muss auch der geschützte Glaube auf eine Religion oder Weltanschauung bezogen sein[182]. Religion und Weltanschauung bilden damit die zentralen Leitbegriffe der grundgesetzlichen Religionsfreiheit und ersten Anknüpfungspunkt einer Bestimmung der geschützten Freiheitssphäre. Heute wird noch vereinzelt ein europazentrierter

---

[178] BVerfGE 24, 236, 246; ausführlich zur Religionsfreiheit etwa *Listl*, in: HStKR I, 1974, § 8, S. 363 ff.

[179] BVerfGE 35, 366, 376; *Herzog*, in: Maunz/Dürig, GG-Komm., Art. 4 Rdn. 10 ff.; *Kokott*, in: Sachs, GG-Komm., 2. Aufl., 1999, Art. 4 Rdn. 3.

[180] Vgl. zu den Einschränkungsmöglichkeiten unten (Teil 2, Kap. 2, 2. Abschnitt, I, 4).

[181] Zum Charakter des Art. 4 I/II GG als einheitlichem Grundrecht der Religionsfreiheit sogleich.

[182] Vgl. *Mager* in: v. Münch/Kunig, GG-Komm., Bd. 1, 5. Aufl., 2000, Art. 4 Rdn. 12.

und christlich geprägter Religionsbegriff vertreten[183], der Sekten und fremde Religionen von vornherein dem Schutzbereich der Religionsfreiheit entzieht. Durchgesetzt hat sich demgegenüber ein extensives Verständnis des Religionsbegriffes[184]. Nach den Terroranschlägen des 11. September 2001 ist jedoch mit einem Aufkeimen der Diskussion um den grundgesetzlichen Religionsbegriff zu rechnen. Es wird zu klären sein, ob unter „Religion" im Sinne des Art. 4 GG nur solche Vorstellungen fallen können, die mit der grundgesetzlichen Ordnung in Einklang stehen. Für eine solche Einschränkung auf der Ebene des Schutzbereichs besteht jedoch meines Erachtens keine Veranlassung. Vielmehr deutet die Gesamtsystematik des Grundgesetzes auf einen offenen Religionsbegriff hin, der grundsätzlich keinen „Verfassungstreuevorbehalt" oder ähnliches enthält. Diese weite Auslegung rechtfertigt sich insbesondere vor dem Hintergrund, das die Religionsfreiheit ihrerseits durch kollidierendes Verfassungsrecht begrenzt wird[185]. Religiöse Verhaltensweisen, die in Widerspruch zu unserer grundgesetzlichen (Werte-) Ordnung stehen, oder diese sogar gefährden, können durchaus wirkungsvoll unterbunden werden, wenn man staatliche Gegenmaßnahmen als Eingriffe in den Schutzbereich der Religionsfreiheit bewertet und am Maßstab der Schranken des Art. 4 GG misst[186].

Religion und Weltanschauung haben gemeinsam, dass sie Antworten auf die Frage nach dem Sinn der Welt, insbesondere dem Sinn menschlichen Lebens und Sterbens und, angesichts dessen, nach dem richtigen Leben zu geben versuchen[187]. Auch nichtchristliche Glaubensgemeinschaften wie der Islam oder der Buddhismus fallen daher unter den Religionsbegriff des Art. 4 GG. Auch kommt es nicht auf die Größe der Glaubensgemeinschaft an, so dass auch Sekten im eigentlichen Sinne, die sich wegen Abweichungen in Einzelfragen von einer bestehenden Religions- oder Glaubensgemeinschaft abspalten, in jeder Hinsicht selbst dem Religions- bzw. Weltanschauungsbegriff unterfallen. Schwierigkeiten bereitet hingegen die Frage, inwieweit eine wirtschaftliche

---

[183] *Isensee*, EssGespr. 19 (1985), 144; *Hamel*, in: Bettermann/Nipperdey/Scheuner, Die Grundrechte IV 1, 1960, S. 79.

[184] Vgl. BVerfGE 24, 236, 246; aus der Lit. *Kokott*, in: Sachs, GG-Komm., 2. Aufl., 1999, Art. 4 Rdn. 52 mwN.

[185] Ausführlich dazu unten (Teil 2, Kap. 2, Abschn. 2, I 4).

[186] Die Möglichkeiten eines Verbots religiöser Vereinigungen erörtern *Pieroth/Kingreen*, NVwZ 2001, 841 ff. Nach Streichung des „Religionsprivilegs" des ehem. § 2 II Nr. 3 VereinsG ergeben sich noch weitergehende Möglichkeiten, Vereine solcher Gemeinschaften zu verbieten, deren Religionsinhalte eine Gefährdung der freiheitlich demokratischen Grundordnung darstellen bzw. die eine Religion lediglich als Deckmantel für verfassungswidrige Aktivitäten missbrauchen.

[187] *Mager*, in: v. Münch/Kunig, GG-Komm., Bd. 1, 5. Aufl., 2000, Art. 4 Rdn. 13; BVerwGE 61, 152, 154 f.

Betätigung dem notwendigen transzendentalen Bezug widerspricht[188]. Anerkannt ist, dass eine wirtschaftliche Betätigung dem nicht grundsätzlich entgegenstehen muss. Entscheidend ist, ob der mit der Betätigung verfolgte Zweck von Art. 4 GG gedeckt ist. Sofern sich die Organisation durch die „Vermarktung" ihrer Anschauungen finanziert, steht dies der Einordnung als Religions- oder Weltanschauungsgemeinschaft nicht entgegen[189]. Tarnt sich hingegen eine Organisation als Religions- oder Weltanschauungsgemeinschaft zum Zwekke der Gewinnerzielung, muss ihr der Schutz des Art. 4 GG verwehrt bleiben[190]. Wie schwierig diese theoretisch eindeutige Abgrenzung in der Praxis zu vollziehen ist, zeigt beispielsweise der Fall „Scientology Church"[191].

Die Grenzen zwischen Religion und Weltanschauung sind im Einzelnen nicht eindeutig geklärt. Im Wesentlichen liegt die Unterscheidung aber darin begründet, ob es sich jeweils um transzendentale oder dem Diesseits immanente Antworten auf die Frage nach dem Sinn des Seins handelt[192].

Die durch Transzendenz gekennzeichneten Religionen weisen über den Menschen, seine Fähigkeiten und die ihm wahrnehmbare Welt hinaus. Im Zentrum eines religiösen Sinnsystems steht etwas dem Menschen Unverfügbares, Heiliges.

Weltanschauungen sind demgegenüber diesseitsbezogen. Sie stellen die dem Menschen begreifbare Welt in den Mittelpunkt ihrer Erklärungsansätze.

---

188 Dazu *Badura*, Der Schutz von Religion und Weltanschauung durch das Grundgesetz, 1989; *Scholz*, NVwZ 1992, 1152; *v. Campenhausen*, NJW 1990, 887; *Guber*, NVwZ 1990, 40; *Kopp* NJW 1990, 2669.

189 BVerwGE 90, 112, 116; BVerwG, NJW 1997, 406, 407.

190 BVerwG, NJW 1992, 2496; VGH BW, ESVGH 1995, 17; *Kokott*, in: Sachs, GG-Komm., 2. Aufl., 1999, Art. 4 Rdn. 18.

191 Das BAG (NJW 1996, 143, 146 ff.) vertritt die Auffassung, Scientology nutze die religiösen Lehren lediglich als Vorwand für die Verfolgung wirtschaftlicher Ziele. Das OVG Hamburg konnte in seinem Beschluss vom 24.8.1994 (NVwZ 1995, 498 ff.) hingegen nicht feststellen, dass die Lehren lediglich als Vorwand für eine wirtschaftliche Betätigung dienen. Dabei handelte es sich allerdings um ein Verfahren des einstweiligen Rechtsschutzes, in dem das Gericht diese Frage ausdrücklich nicht abschließend beurteilte. Das BVerwG entschied schon 1995, dass die Organisation ein Gewerbe betreibe (NVwZ 1995, 473) und bestätigte diese Rechtsprechung im Jahre 1998 (NVwZ 1999, 766). Die Frage, ob Scientology die Kriterien einer Religionsgemeinschaft erfüllt, ließ es dabei jedoch offen; allgemein zur wirtschaftlichen Betätigung von „Jugendsekten" *Scholz*, NVwZ 1993, 629 ff.; zur Frage, ob und inwieweit sich die „Church of Scientology" auf die Religionsfreiheit berufen kann, vgl. auch *Muckel*, KuR 110, S. 127 ff., der die Organisation als Wirtschaftsunternehmen ansieht, das eine religiöse Lehre lediglich als Vorwand für seine wirtschaftliche Tätigkeit nutze und sich daher nicht auf die Religionsfreiheit berufen könne.

192 *Mager* in: v. Münch/Kunig, GG-Komm., Bd. 1, 5. Aufl., 2000, Art. 4 Rdn. 13 f.; *Kokott*, in: Sachs, GG-Komm., 2. Aufl., 1999, Art. 4 Rdn. 17, 20.

Der Begriff des Glaubens kennzeichnet die subjektive Überzeugung und Gewissheit in Bezug auf eine Religion oder Weltanschauung. Von der Glaubensfreiheit im Sinne des Art. 4 I GG ist damit vor allem das *forum internum* angesprochen. Der Bezug des Glaubens auf Religionen *oder* Weltanschauungen belegt, dass Art. 4 I GG insoweit den Glauben an Gott ebenso schützt wie atheistische, humanistische oder sonstige Gedankensysteme[193].

Neben der Gedankenfreiheit, der Bildung eines Glaubens als innerem Prozess (*forum internum*), gewährt Art. 4 I GG die Freiheit des (religiösen oder weltanschaulichen) Bekenntnisses (*forum externum*). Der Begriff des Bekenntnisses erfasst zunächst das verbale Bekenntnis, die Verkündung und die bloße Erklärung des eigenen Bekenntnisses. Nach der ganz herrschenden Auffassung in Rechtsprechung und Lehre umfasst der Begriff des Bekenntnisses jedoch das gesamte Leben nach dem Glauben, also bekenntnishaftes Leben und Handeln nach den Grundsätzen des Bekenntnisses[194]. Sogar das Unterrichten anderer im Sinne des eigenen Bekenntnisses ist von diesem weiten Verständnis mitumfasst[195]. Soweit das Unterrichten in der öffentlichen Schule oder in Privatschulen erfolgt, gelten indes die Sonderregelungen der Art. 7 Abs. 2 und 3 GG[196]. *Mager*[197] sieht in einer extensiven Schutzbereichsbestimmung die Gefahr, dass sich Art. 4 I/II GG zu einer allgemeinen Handlungsfreiheit für religiös oder weltanschaulich motiviertes Verhalten entwickelt, was angesichts der ausdifferenzierten Schrankensysteme anderer Freiheitsrechte den Gedanken der Systemwidrigkeit begründe. Dahinter steckt die Sorge, bei einer vorgeblichen Berufung auf spezielle Glaubensinhalte könnten alle sonst nur von Art. 2 I GG erfassten Handlungsweisen an den weitaus strengeren Schranken des Art. 4 I/II GG zu messen sein. Der Gefahr einer solch in der Tat systemwidrigen Aushöhlung der allgemeinen Handlungsfreiheit kann jedoch durch gesteigerte prozessuale Darlegungslasten hinreichend begegnet werden. Es ist Sache desjenigen, der sich auf die Glaubensfreiheit beruft, schlüssig darzulegen, dass eine bestimmte Verhaltensweise durch seinen Glauben bedingt wird. Eine auf rituelle Handlungen verengte Auslegung des Bekenntnisbegriffs verkürzte die Bedeutung der Glaubensfreiheit in unvertretbarer Weise und privilegierte vor

---

[193] *Starck*, in: v. Mangoldt/Klein/Starck, GG-Komm., Bd. 1, 4. Aufl., 1999, Art. 4 Rdn. 10.

[194] BVerfGE 32, 98, 106; *Starck* in: v. Mangoldt/Klein/Starck, GG-Komm., Bd. 1, 4. Aufl., 1999, Art. 4 Rdn. 11; *v. Münch*, in: ders./Kunig, GG-Komm., Bd. 1, 4. Aufl., 1992, Art. 4 Rdn. 36; a.A. *Mager*, in v. Münch/Kunig, GG-Komm., Bd. 1, 5. Aufl., 2000, Art. 4 Rdn. 17; das BVerfG begründet die weite Auslegung damit, dass sich das Grundrecht anderenfalls nicht voll entfalten könnte (E 32, 98, 107).

[195] *Starck*, in: v. Mangoldt/Klein/Starck, GG-Komm., Bd. 1, 4. Aufl., 1999, Art. 4 Rdn. 11.

[196] Eingehend dazu *Thiel*, Der Erziehungsauftrag des Staates in der Schule, 2000.

[197] *Mager*, in v. Münch/Kunig, GG-Komm., Bd. 1, 5. Aufl., 2000, Art. 4 Rdn. 17.

allem die traditionellen Kirchen christlichen Glaubens, die den Schwerpunkt der Glaubensausübung auf die Teilnahme an rituellen Gebräuchen legen. Die Bekenntnisfreiheit muss daher alle vom Glauben als verbindlich vorgeschriebenen bzw. so verstandenen Verhaltensweisen wie etwa die Beachtung von Kleidungsvorschriften[198] oder das rituelle Schächten eines Opfertieres[199] erfassen.

2.) Art. 4 GG als einheitliches Grundrecht

Damit stellt sich die Frage, ob die in Art. 4 II GG erwähnte Glaubensausübungsfreiheit einen eigenständigen Grundrechtstatbestand der Religionsfreiheit darstellt, oder das *forum externum* umfassend in der Bekenntnisfreiheit des Art. 4 I GG geregelt ist und Abs. 2 insoweit lediglich einen Teilbereich der Bekenntnisfreiheit benennt, ohne dass dieser Vorschrift ein eigener Regelungsgehalt zukäme. Auf die grundrechtliche Abwehrfunktion bezogen trifft Letzteres zu. Die Freiheit ungestörter Religionsausübung schützt maßgeblich die Kultusfreiheit im herkömmlichen Sinne, mithin die Hausandacht, den Gottesdienst in der Kirche, gottesdienstähnliche Handlungen auch außerhalb der Kirche wie etwa Prozessionen[200].

Diese skizzierte Freiheitssphäre erweist sich als bereits vollständig von der weit auszulegenden Bekenntnisfreiheit des Absatzes 1 erfasst. Vor diesem Hintergrund ist Art. 4 GG insgesamt als einheitliches Grundrecht der Religionsfreiheit zu begreifen, das sowohl die Gedankenfreiheit (*forum internum*) als auch die Glaubensausübungsfreiheit (*forum externum*) in umfassender Weise schützt, ohne dass es auf eine nähere Differenzierung zwischen den Absätzen 1 und 2 ankäme. Gegenüber Abs. 1 eigenständige Bedeutung kommt Abs. 2 vielmehr in seiner Funktion als Verbots- oder Sanktionsgebot an Gesetzgebung und Verwaltung zu[201].

3.) Die kollektive Freiheitskomponente

Art. 4 GG schützt zugleich auch das Recht, einen gemeinsamen Glauben zu haben und auszuüben. Dem Grundgesetz liegt die Annahme zu Grunde, dass

---

[198] BVerwG, NVwZ 1994, 578, Befreiung vom Sportunterricht wegen religiös motivierten Tragens eines Schleiers; näher dazu *Kokott*, in: Sachs, GG-Komm., 2. Aufl., 1999, Art. 4 Rdn. 57 ff.

[199] BVerwG, NJW 2001, 1225, 1226 f.; vgl. auch *Kokott*, in: Sachs, GG-Komm., 2. Aufl., 1999, Art. 4 Rdn. 63 mwN.

[200] *Starck*, in: v. Mangoldt/Klein/Starck, GG-Komm., Bd. 1, 4. Aufl., 1999, Art. 4 Rdn. 12.

[201] Dazu *Starck*, in: v. Mangoldt/Klein/Starck, GG-Komm., Bd. 1, 4. Aufl., 1999, Art. 4 Rdn. 19.

Religion bzw. Glaube auch eine kollektive Komponente besitzen[202]. Unter dem Grundrechtsschutz steht zunächst der Akt des Zusammenschlusses durch die einzelnen Grundrechtsträger selbst[203]. Da Religions- und Weltanschauungsgemeinschaften strukturell regelmäßig auf eine gemeinschaftliche Glaubensausübung im Rahmen einer kirchlichen Organisation gerichtet sind, kann der Schutz der individuellen Glaubensfreiheit nur dann umfassend sein, wenn von Art. 4 GG auch die der kollektiven Religionsausübung der einzelnen Grundrechtsträger den Rahmen gebenden Organisationen in den personellen Schutzbereich des Grundrechts einbezogen werden. Die Religionsfreiheit muss daher in bestimmtem Umfang auch religiösen oder weltanschaulichen Vereinigungen als juristischen Personen zukommen. Soweit es sich dabei um juristische Personen des Privatrechts handelt, stellt sich die Frage, inwieweit Art. 4 GG seinem Wesen nach (Art. 19 III GG) auf Glaubensgemeinschaften anwendbar ist. Zwar besteht bei juristischen Personen des Privatrechts gegenüber dem Staat eine grundrechtstypische Gefährdungslage, doch sind juristische Personen nicht zur Fassung eines eigenen Glaubens fähig. Einen Glauben als innere Überzeugung können von Natur aus nur natürliche Personen haben. Die Glaubensfreiheit als Gedankenfreiheit ist mithin schon dem Wesen nach nicht auf juristische Personen anwendbar[204]. Die Garantie des Art. 4 GG reduziert sich insoweit auf die Komponente der Glaubensausübungsfreiheit. Die Glaubensausübungsfreiheit juristischer Personen erstreckt sich maßgeblich darauf, Vereinigung und Pflege des weltanschaulichen Lebens ihrer Mitglieder den organisatorischen Rahmen zu geben. Wesensmäßig ist daher allein die Garantie des *forum externum* auf juristische Personen anwendbar.

Art. 137 V WRV iVm. Art. 140 GG eröffnet aber auch die Möglichkeit, Kirchen und Religionsgemeinschaften als Körperschaften des öffentlichen Rechts anzuerkennen. Die korporierten Kirchen sind juristische Personen des öffentlichen Rechts. Eine Grundrechtsträgerschaft juristischer Personen des öffentlichen Rechts ist aber prinzipiell abzulehnen, da juristische Personen des öffentlichen Rechts als Träger von Hoheitsgewalt grundrechtsverpflichtet sind, was

---

[202] Ausführlich dazu *Starck*, in: v. Mangoldt/Klein/Starck, GG-Komm., Bd. 1, 4. Aufl., 1999, Art. 4 Rdn. 46 ff.

[203] So ausdrücklich Art. 140 GG iVm. Art. 137 II S.1 WRV.

[204] *Kokott*, in: Sachs, GG-Komm., 2. Aufl., 1999, Art. 4 Rdn. 8; *Herzog*, in: Maunz/Dürig, GG-Komm., Art. 4 Rdn. 35; vgl. allgemein *Maser*, Die Geltung der Grundrechte für juristische Personen und teilrechtsfähige Verbände, S. 91: „Auf juristische Personen sind alle die Freiheitsrechte anwendbar, die nicht die natürlichen Eigenschaften des Menschen, wie die Körperlichkeit - insbesondere Geschlecht, Alter, Verwandtschaft, Rasse, körperliche Betätigung und körperliche Bewegungsfreiheit - einerseits, die inneren geistig- seelischen Güter andererseits notwendig voraussetzen“.

eine gleichzeitige Berufung auf Grundrechte ausschließt[205]. Juristische Personen des öffentlichen Rechts als Untergliederungen des Staates befinden sich nicht in der grundrechtstypischen Gefährdungslage, sich gegen staatliche Eingriffe schützen zu müssen. Trotz des rechtlichen Status als Körperschaft des öffentlichen Rechts können diese Grundsätze nicht auf Kirchen und Religionsgesellschaften übertragen werden. Denn durch die Korporierung werden diese nicht in den Staat integriert, sondern ihnen wird lediglich ein bestimmter formaler Status eingeräumt. Vielmehr gilt der Grundsatz der Trennung von Staat und Kirche[206]. Obgleich sie juristische Personen des öffentlichen Rechts sind, sind sie nicht vom Staat geschaffen, sondern lediglich in einer bestimmten Form anerkannt; sie wurzeln im außerstaatlichen Bereich und nehmen in ihrem Autonomiebereich weder staatliche Aufgaben wahr, noch üben sie staatliche Hoheitsgewalt aus[207]. Vielmehr befinden sich auch die korporierten Glaubensgemeinschaften zumindest hinsichtlich Art. 4 GG in einer dem Verhältnis Staat-Bürger vergleichbaren grundrechtlichen Abwehrsituation. Es gilt die kirchlichen Organisationsstrukturen, die ihrerseits unbeschadet einer Korporation dem kirchlichen Selbstverwaltungsrecht des Art. 137 WRV unterfallen, gegen staatliche Eingriffe zu verteidigen. Als Ausdruck kollektiver Glaubensausübung sind insbesondere diese Organisationsstrukturen und damit auch die Organisationseinheiten in den Schutzbereich des Art. 4 GG einzubeziehen. Der Grundsatz der fehlenden Grundrechtsträgerschaft juristischer Personen des öffentlichen Rechts ist in dieser Konstellation - maßgeblich wegen der Trennung von Staat und Kirche - nicht anwendbar[208]. Träger der Religionsfreiheit können daher auch Kirchen und Glaubensgemeinschaften, die als Körperschaften des öffentlichen Rechts anerkannt sind, sein[209]. Für sie kommt gemäß Art. 19 III GG indes auch nur eine Grundrechtsträgerschaft hinsichtlich des *forum*

---

[205] Vgl. grundlegend BVerfGE 21, 362, 369 ff.

[206] Art. 137 I WRV iVm. Art. 140 GG, dazu folgend.

[207] Vgl. BVerfGE 21, 362, 374; offen bleibt freilich die Möglichkeit, Kirchen mit staatlicher Hoheitsgewalt zu beleihen.

[208] Zum Verhältnis von Körperschaftsstatus und Religionsfreiheit vgl. etwa *Magen*, NVwZ 2001, 888 ff.

[209] BVerfGE 42, 312, 321 f.; 53, 366, 387; 70, 138, 160 f.; *Stern*, Staatsrecht III/1, S. 1162; *Dürig*, in: Maunz/Dürig, GG-Komm., Art. 19 Rdn. 41; *v. Mutius*, in: BoKo, Art. 19 Rdn. 121; anders als bei öffentlich-rechtlichen Rundfunkanstalten und Universitäten deutet vor dem Hintergrund der besonderen Staatsferne der als Körperschaften des öffentlichen Rechts anerkannten Glaubensgemeinschaften alles darauf hin, diese als in gleichem Umfang grundrechtsfähig anzusehen wie privatrechtlich organisierte Religionsgemeinschaften. Der Anerkennungsakt soll ausschließlich zu einer Stärkung der Rechtsposition der betreffenden Glaubensgemeinschaften führen. Jedenfalls bejaht das BVerfG (E 19, 1, 5) die Anwendbarkeit des Art. 3 GG auf Kirchen in der Rechtsform der Körperschaft des öffentlichen Rechts. Zur Anwendbarkeit des Art. 14 vgl. *Papier*, in: Maunz/Dürig, GG-Komm., Art. 14 Rdn. 204.

externum in Betracht. Kirchen und Religionsgesellschaften als juristische Personen des Privatrechts und des öffentlichen Rechts partizipieren mithin in gleichem Umfang an der Glaubensfreiheit des Grundgesetzes.

Diese außergewöhnlich stark ausgeprägte kollektive Komponente der Glaubensausübungsfreiheit und die damit verbundene Grundrechtsträgerschaft, insbesondere der als Körperschaften des öffentlichen Rechts anerkannten Glaubensgemeinschaften, geht verfassungsprozessual einher mit der Möglichkeit einer auf die Behauptung der Verletzung des Art. 4 GG gestützten Verfassungsbeschwerde einer Kirche oder Weltanschauungsgemeinschaft vor dem Bundesverfassungsgericht. Den Kirchen kommt dadurch ein besonderes Gewicht bei der rechtlichen Klärung von Fragen mit Bezug zu religiösen Belangen zu.

4.) Einschränkungsmöglichkeiten

Der enge Bezug der Glaubens- und Gewissensfreiheit zum Persönlichkeitsrecht und der Menschenwürde, die Zugehörigkeit der Religionsfreiheit zum menschenrechtlichen Grundbestand der neuzeitlichen Menschenrechtserklärungen[210] und nicht zuletzt die Erfahrungen mit der Religionsfeindlichkeit des Nationalsozialismus haben zu einer Stärkung der Garantien des Art. 4 im Grundgesetz geführt. So zählt Art. 4 zu den wenigen dem Wortlaut nach vorbehaltlos gewährten Freiheitsrechten[211]. Gleichwohl kann sich daraus kein unbedingter Vorrang vor anderen grundgesetzlichen Rechtsgütern herleiten lassen. Die zwingende Notwendigkeit der Zulässigkeit einer möglichen Einschränkung des Art. 4 GG folgt schon aus der theoretischen Möglichkeit der Kollision zweier scheinbar vorbehaltlos gewährleisteter Freiheiten.

Der nach h.M.[212] extensiv auszulegende Religionsbegriff birgt die Gefahr, dass sich der Schutzbereich des Art. 4 I/II GG zu einer allgemeinen Handlungsfreiheit für religiös oder weltanschaulich motiviertes Verhalten entwikkelt[213]. Der Frage nach den zulässigen Beschränkungen der Religionsfreiheit im Grundgesetz kommt daher besondere Bedeutung zu.

---

[210] Vgl. *Starck*, in: v. Mangoldt/Klein/Starck, GG-Komm., Bd. 1, 3. Aufl., 1985, Art. 4 Rdn. 1 unter Hinweis auf section 16 virginia bill of rights (1776); 1. amendment (1791) der Verfassung der USA; Art. 10 frz. Erklärung der Menschen- und Bürgerrechte (1789).

[211] Neben Art. 4 sind dies nur die Menschenwürde selbst (Art. 1 I GG, sofern man darin ein Grundrecht im engeren Sinne sieht), Art. 5 III GG.

[212] Dazu bereits die Nachw. oben (Teil 2, Kap. 2, Abschn. 2, I 1).

[213] *Mager*, in: v. Münch/Kunig, GG-Komm., Bd. 1, 5. Aufl., 2000, Art. 4 Rdn. 17.

a) Schutzbereichsrestriktion

Ein erster Ansatz, einer ausufernden Berufung auf die Religionsfreiheit und dem gleichzeitigen Unterlaufen der Schrankensysteme anderer Grundrechte zu begegnen, besteht in einer restriktiven Auslegung des Schutzbereichs des Art. 4 I/II GG. Dadurch wird die Frage nach den Einschränkungsmöglichkeiten von der Ebene der Eingriffsrechtfertigung auf die Ebene der Schutzbereichsbestimmung transportiert. Die eine solch restriktive Auslegung des Grundrechtstatbestandes ablehnende Gegenansicht verweist richtigerweise darauf, dass die Verlagerung der Schrankenproblematik auf die Ebene des sachlichen Schutzbereichs schon dem Grunde nach verfassungsrechtliche Bedenken aufwirft, nötigt dieses Vorgehen doch nicht zur Beachtung des Verhältnismäßigkeitsgrundsatzes obgleich inhaltlich eine Schranke vorliegt. Gleichwohl wird eine Schutzbereichsbegrenzung unter drei Gesichtspunkten diskutiert.

Zunächst wäre es denkbar, alle die Rechte anderer tangierende Handlungen aus dem Schutzbereich des Art. 4 I/II GG auszunehmen[214]. Dieser Weg einer tatbestandlichen Reduktion würde indes nicht der gerade in der Vorbehaltlosigkeit des Wortlautes zum Ausdruck kommenden, herausragenden Bedeutung des Art. 4 GG gerecht. So würde die allgemeine Handlungsfreiheit als freiheitlicher Auffangtatbestand stets schon den Schutzbereich des Artikel 4 begrenzen können, was der intendierten, herausragenden Bedeutung der Norm zuwiderliefe.

Auch ein europazentrierter, christlich geprägter Religionsbegriff[215] ist abzulehnen. Er verfolgt den vor dem Hintergrund staatlicher Neutralität und insbesondere der Vorschrift des Art. 3 III GG nicht zulässigen Zweck, missliebige Praktiken von Sekten oder fremdartigen Religions- und Weltanschauungsgemeinschaften schon unter den geringeren Anforderungen des Art. 2 I durch staatliche Eingriffe unterbinden zu können.

Auch ein enges, auf rituelle Handlungen beschränktes Verständnis des *forum externum* begünstigt bewusst vor allem christlich-abendländische Religionen und ist daher unzulässig.

b) „Schrankenleihe“

Trotz der dem Wortlaut nach vorbehaltlosen Gewährleistung der Religionsfreiheit in Art. 4 I/II GG will ein Teil der Lehre die Schranken anderer Grundrechte entsprechend auf die Religionsfreiheit anwenden[216]. Eine solche

---

[214] Vgl. in diese Richtung gehend *Zippelius*, in: BoKo (Zweitbearbeitung), Art. 4 Rdn. 47, 62 ff.

[215] Dazu bereits oben (Teil 2, Kap. 2, Abschn. 2, I 1).

[216] So etwa *Herzog*, in: Maunz/Dürig, GG-Komm., Art. 4 Rdn. 114 ff.

„Schrankenleihe" begegnet jedoch erheblichen Bedenken. So erscheint es kaum möglich, differenzierte, für ein spezielles Grundrecht entwickelte und auf dieses abgestimmte Schrankensysteme ohne weiteres auf Art. 4 zu übertragen[217]. Das Prinzip der Schrankenspezialität darf auch bei dem Wortlaut nach vorbehaltlosen Grundrechten nicht verletzt werden[218]. Ein Rückgriff auf die „allgemeine Rechtsordnung" als Eingriffsschranke hingegen würde die besondere Bedeutung des Art. 4 vor dem einfachen Recht verkennen[219].

c) Gelten die Schranken des Art. 136 I WRV auch im Rahmen des Art. 4 GG?

Eine im Vordringen befindliche Auffassung will jedoch die Regelung des Art. 136 I WRV iVm. Art. 140 GG als Schranke auf die Religionsfreiheit des Art. 4 I/II GG anwenden[220]. Zur Begründung wird angeführt, allein die Fortgeltung des Art. 136 I WRV mache den Verzicht des Verfassunggebers auf eine ausdrückliche Schrankenregelung in Art. 4 I/II erklärbar[221]. Eine Nichtanwendung verletze die vom Bundesverfassungsgericht selbst festgestellte Gleichrangigkeit der inkorporierten Vorschriften mit den übrigen Normen des Grundgesetzes[222].

Zuzugeben ist zwar, dass angesichts einer extensiven und daher für missbräuchliche Berufungen darauf anfälligen Auslegung des Schutzbereichs des Art. 4 I/II GG ein praktisches Bedürfnis für ein Korrelat besteht. Dies ist jedoch nach hier vertretener Auffassung in einer gesteigerten Darlegungslast desjenigen, der sich auf die Glaubensfreiheit beruft, und einer damit einhergehenden prozessualen Glaubwürdigkeitsprüfung zu suchen. Gesetzessystema-

---

[217] Vgl. BVerfGE 32, 98, 107 zu Art. 5.

[218] *Starck*, in: v. Mangoldt/Klein, GG-Komm., Bd. 1, 4. Aufl., 1999, Art. 4 Rdn. 74; *ders.*, aaO., Art. 1 Rdn. 233 ff.

[219] *Starck*, in: v. Mangoldt/Klein, GG-Komm., Bd. 1, 4. Aufl., 1999, Art. 4 Rdn. 14; *Kokott*, in: Sachs, GG-Komm., 2. Aufl., 1999, Art. 4 Rdn. 115; beachte aber auch *Herzog*, in: Maunz/Dürig, GG-Komm., Art. 4 Rdn. 115, der den Begriff der verfassungsmäßigen Ordnung dergestalt modifiziert, dass nur Verfassungsrecht darunter fallen soll. Im Ergebnis anerkennt *Herzog* damit auch allein kollidierendes Verfassungsrecht als Eingriffsschranke für die Religionsfreiheit. Die Unterscheidung, ob dies durch Anwendung der einschränkend ausgelegten Schrankentrias des Art. 2 I GG oder im Wege praktischer Konkordanz erfolgt, ist rein begrifflicher und theoretischer Natur.

[220] *Starck*, in: v. Mangoldt/Klein, GG-Komm., Bd. 1, 4. Aufl., 1999, Art. 4 Rdn. 76; *Muckel*, NWVBl. 1998, 1, 2 ff.; BVerwG, NJW 2001, 1225, 1226 f.

[221] *Starck*, in: v. Mangoldt/Klein, GG-Komm., Bd. 1, 4. Aufl., 1999, Art. 4 Rdn. 76.

[222] *Starck*, in: v. Mangoldt/Klein, GG-Komm., Bd. 1, 4. Aufl., 1999, Art. 4 Rdn. 75 unter Verweis auf BVerfGE 19, 206, 219; 53, 366, 400.

tisch sprechen die überwiegenden Gründe gegen eine Anwendung des Art. 136 I WRV als Schranke der Religionsfreiheit des Art. 4 I/II GG.

Nach h.M. enthält Art. 136 I WRV seinem Wortlaut nach zunächst ein Art. 33 III bzw. 3 III GG verwandtes Differenzierungsverbot [223]. Nur, sofern man darüber hinausgehend in Art. 136 I WRV seiner originären Bedeutung nach eine Schrankenregelung erblickt, ist zu fragen, ob diese auf Art. 4 I/II GG anzuwenden ist.

Für eine vom Wortlaut her vorbehaltlose Gewährleistung könnte der oftmals hergestellte Zusammenhang zwischen der Glaubensfreiheit und der Menschenwürde sprechen[224]. Dieser Aspekt dürfte jedoch in Anbetracht des insbesondere vom Bundesverfassungsgericht vertretenen, weiten Schutzbereichsverständnis, wonach beispielsweise selbst Sammlungen für religiöse Zwecke von Art. 4 II GG geschützt sind[225], nicht überbewertet werden. Denn je näher Art. 4 II GG in die Nähe einer allgemeinen Handlungsfreiheit im religiösen Bereich rückt, umso mehr tritt der Menschenwürdebezug in den Hintergrund.

Das Bundesverfassungsgericht hat die Regelung des Art. 136 I WRV deshalb nicht als Schranke der Religionsfreiheit angewendet, weil sich daraus nicht ergebe, „welche staatsbürgerlichen Pflichten im Sinne des Art. 136 Abs. 1 WRV gegenüber dem Freiheitsrecht des Art. 4 Abs. 1 GG mit staatlichem Zwang durchgesetzt werden dürfen"[226]. Auch die Entstehungsgeschichte des Art. 4 I/II GG nötigt nicht zu einer Anwendung des Art. 136 I WRV als Schranke der Religionsfreiheit. Im Parlamentarischen Rat wurde die Aufnahme einer Schrankenregelung in Art. 4 längere Zeit diskutiert, letztlich aber nicht in den Text des Grundgesetzes aufgenommen. Dies erfolgte nicht vor dem Hintergrund einer etwaigen Begrenzung schon durch Art. 136 I WRV[227]. Das Fehlen einer ausdrücklichen Schrankenregelung für die Religionsausübung des Art. 4 I/II GG darf nicht als ausfüllungsbedürftige Lücke angesehen werden. Vom Wortlaut her vorbehaltlose Gewährleistungen sind dem GG - wie etwa Art. 5 III GG zeigt - keineswegs wesensfremd. Entscheidend sollte vor diesem Hintergrund sein, dass sich der Verfassunggeber mit der Schaffung des Art. 4

---

[223] Vgl. AK-GG-*Preuß*, 2. Aufl., 1989, Art. 140 Rdn. 37; *Maunz*, in: Maunz/Dürig, GG-Komm., Art. 140 Rdn. 3; *Hemmrich*, in: v. Münch/Kunig, GG-Komm., Bd. 1, 5. Aufl., 2000, Art. 7 Rdn. 9; *Kokott*, in: Sachs, GG-Komm., 2. Aufl., 1999, Art. 4 Rdn. 113.

[224] Vgl. *Herzog*, in: Maunz/Dürig, GG-Komm., Art. 4 Rdn. 10 ff.; *Kokott*, in: Sachs, GG-Komm., 2. Aufl., 1999, Art. 4 Rdn. 3; *Badura*, Der Schutz von Religionen und Weltanschauungen durch das Grundgesetz, 1989, S. 33; jeweils zum Menschenwürdebezug.

[225] BVerfGE 24, 236 - „Aktion Rumpelkammer".

[226] BVerfGE 33, 23, 31.

[227] Wohl aber gingen einige Abgeordnete von der Anwendbarkeit der Schrankentrias des Art. 2 I GG aus und verzichteten deshalb auf eine explizite Regelung in Art. 4 [vgl. JöR n.F. 1 (1951), S. 74 f.].

GG und der Nichtaufnahme des Art. 135 WRV für eine vollständige Neuregelung der Religionsfreiheit entschieden hat. Art. 136 I WRV wird somit von Art. 4 I/II GG überlagert[228]. Formal betrachtet bezieht sich Art. 136 I WRV überdies ausschließlich auf die nicht mehr existente Regelung des Art. 135 WRV, hat mithin keinen selbständigen Anwendungsbereich mehr.

d) Kollidierendes Verfassungsrecht als Schranke

Auch dem Wortlaut nach vorbehaltlos gewährleistete Grundrechte unterliegen Begrenzungen durch kollidierendes Verfassungsrecht[229]. Im Kollisionsfall ist nach dem schonendsten Ausgleich zwischen den widerstreitenden Interessen zu suchen, der beiden Verfassungsgütern zu optimaler Geltung verhilft. Schranken ergeben sich damit für die Religionsfreiheit, soweit nach Abwägung der Umstände des Einzelfalles einem anderen Verfassungsgut der Vorrang einzuräumen ist.

Die Gewährleistung des *forum internum* beschränkt sich von vornherein ausschließlich auf gedankliche Prozesse, welche die Rechtsgüter anderer nicht berühren können. Eine Kollision mit anderen Verfassungsgütern ist per definitionem ausgeschlossen[230].

Die Freiheit, sein gesamtes Leben nach den Grundsätzen seines Glaubens auszurichten, kann jedoch durchaus in Konflikt mit anderen Verfassungsgütern geraten und so eine Abwägung im Einzelfall erfordern[231]. Im Rahmen der Abwägung ist auf der Ebene der Angemessenheit die in der Vorbehaltlosigkeit zum Ausdruck kommende besondere Bedeutung der Religionsfreiheit im Grundgesetz zu berücksichtigen.

---

228 BVerfGE 33, 23, 30 f.

229 Ausführlich dazu *Pieroth/Schlink*, Grundrechte, 15. Aufl., 1999, Rdn. 314 ff.; *Schnapp*, JuS 1978, 729, 733 f.; vgl. auch BVerfGE 30, 173, 193, das für das vom Wortlaut vorbehaltlos gewährleistete Grundrecht der Kunstfreiheit anführt, dessen Grenzen ließen sich „nur von der Verfassung selbst“ bestimmen; für die Anwendung dieses Grundsatzes auf die Religionsfreiheit ausdrücklich BVerfGE 32, 98, 107 ff., aus der Lit. etwa *Kokott*, in: Sachs, GG-Komm., 2. Aufl., 1999, Art. 4 Rdn. 117 ff.; *Morlok*, in: Dreier, GG-Komm., Bd. I, 1996, Art. 4 Rdn. 90.

230 *Kokott*, in: Sachs, GG-Komm., 2. Aufl., 1999, Art. 4 Rdn. 177.

231 *Kokott*, in: Sachs, GG-Komm., 2. Aufl., 1999, Art. 4 Rdn. 118, Beispiele sind etwa der staatliche Erziehungsauftrag, wenn einer Lehramtsanwärterin die Einstellung in den Staatsdienst unter Hinweis auf das religiös motivierte Tragen eines Kopftuches verweigert wird (dazu unten Teil 4, Kap. 2, Abschn. 1, II 3b) oder der Tierschutz, wenn religiöse Vorschriften den Verzehr geschächteten Fleisches zwingend vorsehen (dazu ebenfalls unten Teil 4, Kap. 2, Abschn. 1, II 3b).

5.) Subjektiv- und objektivrechtliche Funktion des Art. 4 GG

Art. 4 GG schützt als Freiheitsrecht in erster Linie die durch den Schutzbereich definierte Freiheitssphäre gegen staatliche Eingriffe. Die wohl wichtigste bzw. als am wichtigsten wahrgenommene Funktion des Art. 4 GG ist die grundrechtliche Abwehrfunktion (status negativus). Ein Anspruch auf bestimmte staatliche Leistungen (status activus) kann dem Art. 4 GG indes nicht entnommen werden, insoweit ist auf Sonderregelungen wie etwa Art. 7 III oder § 36 SG zurückzugreifen. Das Grundrecht der ungestörten Religionsausübung (Art. 4 II) enthält aber ein Schutzgebot an den Staat, Störungen der Religionsausübung durch Dritte zu unterbinden[232].

Diese Facetten betreffen allesamt zunächst nur die subjektivrechtliche Seite des Art. 4 GG. Die Bedeutung der Religionsfreiheit erschöpft sich jedoch nicht in der Gewährung subjektiver Rechte an Einzelne, vielmehr ist Art. 4 GG auch als Teil der objektiven Werteordnung des Grundgesetzes zu begreifen. Objektives Recht stellt Art. 4 GG insofern dar, als dass die Religionsfreiheit zusammen mit Art. 3 III, 33 III GG, 136 I und IV WRV sowie 137 I WRV die religiöse und weltanschauliche Neutralität des Staates festlegt, die ein wesentliches Konstitutionselement moderner Rechtsstaatlichkeit im Gegensatz zur bloßen Tolerierung anderer Anschauungen durch einen weltanschaulich involvierten Staat ist[233].

Der objektive Bedeutungsgehalt der Religionsfreiheit kann überdies bei der Auslegung von Normen des einfachen Rechts von Bedeutung sein.

6.) Negative Religionsfreiheit

Zur Religionsfreiheit und Bekenntnisfreiheit gehört auch die negative Freiheit, keinen Glauben zu haben und bzw. oder auszuüben[234]. Die von Art. 4 GG geschützten Freiheitssphären sind im Rahmen ihrer Schranken von jeglichen staatlichen Eingriffen freizuhalten. So darf niemand vom Staat zur Teilnahme an einer religiösen Handlung gezwungen werden. Teilnahme liegt freilich nicht vor, wenn man nicht umhin kann, eine kirchliche Prozession zu hören oder zu

---

[232] *Zippelius*, in: BoKo, Art. 4 Rdn. 108; *Starck* in: v. Mangoldt/Klein, GG-Komm., Bd. 1, 4. Aufl., 1999, Art. 4 Rdn. 19.

[233] *Starck*, in: v. Mangoldt/Klein/Starck, GG-Komm., Bd. 1, 4. Aufl., 1999, Art. 4 Rdn. 21, zur Neutralität sogleich.

[234] BVerfGE 93, 1, 16; *Kokott*, in: Sachs, GG-Komm., 2. Aufl., 1999, Art. 4 Rdn. 26; *Mikat*, HdbVerfR, § 29 Rdn. 15; *Mager*, in: v. Münch/Kunig, GG-Komm., Bd. 1, 5. Aufl., 2000, Art. 4 Rdn. 58; *Pieroth/Schlink*, Grundrechte, 15. Aufl., 1999, Rdn. 516; *Müller/Volbehr*, JZ 1995, 996 ff.; *Starck*, KuR 710, 1 ff.

sehen, die etwa an der Wohnung vorbeizieht[235]. Es muss sich stets um staatliche Zwangsmaßnahmen handeln, die die Abwehrfunktion aktivieren. Im Einzelfall kann die Ausübung positiver Glaubensfreiheit die negative Glaubensfreiheit anderer in einem solchen Maße beeinträchtigen, dass sich die Frage nach staatlichen Schutzpflichten stellt[236]. Gerade die Kollision von positiver und negativer Glaubensfreiheit stellt ein im Einzelnen noch nicht abschließend geklärtes Fragenfeld dar, das angesichts des zunehmenden Aufeinanderprallens verschiedener religiöser und areligiöser Geisteshaltungen auch in Zukunft an Bedeutung gewinnen wird[237]. Ausgangspunkt zur Lösung derartiger Fragestellungen muss aber immer die Tatsache bleiben, dass Art. 4 GG auch die Freiheit schützt, einen anderen bzw. keinen Glauben zu haben. Bei Konflikten zwischen positiver und negativer Religionsfreiheit handelt es sich um Fälle echter Grundrechtskollision[238], die nach den Grundsätzen praktischer Konkordanz zu

---

[235] *Starck*, KuR 710, 1; *ders.*, in: v. Mangoldt/Klein/Starck, GG-Komm., Bd. 1, 4. Aufl., 1999, Art. 4 Rdn. 23.

[236] Diese Frage wird etwa bei der Problematik des Muezzin Gebetsrufes relevant; der Staat ist danach verpflichtet, übermäßiger akustischer Belästigung durch den Ruf durch gesetzgeberische und exekutive Maßnahmen zu begegnen, vgl. hierzu insb. *Muckel*, NWVBl. 1998, 1ff; *Schmehl*, JA 1997, 866 ff.

[237] Dies zeigt sich insbesondere an der sog. „Kruzifixentscheidung" des BVerfG (E 93, 1 ff.). Das Gericht hatte dabei u.a. die positive Religionsfreiheit derjenigen Schüler, die ein Kreuz im Klassenzimmer wünschten gegen die gleichsam durch Art. 4 geschützte Haltung der Schüler, die ein Kreuz ablehnen, abzuwägen (vgl. hierzu u.a. die Stellungnahmen von *Badura*, BayVBl. 1996, 33 ff.; *Brugger*, JuS 1996, 233 ff.; *Heckel*, DVBl. 1996, 453 ff.; *Muckel*, KuR 110, S. 21 ff.). Auch bei der gegenwärtig kontroversen Frage, ob das Unterrichten an einer staatlichen Schule mit angelegtem Kopftuch (Tschador) zulässig ist, ist unter Abwägung der positiven Glaubensfreiheit der Lehrperson und der negativen Glaubensfreiheit andersdenkender Schüler zu lösen, wobei diese Abwägung von der staatlichen Neutralitätspflicht überlagert wird (vgl. hierzu *Böckenförde*, NJW 2001, 723 ff.; *Halfmann*, NVwZ 2000, 862 ff.; *Janz/Rademacher*, JuS 2001, 440 ff.); allgemein *Heckel*, FS Kriele, 1997, S. 281 ff.

[238] Als problematisch erweist sich indes häufig die Feststellung der Eingriffsqualität. So geht bspw. *Kokott*, in: Sachs, GG-Komm., 2. Aufl., 1999, Art. 4 Rdn. 37, davon aus, das Anbringen von Kreuzen in staatlichen Schulen stelle keinen Eingriff in die Religionsfreiheit dar, da keine hinreichende Finalität bzw. Schwere der Beeinträchtigung nachweisbar sei. Weder bezwecke der Staat mit der Maßnahme eine Missionierung, noch beeinträchtige er dadurch Andersgläubige in ihrem Glauben. Richtigerweise ist hier aber mit dem BVerfG (E 93, 1, 18) ein Eingriff zu bejahen. Denn das Anbringen der Kreuze als staatliche Maßnahme führt zu einem Zwang zum Lernen unter dem Kreuz, zu einer unausweichlichen Konfrontation mit dessen religiöser Bedeutung. Indem der Staat das Kreuz anbringt, identifiziert er sich gleichzeitig mit diesem Symbol und suggeriert den Schülern, der hierdurch verkörperte religiöse Gehalt sei inhaltlich zutreffend. Kehrseite dieses Verstoßes gegen die Neutralitätspflicht und das darin enthaltene Gebot der Nichtidentifizierung ist eben gerade die negative Religionsfreiheit Andersgläubiger oder Nichtgläubiger, die vor einem Aufdrängen fremder Glaubens-

lösen sind, ohne dass entweder der positiven oder negativen Freiheit ein genereller Vorrang zukäme. Es sei aber betont, dass diese Grundsätze ausschließlich bei Vorliegen eines staatlichen Eingriffs, nicht jedoch bei Konflikten zwischen Privatpersonen zur Anwendung kommen. Die negative Religionsfreiheit vermittelt kein Recht zur Abwehr religiöser Betätigungen durch Private. Dies widerspräche überdies in eklatanter Weise dem in der positiven Religionsfreiheit zum Ausdruck kommenden Bejahung der Religionsausübung. Die im Ansatz bestehende Gleichrangigkeit der negativen mit der positiven Religionsfreiheit darf daher nicht überbewertet werden. Vor diesem Hintergrund bildet die negative Religionsfreiheit gerade kein Schwert gegen religiöse Betätigungen schlechthin, sondern nur, soweit diese durch den Staat erfolgen. Sie ist meines Erachtens daher als subjektivrechtliche Ausprägung des Neutralitätsgebotes zu verstehen. Art. 4 GG schützt damit umfassend die religiöse Enthaltsamkeit, die Freiheit keinen Glauben zu haben, die Freiheit seinen oder fremden Glauben nicht ausüben bzw. daran teilnehmen zu müssen. Geschützt wird aber auch das Recht, sein Bekenntnis nicht offenbaren zu müssen. Diese Freiheit unterliegt jedoch der Schranke des Art. 137 VI WRV iVm. Art. 140 GG.

II.) Trennung von Staat und Kirche

Art. 137 I WRV iVm. Art. 140 GG spricht das Verbot einer Staatskirche aus. Ausgeschlossen ist damit eine organisatorische Einheit von Staat und Kirche[239]. Säkularer Staat und Religionsgesellschaften stehen sich als voneinander geschiedene Rechtssubjekte mit eigener Rechtsmacht gegenüber[240].

Die geschichtlichen Wurzeln des Trennungsprinzips greifen bis in das 16. und 17. Jahrhundert zurück, als im angelsächsischen Raum Bestrebungen aufkeimten, ein vom Zwang der etablierten (Staats-) Kirche befreites, „innerlich verfestigtes Christentum" zu schaffen[241]. Eine kirchenfeindliche Prägung erhielt das Trennungsprinzip dagegen im Zuge der französischen Revolution als notwendige Voraussetzung eines strikten Laizismus, der kirchliche Angelegenheiten allein dem privatrechtlichen Vereinsrecht zu unterstellen suchte.

Nach heutigem Verständnis bildet die organische Trennung von Staat und Kirche die unabdingbare Voraussetzung für die Gewährleistung voller Glaubensfreiheit. Ist der weltanschaulich involvierte Staat lediglich zur Tolerierung

---

überzeugungen durch den Staat schützt. Insoweit greift auch der Hinweis nicht durch, Art. 4 vermittle kein Abwehrrecht gegen die bloße Kenntnisnahme fremder Religionsausübung, da sich dieser Satz allein auf die Religionsausübung Privater bezieht.

239 *Maunz*, in: Maunz/Dürig, GG-Komm., Art. 140 Rdn. 3.

240 *V. Campenhausen*, in: v. Mangoldt/Klein/Starck, GG-Komm., Bd. 3, 4. Aufl., 2001, Art. 140 Rdn. 34.

241 Vgl. *Rothenbächer*, Die Trennung von Staat und Kirche, 1908, S. 29.

anderen als des staatlichen Glaubens in der Lage, so erweist sich nur der von kirchlichen Institutionen getrennte Staat zur Neutralität fähig[242]. Dient damit die Trennung von Staat und Kirche unter der grundgesetzlichen Ordnung der Wahrung staatlicher Neutralität und der Gewährleistung voller individueller Glaubensfreiheit, so belegt dies keineswegs eine antikirchliche Prägung des Trennungsgrundsatzes im Grundgesetz. Insbesondere werden dadurch keine Berührungspunkte von Staat und Kirchen bzw. Formen der Kooperation ausgeschlossen[243]. Die Vorschrift des Art. 137 I WRV darf nicht isoliert betrachtet werden, sondern ist in den Gesamtzusammenhang der Wertungen des Grundgesetzes zu setzen. So anerkennt bereits das Grundgesetz selbst an mehreren Stellen die positive Zusammenarbeit von Staat und Kirche. Zu nennen sind beispielsweise die institutionelle Garantie des Religionsunterrichtes als ordentliches Lehrfach (Art. 7 II und III), die Garantie des kirchlichen Steuererhebungsrechts (Art. 137 VI WRV) sowie der Staatsleistungen (Art. 138 WRV). Auch die Gewährleistung der Militär- und Anstaltsseelsorge (Art. 141 WRV)[244] ist in diesem Zusammenhang zu erwähnen.

Art. 137 I WRV ist demnach nicht im Sinne einer Kontaktlosigkeit und wechselseitigen Isolierung, sondern im Sinne einvernehmlicher Zusammenarbeit zu verstehen[245]. Das Trennungsgebot des Grundgesetzes wird daher bisweilen als System „hinkender Trennung“[246] bezeichnet.

Für innerkirchliche Angelegenheiten verleiht Art. 137 III WRV iVm. Art. 140 GG den Religionsgemeinschaften das Recht zur Selbstverwaltung[247]. Diese umfasst auch den Erlass einer eigenen Rechtsordnung, die jedoch auf den kirchlichen Binnenbereich beschränkt sein muss. Auch besteht eine uneingeschränkte kirchliche Ämterhoheit[248]. Akte der kirchlichen Gewalt unterliegen überdies nicht der Kontrolle durch staatliche Gerichte[249] soweit sie lediglich innerkirchliche Fragen betreffen. Dies gilt etwa für die Begründung, Übertra-

---

[242] Dazu im Einzelnen unten (Teil 2, Kap. 2, Abschn. 2, V).

[243] Wobei der Begriff der „Kooperation“ nicht mit den in der Nachkriegszeit stärker vertretenen Dualismustheorien verwechselt werden darf; zu diesen Ansätzen unten (Teil 3, Kap. 2, Abschn. 1, III 3).

[244] Zur Seelsorge in Bundeswehr und Bundesgrenzschutz vgl. *Seiler*, HStKR II, 1975, § 37, S. 685ff; zur Anstaltsseelsorge vgl. *Albrecht*, HStKR II, 1975, § 38, S. 701 ff.

[245] *V. Campenhausen*, in: v. Mangoldt/Klein/Starck, GG-Komm., Bd. 3, 4. Aufl., 2001, Art. 140 Rdn. 36; *ders.*, „Freie Träger“ in: EvStL (3. Aufl.), Sp. 959 ff.

[246] *Ehlers*, in: Sachs, GG-Komm., 2. Aufl., 1999, Art. 140 Rdn. 7.

[247] Ausführlich zum Selbstverwaltungs- und Selbstbestimmungsrecht *Hesse*, in: HStKR I, 1. Aufl., 1974, § 9, S. 409 ff.

[248] *Schmidt-Bleibtreu*, in: ders./Klein, GG-Komm., 9. Aufl., 1999, Art. 140 Rdn. 4a.

[249] Vgl. die Nachweise bei *Schmidt-Bleibtreu*, in: ders./Klein, GG-Komm., 9. Aufl., 1999, Art. 140 Rdn. 4a.

gung, Suspendierung und Beendigung geistlicher Ämter[250], die kirchliche Ausbildung[251], die kirchliche Mitarbeitervertretung[252], Fragen der kirchlichen Glaubenslehre[253], des Gottesdienstes[254] und der Verwaltung der Sakramente[255]. Soweit das Tätigwerden der Kirchen jedoch in den staatlichen Bereich hineinwirkt, ist die Zuständigkeit staatlicher Gerichte begründet. Dies gilt etwa für Kirchensteuerangelegenheiten[256], die Widmung von Sachen zu kirchlichen öffentlichen Sachen (*res sacrae*)[257] oder das Schlagen von Kirchenglocken[258]. Bei Letzterem ist zu differenzieren zwischen dem Läuten zu liturgischen Zwecken und dem Zeitschlagen. Beides wirkt zwar über den kirchlichen Binnenbereich hinaus, doch liegt das Zeitschlagen außerhalb der öffentlichrechtlichen Zweckbindung, so dass Nachbarklagen im Zivilrechtsweg zu erheben sind[259], während im Übrigen der Verwaltungsrechtsweg gem. § 40 I S. 1 VwGO gegeben ist[260]. Das kirchliche Selbstverwaltungsrecht umfasst jedoch nicht das sog. „Kirchenasyl"[261]. Teilweise wird bereits die Zulässigkeit des Kirchenasyls am Maßstab des innerkirchlichen Rechts bestritten[262]. Eigentlich entscheidend ist jedoch, dass Art. 16a GG ein staatliches Asylrecht garantiert, welches durch das Asylverfahrensgesetz[263] verfahrensrechtlich ausgestaltet

---

250 BVerwGE 25, 226; 28, 349; 30, 330; 66, 241; BVerfG NJW 980, 1041; OVG Münster NJW 1978, 2111; zu dieser Thematik *Sachs*, BayVBl. 1987, 463; *Steiner*, NJW 1983, 2560.
251 VG Stuttgart, NVwZ 1985, 138.
252 LAG Berlin, NJW 1985, 3039.
253 BVerfG, NJW 1980, 1041; BVerwGE 66, 246; OVG Münster NJW 1978, 2111.
254 BVerfG, NJW 1980, 1041.
255 BVerfG, NJW 1980, 1041; OVG Münster, NJW 1978, 2111.
256 BVerwGE 21, 330; 52, 105; OVG Münster NVwZ 1987, 709; dies gilt jedoch nur solange die Steuererhebung durch die staatlichen Finanzbehörden erfolgt.
257 BVerfGE 66, 23; BVerwGE 68, 65; 87, 115 m. Anm. *Renck*, BayVBl. 1991, 200 und *Bachof*, JZ 1991, 622; a.A. jedoch *Kromer*, Sachenrecht des öffentlichen Rechts, 1985, 30, 73; *Keihl*, Das Recht der res sacrae, 1977, 135.
258 Dazu *Goerlich*, JZ 1984, 221; *Schatzschneider*, NJW 1984, 989; zur materiellrechtlichen Zulässigkeit des Glockenschlagens vgl. die Nachweise bei *Mager*, in: ders./Kunig, GG-Komm., Bd. I, 5. Aufl., 2000, Art. 4 Rdn. 65.
259 BVerwG, NJW 1994, 956.
260 Vgl. etwa BVerwGE 68, 62; OVG Lüneburg, NVwZ 1991, 801; *Martens*, in: FS Wacke, 1972, S. 343; *Baldus*, DÖV 1971, 338; *Laubinger*, VerwArch 1992, 623; *Schenke*, JZ 1996, 1000.
261 Vgl. *Huber*, Kirchenasyl, 1994, S. 106; *Schmidt-Bleibtreu*, in: ders./Klein, GG-Komm., 9. Aufl., 1999, Art. 140 Rdn. 10a; Art. 16a, Rdn. 2a.; ausführlich dazu *Geis*, JZ 1997, 60 ff.; *Reuter*, ZRP 1996, 97 ff.; *v. Münch*, NJW 1995, 565, 2271; *Robbers*, AöR 113 (1988), 30 ff.; *Baldus*, NVwZ 1999, 716 ff.; *Maaßen*, KuR 885, S. 7 ff.
262 Vgl. *Schmidt-Bleibtreu*, in: ders./Klein, GG-Komm., 9. Aufl., 1999, Art. 16a Rdn. 2a; *Schwendewein*, Das Neue Kirchenrecht, 2. Aufl., 1984, 420 mwN.
263 Asylverfahrensgesetz v. 27. Juli 1993, BGBl. I, S. 1361.

wird. In der Sache ist ein Kirchenasyl abzulehnen. Es wird in der Praxis lediglich in den Fällen relevant, in denen nach staatlichem Recht kein Anspruch auf Asyl besteht. Der moralische Anspruch der Kirchen kann jedoch nicht geeignet sein, staatliche Rechtsmaterien zu unterlaufen. Dies widerspräche dem Grundsatz einer loyalen Partnerschaft. Die Kirchen haben den weltlichen Charakter des Asylrechts anzuerkennen und die gesetzgeberischen Entscheidungen zu respektieren[264].

III.) Korporationsmöglichkeit gemäß Art. 137 V WRV iVm. Art. 140 GG

Dem Trennungsgebot widerspricht die in Art. 137 V und VI WRV iVm. Art. 140 GG vorgesehene Möglichkeit der Organisation bzw. Anerkennung von Kirchen und Glaubensgemeinschaften als Körperschaften des öffentlichen Rechts nur scheinbar[265]. Durch den Anerkennungsakt stellt der Staat den Kirchen lediglich eine bestimmte Rechtsform zur Verfügung. Die Möglichkeit einer Anerkennung als Körperschaft des öffentlichen Rechts hebt jedoch die herausragende gesellschaftliche Bedeutung der Kirchen hervor, der eine bloß dem Vereinsrecht unterworfene Organisationsstruktur nicht gerecht würde.

Dieser trotz der Organisationsform nicht erfolgten Integration der anerkannten Kirchen in den Staatsverband entspricht die weithin anerkannte Grundrechtsfähigkeit auch der korporierten Kirchen[266]. Wegen der Staatsferne auch in dieser Organisationsform befinden sich die Kirchen in einer dem Verhältnis Staat-Bürger vergleichbaren grundrechtstypischen Gefährdungslage, welche eine Aktivierung grundrechtlicher Abwehrfunktionen bedingt.

Damit korrespondiert die prinzipielle Verneinung einer Grundrechtsbindung der korporierten Kirchen. Sie stellen keine staatsmittelbaren Verwaltungseinrichtungen dar, sondern nehmen eigene Aufgaben wahr. Eine Einschränkung gilt allerdings dort, wo die körperschaftlichen Kirchen von staatlich verliehe-

---

[264] Zur Frage, ob bei Flucht in ein sog. „offenes Kirchenasyl" die Voraussetzungen für eine Abschiebungshaft vorliegen vgl. *Müller*, NVwZ 2001, 879 f., der dies verneint, da der Aufenthaltsort des Betreffenden gerade nicht geheim sei und der Staat zumindest grundsätzlich die Abschiebung vollziehen könne, weil ein rechtsfreier Raum der Kirchen nicht bestehe. Vollziehe der Staat aus moralischen Gründen die Abschiebung nicht, begründe dies keinen Grund für eine Abschiebungshaft. Anders liegen die Voraussetzungen hingegen beim „versteckten Kirchenasyl", bei dem der Aufenthaltsort des Flüchtlings verheimlicht wird. In diesen Fällen bejaht *Müller* (aaO.) richtigerweise das Vorliegen eines Haftgrundes.

[265] Ausführlich dazu *Friesenhahn*, in: HStKR I, 1. Aufl., 1974, § 11, S. 545 ff.; *Kirchhof*, HStKR I, 2. Aufl., 1994, § 22, S. 651 ff.; vgl. auch *Reupke*, KuR 210, S. 7 ff.; *Robbers*, FS Heckel, 1999, S. 411 ff.

[266] Vgl. statt vieler *Krebs*, in: v. Münch/Kunig, GG-Komm., Bd. 1, 5. Aufl., 2000, Art. 19 Rdn. 40 mwN.

nen, hoheitlichen Rechten Gebrauch machen. Dies betrifft insbesondere Fragen des Kirchensteuerrechts und des Kirchenbeamtenverhältnisses[267].

Die Rechtsfähigkeit von nicht als Körperschaft des öffentlichen Rechts anerkannten Kirchen und Religionsgemeinschaften richtet sich gemäß Art. 137 IV WRV nach den allgemeinen Vorschriften des bürgerlichen Rechts, wobei weniger eine gesellschafts- als vielmehr eine vereinsrechtliche Organisation die Regel bildet.

Den Status als Körperschaft des öffentlichen Rechts erlangen Religionsgesellschaften gem. Art. 137 V S. 2 WRV durch staatliche Anerkennung, wobei der Zusammenschluss mehrerer als Körperschaft des öffentlichen Rechts anerkannter Religionsgesellschaften seinerseits eine Körperschaft des öffentlichen Rechts bildet, ohne dass eine neuerliche Anerkennung erforderlich wäre (Art. 137 V S. 3 WRV)[268]. Die religiöse und weltanschauliche Neutralität des Staates[269] bedingt es, auch nichtchristlichen Religions- und Glaubensgemeinschaften die Möglichkeit einer Anerkennung als Körperschaft des öffentlichen Rechts zuzuerkennen. Neben diese „gekorenen" Körperschaften des öffentlichen Rechts treten die sog. „geborenen" Körperschaften. Dabei handelt es sich gem. Art. 137 V S. 1 WRV um Religionsgemeinschaften, die den Status als öffentlich-rechtliche Körperschaft bereits vor dem Inkrafttreten der Norm erlangt haben und deren Status ohne weiteren Anerkennungsakt nach Maßgabe des Art. 137 V WRV erhalten bleibt. Diese Regelung ist Ausdruck des religionsverfassungsrechtlichen Prinzips des Bestandsschutzes[270].

Fraglich ist dabei aber, ob die Anerkennung als ungeschriebene Voraussetzung die Verfassungstreue des Antragstellers bedingt[271]. Praktisch relevant

---

[267] Vertiefend zur Grundrechtsbindung der gem. Art. 137 V WRV anerkannten Kirchen: *Rüfner*, EssGespr. 7 (1972), 9 ff.; *ders.*, HStR V, § 117, Rdn. 50 f.; *Hesse*, in: FS Weber, S. 447 ff.; *Kästner*, Jus 1977, 715 ff.; *v. Campenhausen*, in: v. Mangoldt/Klein/Starck, GG-Komm., Bd. 3, 4. Aufl., 2001, Art. 137 WRV Rdn. 202f; *Morlok*, in: Dreier, GG-Komm., Bd. III, 2000, Art. 140/Art. 137 WRV Rdn. 81 ff.

[268] Beachte aber, dass solche Religionsgemeinschaften, die den Status als Körperschaft des öffentlichen Rechts vor Inkrafttreten des Art. 137 WRV erlangt haben, gem. Art. 137 V S. 1 WRV Körperschaften des öffentlichen Rechts „bleiben". Zur Differenzierung zwischen „geborenen" und „gekorenen" Körperschaften vgl. *Friesenhahn*, in: HStKR I, 1. Aufl., 1974, § 11, S. 545, 553 ff.

[269] Dazu unten (Teil 2, Kap. 2, 2. Abschn. V).

[270] Dazu *Morlok*, in: Dreier, GG-Komm., Bd. III, Art. 140/Art. 139 WRV Rdn. 9.

[271] Zu den Anerkennungsvoraussetzungen etwa *Zacharias*, KuR 210, S. 21 ff.; *Tillmanns*, DÖV 1999, 441 ff.; *Fechner*, Jura, 1999, 515 ff.; zuletzt BVerfG, EuGRZ 2001, 659 ff. („Zeugen Jehovas"), das ausdrücklich ein gewisses Maß an Rechtstreue als ungeschriebene Anerkennungsvoraussetzung annahm (BVerfG, aaO., S. 665 f.).

wird dies etwa dann, wenn islamische Glaubensgemeinschaften oder die Zeugen Jehovas eine Anerkennung als Körperschaft des öffentlichen Rechts beantragen. Gegen eine Anerkennungsfähigkeit islamischer Glaubensgemeinschaften wird bisweilen eingewendet, sie könnten sich auf die grundgesetzliche Neutralität nicht berufen, da sie sich ihrerseits anderen Glaubensgemeinschaften gegenüber nicht hinreichend tolerant verhielten. Dem gedanklichen Ansatz, Verfassungstreue zu verlangen, ist grundsätzlich zuzustimmen[272]. Herzuleiten ist diese ungeschriebene Voraussetzung aus dem Gedanken der Systemgerechtigkeit des Grundgesetzes und der Bindung der anerkennenden Behörde an Recht und Gesetz (Art. 20 III). Jedoch muss die Religionsgemeinschaft nicht in Einklang mit jeder grundgesetzlichen Wertung stehen. Dies folgt schon aus Art. 4 GG, der das Recht gewährleistet, auch einen von den Wertungen des Grundgesetz abweichenden Glauben zu haben. Ein Ausschluss der Anerkennung kommt vielmehr nur dann in Betracht, wenn die betreffende Religionsgemeinschaft sich als mit der verfassungsmäßigen Ordnung[273] schlechthin unvereinbar erweist und die Anerkennung als Körperschaft des öffentlichen Rechts einen unerträglichen Wertungswiderspruch auslöste. Schließlich setzt Art. 137 V WRV ein partnerschaftliches, auf Kooperation angelegtes Verhältnis zwischen Staat und als Körperschaft anerkannter Glaubensgemeinschaft voraus[274]. Ein solches kann zwischen Institutionen, die sich gegenseitig in Frage stellen, nicht bestehen[275].

Neben dem herausgestellten gesellschaftlichen Einfluss und dem Prestige einer als Körperschaft des öffentlichen Rechts anerkannten Religionsgemeinschaft bringt der Status eine Reihe erheblicher Vorteile mit sich. An erster Stelle ist das noch näher zu untersuchende Steuererhebungsrecht (Art. 137 VI WRV iVm. Art. 140 GG) zu nennen. Anerkannte Kirchen können Dienstherrenfunktion für Beamte, die nicht dem Sozialversicherungsrecht unterliegen, ausüben. Ferner steht ihnen das Recht zu, Vermögensgegenstände zu öffentlichen Sachen zu widmen (*res sacrae*)[276]. Schließlich besitzen öffentlich-

---

[272] So auch *Muckel*, DÖV 1995, 311, 315 f.; *v. Campenhausen*, in: v. Mangoldt/Klein/Starck, GG-Komm., Bd. 3, 4. Aufl., 2001, Art. 137 WRV Rdn. 228; VG Berlin, NVwZ 1994, 609, 611, zuletzt auch BVerfG, EuGRZ 2001, 659, 665 f. („Zeugen Jehovas“).

[273] Vgl. zu diesem Begriff: *Herzog*, in: Maunz/Dürig, GG-Komm., Art. 20 III Rdn. 9.

[274] *Muckel*, DÖV 1995, 311, 316.

[275] Vgl. *Rüfner*, EssGespr. Bd. 26, S. 60, 83.

[276] Ob es sich dabei um ein verfassungsunmittelbares Recht handelt, ist strittig. Bejahend: *Schütz*, Res sacrae, HStKR II, 2. Aufl., 1995, § 38, S. 3, 6; *Mainusch*, Die öffentlichen Sachen der Religions- und Weltanschauungsgemeinschaften, 1995, S. 67 ff.; *Morlok*, in: Dreier, GG-Komm., Bd. III, 2000, Art. 137 WRV/Art. 140 Rdn. 93; teilweise wird dieses Recht jedoch als lediglich gewohnheitsrechtlich begründet angesehen, vgl. *Schlink*, NVwZ 1987, 633, 638; *Hense*, Glockenläuten und Uhrenschlag, 1998, S. 286 ff.

rechtlich organisierte Kirchen und Religionsgemeinschaften eine Reihe weiterer Rechte auf Berücksichtigung, Beteiligung und Befreiung, die unter dem Oberbegriff „Privilegienbündel" zusammengefasst werden[277]. Besonders hervorhebenswert sind dabei die steuer- und abgabenrechtlichen Begünstigungen[278] sowie der Vorbehalt in § 10 BSHG. Auf die Belange der öffentlich-rechtlich organisierten Kirchen ist bei der Bauleitplanung Rücksicht zu nehmen (§ 1 V S. 2 Nr. 6 BauGB). Einen besonderen Schutz von korporierten Religionsgesellschaften sehen § 132a III StGB (Schutz kirchlicher Ämter, Titel und Würdenbezeichnungen), § 17 VwVG (Unzulässigkeit der Verwaltungsvollstreckung gegen juristische Personen des öffentlichen Rechts) vor. Schließlich nimmt das Bundesverfassungsgericht eine unmittelbar aus dem Grundgesetz folgende Konkursunfähigkeit für als Körperschaften des öffentlichen Rechts anerkannte Kirchen an[279].

IV.) Kirchensteuer

Art. 137 VI WRV iVm. Art. 140 GG enthält mit dem Recht zur Steuererhebung den einzigen ausdrücklichen, verfassungsunmittelbaren mit der Verleihung des Körperschaftsstatus einhergehenden Vorteil gegenüber nicht anerkannten Gemeinschaften[280]. Dieses Recht zur Steuererhebung dient der Schaffung einer soliden Finanzierungsgrundlage der Kirchen[281]. Art. 137 VI WRV regelt nur die Frage der generellen Zulässigkeit der Steuererhebung durch die als Körperschaft des öffentlichen Rechts anerkannten Kirchen und überantwortet die inhaltliche Ausgestaltung sowie die Verfahrensregelung dem einfachen (Landes-) Gesetzgeber (Art. 137 VIII WRV) zur eigenen Regelung bzw. zur Delegation an die Kirchen selbst[282]. Art. 137 VIII WRV erweist sich somit als institutionelle Gewährleistung[283]. Gleichwohl besteht nicht nur ein Recht, sondern eine aus Art. 137 VI WRV abzuleitende Pflicht zur Schaffung entspre-

---

[277] Siehe *Weber*, Die Religionsgemeinschaften als Körperschaften des öffentlichen Rechts im System des Grundgesetzes, 1966, S. 125 ff.

[278] Dazu *Morlok*, in: Dreier, GG-Komm., Bd. III, 2000, Art. 137 WRV/Art. 140 Rdn. 95.

[279] BVerfGE 66, 1, 17 ff.

[280] Ausführlich zum Kirchensteuerrecht *Marré*, HStKR II, 1975, § 18, S. 5 ff., *ders.* HStKR I, 2. Aufl., 1994, § 37, S. 1101 ff.; die jüngere Rechtsprechung zum Kirchensteuerrecht wertet *Jurina*, in: KuR 410, S. 75 ff. aus.

[281] *Morlok*, in: Dreier, GG-Komm., Bd. III, 2000, Art. 140 GG/137 WRV Rdn. 102; vgl. auch *Marré*, HStKR II, 1. Aufl., 1975, § 18, S. 5, 48 ff.

[282] Zu den verfassungsrechtlichen Problemen der Inpflichtnahme von Arbeitnehmern und Arbeitgebern beim Kirchensteuereinzug vgl. *Wassmuth/Schiller*, NVwZ 2001, 852 ff.

[283] *Morlok*, in: Dreier, GG-Komm., Bd. III, 2000, Art. 140/Art. 137 WRV Rdn. 104.

chender Rechtsnormen durch die Länder[284]. Dem haben die Länder mit dem Erlass der Landeskirchensteuergesetze genügt.

Die Zulässigkeit der Erhebung kirchlicher Steuern stellt keinen Verstoß gegen die Neutralitätspflicht des Staates dar, sondern ist Ausdruck allgemein kirchenfreundlichen Verhaltens des Staates zur Förderung der effektiven Ausübung von Religionsfreiheit der Korporationen und der in ihnen vereinten Mitglieder[285]. Dies gilt indes nur dann, wenn der Staat prinzipiell allen Glaubensgemeinschaften die Möglichkeit zur Korporation gewährt.

Art. 137 VI WRV lässt sowohl den konkreten Inhalt der Steuern als auch das Verfahren ihrer Beitreibung offen. Inhaltlich sind zwei Wege der Ausgestaltung denkbar: Einerseits die Schaffung eines eigenen kirchlichen Steuersystems mit selbständigen Tatbeständen, andererseits die Anlehnung an die staatlichen Steuertatbestände mit einer Öffnungsklausel für weitere rein kirchliche Tatbestände. Die Länder haben überwiegend den Weg von Zuschlagsteuern auf bestehende Steuerarten gewählt.

Beigetrieben werden die Steuern durch die staatlichen Finanzämter, obgleich Art. 137 VI WRV auch eine Beitreibung durch die korporierten Kirchen selbst zuließe. Verwaltungszwang ist dabei möglich. Eine gegen die Neutralitätspflicht verstoßende institutionelle Verknüpfung von Staat und Kirche wird darin nicht gesehen[286], da die Beitreibung einen inhaltsneutralen Administrativakt darstellt und überdies aus Gründen der Parität allen korporierten Religionsgemeinschaften zusteht. Als Ausdruck einer generell kirchenfreundlichen Haltung des Staates ermöglicht Art. 137 VI WRV insbesondere die Anlehnung der Steuertatbestände an Lohn- und Einkommenssteuer[287]. Der Staat stellt seine Einrichtungen und Verfahren den Kirchen lediglich zur Verfügung, ohne aber die organische Trennung aufzugeben. So zahlen die Kirchen für die Inanspruchnahme des staatlichen Verwaltungsapparates regelmäßig ein angemessenes Entgelt[288], was gerade die fehlende organisatorische Verbindung belegt.

Die Wahl hoheitlicher Beitreibung durch den Staat verlangt ihrerseits eine gesetzliche Grundlage. Innerkirchliche Steuertatbestände reichen bei einer Beitreibung durch die Finanzämter nicht aus[289]. Gleichwohl verbieten es Art. 4

---

[284] Vgl. BVerfGE 19, 206, 217; *Morlok*, in: Dreier, GG-Komm., Bd. III, 2000, Art. 140/Art. 137 WRV Rdn. 105.

[285] *H. Marré*, KuR 1995, 33 ff.= 410,11 ff.

[286] Vgl. *Morlok*, in: Dreier, GG-Komm, Bd. III, 2000, Art. 140/Art. 137 WRV, Rdn. 118.

[287] Der Steuersatz beläuft sich dabei in der Regel auf 8-9% der geschuldeten Einkommens- oder Lohnsteuer, vgl. *Ehlers*, in: Sachs, GG-Komm., 2. Aufl., 1999, Art. 140, Art. 137 WRV Rdn. 23.

[288] Vgl. *Ehlers*, in: Sachs, GG-Komm., 2. Aufl., 1999, Art. 137 WRV Rdn. 24.

[289] Vgl. BVerfGE 19, 248, 251.

GG und Art. 137 VI WRV, das Kirchensteuerrecht in allen Einzelheiten ausschließlich durch den Staat zu regeln. Mindestens die Höhe der Steuersätze ist durch die Kirchen selbst festzulegen, da anderenfalls etwa ein zu hoher Satz als politisches Gestaltungsmittel einer kirchenfeindlichen Politik instrumentalisiert werden könnte[290]. Die Bestimmung dieser Steuersätze erfolgt regelmäßig durch von den Kirchen zu erlassende Steuerordnungen, welche freilich der Transformation in staatliches Recht bedürfen. Die Umsetzung dieser kirchlichen Sätze in staatliches Recht erfolgt durch Genehmigung bzw. Anerkennung der kirchlichen Rechtsakte (Kirchensteuerverordnungen und -beschlüsse)[291]. Die Kirchensteuergesetze der Länder lehnen sich dabei überwiegend an Lohn- und Einkommenssteuer als Maßstabssteuer an[292]. Die Bestimmung des Gläubigers der Steuer überlassen die Gesetze den Kirchen[293]. So kommt eine Begünstigung der lokalen Ebene oder der Diözese bzw. Landeskirche oder eine Kombination beider Modelle in Betracht.

Wegen der staatlichen Beitreibung steht in allen kirchensteuerlichen Angelegenheiten der Rechtsweg (Art. 19 IV GG) offen[294]. Je nach landesrechtlicher Ausgestaltung sind dabei die Finanz- oder Verwaltungsgerichte zuständig.

Der Kirchensteuerpflicht unterliegen von Verfassungs wegen nur die Mitglieder der jeweiligen Religionsgemeinschaft. Die Besteuerung juristischer Personen ist insoweit unzulässig[295]. Das von Art. 4 GG geschützte jederzeitige Austrittsrecht mitumfasst auch das Recht, sich der Steuerpflicht insoweit zu entledigen[296]. Im Rahmen ehelicher Lebensgemeinschaften ist zu differenzieren, ob es sich um eine glaubensverschiedene oder eine konfessionsverschiedene Ehe handelt. Bei der glaubensverschiedenen Ehe, bei der nur ein Ehegatte einer steuerberechtigten Religionsgemeinschaft angehört, darf die Steuer nur vom Mitglied erhoben werden[297]. Auch die Anwendung des Halbteilungsgrundsatzes in diesen Fällen ist unzulässig[298]. Es kann folglich nicht die Hälfte

---

[290] *Morlok*, in: Dreier, GG-Komm., Bd. III, 2000, Art. 140/Art. 137 WRV Rdn. 114.

[291] *Marré*, Das kirchliche Besteuerungsrecht, in: HStKR II, 1. Aufl., 1975, § 18, S. 1101, 1117.

[292] Vgl. etwa in NW § 4 I Nr. 1 KiStG; kritisch hierzu *F. Kirchhof*, FS Heckel, S. 373 ff.

[293] Vgl. hierzu *Marré*, in: HStKR II, 1. Aufl., 1975, § 18, S. 1101 ff.

[294] Freilich erklären die Steuergesetz der Länder häufig ausdrücklich den Finanzrechtsweg für gegeben, vgl. etwa § 14 III KiStG NW; zur Prüfung der Gültigkeit von Kirchensteuergesetzen durch die staatlichen Gerichte vgl. BVerwG, NVwZ 926 f.

[295] BVerfGE 19, 206, 216; das BVerfG stützt seine Argumentation darauf, dass es die religiös-weltanschauliche Neutralitätspflicht es dem Staat verbiete, einer Religionsgemeinschaft Hoheitsbefugnisse gegenüber Personen zu verleihen, die ihr nicht angehören.

[296] Zu den Folgen des Austritts für die Bemessung der Steuerschuld vgl. *Marré*, HStKR II, 1. Aufl., 1975, § 18, S. 1101, 1140 f.

[297] BVerfGE 19, 268, 273.

[298] BVerfGE 19, 268, 273 ff.

der gemeinsam geschuldeten Lohnsteuer als Bemessungsgrundlage für die Kirchensteuer herangezogen werden. Bei konfessionsverschiedenen Ehen, in denen beide Ehegatten Mitglieder verschiedener, steuererhebungsberechtigter Religionsgemeinschaften sind, soll hingegen der Halbteilungsgrundsatz selbst dann zur Anwendung kommen, wenn die Möglichkeit zu getrennter Veranlagung besteht[299].

Art. 137 VI sieht vor, dass die Steuern „auf Grund der bürgerlichen Steuerlisten" erhoben werden. Da solche Listen nicht mehr geführt werden, ist Art. 137 VI WRV so zu lesen, dass der Staat den steuererhebungsberechtigten Kirchen alle hierzu notwendigen Informationen zur Verfügung zu stellen hat[300]. Notwendig zur Kirchensteuererhebung ist dabei insbesondere die Nennung der Konfessionszugehörigkeit auf der Lohnsteuerkarte[301]. Art. 136 III S. 1 WRV iVm. Art. 140 GG wird insoweit durch die Regelung des Art. 137 VI WRV eingeschränkt[302].

V.) Neutralitätsgebot

1.) Allgemeines

Das Gebot zu weltanschaulicher und religiöser Neutralität wird - obgleich es ausdrücklich im Grundgesetz nicht benannt ist - bisweilen als Kernstück des geltenden Staats-Kirchen-Verhältnisses bezeichnet[303]. Neutralität bedeutet in Abgrenzung von bloßer Toleranz als Duldung anderer als der eigenen Glaubensvorstellungen eine Abstinenz des Staates von wertenden Stellungnahmen

---

299 BVerfGE 20, 40, 42 ff.; BFH, NJW 1995, 2807; kritisch hingegen *Wassermayer*, FS Franz Klein, 1994, S. 495, 504, der in der Differenzierung zwischen glaubens- und konfessionsverschiedenen Ehen einen Verstoß gegen Art. 3 I GG sieht; *Morlok*, in: Dreier, GG-Komm., Bd. III, 2000, Art. 140/Art. 137 WRV hingegen entnimmt Art. 6 GG die generelle Zulässigkeit der Anwendung des Halbteilungsgrundsatzes in beiden Konstellationen. Dem ist jedenfalls dann zuzustimmen, wenn die Möglichkeit einer getrennten Veranlagung besteht.

300 *Meyer-Teschendorf*, EssGespr 15 (1981), 9 (22 ff.); *Ehlers*, in: Sachs, GG-Komm., 2. Aufl., 1999, Art. 140/Art. 137 WRV Rdn. 21; *Morlok*, in: Dreier, GG-Komm., Bd. III, 2000, Art. 140/Art. 137 WRV Rdn. 106.

301 Vgl. dazu BVerfG, NJW 1979, 209; BVerfG, NVwZ 2001, 909.

302 Vgl. BVerfGE 49, 375, 376 f.; interessant ist, dass das BVerfG die Zulässigkeit der Konfessionsangabe nicht maßgeblich auf Art. 136 III S. 2 WRV, sondern unmittelbar aus Art. 137 VI WRV herleitet. Dies begründet es damit, dass es sich bei der Nennung der Konfession um eine zur Verwirklichung des Steuererhebungsrechts notwendige Angabe handelt, die dem Betroffenen nicht unzumutbar ist.

303 *Maunz*, in: Maunz/Dürig, GG-Komm., Art. 140 Rdn. 43; *Obermayer*, in: BoKo, Art. 140 Rdn. 76.

im weltanschaulichen Bereich[304]. Dem Staat ist die Verfügung über die letzten Wahrheiten versagt[305].

Seine verfassungsgeschichtliche Wurzel hat das Neutralitätsgebot in der mit der Reformation einhergehenden religiösen Diversifizierung der Gesellschaft, die dazu zwang, die überkommene Einheit von Staat und Kirche zu sprengen. Der Staat stand vor der Aufgabe, auf die gewandelten weltanschaulichen Gegebenheiten zu reagieren. Im Laufe dieses Entwicklungsprozesses zeigte sich, dass allein der weltanschaulich neutrale Staat in der Lage ist, vollständige Glaubensfreiheit zu gewährleisten. Heute stellt sich die Frage nach weltanschaulicher Neutralität nicht mehr ausschließlich im Verhältnis der christlichen Kirchen zueinander, sondern auch im Hinblick auf die Integration anderer Glaubensrichtungen und dabei insbesondere des Islam.

Der weltanschaulichen Neutralitätspflicht kommt im modernen, demokratischen Rechtsstaat eine doppelte Funktion zu. Zum einen dient sie der Wahrung des Rechtsfriedens in der Gesellschaft, die in besonderem Maße mit religiös-weltanschaulichen Spannungen konfrontiert ist[306]. Der Staat hat dabei eine Integrationsfunktion wahrzunehmen, die er nur dann wirkungsvoll erfüllen kann, wenn er nicht weltanschaulich voreingenommen ist. Er hat die widerstreitenden religiös-weltanschaulichen Positionen in der Gesellschaft zu einem Ausgleich zu bringen, der bei bloßer Toleranz kaum gelingen dürfte[307]. Die andere Funktion des Neutralitätsgebotes liegt darin, die Bildung personaler und kollektiver Kräfte zu fördern, die eine angemessene Selbstdarstellung und Entfaltung des sozialgebundenen Menschen ermöglichen[308]. Hierdurch wird die zur Bildung eines demokratisch legitimierenden Volkswillens notwendige Meinungsvielfalt gesichert und gefördert.

2.) Herleitung des Neutralitätsgebotes

Die Neutralitätspflicht wird bisweilen als „staatliche Seite der Religionsfreiheit des Bürgers" bezeichnet[309]. Sie stellt ein organisatorisches Verfassungsprinzip dar, das unmittelbar in der Verfassung verbürgt, jedoch nicht ausdrücklich als solches genannt ist[310]. Es hat aber freilich in einer Vielzahl grundge-

---

[304] *Schmitt-Kammler*, in: Sachs, GG-Komm., 2. Aufl., 1999, Art. 7 Fn. 59.
[305] *Schlaich*, Neutralität als verfassungsrechtliches Prinzip, S. 26 f.
[306] Vgl. *Quaritsch*, FS Sack, S. 136; *Obermayer*, DÖV 1967, S. 12.
[307] *Obermayer*, in: BoKo, Art. 140 Rdn. 77.
[308] Vgl. *Hesse*, ZevKR 11 - 1964/65, S. 355 f.
[309] *Herbert Krüger*, Staatslehre, S. 49; *Obermayer*, in: BoKo, Art. 140 Rdn. 76.
[310] BVerfGE 19, 216; vgl. auch *v. Campenhausen*, in: v. Mangoldt/Klein/Starck, GG-Komm., Bd. 3, 4. Aufl., 2001, Art. 140 Rdn. 19, der herausstellt, das Neutralitätsgebot sei

setzlicher Bestimmungen Ausdruck gefunden. Aus der Gesamtschau dieser Normen lässt sich auf die Existenz eines über den normativen Gehalt jeder einzelnen Bestimmung hinausgehenden allgemeinen Verfassungsprinzips schließen[311]. Dieses, eine weltanschauliche Festlegung des Staates ausschließende verfassungsrechtliche Gesamtbild wird geprägt vom allgemeinen Gleichheitssatz des Art. 3 I, dem speziellen Gleichheitsgebot in Bezug auf Glauben und religiöse Anschauungen (Art. 3 III), der umfassenden Religionsfreiheit (Art. 4), dem Elternrecht im Hinblick auf religiöse Entscheidungen (Art. 6 II), der Garantie des bekenntnisneutralen Ämterzugangs (Art. 33 III) sowie dem durch Art. 140 GG inkorporierten Trennungsgebot des Art. 137 I WRV[312].

3.) Elemente des Neutralitätsgebotes

Kernstück des Grundsatzes staatlicher Neutralität im weltanschaulichen Bereich ist das Gebot der Nichtidentifizierung[313]. Es schließt zunächst - wie in Art. 137 I WRV iVm. Art. 140 GG bestimmt - jede staatskirchenrechtliche Form im Sinne einer organischen Verbindung von Staat und Kirche aus. Darüber hinaus ist es dem Staat aber verwehrt, sich eine bestimmte oder mehrere Religionen oder Weltanschauungen zu Eigen zu machen. Er darf sich nicht für bestimmte Religionen einsetzen und diese einseitig fördern[314]. Daraus wurde und wird das Gebot einer paritätischen Behandlung der großen christlichen Kirchen - etwa bei der Ämterbesetzung - abgeleitet[315]. Dahinter steckt die Annahme, eine Nichtidentifikation des Staates mit einer Religion setze die Gleichbehandlung der Kirchen voraus. Ob allerdings die Reduzierung dieses Ansatzes auf die großen christlichen Kirchen angesichts der religiösen Diversifizierung unserer Gesellschaft[316] noch haltbar ist, erscheint fraglich[317]. Denn es

---

der Verfassung nicht vorgegeben, sondern ergebe sich aus dem Zusammenspiel verschiedener Verfassungsbestimmungen.

[311] Vgl. *Maunz*, in: Maunz/Dürig, GG-Komm., Art. 140 Rdn. 43; *Obermayer*, in: BoKo, Art. 140 Rdn. 76; *Hesse*, Inhalt und Bedeutung des Art. 137 RV in der Gegenwart, in: *Quaritsch-Weber*, Staat und Kirchen in der Bundesrepublik, 1967, 121; *ders.*, Der Bedeutungswandel der kirchenpolitischen Artikel der Weimarer Reichsverfassung, aaO., S. 221 ff.

[312] Vgl. statt vieler: *v. Campenhausen*, in: v. Mangoldt/Klein/Starck, GG-Komm., Bd. 3, 4. Aufl., 2001, Art. 140 Rdn. 19; *Thiel*, Der Erziehungsauftrag des Staates in der Schule, 2000, S. 98.

[313] Dazu etwa *Maunz*, in: Maunz/Dürig, GG-Komm., Art. 140 Rdn. 45 mwN.

[314] *Obermayer*, in: BoKo, Art. 140 Rdn. 78.

[315] Dazu *Obermayer*, in: BoKo, Art. 140 Rdn. 87; *Maunz*. in: Maunz/Dürig, GG-Komm., Art. 140 Rdn. 47, jeweils mwN; *Heckel*, in: HStKR I, 1. Aufl., 1974, § 10, S. 445 ff.; zuletzt *Renck*, DÖV 2002, 56 ff.

[316] Zur rechtlichen Bewältigung religiöser Pluralisierung etwa *Rüfner*, KuR 110, S. 119, 120 ff.

bedeutete eine Parteinahme des Staates zu Gunsten der christlichen Kirchen in Form einer Privilegierung, wenn sich eine als Parität verstandene Neutralität nicht auch auf solche Glaubensgemeinschaften erstrecken könnte, die in ihrer Bedeutung den christlichen Großkirchen vergleichbar sind. Eine solche Privilegierung schließt jedoch das Gebot der Nichtidentifikation gerade aus. Neutralität kann folglich nur solange als Parität verstanden werden, wie sie keine Benachteiligung anderer Kirchen oder Weltanschauungsgemeinschaften bedingt, die nicht aus sachlichen Gründen, etwa ihrer unterschiedlichen Größe wegen gerechtfertigt ist[318].

Teilweise wird insoweit eine „gestufte Parität" vertreten, die nur eine Gleichbehandlung strukturell vergleichbarer Religionsgemeinschaften verlangt[319]. Danach ist eine Gleichbehandlung nur solcher Religionsgemeinschaften erforderlich, die auf gleicher Stufe stehen. Unterschieden werden zwei bzw. drei Stufen: In jedem Fall sei zwischen den Religionsgemeinschaften mit Status als Körperschaft des öffentlichen Rechts und den lediglich dem privaten Vereinsrecht unterworfenen Religionen zu differenzieren. Weiter wird teilweise innerhalb der korporierten Glaubensgemeinschaften zwischen den Großkirchen und den kleineren öffentlich-rechtlichen Religionsgemeinschaften unterschieden[320]. Diese Lehre der „gestuften Parität" ist jedoch in Anbetracht der gegenwärtigen religiösen Struktur in der Bundesrepublik zweifelhaft geworden[321]. Das Paritätsprinzip ist seinem Ursprung nach ein Instrument staatskirchenrechtlicher Gleichheit[322]. Es stellt eine auf das Staatskirchenrecht abgestimmte Ausprägung des allgemeinen Gleichheitssatzes dar[323]. Die religionsrechtliche Parität hat sich daher innerhalb der Grenzen des Art. 3 GG zu halten und vermag die Grenzen des Art. 3 GG nicht zu sprengen. Eine nur abgestufte religiöse Gleichbehandlung ist dadurch zwar nicht ausgeschlossen, darf jedoch nicht unter bloßem Hinweis auf den „Grundsatz der gestuften Parität" erfolgen, sondern bedarf in jedem Einzelfall einer dezidierten Rechtfertigung[324].

---

317 So verlangt etwa *Obermeyer*, in: BoKo, Art. 140 Rdn. 87, von der weiteren Verwendung des Paritätsgrundsatzes im Staatskirchenrecht abzusehen.

318 Kritisch insoweit auch *Maunz*, in: Maunz/Dürig, GG-Komm., Art. 140 Rdn. 48; *Obermayer*, in: BoKo, Art. 140 Rdn. 87.

319 Dazu ausführlich *v. Campenhausen*, in: v. Mangoldt/Klein/Starck, GG-Komm., Bd. 3, 4. Aufl., 2001, Art. 140 Rdn. 28 ff.; vgl. auch *Renck*, DÖV 2002, 56, 58 f.

320 Dazu *v. Campenhausen*, in: v. Mangoldt/Klein/Starck, GG-Komm., Bd. 3, 4. Aufl., 2001, Art. 140 Rdn. 28 ff.

321 Vgl. dazu etwa *Renck*, DÖV 2002, 56 ff.

322 Vgl. *Maunz*, in: Maunz/Dürig, GG-Komm., Art. 140 Rdn, 47 f.

323 Insoweit ist von Bedeutung, dass das Neutralitätsprinzip und damit der Paritätsgrundsatz nicht ausdrücklich in der Verfassung genannt sind, sondern sich nur aus den grundgesetzlichen Wertungen ableiten lassen.

324 Wie hier *Obermeyer*, in: BoKo, Art. 140 Rdn. 87.

Vom Gebot der Nichtidentifizierung ist das Gebot der Nichtintervention zu unterscheiden[325]. Dieses untersagt es dem Staat, in den Tätigkeitsbereich der Kirchen einzugreifen. Es ist Angelegenheit der Kirchen, ihre Angelegenheiten selbst zu ordnen und zu verwalten. In diesen Selbstverwaltungsbereich der Kirchen einzugreifen ist der Staat allein im Wege der Rechtsaufsicht befugt.

4.) Bedingt das Neutralitätsgebot einen Laizismus?

Herbert Krüger leitet aus dem Prinzip der Nichtidentifikation das Gebot eines absoluten staatlichen Desinteresses an Religion und Kirche ab[326]. Religion und Kirche sollen nach seiner Auffassung aus der staatlichen Perspektive ausgeklammert werden. So verstanden träfen die gegen das Neutralitätsprinzip vorgetragenen Bedenken, es führe zu einem weltanschaulichen Vakuum, das den Christen am Maß des Atheisten messe[327], zu. Ein Verhältnis völliger Kontaktlosigkeit und Indifferenz, eine Ausklammerung des weltanschaulichen Bereichs aus staatlichem Handeln führte letztlich zu einer Privilegierung laizistischer Anschauungen[328]. Das Neutralitätsprinzip beruht aber auf dem Gedanken der inhaltlichen Gleichwertigkeit aller Religionen und Weltanschauungen. Dies lässt eine Benachteiligung religiöser Anschauungen gegenüber atheistischen Weltanschauungen eben nicht zu. Vielmehr anerkennt das Grundgesetz selbst einige Berührungspunkte zwischen Staat und Religionsgemeinschaften. So garantiert Art. 7 III GG den Religionsunterricht als ordentliches Lehrfach an öffentlichen (staatlichen) Schulen, der in Übereinstimmung mit den Grundsätzen der Religionsgemeinschaften erteilt wird[329]. Art. 137 V WRV iVm. Art. 140 GG sieht die Möglichkeit einer Anerkennung von Religionsgemeinschaften als Körperschaften des öffentlichen Rechts vor, die mit der Beleihung mit Hoheitsbefugnissen verbunden ist. Die staatskirchenrechtlichen Bestimmungen des Grundgesetzes deuten gerade nicht auf ein Verhältnis gegenseitiger Ignoranz und Gleichgültigkeit, sondern auf eine grundsätzlich kirchenfreundliche, glaubensfördernde Haltung des Staates hin. Mit dieser Grundhaltung sowie den genannten Artikeln wäre ein Laizismus wie ihn *Krüger* vertritt, nicht zu vereinbaren. Entscheidendes Merkmal staatlicher Neutralität ist somit nicht die Abkehr von allen Glaubensvorstellungen, sondern umgekehrt deren Förderung unter strikter Anerkennung der Gleichwertigkeit aller Religionen und Weltan-

---

325 Dazu *Maunz*, in: Maunz/Dürig, GG-Komm., Art. 140 Rdn. 44.

326 *Krüger*, Allgemeine Staatslehre, S. 48 f.

327 Vgl. zu dieser Kritik *Meyer-Teschendorf*, Staat und Kirche, S. 146.

328 In diesem Sinne auch *Obermayer*, in: BoKo, Art. 140 Rdn. 79; *Maunz*, in: Maunz/Dürig, GG-Komm., Art. 140 Rdn. 44.

329 Dazu unten [Teil 4, Kap. 2, Abschn. 1, II.1.a) (4) (b)].

schauungen[330]. So verstanden kann auch die Kritik nicht durchgreifen, das Neutralitätsgebot führe dazu, die religiösen Bedürfnisse und Wünsche der Mehrheit würden in einem Akt „negativer Scheinneutralität" [331] außer Acht gelassen.

VI.) Vorrang staatlichen Rechts

Das Staatskirchenrecht der Bundesrepublik basiert auf der Überordnung des Staates im Sinne eines Vorranges staatlichen Rechts[332]. Es existiert keine von der Staatsgewalt zu unterscheidende und mit dieser gleichwertige kirchliche Gewalt. Dies widerspräche dem als staatsstrukturellem Grundprinzip anerkannten Grundsatzes der einheitlichen Staatsgewalt[333]. Nur mit einer alle gesellschaftlichen Bereiche erfassenden Souveränität ist der Staat in der Lage, seine Aufgabe, den Rechtsfrieden zu wahren, zu erfüllen. Die insbesondere nach dem zweiten Weltkrieg wieder aufgelebten koordinationsrechtlichen Lehren, die eine rechtliche Gleichwertigkeit von Staat und Kirchen annahmen, sind daher abzulehnen[334]. Auch der Verfassunggeber selbst geht von einem Vorrang staatlichen Rechts aus, indem er sich für befugt hält, die Rechtsform von Religionsgemeinschaften zu regeln (Art. 137 IV WRV iVm. Art. 140 GG), ihnen ein Selbstverwaltungsrecht für innerkirchliche Angelegenheiten zugesteht (Art. 137 III WRV iVm. Art. 140 GG) und in Art. 138 WRV iVm. Art. 140 GG kirchliches Eigentum garantiert. Entscheidend für die Überordnung des Staates ist jedoch der staatstheoretische Ansatz der Unteilbarkeit der Staatsgewalt, der keinen Platz für ein neben dem Staat stehendes, mit originärer Hoheitsgewalt ausgestattetes Gemeinwesen lässt.

---

[330] Vgl. *v. Campenhausen*, in: v. Mangoldt/Klein/Starck, GG-Komm., Bd. 3, 4. Aufl., 2001, Art. 140 Rdn. 17: „Er (der Staat - Anm. d. Verf.) bewahrt seine Neutralität, indem er die Vielfalt der von den Staatsbürgern eingenommenen religiösen und weltanschaulichen Positionen bejaht und nicht als Lästigkeit in den verschiedenen Lebensbereichen zu nivellieren versucht."

[331] Vgl. *Meyer-Teschendorf*, Staat und Kirche, S. 146.

[332] Dazu *Obermayer*, DÖV 1967, 12; das Verhältnis von Staat und Kirche nach der Lehre der katholischen Kirche untersucht *Mikat*, in: HStKR I, 1. Aufl., 1974, § 4, S. 143 ff.; das Verhältnis der evangelischen Kirche zum Staat stellt *Simon*, in: HStKR I, 1. Aufl., 1974, § 4, S. 189 ff., dar.

[333] Dazu etwa *Stern*, StaatsR II, 1980, S. 533 f.; *Isensee*, HStR I, § 13 Rdn. 66, jeweils mwN.

[334] *Obermayer*, DÖV 1967, 12 ff.; *ders.*, in: BoKo, Art. 140 Rdn. 85; näher dazu unten (Teil 3, Kap. 2, Abschn. 1, III.3c).

3. Abschnitt: Instrumente für die Ordnung des Staatskirchenrechts

Das Feiertagsrecht ist, soweit es Feiertage mit religiösem Hintergrund betrifft, jedenfalls mittelbar dem Staatskirchenrecht zuzuordnen. Bei der Bestimmung des feiertagsrechtlichen Gestaltungsspielraums können die Rechtsquellen des Staatskirchenrechts[335] daher durchaus von Bedeutung sein, als Beispiel sei hier nur die Möglichkeit eines Bestandsschutzes für einzelne Feiertage durch Konkordate verwiesen[336].

Rechtsquellen für die Regelung der Verhältnisse zwischen Staat und Kirche sind zunächst die einseitig durch den Staat erlassenen Gesetze. Daneben kommt dem Kirchenvertrag als zweiseitigem staatskirchenrechtlichen Gestaltungsmittel ganz erhebliche Bedeutung zu.

I.) Einseitig gesetztes, staatliches Recht

Da die Religionsgesellschaften nach geltendem Verfassungsrecht der staatlichen Rechtsordnung unterworfen sind[337], ist der Staat berechtigt, das Verhältnis zur Kirche einseitig durch Gesetz zu ordnen. Bereits das Grundgesetz trifft elementare Regelungen für das Staatskirchenrecht. Die nächste Regelungsebene bildet das einfache Bundesrecht. Da das Grundgesetz das Staatskirchenrecht nicht als homogenen Komplex kennt und keinen entsprechenden einheitlichen Kompetenztitel enthält, ist anhand eines jeden Einzelfalles zu prüfen, ob die Länder oder der Bund zur Regelung einer bestimmten staatskirchenrechtlichen Materie befugt sind. Von daher können auch die Länder - wiederum entweder auf der Ebene des einfachen oder des Verfassungsrechts - staatskirchenrechtliche gesetzliche Regelungen schaffen.

II.) Der Kirchenvertrag

Der Kirchenvertrag bildet das zweite bedeutende staatskirchenrechtliche Gestaltungsmittel[338]. Trotz der praktischen Bedeutung des Vertragskirchen-

---

[335] Ausführlich dazu insbesondere *v. Campenhausen*, in: v. Mangoldt/Klein/Starck, GG-Komm., Bd. 3, 4. Aufl., 2001, Art. 140 Rdn. 38 ff.

[336] Dazu näher unten (Teil 3, Kap. 2, Abschn. 3, I. 2b).

[337] Vgl. oben (Teil 2, Kap. 2, Abschn. 3, VI).

[338] Zu vertragskirchenrechtlichen Regelungen im Gebiet der ehemaligen DDR nach der Wiedervereinigung vgl. *Tillmanns*, Staatskirchenverträge im Freistaat Sachsen: Die Neuordnung des Verhältnisses von Staat und Kirche nach der Wiedervereinigung durch kodifikatorische Verträge, 2001; *Weber*, FS Heckel, Tübingen, 1999, S. 463 ff.; allgemein zu den Grundlagen des Vertragsstaatskirchenrechts etwa *Hollerbach*, HStKR I, 2. Aufl., 1994, § 7, S. 253 ff.

rechts wird dieses im Grundgesetz nicht erwähnt[339]. Im Unterschied zur gesetzlichen Regelung wird der Staat nicht einseitig tätig, sondern trifft mit der betreffenden Religionsgemeinschaft eine vertragliche, das heißt zweiseitige Regelung auf der Ebene rechtlicher Gleichwertigkeit. So wird die Bedeutung des Vertragskirchenrechts insbesondere in der Schaffung eines vertrauensvollen Klimas[340] und der einvernehmlichen Bestimmung der beiderseitigen Rechtssphären gesehen[341]. Dieser kooperative, kirchenfreundliche Aspekt wird dadurch bestärkt, dass der Staat zur Regelung auch durch einseitiges Gesetz anstelle der Aushandlung eines Vertrages berechtigt wäre[342], darauf aber zu Gunsten einer beiderseitigen Kooperation verzichtet.

Vertragspartner sind der Bund bzw. eines oder mehrere Länder auf der einen und eine (oder mehrere) mit eigener Rechtspersönlichkeit ausgestattete Religionsgemeinschaft (-en) auf der anderen Seite.

Durch die Wahl einer vertraglichen Regelung wird der Staat freilich nicht von der Beachtung übergeordneten Rechts entbunden. Der Abschluss von Staatskirchenverträgen ist damit nur zulässig, wenn und soweit staatliches Recht dem Vertragsinhalt nicht entgegensteht[343]. Umgekehrt darf nach Abschluss eines Kirchenvertrages kein widersprechendes staatliches Recht durch einseitige Regelung gesetzt werden. Ergeht dennoch dem Vertrag widersprechendes Recht, ist zunächst zu klären, ob der Widerspruch im Wege einer vertragskonformen Auslegung aufgelöst werden kann[344]. Ist dies nicht der Fall, stellt sich die Frage nach der Gültigkeit vertragswidrigen Rechts. Das Bundesverfassungsgericht hat am 28.4. 1965 entschieden, dass die vertraglich gewährleisteten Rechte der Kirchen nicht vom Staat einseitig aufgehoben werden können[345]. Es ist aber zu unterscheiden zwischen der Änderung bzw. Aufhebung des nur zwischen den Parteien geltenden Vertrages und den allgemeingültigen Gesetzen. Was das Innenverhältnis der Vertragsparteien zueinander

---

[339] *V. Campenhausen*, in: v. Mangoldt/Klein/Starck, GG-Komm., Bd. 3, 4. Aufl., 2001, Art. 140 Rdn. 46 (Fn. 24), sieht die Möglichkeit von Staatskirchenverträgen indes immerhin in Art. 123 II GG angedeutet.

[340] *Hollerbach*, Verträge zwischen Staat und Kirche in der Bundesrepublik Deutschland, 1965, S. 126 f.

[341] *H. Weber*, Grundprobleme des Staatskirchenrechts, S. 51.

[342] *V. Campenhausen*, in: v. Mangoldt/Klein/Starck, GG-Komm., Bd. 3, 4. Aufl., 2001, Art. 140 Rdn. 46.; zum Verhältnis von Kirchenvertrag und staatlichen Gesetzen bzw. der Verfassung vgl. *Hollerbach*, HStKR I, 2. Aufl., 1994, § 7, S. 253, 275 ff.

[343] *Obermayer*, in: BoKo, Art. 140 Rdn. 95; *Maunz*, in: Maunz/Dürig, GG-Komm., Art. 140 Rdn. 25; *Quaritsch*, FS Sack, S. 137 ff.

[344] Vgl. *Maunz*, in: Maunz/Dürig, GG-Komm., Art. 140 Rdn. 25.

[345] BVerfGE 19, 1, 12; diese Entscheidung ist dahingehend auszulegen, dass nachfolgendes, vertragswidriges Recht zwar gültig, im Verhältnis zum Vertragspartner jedoch rechtswidrig ist, was ggf. Sekundäransprüche beispielsweise auf Schadensersatz begründen kann.

angeht, ist eine Bindungswirkung der Abkommen zu bejahen. Ein vertragswidriges Gesetz hebt den Vertrag nicht auf. Dafür spricht zunächst Art. 123 GG, der eine verfassungsrechtliche Anerkennung echter Vertragsbindung enthält. Des Weiteren stellen die Kirchenverträge gerade keine durch Gesetz aufhebbare Verwaltungsabkommen dar, sondern sind der staatsrechtlichen Sphäre zuzuordnen. Staatsvertraglich begründete Bindungen können nach allgemeiner Auffassung jedoch grundsätzlich nicht durch einseitige Erklärung gelöst werden[346]. Beabsichtigt ein Vertragspartner die Änderung des Vertragsinhalts, gelten die allgemeinen völker- bzw. vertragsrechtlichen Grundsätze. Nach dem Rechtssatz von Treu und Glauben haben zunächst Verhandlungen über eine neue oder abgeänderte Vereinbarung stattzufinden. Scheitern diese, kommt eine Kündigung des Vertrags in Betracht[347]. Zum Teil wird dieses Vorgehen im Wege sog. „Freundschaftsklauseln" in den Verträgen bereits verbindlich festgeschrieben[348].

Vom Innenverhältnis der Parteien ist die Frage nach der Gültigkeit vertragswidrig erlassener Gesetze zu unterscheiden. Für die Möglichkeit, vertragswidrige Gesetze zu erlassen spricht zunächst der Grundsatz der Revisibilität von Gesetzen, der ein zentrales Element des Demokratieprinzips bildet. Dieser würde unterlaufen, wenn bestimmte Bereiche der Gesetzgebung wie etwa das Sonn- und Feiertagsrecht oder das Schulrecht durch zweiseitige Regelung der Abänderlichkeit dauerhaft entzogen werden könnten[349]. Insoweit spricht vieles für eine Anwendung des Grundsatzes *lex posterior derogat legi priori*. Der einfache Gesetzgeber begibt sich mit dem Vertragsschluss danach nicht seiner Entscheidungskompetenz. Anderenfalls käme einer zweiseitigen vertraglichen Regelung, die auf der Ebene der rechtlichen Gleichwertigkeit getroffen wurde, eine höhere Bindungskraft zu, als einseitig und hoheitlich gesetztem staatlichen Recht. Das Bundesverfassungsgericht hat hinsichtlich der Bindungskraft allgemeiner völkerrechtlicher Verträge klargestellt, dass die Völkerrechtsfreundlichkeit des Grundgesetzes nicht so weit gehe, die Einhaltung bestehender völkerrechtlicher Verträge durch eine Bindung des Gesetzgebers zu sichern[350]. Dieser Ausspruch dürfte für Kirchenverträge jedenfalls dann gelten, wenn man diese der staatsrechtlichen Ebene zuordnet.

Gegen die Gültigkeit vertragswidriger Gesetze könnte jedoch das Rechtsstaatsprinzip sprechen. Insoweit ließe sich an einen Verstoß gegen den Geset-

---

[346] Vgl. *v. Campenhausen*, in: v. Mangoldt/Klein/Starck, GG-Komm., Bd. 3, 4. Aufl., Art. 140 Rdn. 60 mwN.
[347] *Obermayer*, in: BoKo, Art. 140 Rdn. 97.
[348] Näher dazu *v. Campenhausen*, in: v. Mangoldt/Klein/Starck, GG-Komm., Bd. 3, 4. Aufl., 2001, Art. 140 Rdn. 58.
[349] Vgl. *Obermayer*, in: BoKo, Art. 140 Rdn. 97, *Quaritsch*, FS Schack, S. 139.
[350] BVerfGE 41, 88, 120 f.

zesvorrang denken. Dabei ist jedoch zu beachten, dass dieser Grundsatz allein bei einem Verstoß gegen höherrangiges Recht zur Anwendung kommen kann. Steht das nachfolgende Gesetz im Range über dem Vertragsgesetz, geht ersteres ohne weiteres vor. Liegen beide Gesetze auf gleicher Normebene, kommt der lex posterior Grundsatz zur Anwendung.

Denkbar wäre allerdings ein Verstoß gegen den im Rechtsstaatsprinzip wurzelnden Grundsatz des Vertrauensschutzes. Ein die Rechtswirksamkeit von Normen ausschließendes Vertrauen in den Bestand kirchenvertraglicher Regelungen dürfte aber zu verneinen sein. Es stünde in Widerspruch zum Demokratieprinzip. Bejahte man diesen Ansatz, könnte sich der Gesetzgeber letztlich doch vertraglich seiner Gesetzgebungskompetenz begeben. Überdies wird dem Vertrauen des Vertragspartner in den Erhalt der Regelungen durch Sanktionen im Innenverhältnis genügt. Ein etwa bestehendes Vertrauen Dritter in die Regelungen kann - wenn man es als überhaupt schutzwürdig ansieht - jedenfalls nicht den Grundsatz der Gestaltungsfreiheit des Gesetzgebers überwiegen.

Im Ergebnis durchgreifen kann daher allein der Ansatz, der eine Nichtigkeit vertragswidrigen, nachfolgenden Rechts nur bei einem Verstoß gegen höherrangiges Recht annimmt[351]. Zum Teil bestehen daher auf der Ebene der Landesverfassungen Kollisionsnormen, nach denen kirchenvertragswidriges (einfaches) Landesrecht keine Gültigkeit hat[352]. Im Ergebnis wird die Gültigkeit staatlicher Normen durch entgegenstehendes Kirchenvertragsrecht daher grundsätzlich nicht ausgeschlossen[353]. Davon unberührt bleibt allerdings die Tatsache, dass der Staat sich in diesem Fall im Innenverhältnis eines Vertragsbruches schuldig macht, der entsprechende Sekundäransprüche des Vertragspartners auf Schadensersatz, Vertragsaufsage oder Kündigung begründet[354]. Regelmäßig wird der Staat daher nach einer einvernehmlichen Lösung suchen.

Inhaltlich ist zu differenzieren zwischen Staatsverträgen und Verwaltungsabkommen. Staatsverträge sind sie dann, wenn sie Staat und Kirche als Ganzes

---

[351] So etwa *Obermayer*, in: BoKo, Art. 140 Rdn. 97.

[352] Vgl. etwa Art. 23 Verf. NW: *„(1) Die Bestimmungen der Verträge mit der Katholischen Kirche und der Evangelischen Kirche der Altpreußischen Union, die im früheren Freistaat Preußen Geltung hatten, werden für die Gebiete des Landes Nordrhein-Westfalen, die zum ehemaligen Preußen gehörten, als geltendes Recht anerkannt.*
(2) Zur Änderung dieser Kirchenverträge und zum Abschluss neuer Verträge ist außer der Zustimmung der Vertragspartner ein Landesgesetz erforderlich."

[353] Vgl. nur *Obermayer*, in: BoKo, Art. 140 Rdn. 97, *Maunz*, in: Maunz/Dürig, GG-Komm., Art. 140 Rdn. 25; *v. Campenhausen*, in: v. Mangoldt/Klein/Starck, GG-Komm., Bd. 3, 4. Aufl., 2001, Art. 140 Rdn. 60; vgl. auch BVerfGE 41, 88, 120 f., das herausstellt, das Grundgesetz gehe in seiner Völkerrechtsfreundlichkeit nicht so weit, die Einhaltung bestehender völkerrechtlicher Verträge durch eine Bindung des Gesetzgebers zu sichern.

[354] *Maunz*, in: Maunz/Dürig, GG-Komm., Art. 140 Rdn. 25.

binden sollen, nicht nur Teile von ihnen[355]. Wer zum Abschluss staatskirchenrechtlicher Verträge berechtigt ist, richtet sich nach den allgemeinen Kompetenzregelungen des Grundgesetzes. Für das Verhältnis von Bund und Ländern zueinander gelten damit insbesondere die Art. 70 ff. GG[356]. Das Vertragsverfahren[357] ähnelt dem Abschluss völkerrechtlicher Verträge. Aus diesem Grunde war die Rechtsnatur des Kirchenvertrages lange Zeit umstritten[358]. Dabei stellte sich die Frage, ob der Kirchenvertrag nicht selbst als völkerrechtlicher Vertrag zu qualifizieren sei. Diese Sichtweise kann jedoch von vornherein nur auf Verträge mit dem Vatikan begrenzt sein, da allein dieser von den in Frage kommenden Vertragspartnern des Staates Völkerrechtssubjektsqualität besitzt[359]. Evangelische Kirchenverträge zählen gerade nicht zum internationalen, sondern allein zum öffentlichen Recht. Die Qualität der Verträge mit dem Heiligen Stuhl als völkerrechtliche Verträge wird bisweilen mit der Begründung bestritten, der Inhalt dieser Verträge sei gerade nicht völkerrechtlicher, sondern spezifisch kirchenrechtlicher Art[360]. Diese unterschiedliche Einordnung hat jedoch in praktischer Hinsicht keine Auswirkungen und soll von daher nicht vertieft werden[361].

4. Abschnitt: Ausblick

Die auf Kooperation angelegte grundgesetzliche Konzeption des Staatskirchenrechts ist ihrer Art nach auf eine Zusammenarbeit mit den großen christlichen Kirchen ausgerichtet. Die Neutralitätspflicht gebietet es dem Staat jedoch,

---

[355] *Grundmann*, Vertragskirchenrecht, EvStL, Sp. 2382.

[356] *Maunz*, in: Maunz/Dürig, GG-Komm., Art. 140 Rdn. 26.

[357] Dazu ausführlich: *Obermayer*, in: BoKo, Art. 140 Rdn. 92. Das Vertragsverfahren gliedert sich danach in vier Teilakte. Erstens die Vereinbarung zwischen Regierung und Kirchenleitung über den Inhalt des Vertrages. Zweitens die Zustimmung des Parlaments in Form eines Zustimmungsgesetzes, das mit dem Vertrag als Anlage im Gesetzblatt verkündet wird. Drittens die eigentliche Ratifizierung der Vereinbarung und viertens die für das Inkrafttreten des Vertragsinhalts maßgebliche Veröffentlichung der Ratifizierung im Gesetzblatt.

[358] Ausführlich dazu: *Obermayer*, in: BoKo, Art. 140 Rdn. 93.

[359] *V. Campenhausen*, in: v. Mangoldt/Klein/Starck, GG-Komm., Bd. 3, 4. Aufl., 2001, Art. 140 Rdn. 5; weitere Nachw. bei *Hollerbach*, HStKR I, 2. Aufl., 1994, S. 253, 272 ff.: *Scheuner*, HStKR II, 1. Aufl., 1975, S. 299, 333.

[360] *Pirson*, EvStL (3. Aufl.), Sp. 3823; *v. Campenhausen*, in: v. Mangoldt/Klein/Starck, GG-Komm, Bd. 3, 4. Aufl., 2001, Art. 140 Rdn. 51; für diese Auffassung spricht entscheidend, dass nur sie es erlaubt, Konkordate und Kirchenverträge rechtlich einheitlich zu qualifizieren.

[361] Ausführlich zum Meinungsstand *v. Campenhausen*, in: v. Mangoldt/Klein/Starck, GG-Komm., Bd. 3, 4. Aufl. 2001, Art. 140 Rdn. 51.

anderen Religionsgemeinschaften die Kooperation nicht grundsätzlich zu verweigern. Mit der wachsenden gesellschaftlichen Bedeutung nichtchristlicher Religionen wird sich die Integrationsfähigkeit unseres gegenwärtigen Staatskirchenrechts beweisen müssen. Erste Probleme dieser Art zeigen sich bereits bei der Frage der Anerkennung von Religionsgemeinschaften als Körperschaften des öffentlichen Rechts sowie der Erteilung islamischen Religionsunterrichtes an staatlichen Schulen[362]. Aber auch die Frage nach der Anerkennung islamischer Feiertage (dazu Teil 4) ist unter Rückgriff auf die dargestellten Grundsätze zu lösen.

362 Ausführlich dazu unten [Teil 4, Kap. 2, Abschn. 1, II. 3 a) (4) (b)].

Teil 3: Der Gestaltungsspielraum des einfachen Gesetzgebers bei der Bestimmung anerkannter Feiertage

Art. 139 WRV weist dem Staat die Aufgabe zu, Feiertage anzuerkennen. Im Folgenden gilt es zu untersuchen, welchen Bindungen er dabei sowohl bei der Einführung von Feiertagen wie auch bei der Streichung von Feiertagen unterliegt. Dabei wird zunächst auf die 1995 erfolgte Streichung des Buß- und Bettages als staatlich anerkanntem Feiertag in allen Bundesländern außer Sachsen eingegangen, um anschließend die Reichweite des gesetzgeberischen Gestaltungsspielraumes im Lichte des Art. 139 WRV und der Grundrechte zu analysieren.

Kapitel 1: Die Streichung des Buß- und Bettages als staatlich anerkanntem Feiertag in allen Bundesländern außer Sachsen

Neben der Ersetzung des 17. Juni durch den 3. Oktober als Nationalfeiertag bildet die Abschaffung des Buß- und Bettages in allen Bundesländern außer Sachsen ab dem Jahre 1995 die markanteste Änderung im Bestand der anerkannten Feiertage. Im Übrigen haben sich die anerkannten Feiertage bis dahin als weitestgehend „änderungsfest" erwiesen. Im Zuge der Abschaffung des Buß- und Bettages ist zeitweilig eine Diskussion über die Streichung weiterer Feiertage zur Entlastung der Wirtschaft als Ausgleich für die hohen Lohnnebenkosten entbrannt. So wurde berechnet, dass allein die ersatzlose Streichung des Buß- und Bettages zu einer Entlastung der Arbeitgeber in Höhe von ca. 9 Milliarden DM pro Jahr führen würde[363]. Ein hoher Bestand an gesetzlichen Feiertagen bildet mithin einen nicht zu unterschätzenden Kostenfaktor. Dennoch sind die Forderungen nach Streichung weiterer Feiertage zwischenzeitlich weitestgehend verstummt. Gerade wegen der enormen wirtschaftlichen Dimension der Feiertage ist jedoch jederzeit mit einem Wiederaufleben derartiger Forderungen zu rechnen[364], so dass ein näherer Blick auf den seinerzeiti-

---

[363] Vgl. das Sondergutachten des Sachverständigenrates zur Begutachtung der gesamtwirtschaftlichen Entwicklung v. 02.07.1995 zur Kompensation der Pflegeversicherung.

[364] Vgl. insoweit den Vorschlag des Präsidenten des Zentralverband des deutschen Handwerks *Philipp*, der fordert, dass künftig alle Feiertage außer Weihnachten auf einen Montag fallen sollen, um die finanzielle Belastung insbesondere kleinerer und mittlerer Betriebe durch sog. „Brückentage" zu verringern. Zwar geht *Philipp* nicht so weit, die Streichung von Feiertagen zu fordern, doch dürfte eine beliebige Verschiebung von Feiertagen innerhalb der Woche zu einer gewissen „Sinnentleerung" der Tage führen, durch welche sie zu reinen Freizeitgarantien verkämen und insoweit den ihnen verfassungsrechtlich zugedachten Zweck

gen Vorgang der Streichung des Buß- und Bettages sowie der dazu ergangenen Gerichtsentscheidungen lohnt.

1. Abschnitt: Das Verfahren

Im Jahre 1994 wurde die Einführung der Pflegeversicherung als fünfter Säule des Sozialversicherungssystems der Bundesrepublik beschlossen. Angesichts der ohnehin bereits gestiegenen Lohnnebenkosten sahen sich die Arbeitgeber jedoch nicht bereit, die Beiträge zur Versicherung paritätisch mit den Arbeitnehmern aufzubringen, ohne einen finanziellen Ausgleich für die damit verbundenen Mehrbelastungen zu erhalten[365]. Man einigte sich darauf, zur Kompensation einen Feiertag abzuschaffen, der stets auf einen Werktag fällt. Die dadurch erzielte Entlastung der Arbeitgeber entspricht etwa der mit den Beiträgen zur Pflegeversicherung entstandenen Mehrbelastung[366]. Diese politische Entscheidung zur Streichung eines Feiertages bedurfte freilich noch der rechtlichen Umsetzung. Mit Ausnahme des 01. Mai und des 03. Oktober stand dem Bund für die Anerkennung bzw. den Entzug der Anerkennung keine Kompetenz zu. Eine Streichung der genannten Feiertage wäre jedoch zunächst politisch nicht durchsetzbar gewesen[367], überdies handelt es sich dabei nicht um Tage, die stets auf einen Werktag fallen, so dass die finanzielle Entlastung der Arbeitgeber nicht sichergestellt gewesen wäre.

---

der seelischen Erhebung nicht mehr erfüllen könnten. Insoweit bedeutete eine „Verlegung" aller Feiertage auf einen Montag eine Vorstufe zur grundsätzlichen Infragestellung der Notwendigkeit der gegenwärtigen Zahl anerkannter Feiertage und ist daher m.E. als massiver Angriff auf das Rechtsinstitut anerkannter Feiertage zu bewerten (Vorschlag *Philipps* zitiert nach der „Tagesschau" vom 18. 05. 2001, im Internet abrufbar unter der Adresse: http://www.tagesschau.de/archiv/2001/05/18sendung/ts-1500/mel.../feiertage).

[365] Dabei wurde gegenüber der Streichung eines anerkannten Feiertages zunächst eine Senkung der Lohnnebenkosten durch Einführung von Karenztagen im Krankheitsfall favorisiert. Gegen diese Lösung wurden jedoch verfassungsrechtliche Bedenken erhoben und massiver politischer Widerstand geleistet. Nachdem das Karenzmodell gescheitert war, wurde zunächst eine 20%ige Kürzung der Lohnfortzahlung an allen bundeseinheitlich geltenden Feiertagen (Neujahrstag, Karfreitag, Ostermontag, 1. Mai, Himmelfahrt, Pfingstmontag, Tag der Deutschen Einheit, Buß- und Bettag, 1./2. Weihnachtstag) erwogen. Das letztendlich realisierte Modell des Verzichts auf einen anerkannten Feiertag wurde erst in Verhandlungen zwischen den damaligen Regierungsparteien CDU/CSU und FDP sowie der oppositionellen SPD erarbeitet, dazu *Spillner*, ZRP 1994, 138.

[366] Vgl. das Sondergutachten aaO.

[367] So wäre eine Streichung des 01. Mai als dem traditionellen Feiertag der Gewerkschaften auf entsprechenden Widerstand gestoßen und eine Abschaffung des Nationalfeiertages als Symbol der deutschen Wiedervereinigung schied von vornherein aus.

In Betracht kam mithin nur die Streichung landesrechtlich anerkannter Feiertage. Dies konnte durch den Bund jedoch nicht unmittelbar geregelt werden. So enthielt das Pflegeversicherungsgesetz vom 26.05.1994[368] keine Rechtspflicht der Länder zur Abschaffung eines Feiertages. Gleichwohl übte die durch dieses Gesetz geschaffene Vorschrift des § 58 SGB VI über die Kostentragung der Pflegeversicherung einen faktischen Druck zur Abschaffung eines Feiertages auf die Länder aus. Da die Länder dieser Regelung im Bundesrat zugestimmt hatten, wird die Vorschrift des § 58 SGB VI bisweilen als „Selbstbindung" der Länder bezeichnet[369]. Die getroffene Regelung sieht im Detail so aus, dass die Beiträge zur Pflegeversicherung zwar grundsätzlich von Arbeitnehmern und Arbeitgebern paritätisch zu erbringen sind, die Arbeitnehmer jedoch die Beiträge in voller Höhe zu leisten haben, wenn in dem betreffenden Bundesland nicht bis Ende 1994 ein stets auf einen Werktag fallender Feiertag ersatzlos gestrichen wird. Bis auf das Bundesland Sachsen entschieden sich alle Länder für die Streichung eines Feiertages. Zwischen den Ländern wurde die Einigung erzielt, bundesweit (mit Ausnahme Sachsens) den gleichen Tag, nämlich den Buß- und Bettag als anerkannten Feiertag zu streichen.

Dadurch wurde der Buß- und Bettag jedoch nicht als Feiertag insgesamt beseitigt, sondern verlor lediglich die Anerkennung als gesetzlicher Feiertag. Bildlich gesprochen stellt die Streichung ein „Abrutschen" des Buß- und Bettages aus der Kategorie der anerkannten in die Kategorie der kirchlichen Feiertage dar. Landesrechtlich stehen den Gläubigen an diesem Tag Freistellungsansprüche gegen ihre Arbeitgeber zum Besuch des Gottesdienstes zu[370].

2. Abschnitt: Die verfassungsgerichtliche Rechtsprechung

Diese Herabstufung war Gegenstand von Verfassungsbeschwerden vor dem Bundesverfassungsgericht, dem Bayerischen Verfassungsgerichtshof sowie dem Berliner Verfassungsgerichtshof.

I.) Der Kammerbeschluss des Bundesverfassungsgerichts

Das Verfahren vor dem Bundesverfassungsgericht betraf die Vereinbarkeit des Änderungsgesetzes zum Niedersächsischen Feiertagsgesetz mit dem Grundgesetz. Der Beschwerdeführer rügte, er sei durch die Streichung des Buß- und Bettages als staatlich anerkanntem Feiertag in seiner Religionsfreiheit verletzt, da er als gläubiger Christ an diesem Tag grundsätzlich zur Kirche

---

[368] BGBl. I S. 1014.

[369] So *Busch/Werner*, DÖV 1998, 680, 682.

[370] Vgl. dazu bereits oben (Teil 2, Kap. 1, Abschn. 2, II 2 b).

und zum Abendmahl gegangen sei. Gegenüber Nicht- und Andersgläubigen, denen es egal sei, ob sie an diesem Tag arbeiteten, liege eine mit Art. 3 III GG nicht zu vereinbarende Benachteiligung vor. Er hingegen müsse an diesem Tag Urlaub beantragen, ohne sicher zu sein, diesen auch tatsächlich zu erhalten.

Durch Kammerbeschluss vom 18.09.1995[371] lehnte das Bundesverfassungsgericht die Annahme der Verfassungsbeschwerde zur Entscheidung ab. Da sich die aufgeworfenen verfassungsrechtlichen Fragen ohne weiteres aus dem Grundgesetz selbst beantworten ließen, komme der Verfassungsbeschwerde gegen das Niedersächsische Änderungsgesetz keine grundsätzliche verfassungsrechtliche Bedeutung zu. Auch sei eine Verletzung rügefähiger Rechte nicht ersichtlich, so dass die Verfassungsbeschwerde auch nicht zur Durchsetzung dieser Rechte angezeigt sei.

Das Bundesverfassungsgericht lehnte in der Sache zunächst eine Verletzung des Art. 139 WRV iVm. Art. 140 GG ab. Diese Vorschrift stelle lediglich eine objektivrechtliche Institutsgarantie ohne subjektivrechtliche Berechtigung dar. Inhaltlich besage Art. 139 WRV nur, dass Feiertage, soweit sie staatlich anerkannt sind, staatlichen Schutz genössen und der Gesetzgeber nicht alle Feiertage und damit das Rechtsinstitut insgesamt abschaffen dürfe. Eine Garantie für den Fortbestand eines konkreten Feiertages könne Art. 139 WRV hingegen nicht entnommen werden. Zwar verpflichte Art. 139 WRV auch den Gesetzgeber, eine angemessene Zahl an Feiertagen anzuerkennen, doch sei dieser Mindestbestand durch die Abschaffung lediglich eines Feiertages nicht angegriffen.

Eine Verletzung des Art. 4 GG verneinte es mit der Erwägung, der Entzug staatlicher Anerkennung stelle keinen staatlichen Eingriff in Art. 4 GG dar. Der Buß- und Bettag bleibe jedenfalls kirchlicher Feiertag, so dass Arbeitnehmern Freistellungsansprüche gegen ihre Arbeitgeber zum Besuch des Gottesdienstes zustünden.

Auch eine gezielte Benachteiligung wegen eines bestimmten Glaubens (Art. 3 III GG) wurde vom Bundesverfassungsgericht nicht anerkannt. Die Wahl eines christlichen Feiertages an Stelle eines weltlichen Feiertages sei im Hinblick auf die besondere Bedeutung des 1. Mai als traditionellem Feiertag der Arbeiterbewegung und des 3. Oktobers als Gedenktag der deutschen Wiedervereinigung aus sachlichen Erwägungen heraus erfolgt. Auch wegen der auf ein Minimum reduzierten Beeinträchtigungen auf die Glaubensausübungsfreiheit sei eine Verletzung des Art. 3 III GG ausgeschlossen.

---

[371] BVerfG, NJW 1995, 3378 f.

II.) Der Beschluss des Berliner Verfassungsgerichtshofes

Der Berliner Verfassungsgerichtshof wies mit Beschluss vom 16.08.1995[372] die gegen die den Vorgaben des PflegeVG entsprechende Änderung des Berliner Feiertagsgesetzes gerichtete Verfassungsbeschwerde als unbegründet zurück. Der Beschwerdeführer rügte einen Verstoß gegen die durch die Berliner Verfassung in gleichem Umfang wie durch das Grundgesetz gewährleistete Religionsfreiheit, da es ihm durch den Entzug der staatlichen Anerkennung des Buß- und Bettages aufgrund der erhöhten werktäglichen Verkehrsdichte nicht mehr möglich sei, die Grabpflege mehrerer, sich auf verschiedenen Friedhöfen befindlicher Grabstätten an diesem Tag wie in bisher gewohnter Weise zu betreiben[373]. Auch werde die Teilnahme am Gottesdienst wesentlich erschwert, da die arbeitsrechtlichen Freistellungsansprüche in der Praxis leerliefen. Ferner verstoße die Änderung gegen die Präambel des Grundgesetzes[374].

Der Verfassungsgerichtshof sah die Verfassungsbeschwerde bezüglich der Rüge eines Verstoßes gegen die Präambel des Grundgesetzes richtigerweise als unzulässig an, da im landesverfassungsgerichtlichen Verfahren nur die Verletzung der Landesverfassung Gegenstand sein könne[375].

Einen Eingriff in die Glaubensausübungsfreiheit durch die vermeintliche Verhinderung des Gottesdienstbesuches sah der Verfassungsgerichtshof wegen der Freistellungsansprüche nicht als gegeben an[376]. Mit dem Einwand eines möglichen Leerlaufes in der Praxis setzte sich das Gericht erst gar nicht auseinander[377].

---

[372] BerlVerfGH, NJW 1995, 3379 f.

[373] Vgl. BerlVerfGH, NJW 1995, 3379 f.

[374] Vgl. BerlVerfGH, NJW 1995, 3379 f.

[375] Vgl. BerlVerfGH, NJW 1995, 3379, 3380; zum Prüfungsmaßstab der Landesverfassungsgerichte vgl. etwa *Dietlein*, NVwZ 1994, 6 ff.; *ders.*, Jura 2000, 19 ff.; *Sturm*, in: Sachs, GG-Komm, 2. Aufl., 1999, Art. 93 Rdn. 20; *Maunz*, in: Maunz/Dürig, GG-Komm., Art. 142 Rdn. 25; überdies liegt ein Verstoß gegen die Präambel des Grundgesetzes fern. Diese enthält in erster Linie politische Zielbestimmungen, die zwar rechtliche Bindungen erzeugen, jedoch regelmäßig nicht so weit gehen, dass sie konkrete subjektive Rechte erzeugen. Für den Entzug der staatlichen Anerkennung eines Feiertages würde Art. 139 WRV iVm. Art. 140 GG unbeschadet der genauen Bedeutung des Wortes „Gott" in der Präambel (dazu unten Teil 4, Kap. 2, Abschn. 1, II 3a) in jedem Falle eine vorrangige Spezialregelung darstellen.

[376] BerlVerfGH, NJW 1995, 3379, 3380.

[377] Vgl. BerlVerfGH, NJW 1995, 3379, 3380; dies stellt m.E. eher eine Frage der Durchsetzung des Anspruchs auf Freistellung im Einzelfall dar, kann jedoch die „Abstufung" des Buß- und Bettages als solche nicht in Frage stellen. Liefen die Freistellungsansprüche in der Tat schon auf Grund ihrer gesetzlichen Konstruktion leer, wäre das gesamte Rechtsinstitut kirchlicher Feiertage vor dem Hintergrund des Art. 4 GG kaum haltbar. Die für kirchliche Feiertage getroffene Regelung, die nunmehr auch für den Buß- und Bettag gilt, hat sich jedoch als angemessen erwiesen, so dass der BerlVerfGH zu Recht auf eine nähere Prüfung dieses zudem unsubstantiiert vorgetragenen Einwand des Beschwerdeführers verzichtet hat.

Auch die rein faktischen Erschwernisse im Bereich der Grabpflege wertete das Gericht nicht als Verletzung der Glaubensausübungsfreiheit. Denn dieses Grundrecht schütze nicht vor den Folgen des sozialen Zusammenlebens der Menschen, worunter gerade eine erhöhte Verkehrsdichte zu zählen sei[378].

Einen Verstoß gegen die landesverfassungsrechtliche Feiertagsgarantie, die weitestgehend dem Art. 139 WRV entspricht, lehnte es ab. Zunächst gewähre die Norm kein rügefähiges Grundrecht, sondern bilde lediglich eine objektivrechtliche Institutsgarantie, überdies ziele die Vorschrift nicht speziell auf den Schutz kirchlicher Feiertage[379]. Auch ein fester, unabänderlicher Bestand an Feiertagen werde hierdurch nicht geschützt[380].

III.) Der Beschluss des Bayerischen Verfassungsgerichtshofes

Auch der Bayerische Verfassungsgerichtshof (BayVerfGH) hatte im Wege mehrerer Popularklagen darüber zu entscheiden, ob die Streichung des Buß- und Bettages als staatlich anerkanntem Feiertag gegen die Landesverfassung verstößt. Dies wurde verneint[381].

Die landesverfassungsrechtliche Feiertagsgarantie stelle lediglich eine Institutsgarantie dar[382]. Keineswegs sei damit ein bestimmter status-quo-ante geschützt. Vielmehr komme dem Gesetzgeber ein Gestaltungsspielraum zu, solange er die Grenzen dieser Garantie wahre, was der Fall sei, wenn eine angemessene Zahl kirchlicher Feiertage entsprechend der in Bayern bestehenden Tradition anerkannt und geschützt sei[383].

Innerhalb dieser Grenzen könne der Gesetzgeber aus sachlichen Gründen einem Feiertag dessen Anerkennung entziehen. Als solche sachliche Gründe betrachtet der Bayerische Verfassungsgerichtshof wirtschaftliche und sozialpolitische Motive wie beispielsweise die Verteilung der Kosten der Pflegeversicherung[384].

Auch die Glaubensfreiheit sei wegen des fortbestehenden Schutzes des Buß- und Bettags als kirchlichem bzw. „stillem" Feiertag nicht verletzt[385].

---

[378] BerlVerfGH, NJW 1995, 3379, 3380.
[379] BerlVerfGH, NJW 1995, 3379, 3380.
[380] BerlVerfGH, NJW 1995, 3379, 3380.
[381] BayVerfGH, DÖV 1996, 558 f. (Beschl. v. 15.01.1996).
[382] BayVerfGH, DÖV 1996, 558, 559.
[383] BayVerfGH, DÖV 1996, 558, 559.
[384] BayVerfGH, DÖV 1996, 558, 559, wobei zu betonen ist, dass wirtschaftliche Gründe nur dann eine Streichung anerkannter Feiertage rechtfertigen können, wenn sie gegen das Bedürfnis nach dem Fortbestehen des Feiertages abgewogen werden, da allein die Gesichtspunkte der Arbeitsruhe und seelischen Erhebung den Gestaltungsspielraum des Gesetzgebers eröffnen (dazu unten Teil 3, Kap. 2, 3. Abschn.).
[385] BayVerfGH, DÖV 1996, 558, 559.

Allein auf den Besonderheiten der landesrechtlichen Umsetzung der bundesrechtlichen Vorgaben beruhend, aber dennoch nicht unerwähnt bleiben soll die vom Bayerischen Verfassungsgerichtshof erörterte Frage, ob das geänderte bayerische Feiertagsgesetz andere Erwerbstätige gegenüber der Berufsgruppe der Lehrer benachteilige. Denn das Landesrecht sieht vor, dass der Schulunterricht nach wie vor am Buß- und Bettag ausfallen soll. Der Bayerische Verfassungsgerichtshof hat diese Frage verneint. Diese Ausnahme diene den Interessen eines geordneten Schulbetriebes, der nicht gewährleistet sei, wenn an diesem Tag eine Großzahl von Schülern einerseits und Lehrern andererseits nicht zum Unterricht erscheine[386]. Vor diesem Hintergrund sei das gänzliche Ruhen des Schulbetriebes ohne weiteres gerechtfertigt.

IV.) Bewertung der Rechtsprechung

Im Gegensatz zur politischen Debatte hat sich gegen die Abschaffung des Buß- und Bettages als staatlich anerkanntem Feiertag nur leiser juristischer Widerstand geregt[387]. Insbesondere erfolgte die Abweisung der hiergegen gerichteten Klagen erstaunlich klar und eindeutig. Im Kern beruht diese Rechtsprechung auf der Annahme, der Wegfall der Anerkennung eines Feiertages verletze die Glaubensfreiheit nicht. Weiterer Grund ist die These, ein Verstoß gegen Art. 140 GG iVm. Art. 139 WRV sei nicht gegeben, da nach wie vor eine ausreichende Zahl an Feiertagen staatlich anerkannt bleibe. Gerade die Prüfung eines Verstoßes gegen Art. 140 GG iVm. Art. 139 WRV hätte meines Erachtens jedoch einer weitergehenden Erörterung bedurft. Denn das Abstellen allein auf eine numerische Mindestzahl anerkannter Feiertage lässt das in Art. 140 GG iVm. Art. 139 WRV offensichtlich vorhandene funktionale Element außer Betracht. Die Entscheidungen basieren auf der Feststellung, ein Eingriff in einen unantastbaren Kernbereich der Feiertagsgarantie im Grundgesetz liege nicht vor; sie lassen jedoch die sich notwendig daran anschließende Frage nach weitergehenden Bindungen des Gesetzgebers im Randbereich - etwa in Form eines „Optimierungsgebotes“ - außer Betracht. Im Hinblick auf die Gestaltungsspielräume des Gesetzgebers im Einzelnen sind daher trotz der verfassungsgerichtlichen Rechtsprechung viele Fragen offen geblieben, die nachfolgend untersucht werden sollen.

---

386 BayVerfGH, DÖV 1996, 558 f.

387 Vgl. dazu insbesondere die Beiträge von *Wolf*, JZ 1995, 139 und *Spillner*, ZRP 1994, 138.

Kapitel 2: Vorgaben aus Art. 139 WRV iVm. Art. 140 GG

Zur Bestimmung der gesetzgeberischen Grenzen bei der Festlegung von Feiertagen ist eine umfassende Analyse des Art. 139 WRV als der feiertagsrechtlichen Fundamentalnorm unerlässlich. Dabei werden zunächst die Entstehungsgeschichte sowie die Stellung der Norm im Verfassungsgefüge untersucht, nachfolgend Existenz und Inhalt des gesetzgeberischen Gestaltungsspielraumes für die Bestimmung von Feiertagen spezifiziert.

1. Abschnitt: Entstehungsgeschichte

I.) Neuregelung des Staatskirchenrechts

Die Novemberrevolution 1918 bildete auch für das Staatskirchenrecht eine exzeptionelle Zäsur. Das deutsche Kaiserreich von 1871 stand noch unter der Kontinuität des überkommenen Systems staatlicher Kirchenhoheit[388], welches insbesondere institutionelle Verknüpfungen von Staat und Kirche anerkannte. Zwar basierte dieses System auf einem Dualismus von staatlicher und kirchlicher Hoheit, doch wurde das landesherrliche Kirchenregiment für die evangelischen Kirchen weiter aufrechterhalten[389]. Dabei nahm der Monarch in Personalunion die Ausübung der konstitutionell beschränkten Staatsgewalt und der durch die Synode gebundenen Kirchengewalt wahr[390].

Mit der Novemberrevolution 1918 waren aber mit den Grundlagen des alten Deutschen Reiches zugleich auch die Voraussetzungen für die Beibehaltung des landesherrlichen Kirchenregiments entfallen. In der Anfangszeit der Weimarer Republik wurde vereinzelt die Auffassung vertreten, mit der Staatsgewalt sei auch das Kirchenregiment auf die revolutionären Gewalten übergegangen[391], doch war mit der Revolution der Rechtsgrund für die institutionelle Verbindung mit der Obrigkeit entfallen[392]. Stand die institutionelle Verknüp-

---

[388] Ausführlich dazu *Obermayer*, in: BoKo, Art. 140 Rdn. 22; E. R. *Huber*, Verfassungsgeschichte IV, S. 646; *Kahl*, Lehrsystem des Kirchenrechts und der Kirchenpolitik, S. 266ff, 309; *Sohm*, Staat und Kirche, S. 51; *Ebers*, Staat und Kirche im neuen Deutschland, S. 26 ff.; *Feine*, Staat und Kirche, S. 17 ff.

[389] Dazu *W. Kahl*, Lehrsystem des Kirchenrechts und der Kirchenpolitik, S. 309 ff.; *Obermayer*, in: BoKo, Art. 140 Rdn. 22 ff.

[390] *M. Heckel*, Staat und Kirche, S. 246.

[391] Dazu *Obermayer*, in: BoKo, Art. 140 Rdn. 28 mwN.

[392] Nach *Obermayer*, in: BoKo, Art. 140 Rdn. 28, bildete das Jahr 1919 für die evangelischen Kirchen eine Zäsur gleichen Ausmaßes wie es die Jahre 1803/06 für den deutschen Katholizismus waren, da in beiden Fällen eine „Herauslösung aus den traditionellen Strukturen" erfolgte. Dazu auch H. *Maier*, Staat und Kirche, S. 114; *Link*, BayVBl. 1966, 298 f.

fung von Staat und Kirche repräsentativ für die alten Machtstrukturen des Kaiserreichs, erscheint die Ansicht, die neuen Machthaber wollten gerade am Kirchenregiment festhalten, in der Tat allzu gekünstelt und realitätsfern. Das Staatskirchenrecht lag somit 1918/19 in juristischen Trümmern.

Die Ausgestaltung der die alte Monarchie ablösenden Staatsform wurde der verfassunggebenden Deutschen Nationalversammlung mit dem Auftrag, eine Verfassung für das Deutsche Reich zu erarbeiten, übertragen[393]. Die Wahlen zu diesem Gremium fanden am 19.1.1919 statt. Erstmals in Deutschland waren dabei auch Frauen wahlberechtigt. Zwar gingen die Sozialdemokraten aus diesen Wahlen als deutlich stärkste Partei hervor, doch erreichten sie nicht die absolute Mehrheit, so dass sie auf die Zusammenarbeit mit anderen Parteien angewiesen waren[394].

Der erste Entwurf der neuen Reichsverfassung, der Nationalversammlung am 21.2.1919 von der Reichsregierung vorgelegt, enthielt zwar die Garantie voller Glaubens- und Gewissensfreiheit sowie der religiösen Vereinigungsfreiheit[395], überantwortete aber die Ausgestaltung des eigentlichen, die Beziehungen von Staat und Kirche zueinander regelnden Staatskirchenrechts den Ländern. In der Nationalversammlung strebte jedoch die Mehrheit der Abgeordneten eine umfassende Regelung des Staatskirchenrechts auf der Ebene der Reichsverfassung an.

Grundlegende Differenzen traten erst bei der Frage der inhaltlichen Ausgestaltung des Staatskirchenrechts auf. Die Sozialdemokratie sowie die übrigen Linksparteien verfolgten traditionell das Ziel einer vollständigen Trennung von Staat und Kirche und wollten den Kirchen lediglich die Rechte privater Vereine einräumen, doch betonte die SPD, sie erstrebe keine „gewaltsame Trennung, sondern eine schiedlich-friedliche Einigung“[396]. Die konservativen Parteien

---

[393] Vertiefend zur Entstehungsgeschichte der Art. 136 ff. WRV: *Johann Victor Bredt*, Neues evangelisches Kirchenrecht für Preußen, Bd. 2 (Berlin 1922), S. 63 ff.; *Godehard* Josef *Ebers*, Staat und Kirche im neuen Deutschland, München 1930, S. 108 ff.; *Carl Israel*, Geschichte des Reichskirchenrechts, dargestellt auf Grund der stenographischen Berichte über die Verhandlungen der Verfassunggebenden Deutschen Nationalversammlung von Weimar, Berlin 1922.

[394] Die 423 Sitze der Nationalversammlung verteilten sich auf 42 Abgeordnete der Deutschnationalen Volkspartei, 22 Sitze der Deutschen Volkspartei, 3 Sitze der Deutschhannoverschen Partei, 89 Abgeordnete der Zentrumspartei, 5 der Deutschen Bauernpartei, 74 Sitze der Deutschen Demokratischen Partei, 165 für die Sozialdemokraten, 22 Sitze der Unabhängigen Sozialdemokratischen Partei und einen Sitz einer sonstigen Partei.

[395] Vgl. *Grundann/Rust*, in: BoKo, Entstehungsgeschichte Art. 140 GG (ohne Rdn.).

[396] Vgl. den Abg. *Meerfeld*, in: Verhandlungen der verfassunggebenden Deutschen Nationalversammlung, Bd. 336, Anlagen zu den stenographischen Berichten Nr. 391, Bericht und

sowie das Zentrum nahmen demgegenüber einen kirchenfreundlichen Standpunkt ein. Sie wollten einerseits an der historisch gewachsenen Verbindung von Staat und Kirche festhalten - soweit diese den Kirchen Vorteile brachte - andererseits den Kirchen aber auch einen gegen staatliche Eingriffe geschützten Autonomiebereich zugestehen.

Erst in den Kompromissverhandlungen der Nationalversammlung konnte ein Abrücken beider Seiten von ihren Extrempositionen erreicht werden. Das neue Staatskirchenrecht des Deutschen Reiches basierte nunmehr auf der organischen Entflechtung von Staat und Kirche einerseits und der gleichzeitigen Einnahme eines grundsätzlich kirchenfreundlichen Standpunkt des Staates andererseits[397]. Überdies zeigte sich die Anerkennung einer religiösen Pluralisierung[398]. So wurde ausdrücklich das Verbot einer Staatskirche in Art. 137 I normiert, Kirchen und Religionsgemeinschaften in gleicher Weise ein von staatlichen Eingriffen autonomer Selbstverwaltungsfreiraum (Art. 137 II und III) zugestanden[399] sowie kirchliches Eigentum garantiert (Art. 138 II). Zwar sollte sich die Rechtsfähigkeit aller Religionsgesellschaften grundsätzlich nach den Normen des bürgerlichen Rechts und damit namentlich des Vereinsrechts bestimmen (Art. 137 IV), doch räumte Art. 137 V den Kirchen und Religionsgemeinschaften die Möglichkeit ein, unter bestimmten Voraussetzungen den Status einer Körperschaft des öffentlichen Rechts zu erlangen und als solche gemäß Art. 137 VI Steuern zu erheben. Bei der Formulierung der Vorschriften lehnte man sich vielfach an den Wortlaut der Paulskirchenverfassung vom 23.12.1849 an[400].

Protokolle des Achten Ausschusses über den Entwurf einer Verfassung des Deutschen Reiches, 1920, S. 188.

[397] Vgl. *Ebers*, in: Nipperdey, Die Grundrechte der Reichsverfassung, Bd. 2, 1930, S. 362 f., der von der Absicht des Verfassunggebers zur Verwirklichung des Programms „Chiesa libera in Stato libero" spricht, hinter dem sich die Grundsätze „Freiheit der Kirche vom Staate", „Freiheit der Kirche im Staat" und „Freiheit des Staates von der Kirche" verbergen.

[398] *Morlok*, in: Dreier, GG-Komm., Bd. III, 2000, Art. 140 Rdn. 11; vgl. für Art. 139 WRV *Kaisenberg*, in: Nipperdey, Die Grundrechte der Reichsverfassung, Bd. 2, 1930, S. 429; *Bredt*, Der Geist der deutschen Reichsverfassung, S. 281.

[399] Ausführlich zum Selbstbestimmungsrecht der Kirchen etwa *K. Hesse*, HStKR I, 2. Aufl., 1994, § 17, S. 521 ff. mwN.

[400] Vgl. *Grundmann/Rust*, in: BoKo, Art. 140 Anm. I A (S. 4); *Morlok*, in: Dreier, GG-Komm., Bd. III, 2000, Art. 140 Rdn. 9; so fand sich in der Paulskirchenverfassung ein eigener Abschnitt (Art. 5) über das Religionsrecht. Gewährleistet wurden die individuelle Religionsfreiheit und die Selbstverwaltungsfreiheit der Religionsgemeinschaften. Weiter wurde das Verbot einer Staatskirche festgeschrieben sowie jedweder Vorrang bestimmter Religionsgemeinschaften vor anderen verneint.

Das in den Kompromissverhandlungen gefundene Ergebnis wurde vom Plenum der Nationalversammlung am 31.07.1919 angenommen.

II.) Schaffung des Art. 139 WRV

Anders als die grundsätzlichen Neuregelung des Staatskirchenrechts erfolgte die Schaffung des Art. 139 WRV ohne größere Auseinandersetzungen[401]. Sahen die ersten Entwürfe für die neue Reichsverfassung zunächst keine Regelung des Sonn- und Feiertagsschutzes vor, so wurde auf Intervention des Deutschen Evangelischen Kirchenausschusses im Verfassungsausschuss erstmals das Thema Sonn- und Feiertagsschutz zur Aufnahme in die Verfassung vorgesehen[402]. Es wurden zwei Anträge zum Schutz der Sonn- und Feiertage gestellt. Die Abgeordneten *Gröber* und *Kahl* sowie weitere sozialdemokratische Versammlungsmitglieder beantragten, einen Art. 30 a Abs. 4 mit folgendem Wortlaut zu beschließen:

„Die Sonntage und die allgemein anerkannten Feiertage bleiben erhalten."[403].

Dem wurde ein Antrag der Abgeordneten *Meerfeld* und *Raumann* entgegengestellt und vom Verfassungsausschuss in dessen 21. Sitzung am 03.04.1919 angenommen. Dieser Antrag hatte folgenden Wortlaut:

„Die Sonntage und die staatlich anerkannten Feiertage bleiben erhalten."[404].

Beiden Anträgen gemeinsam war, dass sich der Schutz zwar auf alle Sonntage, nicht jedoch auf alle bislang begangenen Feiertage erstrecken sollte. Zwar wurde jeweils ein Anerkennungsakt verlangt, der Antrag *Meerfelds* und *Raumanns* stellte jedoch auf eine allgemeine Anerkennung im Gegensatz zu einer staatlichen, wie dies *Gröber* u.a. verlangten, ab. Dabei blieb insbesondere unklar, wann eine solche „allgemeine Anerkennung" vorliegen solle.

---

[401] Vgl. zur Entstehungsgeschichte des Art. 139 WRV: *v. Campenhausen*, in: v. Mangoldt/Klein/Starck, GG-Komm., Bd. 3, 4. Aufl., 2001, Art. 139 WRV, Rdn. 2 f.; *Kaisenberg*, Art. 139 in: Nipperdey II, S. 428 f.; *Anschütz*, WRV, Art. 139 Anm. 1; *v. Doemming*, JöR 1 (1951), S. 899 ff.; *Dietlein*, FS Rüfner, 131, 135.

[402] *V. Campenhausen*, in: v. Mangoldt/Klein/Starck, GG-Komm., Bd. 3, 4. Aufl., 2001, Art. 139 WRV Rdn. 2.

[403] Zitiert nach *Kaisenberg*, in: Nipperdey, Die Grundrechte der Reichsverfassung, Bd. 2, 1930, S. 428 f.

[404] Zitiert nach *Kaisenberg*, in: Nipperdey, Die Grundrechte der Reichsverfassung, Bd. 2, 1930, S. 428 f.

In den folgenden Beratungen wurden auch inhaltliche Bestandteile des Sonn- und Feiertagsschutzes in den Entwurf aufgenommen. Die betreffenden Tage sollten als Tage der „Arbeitsruhe und seelischen Erhebung" geschützt werden. Die am 17.7.1919 vom Abgeordneten *Gröber* beantragte und als Art. 136 ohne Kontroverse in den Verfassungsentwurf aufgenommene Fassung hatte nunmehr folgenden Wortlaut:

„Die Sonntage und die staatlich anerkannten Feiertage bleiben als Tage der Arbeitsruhe und seelischen Erhebung gesetzlich geschützt."[405].

Nach weiteren Ausschussberatungen wurde die Vorschrift nunmehr in ihrer endgültigen Fassung als Art. 139 in die Schlussfassung der WRV aufgenommen:

„Der Sonntag und die staatlich anerkannten Feiertage bleiben als Tage der Arbeitsruhe und seelischen Erhebung gesetzlich geschützt."

Bemerkenswert ist dabei die weitgehende Einigkeit bei der Entstehung des Art. 139 WRV, prallten doch bei der übrigen Ausgestaltung des Staatskirchenrechts scheinbar unüberwindbare weltanschauliche Gegensätze aufeinander[406].

Die konservativen Parteien sowie die Zentrumspartei sahen in der Regelung die verfassungsrechtliche Garantie für den Fortbestand der christlichen Feiertage und des Sonntages, wohingegen sich für die Sozialdemokraten ihre sozialpolitisch motivierte Forderung nach der Festschreibung eines arbeitsfreien Tages in der Woche erfüllte[407].

Der Gang der Entstehungsgeschichte des Art. 139 WRV offenbart somit ein wesentliches Charakteristikum dieser Vorschrift. Sie ist nicht allein weltlich oder kirchlich zu verstehen. Sie dient gleichermaßen religiösen wie sozialen Bedürfnissen[408]. Zwar ist sie gesetzessystematisch in das Staatskirchenrecht

---

[405] Zitiert nach *Kaisenberg*, in: Nipperdey, Die Grundrechte der Reichsverfassung, Bd. 2, 1930, S. 428 f.

[406] Vgl. zu den entstehungsgeschichtlichen Intentionen *Dirksen*, Das Feiertagsrecht, 1961, S. 8; *Feller*, Sonn- und Feiertage im Recht von Staat und Kirche, S. 164 ff.

[407] Vgl. *v. Campenhausen*, in: v. Mangoldt/Klein/Starck, GG-Komm., Bd. 3, 4. Aufl., 2001, Art. 139 WRV Rdn. 2.

[408] Statt vieler: *Morlok*, in: Dreier, GG-Komm., Bd. III, 2000, Art. 140/139 WRV, Rdn. 10. Teilweise werden die von Verfassungs wegen zu beachtenden Elemente des Sonn- und Feiertagsschutzes unmittelbar auf diese entstehungsgeschichtlichen Intentionen bezogen. So vertritt *v. Campenhausen* (in: v. Mangoldt/Klein/Starck, Bd. 3, 4. Aufl., 2001, Art. 139 WRV Rdn. 7) die Ansicht, das Merkmal der Arbeitsruhe bringe die sozialpolitische, das der seelischen Erhebung die ethische Motivation des Verfassunggebers zum Ausdruck. Meines Erachtens kann das Merkmal der Arbeitsruhe aber gleichermaßen auf religiöse wie sozialpoliti-

eingereiht. Überdies kam der Anstoß zur Aufnahme einer Sonn- und Feiertagsgarantie von Seiten der Kirchen. Doch lässt sich der reibungslose Verlauf der Verhandlungen an dieser Stelle nur auf das grundsätzliche Verständnis der Sozialdemokratie zurückführen, die Vorschrift sei als Erfüllung einer sozialpolitischen Forderung ohne weiteres anzuerkennen. Wäre die Intention der Vorschrift bereits im Entstehungsprozess auf eine Strömung verengt worden, wäre es wohl kaum zu einer Annahme ohne grundsätzliche Auseinandersetzungen gekommen. Trotz der systematischen Platzierung des Art. 139 WRV im Staatskirchenrecht der Weimarer Reichsverfassung darf die sozialpolitische Zielsetzung daher nicht außer Betracht bleiben. Diese entstehungsgeschichtliche „Zweigleisigkeit" führt zu einer Sonderrolle des Art. 139 WRV innerhalb des Staatskirchenrechts[409].

III.) Inkorporation in das Grundgesetz

Art. 140 GG regelt als Inkorporationsnorm die Fortgeltung der Artikel 136, 137, 138, 139 und 141 der Weimarer Reichsverfassung (WRV) als Bestandteil des Grundgesetzes. Die politische Ausgangslage im Parlamentarischen Rat entsprach über weite Strecken der in der Weimarer Nationalversammlung. Die SPD einerseits sowie das konservative Lager andererseits nahmen gerade hinsichtlich des Staatskirchenrechts entgegengesetzte Standpunkte ein, die erneut zu einer Kompromisslösung zwangen[410].

Zunächst sah jedoch der Herrenchiemseer Verfassungsentwurf eine Regelung des Verhältnisses von Staat und Kirche nicht vor. Wiederum auf Initiative der evangelischen und katholischen Kirche[411] beantragten die Fraktionen von CDU/CSU und DP am 29.11.1948 die Aufnahme eines das Staatskirchenrecht regelnden Artikels in die Verfassung. Dieser Artikel sollte im Wesentlichen

---

sche Wurzeln zurückgeführt werden, anerkennen beide Strömungen doch die Notwendigkeit eines wöchentlichen Ruhetages.

[409] Vgl. näher zu den entstehungsgeschichtlichen Intentionen: *Dirksen*, Feiertagsrecht, 1961, S. 8; *Feller*, Das Recht der Sonn und Feiertage, S. 164 ff.

[410] Vgl. dazu *Grundmann/Rust*, in: BoKo, Art. 140 Entstehungsgeschichte (ohne Rdn.); *v. Campenhausen*, in: v. Mangoldt/Klein/Starck, GG-Komm., Bd. 3, 4. Aufl., 2001, Art. 140 Rdn. 2 ff.; *Hesse*, JöR 10 (1961), 3, 12 ff.; *Hollerbach*, HStKR I, 1. Aufl., 1974, § 5, S. 215, 218 ff.; *Schlief*, Die Entwicklung des Verhältnisses zwischen Staat und Kirche und seine Ausgestaltung im Bonner Grundgesetz, 1961, S. 65 ff.; vgl. auch *Morlok*, in: Dreier, GG-Komm., Bd. III, 2000, Art. 140 Rdn. 22, der von „frappierenden Parallelen" in der Entstehungsgeschichte, die auf die vergleichbare weltanschauliche Ausgangslage zurückzuführen seien, verweist.

[411] Dazu K.-E. *Schlief*, Die Entwicklung des Verhältnisses von Staat und Kirche und seine Ausgestaltung im Bonner Grundgesetz, 1961, S. 66.

der Regelung der Weimarer Reichsverfassung entsprechen, wurde aber neu formuliert und strukturiert[412]. Beibehalten wurde der Grundsatz der Trennung von Staat und Kirche. Auch sollten das kirchliche Selbstverwaltungsrecht sowie die Anerkennung als Körperschaften des öffentlichen Rechts festgeschrieben werden. Begründet wurde dieser Antrag mit dem Hinweis auf die geschichtliche Tatsache der Existenz der Kirchen sowie dem Eintreten der Kirchen für Freiheit und Menschenwürde in der NS-Zeit[413]. Von Seiten der SPD, FDP und UPD wurde die Notwendigkeit zur Regelung des Verhältnisses zwischen Staat und Kirche bestritten. In erster Linie seien die Länder zur Regelung dieser Materie aufgerufen. Soweit aber eine verfassungsrechtliche Regelung auf Bundesebene für erforderlich gehalten werde, sei eine umfassende Behandlung der gesamten Materie geboten, die doch erheblichen Unterschiede des Antrages zur Regelung der WRV könnten nicht unbedacht hingenommen werden. Die KPD strebte an, den Kirchen nicht mehr als die Rechte eines privaten Vereines zuzugestehen[414]. Vor allem aber gab man zu bedenken, dass andere soziale Gruppen, insbesondere die Gewerkschaften, einen entsprechenden Anspruch auf verfassungsrechtliche Rahmenbedingungen für ihre Tätig-

---

[412] Der Artikel sollte folgenden Wortlaut erhalten:
„*(1) Die Kirchen werden in ihrer Bedeutung für die Wahrung und Festigung der religiösen und sittlichen Grundlage des menschlichen Lebens anerkannt. Es besteht keine Staatskirche.*
(2) Die Kirchen und Religionsgesellschaften ordnen ihre Angelegenheiten selbständig aus eigenem Recht. Sie haben das Recht, ihre Ämter ohne Mitwirkung des Staates und der politischen Gemeinden zu verteilen und zu entziehen.
(3) Kirchen und Religionsgesellschaften sowie ihre Einrichtungen behalten, ohne deshalb einer besonderen Staatsaufsicht zu unterliegen, die Rechte von Körperschaften des öffentlichen Rechts, soweit sie diese bisher besaßen. Anderen sind die gleichen Rechte auf Antrag zu verleihen, wenn sie durch die Verfassung oder die Zahl ihrer Mitglieder die Gewähr auf Dauer bieten. Bei der Ausübung des ihnen eigenen Rechts, Steuern zu erheben, können Kirchen und Religionsgesellschaften sich der staatlichen Steuerlisten bedienen.
(4) Das Eigentum und andere Rechte der Kirchen und Religionsgesellschaften sowie ihrer Einrichtungen an ihren für Kultus-, Unterrichts- und Wohltätigkeitszwecke bestimmten Anstalten, Stiftungen und sonstigen Vermögen sowie das Recht zum Neuerwerb von Eigentum, auch von Grundbesitz, zur Erfüllung ihrer Aufgaben werden gewährleistet.
(5) Die den Kirchen und Religionsgesellschaften gemäß Gesetz, Vertrag oder anderen Rechtstiteln zustehenden Leistungen des Staates, der politischen Gemeinden oder Gemeindeverbände können nur durch Vereinbarungen abgelöst werden.
(6) Die von den Kirchen und Religionsgesellschaften oder ihren Organisationen unterhaltenen Wohlfahrts- und Erziehungseinrichtungen werden als gemeinnützig im Sinne der Steuergesetzgebung anerkannt.
(7) Die am 1. Januar 1945 bestehenden Verträge mit den Kirchen bleiben in Kraft, bis sie durch neue, von den Ländern abzuschließende Vereinbarungen abgelöst sind."

[413] HD-Steno-Berichte S. 255- 261.

[414] Vgl. *Grundmann/Rust*, in: BoKo, Art. 140, I B (S. 5).

keit geltend machen könnten[415] Dieses politische Kräfteverhältnis führte zur Ablehnung des Antrags in erster Lesung des Hauptausschusses am 8.12.1948 mit den 11 Stimmen von SPD, FDP und KPD gegen die zehn Stimmen der übrigen Parteien.

Um aber dennoch eine Regelung dieser Materie in das Grundgesetz aufzunehmen, beantragte der Abgeordnete Dr. *Süsterhenn* (CDU) einen Artikel, nach dessen Abs. 1 die Vorschriften der Artikel 137, 138 Abs. 2, 139 und 141 WRV „aufrechterhalten bleiben“[416]. Dieser Vorschlag entsprach bereits in weiten Teilen dem später gefundenen Kompromiss. Erstmals wurde die Geltung des Wortlautes der Vorschriften der WRV auch unter grundgesetzlicher Ordnung beantragt. Dieser Antrag ging maßgeblich auf einen Vorschlag der Abgeordneten *Theodor Heuss* und *Hermann Höpker-Aschoff* (beide FDP) zurück[417]. Er verband die beiden Gegenpositionen in der Weise, dass das Thema zwar in die Verfassung aufgenommen, jedoch nicht inhaltlich neu geregelt wurde.

Dieser Kompromiss konnte sich in der zweiten Lesung des Hauptausschusses vom 14.1.1949 noch nicht durchsetzen. Die SPD-Fraktion verlangte weiterhin eine Herausnahme des Staatskirchenrechts aus der Verfassung[418].

Die CDU/CSU-Fraktion blieb bei dem schon in der ersten Lesung gestellten Antrag, die FDP schloss sich dem Antrag *Süsterhenns* an. Angesichts dieser Differenzen konnte in der zweiten Lesung kein Ergebnis gefunden werden.

Die dritte Lesung fand am 10.2.1949 statt. Nach koordinierenden Gesprächen im Vorfeld wurde nunmehr Abs. 1 des Kompromissvorschlag *Süsterhenns* und der FDP vom Hauptausschuss angenommen[419]. Er hatte folgenden Wortlaut:

---

[415] Hauptausschuss v. 8. 12. 1948, Sten.Prot., S. 255 und 258.

[416] Der Antrag hatte folgenden Wortlaut:
„(1) Die Bestimmungen der Artikel 137, 138 Abs. 2, 139 und 141 der Deutschen Verfassung vom 11. August 1919 werden aufrechterhalten.
(2) Die am 8. Mai 1945 bestehenden Verträge mit den Kirchen bleiben in Kraft, bis sie durch neue, von den Ländern abzuschließende Verträge ersetzt werden.“
Bemerkenswert an diesem Vorschlag ist zunächst das Fehlen des später doch in das Grundgesetz inkorporierten Art. 136 WRV, der gegenwärtig in Zusammenhang mit der Frage nach den Schranken der Religionsfreiheit für Verwirrungen sorgt (vgl. nur BVerwG NJW 2001, 1225, 1226, das wegen der Regelung des Art. 136 I WRV unzulässigerweise einen allgemeinen Gesetzesvorbehalt für die Religionsausübungsfreiheit annimmt) sowie die ausdrückliche Regelung der Fortgeltung der bestehenden Kirchenverträge. Diese Klausel wurde in die endgültige Fassung des Art. 140 GG nicht aufgenommen.

[417] Vgl. *v. Campenhausen*, in: v. Mangoldt/Klein/Starck, GG-Komm., Bd. 3, 4. Aufl., Art. 140 Rdn. 6.

[418] HD- Steno-Berichte S. 599- 601.

[419] HD-Steno-Berichte S. 682.

„Die Bestimmungen der Artikel 137, 138, 139 und 141 der Deutschen Verfassung vom 11. August 1919 werden aufrechterhalten.“

Diese Formulierung warf aber rechtliche Bedenken auf. Erstens war nicht eindeutig, ob die Vorschriften der WRV als einfaches Bundesrecht oder als Verfassungsrecht gelten sollten. Zweitens bestand Anlass zu der Annahme, die Vorschriften der WRV seien bereits außer Kraft, so dass ein Aufrechterhalten juristisch unmöglich gewesen wäre[420].

In der vierten Lesung wurde dem Hauptausschuss eine diese Bedenken berücksichtigende Formulierung als Antrag zur Beschlussfassung vorgelegt und angenommen[421]. Sie ersetzte die Formulierung „werden aufrechterhalten“ durch „sind Bestandteil dieses Grundgesetzes“ und nahm nunmehr auch Art. 136 WRV in Bezug. Durch diese Formulierung wurde eine eindeutige Inkorporierung der Normen auf der Ebene des Verfassungsrechts erreicht[422].

In dieser Formulierung wurde die Vorschrift vom Parlamentarischen Rat am 8.5.1949 angenommen und als Art. 140 zum Bestandteil des Grundgesetzes[423].

Die konservativen Parteien mussten auf eine Neuregelung des Staatskirchenrechts verzichten, hatten aber immerhin erreicht, dass diese Materie in das Grundgesetz aufgenommen, damit auf verfassungsrechtlicher Ebene festgeschrieben und der Disposition des einfachen Gesetzgebers entzogen wurde. Die Sozialdemokratie scheiterte zwar mit ihrem Anliegen, das Staatskirchenrecht ausschließlich den Regeln des Vereinsrechts zu unterwerfen, konnte aber zumindest erreichen, dass keine über den status-quo-ante hinausgehende Regelung getroffen wurde[424].

---

[420] Vgl. zu den Bedenken gegen diese Formulierung die Stellungnahme des aus je einem Vertreter der CDU, SPD und FDP bestehenden Allgemeinen Redaktionsausschusses vom 16.12.1948 (PR-Drs. 374).

[421] HD-Steno-Berichte S. 765.

[422] Art. 140 GG hat folgenden Wortlaut: *„Die Bestimmungen der Artikel 136, 137, 138, 139 und 141 der deutschen Verfassung vom 11. August 1919 sind Bestandteil dieses Grundgesetzes.“.*

[423] HD-Steno S. 765.

[424] Zur Kritik an der gefundenen Lösung vgl. etwa *Smend*, ZevKR 1 (1951), 11, der in Art. 140 „nicht das Ergebnis einer klar bewussten grundsätzlichen staatskirchenpolitischen Entscheidung des Parlamentarischen Rates“, sondern ein „Verlegenheitsergebnis“ sieht, welches „nicht weit entfernt vom Typus der sogenannten Formelkompromisse“ liege. Richtig daran ist zwar, dass keine grundlegende Neuordnung des Staatskirchenrechts erfolgte, gleichwohl kann der Revokation der alten Ordnung der Wille zur Wiederherstellung des durch das NS-Regime gestörten Friedens (so *v. Campenhausen*, in: v. Mangoldt/Klein/Starck, GG-Komm., Bd. 3, 4. Aufl., 2001, Art. 140 Rdn. 6) als positive Entscheidung des Verfassunggebers ent-

1.) Die Qualität der inkorporierten Normen als Verfassungsrecht

Art. 140 GG erklärt die Art. 136, 137, 138, 139, 141 WRV zum „*Bestandteil dieses Grundgesetzes*". Diese Inkorporation führte nicht zu einem Fortbestand der betreffenden Vorschriften der Reichsverfassung, sondern bewirkte das Entstehen von Bundesverfassungsrecht. So hat sich für die Rezeption von Bundesgrundrechten durch die Verfassungen der Länder mittlerweile die Erkenntnis durchgesetzt, dass es sich dabei nicht um eine bloß deklaratorische Verweisung auf anderweitig bestehende Grundrechte, sondern um echte Grundrechtsneuschöpfung handelt, die sich freilich in dem durch Art. 31 GG gezogenen Rahmen bewegen muss und zu einer Verdoppelung des Grundrechtsschutzes führt[425]. Diese Grundsätze sind auch im Rahmen des Art. 140 GG anzuwenden. Zwar ist die Reichsverfassung nicht mehr geltendes Recht, so dass es hier zu keinem Normdualismus kommt, entscheidend ist jedoch, dass es sich bei den inkorporierten[426] Vorschriften nunmehr um Normen des Grundgesetzes handelt. Darauf deutet nicht zuletzt der Wortlaut des Art. 140 GG hin, der in dieser Form bewusst gewählt wurde, um Unklarheiten über den Rang der inkorporier-

---

nommen werden. Eine „Sinnleere" der inkorporierten Normen, wie sie der Begriff des „Formelkompromisses" suggeriert, geht daher zu weit.

[425] Vgl. *J. Dietlein*, AöR 120, 1, 4 f. mwN.

[426] Vgl. zur Terminologie *Martina*, Die Grundrechte der nordrhein-westfälischen Landesverfassung im Verhältnis zu den Grundrechten des Grundgesetzes, 1999, S. 44 ff., der von einem „terminologischen Tohuwabohu" spricht. In Zusammenhang mit der Übernahme von Bundesgrundrechten durch die Landesverfassungen wird häufig der Begriff der „Rezeption" verwendet [so etwa *J. Dietlein*, AöR 120 (1995), 1, 11; *Winkelmann*, DVBl. 1991, 791, 793 f.; *Stern*, StaatsR III/2, § 93 III 4, S. 1443; *Dästner*, Die Verfassung des Landes Nordrhein-Westfalen, 1996, Art. 4 Rdn. 6], für Art. 140 GG hat sich jedoch der Terminus der „Inkorporation" durchgesetzt (vgl. insoweit etwa *Obermayer*, in: BoKo, Art. 140 Rdn. 65 ff.; *v. Campenhausen*, in: v. Mangoldt/Klein/Starck, GG-Komm., Bd. 3, 4. Aufl., 2001, Art. 140 Rdn. 8; Schmidt-Bleibtreu/Klein, Art. 140 Rdn. 1; Jarass/Pieroth, GG-Komm., Art. 140 Rdn. 1; *Martina*, aaO., S. 45 f.; *Göbel*, ZRP 1990, 189, 191). Hierfür lässt sich einerseits die kirchenrechtliche Prägung dieses Begriffs sowie dessen unmittelbarer Wortsinn anführen. Danach führt die Inkorporation zu einer „Einverleibung", was nichts anderes bedeutet, dass der einverleibte Teil seine nach außen sichtbare Existenz verliert; sein weiteres Schicksal mit dem Einverleibenden teilt und so seine Eigenständigkeit verliert (*Martina*, aaO., S. 46). Vor diesem Hintergrund soll hier im Hinblick auf Art. 140 GG der Begriff der Inkorporation verwendet werden. Dadurch kommt schon sprachlich zum Ausdruck, dass die Weimarer Reichsverfassung nicht mehr existiert, sondern sich das Grundgesetz die Art. 136 ff. WRV „einverleibt" hat. Für Regelungen wie Art. 4 LVerf. NW hingegen scheint der Terminus der Inkorporation nicht zu passen, da es sich dabei nicht um eine Einverleibung, sondern um echte Verfassungsneuschöpfung handelt, die zu einem Grundrechtsdualismus führt. Insofern ist der Begriff der „Rezeption" angebrachter.

ten Vorschriften, zu denen die ersten Entwürfe Anlass boten, auszuschließen[427].

Da es sich bei Art. 140 GG um eine statische Inkorporierung handelt - die Vorschriften der Reichsverfassung existieren als solche nicht mehr und sind als Bezugsobjekte der Inkorporation daher keiner nachträglichen Veränderung mehr zugänglich - sind die gegen die Form der dynamischen Rezeption bisweilen vorgetragenen Bedenken namentlich im Hinblick auf das Demokratieprinzip an dieser Stelle von vornherein unerheblich[428].

Der eigentliche Inkorporations- bzw. Rezeptionseffekt tritt vielmehr allein in formeller Hinsicht auf: Zwar gehören die inkorporierten Vorschriften in ihrem durch die Reichsverfassung festgelegten Wortlaut der Verfassungsurkunde an, sie sind jedoch in ihr selbst nicht enthalten[429]. Für die Zulässigkeit einer solchen Inkorporation spricht entscheidend, dass für sie die selben formalen Voraussetzungen gelten wie für eine Aufnahme des Wortlauts in den Verfassungstext. Bei den inkorporierten Vorschriften handelt es sich mithin um vollgültiges Verfassungsrecht[430].

2.) Stellung im Verfassungsgefüge

Festgestellt ist nunmehr, dass es sich bei Art. 140 GG iVm. Art. 136 ff. WRV überhaupt um Verfassungsrecht handelt. Zu klären ist jedoch auch, welchen Rang diese Vorschriften im Verhältnis zu den übrigen Normen des GG einnehmen.

Die nicht ausdrückliche Aufnahme des Wortlautes der Art. 136 ff. WRV in den Verfassungstext könnte zu Überlegungen Anlass geben, die Vorschriften als gegenüber den übrigen Normen des GG auf einer Stufe niederen Ranges stehend zu begreifen. Diese Sichtweise wird indes richtigerweise von keiner Seite geteilt[431]. Denn der gewählte Weg mittels einer Inkorporationsnorm er-

---

[427] So formulierte der Vorentwurf, dass die Vorschriften der WRV „aufrecht erhalten bleiben". Zweifelhaft war, aber zunächst, ob die Vorschriften der WRV nicht bereits außer Kraft getreten waren. Überdies vermochte die Formulierung nicht eindeutig zu klären, ob die inkorporierten Vorschriften im Range einfachen Bundes- oder Verfassungsrechts fortgelten sollten.

[428] Zusammenfassend zum Meinungsstand J. *Dietlein*, AöR 120, 1, 17 ff.

[429] Vgl. *Obermayer*, in: BoKo, Art. 140 Rdn. 66.

[430] So ausdrücklich BVerfGE 19, 206, 219, aus der Literatur vgl. nur *v. Campenhausen*, in: v. Mangoldt/Klein/Starck, GG-Komm., Bd. 3, 4. Aufl., 2001, Art. 140 Rdn. 8; *Maunz* in: Maunz/Dürig, GG-Komm., Art. 140 Rdn. 2; *Morlok*, in: Dreier, GG-Komm., Bd. III, 2000, Art. 140 Rdn. 27; *Obermayer*, in: BoKo, Art. 140 Rdn. 66.

[431] Vgl. etwa BVerfGE 19, 206, 219; *Maunz*, in: Maunz/Dürig, GG-Komm., Art. 140 GG Rdn. 2; *Obermayer*, in: BoKo, Art. 140 Rdn. 66; *Schmidt-Bleibtreu*, in: ders./Klein, GG-Komm., 9. Aufl., 1999, Art. 140 Rdn. 1; *Ehlers*, in: Sachs, GG-Komm., 2. Aufl., 1999, Art.

weist sich als Besonderheit allein in formeller Hinsicht. Auch bezweckte der Verfassunggeber keine Schaffung von Verfassungsrecht niederen Ranges, sondern suchte durch den Rückgriff auf die Normen des Staatskirchenrechts der Weimarer Republik den Spagat zwischen der Aufnahme von das Staatskirchenrechts regelnden Normen in das Grundgesetz überhaupt und der Vermeidung unlösbarer Konflikte im Parlamentarischen Rat über die inhaltliche Ausgestaltung eines neuen Staatskirchenrechts zu vollziehen.

So findet sich im Wortlaut des Art. 140 GG auch kein Hinweis darauf, dass die Vorschriften der WRV auf einer Stufe niederen Ranges stünden. Vielmehr ist das Gegenteil der Fall: Die Worte *„Bestandteil"* und *„dieses* Grundgesetzes" verdeutlichen den Gleichrang mit den übrigen Vorschriften des Grundgesetzes. Die Annahme, die Art. 136 ff. WRV stellten infolge des Inkorporierungsaktes Verfassungsrecht niederen Ranges dar, widerspricht zudem dem vom Bundesverfassungsgericht wiederholt betonten Grundsatz der „Einheit der Verfassung"[432] als Auslegungsprinzip. Ein prinzipieller Nachrang der Art. 136 ff. WRV gegenüber den anderen Vorschriften des Grundgesetzes ist abzulehnen.

Eine Besonderheit ergibt sich jedoch hinsichtlich Art. 136 WRV. Der Verfassunggeber hat die Glaubens- und Gewissensfreiheit aus dem Zusammenhang der Kirchenartikel der Weimarer Reichsverfassung gelöst und ohne jeden Gesetzesvorbehalt[433] in den an der Spitze der Verfassung stehenden Katalog unmittelbar verbindlicher Grundrechte aufgenommen. Er hat sich bewusst gegen eine ausdrückliche Schrankenregelung entschieden und angesichts der Neuregelung der Religionsfreiheit in Art. 4 GG auf eine Inkorporierung des Art. 135 WRV, der seinerzeit die Gewährleistung der Religionsfreiheit beinhaltete, verzichtet[434]. Die Religionsfreiheitsgewährleistung des Art. 135 WRV, auf die sich Art. 136 WRV gesetzessystematisch als Schrankenregelung bezieht, ist nicht mehr als geltendes Recht existent[435].

---

140 Rdn. 2; *Hemmerich*, in: v. Münch/Kunig, GG-Komm., Bd. 3, 3. Aufl., 1996, Art. 140 Rdn. 7; *Hollerbach*, HStR VI, § 138 Rdn. 19.

[432] Vgl. etwa BVerfGE 28, 243, 261; 81, 278, 292 ff.; 83, 130, 139; 84, 212, 228.

[433] Eine im Vordringen befindliche Auffassung will die Schrankenregelung des Art. 136 I WRV gleichwohl auf die Religionsfreiheit des Art. 4 GG anwenden (vgl. etwa BVerwG NJW 2001, 1225, 1226, das eine weite Schrankenregelung angesichts des weiten und subjektiven Schutzbereichs für notwendig hält; für eine Anwendung des Art. 136 I WRV auch *v. Campenhausen*, in: v. Mangoldt/Klein/Starck, GG-Komm., Bd. 1, 4. Aufl., 1999, Art. 4 Rdn. 80; *Muckel*, Berliner Kommentar Art. 4 Rdn. 47; *Ehlers*, in: Sachs, GG-Komm., 2. Aufl., 1999, Art. 140/Art. 136 WRV Rdn. 1, 4; *Bock*, AöR 123 (1998), 444, 469 f. Ausführlich zu dieser Problematik bereits oben (Teil 2, Kap. 2, Abschn. 2, I 4).

[434] Zur Diskussion im Parlamentarischen Rat vgl. *Bock*, AöR 123 (1998), 444, 462 ff.

[435] Ausführlich dazu oben (Teil 2, Kap. 2, Abschn. 2, I 4 c).

Dies kann zweierlei Konsequenzen haben. Entweder man betrachtet Art. 136 WRV als von der in Art. 4 GG schrankenlos gewährleisteten Religionsfreiheit überlagert an[436], oder man verneint einen selbständigen Anwendungsbereich des Art. 136 WRV aus systematischen Gründen. Denn formal betrachtet ist das Rechtsgut, das Art. 136 WRV einschränkt, nämlich die Religionsfreiheit des Art. 135 WRV, nicht mehr existent.

Dieses Ergebnis bedingt jedoch - wiederum streng formal betrachtet - keine Herabstufung des Art. 136 WRV auf eine Stufe niederen Ranges. Die Vorschrift ist innerhalb der grundgesetzlichen Ordnung schlichtweg funktionslos geworden. Dies ist Folge einer partiellen Neubewertung der inkorporierten Vorschriften innerhalb des geänderten verfassungsrechtlichen Umfeldes. Dies stellt aber keine generelle Zurückstufung der Normen der WRV aufgrund ihrer Inkorporierung, sondern die Neubestimmung der Bedeutung der Vorschrift im Gesamtzusammenhang des Grundgesetzes dar. Die für die Religionsfreiheit ausschließlich maßgebende Norm bildet damit Art. 4 GG[437].

3.) Inhalt und Auslegung der Vorschriften

a) Allgemeines

Dem Bundesverfassungsgericht folgend sind die in das Grundgesetz eingefügten Vorschriften der WRV zusammen mit den übrigen Normen des Grundgesetzes als Sinneinheit zu begreifen[438]. Es handelt sich aufgrund des Inkorporationseffekts nicht um außerhalb des Grundgesetzes stehende Normen, sondern um Teile des Grundgesetzes selbst. Diese Gleichrangigkeit führt dazu, dass das Verhältnis der inkorporierten Artikel zu dem übrigen Verfassungsrecht aus der grundgesetzlichen Gesamtordnung heraus zu bestimmen ist. Die Art. 136 ff. WRV dürfen nur in einer solchen Weise interpretiert werden, die mit dieser Ordnung vereinbar ist[439]. Dies bedeutet aber gerade kein Zurücktreten der Weimarer Reichsverfassungsnormen in jedem Kollisionsfall[440]. Vielmehr sind kollidierende Rechtssätze nach den Grundsätzen praktischer Konkordanz zum schonendsten Ausgleich zu bringen, der jedem Verfassungsprin-

---

[436] So BVerfGE 33, 23, 30 f.; *Morlok*, in: Dreier, GG-Komm., Bd. III, 2000, Art. 140/Art. 136 WRV Rdn. 12.

[437] Vgl. BVerfGE 33, 23, 30 f.; *v. Campenhausen*, in: v. Mangoldt/Klein/Starck, GG-Komm., Bd. 3, 4. Aufl., 2001, Art. 140 Rdn. 11.

[438] Vgl. BVerfGE 19, 206, 219.

[439] *Maunz*, in: Maunz/Dürig, GG-Komm., Art. 140 Rdn. 2.

[440] Vgl. *v. Campenhausen*, in: v. Mangoldt/Klein/Starck, GG-Komm., Bd. 3, 4. Aufl., 2001, Art. 140 Rdn. 11.

zip zu optimaler Geltung verhilft[441]. Der Grundsatz der „Einheit der Verfassung“ als Auslegungsprinzip[442] erhält insoweit auch für die Art. 136 ff. WRV entscheidende Bedeutung.

b) Grundsätzlicher Bedeutungswandel?

Die oben dargestellten Auslegungsgrundsätze sind allein logische Folge der Anerkennung der Art. 136 ff. WRV als vollgültigem Verfassungsrecht auf gleicher Stufe mit den übrigen Vorschriften des GG. Nicht außer Betracht bleiben darf aber die mit der Inkorporierung verbundene „Auswechslung des verfassungsrechtlichen Hintergrundes“[443]. Nach 1949 tauchte in der Lehre vehement die Frage auf, ob für die Art. 136 ff. WRV als Teil des alten Wertesystems der Weimarer Reichsverfassung unter der Geltung des Grundgesetzes und dessen Wertentscheidungen nicht ein grundlegender Bedeutungswandel der Art. 136 ff. WRV anzunehmen sei[444].

Vor dem Hintergrund der Erfahrungen des Kirchenkampfes[445] während der NS-Herrschaft gingen viele Autoren davon aus, das Verhältnis von Staat und Kirche sei unter der Geltung des GG nicht mehr dasselbe wie in der Weimarer Republik, obgleich teilweise die gleichen Rechtsvorschriften galten. Als richtungsweisend erwies sich in diesem Zusammenhang eine Abhandlung von *Smend* aus dem Jahre 1951[446], in der er einen Bedeutungswandel mit der pointierten Formulierung *„Wenn zwei Grundgesetze dasselbe sagen, so ist es nicht dasselbe“* konstatierte. Gerade die im Dritten Reich gemachten Erfahrungen totalitärer Staatsführung verwehrten einen Rückgriff auf staatskirchenrechtliche Formen, welche von staatlicher Kirchenaufsicht als zentralem Element des Staatskirchenrechts ausgingen. Die Art. 136 ff. WRV seien unter Geltung des Grundgesetzes vielmehr als Ausdruck eines „neuartigen Beziehungssystems“ von Staat und Kirche auf koordinationsrechtlicher Basis zu verstehen. Staat

---

[441] Vgl. *v. Campenhausen*, in: v. Mangoldt/Klein/Starck, GG-Komm., Art. 140 Rdn. 12; *Maunz*, in: Maunz/Dürig, GG-Komm., Art. 140 Rdn. 8.

[442] St. Rsp. seit BVerfGE 28, 243, 261; aus jüngster Zeit BVerfGE 81, 278, 292 ff.; 83, 130, 139; 84, 212, 228; aus der Literatur *Schnapp*, JuS 1979, 733 ff.; *Bethge*, Zur Problematik von Grundrechtskollisionen, 1997, S. 277 ff.

[443] Arnold *Köttgen*, Kirche im Spiegel deutscher Staatsverfassungen der Nachkriegszeit, DVBl. 1952, 485, 486.

[444] Vgl. dazu die Bibliographie bei *Quaritsch/Weber*, Staat und Kirchen, S. 446 ff.

[445] Dazu *Wolf*, RGG III, Sp. 1443 ff.; *Schmidt/Till*, EvStL, Sp. 940 ff.; *Conzemius*, Eglises Chretiennes et totalitarisme nationa-socialiste, Revue d'Histoire Ecclésiastique, Löwen 1968, S. 437 ff., 868 ff.

[446] *Smend*, ZEvKR 1 (1951) S. 4 ff.

und Kirche seien als voneinander unabhängige, in ihren Bereichen eigenständige „loyale Partner" anzusehen[447].

In letzter Konsequenz führte dieser Ansatz zu einer Negierung staatlicher Kirchenaufsicht und einer Bewertung der Kirchen als autonomen, vollständig vom Staat emanzipierten und dadurch für ihren Bereich mit originärer Hoheitsgewalt ausgestatteten Gemeinwesen[448].

Vor dem Hintergrund dieser Entwicklung lösten sich die evangelischen Kirchen in ihren Kirchenverfassungen und Kirchengesetzen von säkularen Vorbildern und betonten nunmehr spezifisch kirchliche Ordnungsansätze[449], während die katholische Kirche angesichts der vermeintlichen Gleichberechtigung von Staat und Kirche dem Vertrag zwischen Staat und Kirche als einzig sachgerechtem Regelungsinstrument des Staatskirchenrechts erhöhte Bedeutung zumaß[450].

c) Kritik

Die These eines grundsätzlichen Bedeutungswandels hat sich nicht durchsetzen können, obgleich sie in den Anfangsjahren des Grundgesetzes die staatskirchenrechtliche Diskussion bestimmt hat[451]. Gegen diesen Ansatz sprechen zunächst Zweifel am Sinn der koordinativen Lehren „loyaler Partnerschaft", überdies aber auch Bedenken gegen den vermeintlichen Befund einer durch die Inkorporierung grundsätzlich gewandelten Bedeutung der Art. 136 ff. WRV überhaupt.

(1) Kritik an den koordinativen Lehren

Nachvollziehbar erscheint zwar der Ausgangspunkt dieser Ansätze, nach den Erfahrungen der NS-Zeit unter der Geltung des Grundgesetzes die Position der Kirchen zu stärken. Die Annahme eines zweiten, mit dem Staat gleichberechtigten Gemeinwesens schießt aber über dieses Ziel hinaus. Denn eine zu weitgehende Emanzipation von Kirche und Staat birgt die Gefahr eines Effek-

---

[447] Dazu *Smend*, ZEvKR 16 (1971), S. 241 ff.

[448] Vgl. *v. Campenhausen*, in: v. Mangoldt/Klein/Starck, GG-Komm., Bd. 3, 4. Aufl., 2001, Art. 140 Rdn. 10; *Maunz*, in: Maunz/Dürig, GG-Komm., Art. 140 Rdn. 3.

[449] Dazu *v. Campenhausen*, in: v. Mangoldt/Klein/Starck, GG-Komm., Bd. 3, 4. Aufl., 2001, Art. 140 Rdn. 9.

[450] Vgl. etwa *Peters*, Die Gegenwartslage des Staatskirchenrechts, VVDStRL 11 (1954), 177 ff.; *Albrecht*, Koordination von Staat und Kirche in der Demokratie, 1965, S. 41 ff.

[451] *V. Campenhausen*, in: v. Mangoldt/Klein/Starck, GG-Komm., Bd. 3, 4. Aufl., 2001, Art. 140 Rdn. 11, alle wesentlichen Abhandlungen hierzu sind enthalten im Sammelband von *Quaritsch/Weber*, Staat und Kirchen.

tivitäts- bzw. Autoritätsverlust des Staates in sich. Um dieser Gefahr zu begegnen, erscheint die Anerkennung des staatlichen Letztentscheidungsrechts und der Unterworfenheit auch der Kirchen in weltlichen Angelegenheiten unter die Hoheitsgewalt des Staates unverzichtbar[452]. Allen Ansätzen, welche die Kirchen als mit rechtlich unabgeleiteter Gewalt betraut ansehen, ist daher schon aus diesem Grunde eine Absage zu erteilen.

Schließlich widerspricht die Annahme gleichberechtigter Partnerschaft dem Grundsatz unteilbarer Staatsgewalt[453]. Danach ist in der Staatskonzeption kein Platz für weitere, mit originärer Hoheitsgewalt ausgestattete Gemeinwesen. Kirchen kann danach unter der Geltung unserer Rechtsordnung allein abgeleitete Hoheitsgewalt zukommen. „Loyale Partnerschaft" kann sich somit nur in dem durch die Art. 136 ff. WRV abgesteckten Rahmen vollziehen. Deren Systematik fördert aber unmissverständlich den Vorrang staatlichen Rechts zutage[454].

(2) Kritik an der Annahme eines Bedeutungswandels überhaupt

Zu klären bleibt damit die Frage, ob die Inkorporierung der in Art. 140 GG genannten Normen der WRV unabhängig von den koordinativen Lehren zu einem grundsätzlichen Bedeutungswandel dieser Vorschriften geführt hat.

Zunächst spricht der unverändert übernommene Wortlaut gegen einen solchen Wandel des Staatskirchenrechts und für Kontinuität in diesem Bereich.

Auch die Entstehung des Art. 140 GG weist in diese Richtung. Gerade weil keine Einigung über die Neugestaltung des Staatskirchenrechts zu erzielen war, verständigte man sich im Parlamentarischen Rat auf die Fortgeltung der Weimarer „Kirchenartikel". Dieser Verzicht auf eine sprachliche Neufassung belegt den Willen des Verfassunggebers, die Vorschriften der WRV in der Bedeutung zu übernehmen, die sie am Ende der Weimarer Zeit legitimerweise gefunden haben. Der Verfassungskompromiss sollte bewusst den damaligen status-quo in das Grundgesetz übertragen[455].

Naheliegender erscheint hingegen das systematische Argument, die Art. 136 ff. WRV müssten in ihrem Sinngehalt dem veränderten verfassungsrechtlichen

---

[452] So auch *Maunz*, in: Maunz/Dürig, GG-Komm., Art. 140 Rdn. 3; *v. Campenhausen*, in: v. Mangoldt/Klein/Starck, GG-Komm., Bd. 3, 4. Aufl., 2001, Art. 140 Rdn. 10.

[453] Zur Einheit der Staatsgewalt etwa *Stern*, StaatsR II, 1980, S. 533 f.; *Isensee*, HStR I, § 13, Rdn. 66.

[454] *Obermayer*, in: BoKo, Art. 140 Rdn. 85; *ders.*, DÖV 1967, 12 ff.; *Kahl*, Lehrsystem des Kirchenrechts und der Kirchenpolitik, S. 278 f.

[455] So auch *Maunz*, in: Maunz/Dürig, GG-Komm., Art. 140 Rdn. 8; *Hollerbach*, Verträge zwischen Staat und Kirche in der Bundesrepublik Deutschland, 1965, S. 85

Umfeld angepasst werden[456]. Wie aber zu zeigen ist, stellt sich das Wertesystem des Grundgesetzes keinesfalls als unvereinbar mit dem Staatskirchenrecht der Weimarer Reichsverfassung dar.

So kannte bereits die WRV die Gewährleistung von Religionsfreiheit (Art. 135 I WRV)[457]. Auch enthielt Art. 109 WRV einen dem Art. 3 GG vergleichbaren allgemeinen Gleichheitssatz[458]. Die maßgeblichen verfassungsrechtlichen Koordinaten des Staatskirchenrechts außerhalb der Art. 136 ff. WRV selbst haben sich auch mit der Einführung des Grundgesetzes nicht wesentlich gegenüber der Weimarer Verfassung gewandelt[459].

Soweit inkorporierte Vorschriften der WRV in ihrem originären Bedeutungsgehalt gleichwohl in Konflikt mit unmittelbar durch das Grundgesetz getroffenen Entscheidungen geraten, sind beide Verfassungsgüter im Wege praktischer Konkordanz zu einem schonenden Ausgleich zu bringen. Dies kann im Einzelfall, aber eben nicht grundsätzlich zu einem Bedeutungswandel führen[460]

Unbestreitbar verändert haben sich im Laufe der Zeit aber die gesellschaftlichen Rahmenbedingungen sowie die Auslegung des geschriebenen (Verfassungs-) Rechts[461]. So ist in jüngster Zeit eine verstärkte Betonung der negativen Religionsfreiheit feststellbar, die sich zum Teil auch gegenüber der positiven Religionsfreiheit Bahn bricht[462]. Dabei handelt es sich freilich um Ände-

---

[456] Dazu *Köttgen*, DVBl. 1952, 485, 486; vgl. auch *Morlok*, in: Dreier, GG-Komm., Bd. III, 2000, Art. 140 Rdn. 28, der von einer „grundrechtlichen Aufladung" spricht.

[457] Art. 135 I WRV lautete:
„Alle Bewohner des Reichs genießen volle Glaubens- und Gewissensfreiheit. Die ungestörte Religionsausübung wird durch die Verfassung gewährleistet und steht unter staatlichem Schutz. Die allgemeinen Staatsgesetze bleiben hiervon unberührt".

[458] Art. 109 I WRV lautete:
„Alle Deutschen sind vor dem Gesetze gleich".

[459] Näher dazu *Maunz*, in: Maunz/Dürig, GG-Komm., Art. 140 Rdn. 4 ff.

[460] So etwa bezüglich Art. 136 WRV, der durch Art. 4 GG überlagert wird, dazu bereits oben (Teil 2, Kap. 2, Abschn. 2, I 4 c).

[461] Hingewiesen sei nur auf die zunehmende Säkularisierung der Gesellschaft, die bisweilen dazu führt, dass religiöse Feiertage ihres Sinns entkleidet und allein als Freizeitgarantien empfunden werden, vgl. zur „Krise des Sonntags" bspw. *Kästner*, DÖV 1994, 464 f.

[462] Vgl. etwa die Problemfälle „Kreuz im Klassenzimmer" (BVerfGE 93, 1 ff.) und „Kopftuch der Lehrerin" (dazu unten Teil 4, Kap. 2, Abschn. 1, II 3b); allgemein zur Wechselwirkung zwischen positiver und negativer Glaubensfreiheit *Müller-Volbehr*, JZ 1995, 996 ff.; zu dieser Problematik im Schulverhältnis etwa *Starck*, KuR 710, 1 ff. In der Bejahung echter Kollisionen von positiver und negativer Religionsfreiheit, die - wie es das Bundesverfassungsgericht im „Kruzifix-Beschluss" getan hat - nach den Grundsätzen praktischer Konkordanz aufzulösen ist, wird zum Teil eine unvertretbare Missachtung der verfassungsimmanenten Grundentscheidung zu Gunsten der Glaubensfreiheit sowie der grundsätzlich religionsbejahenden Ausrichtung des Grundgesetzes gesehen. Dieser Kritik ist meines Erachtens nicht zuzustimmen. Die Rechtsprechung des Bundesverfassungsgerichts führt keineswegs zu einer

rungen der rechtlichen Bewertung feststehender Rechtssätze - etwa der Artikel 3 oder 4 des Grundgesetzes. Verantwortlich für geänderte Bewertungen und Anschauungen sind maßgeblich soziologische und gesellschaftliche Prozesse - wie etwa die schwindenden Bindungskräfte des Christentums einerseits und die religiöse Diversifizierung andererseits. Auch soweit hiervon die Art. 136 ff. WRV betroffen sind, handelt es sich dabei lediglich um eine Wandlung verfassungsrechtlicher Anschauungen, der alle Grundgesetznormen gleichermaßen unterliegen[463]. Das Entscheidende dabei ist, dass die gewandelten Anschauungen nur zu punktuellen Neubewertungen innerhalb des Staatskirchenrechts, nicht jedoch zu einer völligen Neupositionierung zwingen. Überdies wären die gezeigten Veränderungen nicht Folge des Inkorporierungsaktes selbst, sondern erst eines nachfolgenden, unabhängigen Entwicklungsprozesses. Gerade das Verhältnis von Staat und Kirche zueinander, der Status der Kirchen als staatsferne Gemeinwesen ist jedoch gegenwärtig nicht in den Veränderungsprozess eingebunden.

Auch sind viele Begriffe der Weimarer Reichsverfassung in den Text des Grundgesetzes aufgenommen worden, ohne dass dies einen Bedeutungswandel impliziert hätte[464]. Mit der Aufnahme in den Verfassungstext oder durch die Inkorporierung mittels Art. 140 GG sind diese in ihrer jeweiligen Bedeutung Bestandteil des Grundgesetzes geworden. Sie müssen auf oft veränderte politische und gesellschaftliche Sachverhalte angewandt werden. „Das Forschen nach dem jeweiligen Sinnzusammenhang und dem gegenwärtigen Zweck einer Rechtsnorm" ist aber, wie *Maunz*[465] zutreffend festgestellt hat, „eine allgemeine Aufgabe jeder Auslegung, nicht eine Besonderheit der kirchenpolitischen Artikel".

- in der Tat vom Grundgesetz unerwünschten - Zurückdrängung religiöser Betätigung. Es ist nach wie vor unstreitig, dass die negative Religionsfreiheit niemanden vor der Wahrnehmung bzw. Kenntnisnahme der Religionsausübung anderer schützt. Dies ist Ausdruck des Toleranzprinzips und der grundgesetzlichen Gleichwertigkeit aller Religionen (Art. 3 III GG). Die genannten Grundsätze gelten jedoch allein für den Bereich privater Religionsausübung. Der Staat hingegen ist zu religiöser Neutralität verpflichtet. Er darf sich keine religiösen Überzeugungen zu Eigen machen. Daraus folgt zugleich, dass Art. 4 I GG keinen uneingeschränkten Anspruch verleiht, im Rahmen staatlicher Institutionen Glaubensüberzeugung zu betätigen (BVerfGE 93, 1, 24).

463 So auch: *Maunz*, in: Maunz/Dürig, GG-Komm., Art. 140 Rdn. 3.

464 Als Beispiel sei hier die Meinungs- und Pressefreiheit genannt, die in Art. 118 I WRV folgendermaßen gewährleistet war:
„Jeder Deutsche hat das Recht, innerhalb der Schranken der allgemeinen Gesetze seine Meinung durch Wort, Schrift, Druck, Bild oder in sonstiger Weise frei zu äußern".

465 *Maunz*, in: Maunz/Dürig, GG-Komm., Art. 140 Rdn. 3.

Damit kann festgestellt werden, dass der Akt der Inkorporierung in das Grundgesetz das staatskirchenrechtliche Umfeld nicht in einer solchen Weise beeinflusst hat, die *allein* eine *grundlegende* Umdeutung der Art. 136 ff. WRV bedingen könnte. Wie übriges Verfassungsrecht unterliegen sie jedoch ohne weiteres gewandelten Anschauungen und Auslegungen.

(3) Folgerungen

Erster Anknüpfungspunkt muss daher das Verständnis der Art. 136 ff. WRV zu Ende der Weimarer Republik sein[466]. Sofern Widersprüche zu anderen Verfassungssätzen auftreten, sind diese Konfliktlagen nach dem allgemeinen Grundsatz praktischer Konkordanz zu lösen. Auch können gewandelte gesellschaftliche Gegebenheiten zu einem anderen Verständnis einzelner Normen zwingen. Dies betrifft aber jeweils nur punktuelle Fragen, nicht jedoch die Grundzüge des geltenden Staatskirchenrechts.

2. Abschnitt: Nachweis des Bestehens eines aus Art. 140 GG iVm. Art. 139 WRV fließenden Gestaltungsspielraumes hinsichtlich der staatlichen Anerkennung von Feiertagen sowie deren Entzug

Ist nunmehr festgestellt, dass Art. 140 GG iVm. Art. 139 WRV als vollgültiger Bestandteil des Grundgesetzes einen an den einfachen Bundes- bzw. Landesgesetzgeber gerichteten Gesetzgebungsauftrag enthält, drängt sich die Frage nach den Gestaltungsspielräumen des Gesetzgebers bei der Umsetzung dieses Auftrags, mithin den aus Art. 140 GG iVm. Art. 139 WRV fließenden Bindungen auf. Das Grundgesetz verpflichtet den Gesetzgeber, Feiertage staatlich anzuerkennen und in einer bestimmten Weise zu schützen.

Im Rahmen der vorliegenden Untersuchung soll geklärt werden, welche Bindungen das Grundgesetz im Hinblick auf die Auswahl der staatlich anerkannten Feiertage enthält. Dabei wird zweischichtig vorgegangen. Zunächst gilt es in diesem Abschnitt nachzuweisen, dass Art. 140 GG iVm. Art. 139 WRV nicht einen bestimmten status-quo an Feiertagen schützt, sondern dem Gesetzgeber grundsätzlich auch die Auswahl der zu schützenden Feiertage überantwortet. Auf der Grundlage dieser Erkenntnis wird im darauf folgenden Abschnitt der Frage nachgegangen, welche Kriterien von Verfassungs wegen bei der Auswahl von Tagen für eine staatliche Anerkennung zu beachten sind.

---

[466] So auch *Maunz*, in: Maunz/Dürig, GG-Komm., Art. 140 Rdn. 8.

I.) Überblick über den Meinungsstand

1.) Enge Auslegung des Art. 139 WRV: Status-quo-Garantie

Eine restriktive Auffassung verneint einen Spielraum des einfachen Gesetzgebers innerhalb des Art. 139 WRV hinsichtlich der Bestimmung der gemäß Art. 139 WRV zu schützenden Feiertage[467]. Dieses Ergebnis wird aus dem Wortlaut der Vorschrift abgeleitet, wonach der Sonntag und die staatlich anerkannten Feiertage geschützt *„bleiben*". Da eine den Entzug staatlicher Anerkennung vorsehende Verfassungsnorm nicht existiere, enthalte Art. 139 WRV für alle Feiertage, die staatlich anerkannte Feiertage im Sinne dieser Norm sind, eine status-quo-Garantie[468]. Die Abschaffung solcher Tage sei allein im Wege einer Verfassungsänderung möglich.

Staatlich anerkannte Feiertage im Sinne des Art. 139 WRV seien solche, die am 11. August 1919, dem Zeitpunkt des Inkrafttretens der Norm, in den jeweiligen Ländern gesetzlich geschützt waren[469]. Die Vorschrift intendiere den Fortbestand dieses Schutzes[470].

Dem einfachen Gesetzgeber bliebe es darüber hinaus unbenommen, weitere Feiertage staatlich anzuerkennen und zu schützen[471]. Da diese Tage nicht dem Art. 139 WRV unterfielen, könne ihnen dieser Status auch wieder entzogen werden[472].

---

[467] *Wolf*, JZ 1995, 139; *Spillner*, ZRP 1994, 138; der allerdings in erster Linie auf den Grundsatz der Trennung von Staat und Kirche abstellt und daraus ableitet, dem Staat komme keine Verfügungsbefugnis über Feiertage mit religiösem Hintergrund zu (eingehend zu diesem Aspekt unten Teil 3, Kap. 2, Abschn. 3, I 2a).

[468] *Wolf*, aaO; *Spillner*, aaO.

[469] Dabei spricht *Wolf*, aaO., allerdings nicht die Frage an, ob die Inkorporation in das Grundgesetz zu einer Veränderung des für den status-quo maßgeblichen Zeitpunkt geführt hat. So spricht etwa *Däubler*, in: DB-Sonderbeil. Nr. 7/88, S. 4, die Frage an, ob Art. 139 WRV eine Sicherung des status-quo-ante bezwecke, geht aber vom Inkrafttreten des Grundgesetzes als maßgeblichem Zeitpunkt aus, ohne den 11. August 1919 überhaupt in Erwägung zu ziehen. Schon diese Unklarheit spricht m.E. gegen den Ansatz einer status-quo-Garantie.

[470] *Wolf*, aaO; *Spillner*, aaO.; vgl. jedoch auch *Morlok*, in: Dreier, GG-Komm., Bd. III, 2000, Art. 140/Art. 139 WRV Rdn. 9, der die Vorschrift als Ausdruck des „religionsverfassungsrechtlichen Prinzips des Bestandsschutzes" sieht und ihr eine Kontinuitätsgarantie entnimmt. Daraus leitet *Morlok* jedoch keine status-quo-Garantie ab, sondern lediglich die Überleitung eines vormaligen Zustandes in eine neue Rechts- bzw. Verfassungsordnung. Der Verfassunggeber knüpfe an die 1918/19 bzw. 1948/49 vorgefundenen Gegebenheiten an, wolle damit aber nicht Änderungen für alle Zukunft ausschließen.

[471] Jedoch wäre der einfache Gesetzgeber verpflichtet, alle Feiertage, die am 11. August 1919 anerkannt waren, in dem jeweiligen Gebiet durch Anerkennung zu schützen; eine Aufgabe, die angesichts der zum Teil nicht mehr existierenden Länder (Beispiel Preußen) kaum durchführbar bzw. realen Bedürfnissen entsprechend erscheint.

[472] *Wolf*, aaO; *Spillner*, aaO.

Nach dieser Konzeption existieren zwei Kategorien staatlich anerkannter Feiertage. Zunächst der Bestand der durch Art. 139 WRV erfassten und geschützten Feiertage, der nur im Wege einer Verfassungsänderung abänderlich sein soll und daneben diejenigen Tage, deren Festlegung einzig und allein ein Akt auf der Ebene des einfachen Rechts darstellen soll.

2.) Die Konzeption der herrschenden Meinung: Art. 139 WRV als Institutsgarantie

Die herrschende Lehre[473] sowie die Rechtsprechung[474], insbesondere die des Bundesverfassungsgerichts[475], entnehmen der Vorschrift des Art. 139 WRV dagegen eine institutionelle Garantie. Der Schutz gewisser Feiertage stelle ein objektives gesellschaftliches Ordnungsprinzip, eine überkommene Tradition dar. Gesichert werde aber lediglich der Bestand der Institution anerkannter Feiertage als solcher, nicht jedoch ihrer einzelnen sachlichen Ausprägungen[476].

Der in Art. 139 WRV vorgesehene staatliche Anerkennungsakt setze eine Ausgestaltung durch den einfachen Gesetzgeber voraus, enthalte folglich eine Ausgestaltungs- und Schutzpflicht[477], impliziere aber zugleich auch die Möglichkeit, im Rahmen dieser Gestaltungsfreiheit eine vormals erteilte Anerkennung wieder zu entziehen[478]. Art. 139 WRV schützt danach lediglich einen allein im Wege einer Verfassungsänderung angreifbaren Mindeststandard, zu dem die Existenz einer Mindestzahl anerkannter Feiertage gehört[479]. Darüber hinausgehende Regelungen unterliegen der Gestaltungsfreiheit des Gesetzge-

---

473 *Rüfner*, Die institutionelle Garantie der Sonn- und Feiertage, in: FS Heckel, 1999, S. 447, 448 ff.; *Kästner*, Der Sonntag und die kirchlichen Feiertage, in: HStKR II, 2. Aufl., 1995, § 51, S. 337, 339 ff.; *Ehlers*, in: Sachs, GG-Komm., 2. Aufl., 1999, Art. 140 GG/Art. 139 WRV Rdn. 1; *Maunz*, in: Maunz/Dürig, GG-Komm., Art. 139 WRV Rdn. 4; *Busch/Werner*, DÖV 1998, 680, 682; *Kästner*, DÖV 1994, 464, 466; *Hemmerich*, in: v. Münch/Kunig, GG-Komm., Bd. 3, 3. Aufl., 1996, Art. 140 Rdn. 42; *Morlok*, in: Dreier, GG-Komm., Bd. III, 2000, Art. 140/Art. 139 WRV Rdn. 16.; *v. Campenhausen*, in: v. Mangoldt/Klein/Starck, GG-Komm., Bd. 3, 4. Aufl., 2001, Art. 139 WRV Rdn. 11; *Däubler*, DB-Sonderbeil. Nr. 7/88, S. 4.

474 Vgl. BerlVerfGH NJW 1995, 3379, 3380; BayVerfGH NJW 1982, 2656, BayVerfGH, DÖV 1996, 558, 559, jeweils zu den landesverfassungsrechtlichen Feiertagsgarantien, die materiell jedoch mit dem Gewährleistungsgehalt des Art. 139 WRV übereinstimmen; vgl. überdies BVerwGE 90, 337, 341 ff.

475 BVerfG, NJW 1995, 3378.

476 *Kästner*, DÖV 1994, 464, 466 mwN.

477 *Morlok*, in: Dreier, GG-Komm., Bd. III, 2000, Art. 140/Art. 139 WRV Rdn. 16.

478 BVerfG, NJW 1995, 3378, 3379; *Kästner*, DÖV 1994, 464, 466; *ders.*, NVwZ 1993, 148 ff.

479 BVerfG, NJW 1995, 3378, 3379; *Kästner*, DÖV 1994, 464, 466.

bers im Außenbereich[480]. Die Reichweite des unantastbaren Wesenskerns ist nicht abschließend geklärt. *V. Campenhausen*[481] geht beispielsweise davon aus, der Schutz der institutionellen Garantie sei nur auf einen Kernbereich beschränkt, fasst diesen jedoch in funktioneller Betrachtung weit. Nach seinem Ansatz darf die Institution „Sonn- und Feiertage" nicht leer laufen oder auf Null reduziert werden. Andererseits wäre aber auch denkbar, einen Gestaltungsauftrag des Gesetzgebers im Außenbereich anzunehmen, aus dem eine Pflicht erwächst, über den Kernbestand hinausgehende Regelungen zu treffen (Optimierungsgebot).

3.) Keine Pflicht zur Anerkennung von Feiertagen

Eine deutliche Modifikation gegenüber der herrschenden Meinung vertritt demgegenüber *Preuß*[482]. Er entnimmt Art. 139 WRV lediglich eine institutionelle Garantie für den Sonntag, während andere Feiertage staatlich anerkannt sein müssten, so dass kein fester Bestand an Feiertagen neben dem Sonntag verfassungsrechtlich gewährleistet sei[483]. Erfasste die institutionelle Garantie des Art. 139 WRV tatsächlich allein den Sonntag, hätte dies zur Folge, dass von Verfassungs wegen die Anerkennung von Feiertagen nicht zwingend geboten wäre. Es stünde im Ermessen des Gesetzgebers, ob er Feiertage anerkennt und auf einer zweiten Stufe, welche er anerkennt. So verneint *Preuß* zumindest ausdrücklich eine Verpflichtung des Staates, kirchliche Feiertage anzuerkennen[484]. Zwar überträgt er diesen Gedanken nicht ausdrücklich auf alle Feiertage schlechthin, die Herleitung dieser These aus einer allein auf den Sonntag bezogenen Institutsgarantie des Art. 139 WRV zwingt jedoch zu dem Schluss, *Preuß* dahingehend zu interpretieren. Nach diesem Ansatz entfaltet Art. 139 WRV Rechtswirkungen ausschließlich in Bezug auf eine erfolgte Anerkennung, erlegt dem Gesetzgeber jedoch keinerlei Pflicht zur Anerkennung von Feiertagen auf.

---

[480] BVerfG, NJW 1995, 3378, 3379; *Rüfner*, FS Heckel, 1999, S. 447, 448; *Kästner*, DÖV 1994, 464, 466; *Busch/Werner*, DÖV 1998, 680, 682 ff.; *Morlok*, in: Dreier, GG-Komm., Bd. III, 2000, Art. 140/Art. 139 WRV Rdn. 16.

[481] In: v. Mangoldt/Klein/Starck, GG-Komm., Bd. 3, 4. Aufl., 2001, Art. 139 WRV Rdn. 11.

[482] In: AK-GG, Bd. 2, 2. Aufl., 1989, Art. 140 Rdn. 69.

[483] AK-GG-*Preuß*, Bd. 2, 2. Aufl., 1989, Art. 140 Rdn. 69.

[484] AK-GG-*Preuß*, Bd. 2, 2. Aufl., 1989, Art. 140 Rdn. 69.

II.) Auslegung des Art. 139 WRV

1.) Wortlautexegese

Den Vertretern einer status-quo-Garantie ist zuzugeben, dass Art. 139 WRV mit der Formulierung „*bleiben*" ein konservierendes Element beinhaltet[485]. Allein aus dieser Wortwahl lassen sich jedoch keine eindeutigen Schlussfolgerungen für die Frage nach der verfassungsrechtlichen Garantie des (Fort-) Bestands von Feiertagen entnehmen. Zwar benennt die fragliche Norm selbst das Bezugsobjekt des Schutzes, nämlich den Sonntag und die hier bedeutsamen staatlich anerkannten Feiertage, doch lässt der Wortlaut des Art. 139 WRV im Dunkeln, welche Feiertage als *staatlich anerkannte Feiertage* in den Anwendungsbereich der Norm fallen. Aus dem Wortlaut der Norm müsste sich ergeben, dass sich das Wort „*bleiben*" auf einen feststehenden, unabänderlichen Bestand an Feiertagen bezieht. Die Frage nach einer status-quo-Garantie lässt sich folglich nicht ausschließlich unter Hinweis auf den konservierenden, statischen Charakter des Wortes „*bleiben*" begründen, sondern müsste sich vielmehr unmittelbar aus dem Begriff der „*staatlich anerkannten Feiertage*" selbst heraus ergeben. Die eigentlich zu klärende Frage ist daher, ob Art. 139 WRV selbst einen verfassungsrechtlich feststehenden Begriff staatlich anerkannter Feiertage enthält, der allein die zum Zeitpunkt des Inkrafttretens der Norm geschützten Tage erfasst, oder, ob der Begriff der staatlich anerkannten Feiertage bewusst auf Regelungen zurückgreift, die auf der Ebene des einfachen Rechts getroffen wurden[486]. *Wolf* hingegen setzt es als gegeben voraus, dass Art. 139 WRV als staatlich anerkannte Feiertage ausschließlich die im Zeitpunkt des

---

[485] So ausdrücklich *Morlok*, in: Dreier, GG-Komm., Bd. III, 2000, Art. 140/Art. 139 WRV Rdn. 9, der die Vorschrift als Ausdruck des religionsverfassungsrechtlichen Prinzips der Kontinuität sieht, daraus jedoch richtigerweise mit der h.M. keine status-quo-Garantie ableitet. Das BVerfG stellt nicht ausdrücklich auf das Wort „bleiben" ab, sondern leitet das Verbot, alle Feiertage abzuschaffen, aus dem Charakter der Vorschrift als Institutsgarantie ab, BVerfG NJW 1995, 3378, 3379; vgl. auch BayVerfGH, DÖV 1996, 558, 559, wonach der Charakter als Rechtsinstitut zur Anerkennung einer „angemessenen" Zahl an Feiertagen verpflichtet.

[486] Eine solche ausdrückliche Rückbindung auf die Ebene des einfachen Rechts enthält etwa der Deutschenbegriff des Art. 116 GG. Die Ausfüllung des einzigen Tatbestandsmerkmals des Deutschenbegriffs des Art. 116 GG ist die Trägerschaft der deutschen Staatsangehörigkeit, deren Regelung wiederum das Grundgesetz ausdrücklich auf den einfachen Gesetzgeber überträgt. Im Gegensatz zu Art. 116 GG verlangt Art. 139 WRV jedoch keine gesetzliche Regelung, sondern spricht von staatlicher Anerkennung. Eine Ausfüllung dieses Begriffs durch den einfachen Gesetzgeber wäre unstreitig dann vonnöten, wenn die Norm nicht zugleich auch Anhaltspunkte für die Implizierung eines vorgefundenen Bestandes an Feiertagen böte. Der „Fehler" des Art. 139 WRV liegt daher in der fehlenden Statuierung eines ausdrücklichen Gestaltungsauftrags an den einfachen Gesetzgeber.

erstmaligen Inkrafttretens der Norm anerkannten Feiertage erfasst[487]. Die ausschließliche Argumentation mit dem Wort *„bleiben"* greift daher zu kurz. Es erscheint zwar durchaus schlüssig und dem Wortlaut entsprechend, als staatlich anerkannte Tage iSd. Art. 139 WRV nur solche anzusehen, die im Zeitpunkt des Inkrafttretens der Norm bereits anerkannt waren. In Zusammenhang mit dem Wort *„bleiben"* ergäbe dies die von *Wolf* konstatierte status-quo-Garantie. Die eigentlich zu klärende Frage ist aber, ob der Wortlaut zu einer solch statischen Auslegung zwingt, oder als Gestaltungsauftrag an den Gesetzgeber zu verstehen ist.

Sieht man im Wort *„bleiben"* ein bewahrendes, in dem Terminus *„staatlich anerkannten Feiertage"* ein dynamisches Element, wäre die Annahme einer status-quo-Garantie nicht haltbar. In diesem Falle wäre der konkrete Bestand an Feiertagen abänderlich, vom Wort „bleiben" erfasst wäre lediglich ein numerischer Mindestbestand als Kernbereich eines Rechtsinstituts. Zwar verdeutlicht die Formulierung *„anerkannt"*, dass die Vorschrift auf einen in der Vergangenheit liegenden Anerkennungsakt Bezug nimmt, doch folgt daraus nicht notwendigerweise, dass die Anerkennung zeitlich vor dem Inkrafttreten der Norm erfolgt sein muss. Vielmehr lässt sich Art. 139 WRV grammatikalisch auch dahingehend auslegen, dass die Rechtsfolgen - der besondere Schutz - an eine überhaupt erfolgte Anerkennung anknüpfen. Dann fielen aber gerade auch solche Feiertage unter den Begriff des anerkannten Feiertages iSd. Art. 139 WRV, deren staatliche Anerkennung nach dem 11. August 1919 erfolgt ist. Dem Gesetzgeber wäre es dann jederzeit möglich, weitere Feiertage in den bundesverfassungsrechtlichen Schutzauftrag des Art. 139 WRV einzubeziehen.

Daran schließt sich die Frage an, ob der Wortlaut des Art. 139 WRV umgekehrt auch die Möglichkeit des Entzuges staatlicher Anerkennung bedingt oder ausschließt. In letzterem Fall wäre es zwar möglich, Feiertage staatlich anzuerkennen, diese Anerkennung wäre aber unumkehrbar. Es handelte sich dann um eine teilweise status-quo-Garantie, die ein einmal erreichtes Niveau als Mindeststandard für die Zukunft sichern würde, Bestandserweiterungen aber ohne weiteres zuließe. Bei einer den Entzug mitumfassenden Auslegung des Begriffs der Anerkennung bestünde demgegenüber ein sowohl nach oben als auch nach unten hin vollkommen dynamischer Begriff des staatlich anerkannten Feiertages. Fraglich ist daher, ob dem Wortlaut des Art. 139 WRV Anhaltspunkte zur Lösung dieser Problematik entnehmen lassen.

Die Aberkennung des Feiertagsstatus erwähnt Art. 139 WRV nicht. Ob sich aber die konservierende Funktion des Wortes *„bleiben"* auf jeden einzelnen

---

[487] Vgl. *Wolf*, JZ 1995, 139.

einmal - sei es vor oder nach dem 11. August 1919 - anerkannten Feiertag bezieht, erscheint zweifelhaft.

Das Wort „bleiben" bezieht sich nicht lediglich auf die bloße Existenz staatlich anerkannte Feiertage, sondern auch auf deren Charakter als Tage der Arbeitsruhe und seelischen Erhebung[488]. Die konservierende Funktion des Wortes „bleiben" erstreckt sich somit unmittelbar auf die den Feiertagen verfassungsrechtlich zugedachte inhaltliche Intention. Einmal anerkannte Feiertage können aber unter gewandelten gesellschaftlichen Bedingungen und Anschauungen unter Umständen die ihnen verfassungsrechtlich zugedachte Funktion nicht mehr erreichen[489]. Vor diesem Hintergrund könnte man den Wortlaut des Art. 139 WRV auch dahingehend auslegen, dass Feiertage nur solange geschützt bleiben, wie sie zur Funktionserreichung geeignet sind. Eine eindeutige Lösung vermag der Wortlaut des Art. 139 WRV insoweit nicht zu liefern.

Grammatikalisch schließt es Art. 139 WRV daher keineswegs aus, den Begriff der *„staatlich anerkannten Feiertage"* schlichtweg als Erfordernis einer *fortbestehenden* einfachgesetzlichen Anerkennung zu verstehen, was dann selbstverständlich die Möglichkeit eines einfachrechtlichen Entzuges staatlicher Anerkennung einschließen würde.

Aus dem Wortlaut ergibt sich jedoch nicht zweifelsfrei, ob Art. 139 WRV von einem statischen Begriff anerkannter Feiertage ausgeht, oder auf die jeweilige, einfachrechtliche Rechtslage abstellt und so offen für Veränderungen im Bestand anerkannter Feiertage ist.

Eindeutig ist der Wortlaut der Vorschrift lediglich insoweit, als dass es überhaupt anerkannte Feiertage geben muss[490]. Dies folgt aus der im Wort „bleiben" zum Ausdruck kommenden konservierenden Funktion des Art. 139

---

[488] Vgl. dazu etwa OVG Sachsen-Anhalt, GewArch 1999, 427 f.; VG Schleswig, GewArch 2000, 498 f., die darauf hinweisen, dass Art. 139 WRV bundesverfassungsrechtliche Mindestvorgaben an den für alle Sonn- und Feiertage gleichermaßen geltenden Schutz aufstellt. Dass dieser Mindeststandard nicht unterschritten werden darf, kommt auch in der Formulierung des Art. 139 WRV, wonach die anerkannten Feiertage „als" Tage der Arbeitsruhe und seelischen Erhebung geschützt „bleiben", klar zum Ausdruck. Allerdings verweist *Däubler*, DB-Sonderbeil. Nr. 7/88, S. 4, zutreffend darauf, dass der Wortlaut des Art. 139 WRV für sich allein nicht so aussagekräftig ist, dass sich daraus konkrete Konsequenzen ableiten ließen; ähnlich auch *Dirksen*, Das Feiertagsrecht, S. 2.

[489] Die Auswirkungen der geänderten Bekenntnishaltung der Bevölkerung auf das Feiertagsrecht untersucht *Renck*, NVwZ 1993, 648, 649, und leitet aus den schwindenden konfessionellen Bindungen die Möglichkeit zu weitreichenden Einschränkungen der Anerkennung religiöser Feiertage ab; vgl. auch *Kästner*, DÖV 1994, 464, 465, der darauf hinweist, dass der Sonntag von weiten Kreisen der Bevölkerung lediglich als einer von mehreren Tagen eines einheitlichen Freizeitkomplexes „Wochenende" wahrgenommen wird.

[490] Insoweit kann dem extensiven Verständnis von *Preuß*, in: AK-GG, Bd. 2, 2. Aufl., 1989, Art. 140 Rdn. 69, nicht gefolgt werden.

WRV. Verfassungsrechtlich ist somit schon vom Wortlaut her die Existenz mindestens zweier anerkannter Feiertage geboten, da Art. 139 WRV die staatlich anerkannten Feiertage im Plural nennt[491]. Darüber hinaus kann der Vorschrift jedoch sprachlich keine eindeutige, weitergehende Aussage entnommen werden. Der Wortlaut lässt einerseits die Annahme zu, staatlich anerkannte Feiertage iSd. Art. 139 WRV seien ausschließlich diejenigen, die zum Zeitpunkt des Inkrafttretens der Norm anerkannt waren, andererseits schließt der Wortlaut auch einen Rückgriff auf die gegenwärtige einfachrechtliche Ausgestaltung keineswegs aus.

2.) Historische Auslegung

Schon vor Inkrafttreten des Art. 139 WRV wies § 105a II GewO ausdrücklich den Landesregierungen die Kompetenz zu, darüber zu bestimmen, welche Tage als Feiertage staatlich anzuerkennen sind[492]. Dabei ging die inzwischen gestrichene Vorschrift vom Bestehen eines Gestaltungsspielraums bei der Wahl der anzuerkennenden Feiertage aus. Dies wird insbesondere daran deutlich, dass die Bestimmung der Feiertage unter Berücksichtigung der durchaus Änderungen unterliegenden örtlichen und konfessionellen Verhältnisse innerhalb eines Landes zu erfolgen hatte. Vor allem aber sprach § 105a II GewO lediglich von der Kompetenz zu bestimmen, welche Tage als Festtage gelten sollen, was eindeutig die Möglichkeit mitumfasst, einzelnen Tagen den Status als Festtag zu entziehen. Schließlich enthielt die Norm keinerlei konservierendes Element, das zur Annahme hätte verleiten können, der Bestand anerkannter Feiertage sei unabänderlich. Ursprünglich verfügte der Staat (die Länder) somit über die Kompetenz, den Bestand zu schützender Feiertage beliebig zu verändern.

Ob sich an dieser Rechtslage durch die Vorschrift des Art. 139 WRV etwas geändert hat, wurde zu Beginn der Weimarer Republik durchaus kontrovers diskutiert. Die Abgeordneten *Mumm*, *Kahl*, *Beuerle*, *von Delbrück*, *Düringer*, *Heinze*, *Höltzsch* und *Philipp* vertraten in ihrer Anfrage an die Reichsregierung vom 3. April 1920 die Auffassung, es sei die Absicht des Art. 139 WRV gewesen, den Bestand der christlichen Feiertage gegen radikale Strömungen in den

---

[491] Erstaunlich dabei ist allerdings, dass bislang stets auf den Erhalt des Rechtsinstituts abgestellt und herausgestellt wird, dass der Gesetzgeber nicht schlechthin alle Feiertage abschaffen darf (so etwa BVerfG NJW 1995, 3378, 3379). Der Tatsache, dass der Wortlaut der Vorschrift von mehreren Feiertagen ausgeht, wird dabei keine Beachtung geschenkt.

[492] § 105a II GewO hatte folgenden Wortlaut: „*Welche Tage als Festtage gelten, bestimmen unter Berücksichtigung der örtlichen und konfessionellen Verhältnisse die Landesregierungen.*“.

einzelnen Ländern, die auf deren Beseitigung abzielten, zu sichern[493]. Die Wahl des Ausdrucks „bleiben“ beweise, dass die Vorschrift den Schutz der zur Zeit des Inkrafttretens der Reichsverfassung gesetzlich anerkannten Feiertage reichsrechtlich festschreibe. Diese Festtage könnten fortan ihren Status nicht durch Maßnahmen der Landesregierungen verlieren, sondern seien reichsrechtlich geschützt[494]. Insbesondere läge es nicht im Interesse des Reiches, die bestehenden Verschiedenheiten zwischen den Ländern hinsichtlich der Feiertage zu mehren, so dass Art. 139 WRV einer zunehmenden Rechtszersplitterung entgegenwirke und die Feiertagskompetenz dem Reich zuweise[495].

Die Reichsregierung hingegen vertrat die Auffassung, durch die neue Vorschrift des Art. 139 WRV habe sich inhaltlich an § 105a II GewO nichts geändert[496]. Die Garantie auf reichsverfassungsrechtlicher Ebene habe vielmehr jeden Zweifel darüber ausgeschlossen, dass *auch* das Reich berechtigt sei, Festtage zu bestimmen. Vor allem sei in der Verfassung nicht ausgesprochen, dass die in einem Lande anerkannten Feiertage, so wie sie vor dem Inkrafttreten der Weimarer Reichsverfassung festgelegt worden waren, dort für die Zukunft zu erhalten seien, sondern nur, dass sie, solange sie dort anerkannt seien, gesetzlich geschützt bleiben müssen[497]. Die Anerkennungskompetenz der Länder bestehe demnach fort, so dass es weiterhin grundsätzlich gemäß § 105a II GewO Sache der Länder sei, Feiertage anzuerkennen sowie ihnen diesen Status auch wieder zu entziehen.

Die Auffassung der Reichsregierung hat sich in der Praxis[498] und der Rechtswissenschaft[499] der Weimarer Republik durchgesetzt. Vor dem Hintergrund, dass sich die Annahme einer verfassungsrechtlichen status-quo-Garantie nicht durchsetzen konnte, stellte der Abgeordnete *Mumm* zusammen mit der Fraktion der Deutschnationalen Volkspartei am 7. Januar 1925 im Reichstag den Antrag, ein Reichsgesetz zu erlassen, nach dem die am 11. August 1919 in einem Land staatlich anerkannten Feiertage in diesem Umfang

---

[493] Aktenstück Nr. 2535, Verhandlungen der Nationalversammlung, Bd. 342, S. 2819; zitiert nach *Kaisenberg*, in: Nipperdey, Die Grundrechte der Reichsverfassung, Bd. 2, S. 432 f.

[494] Vgl. Aktenstück Nr. 2535, aaO.

[495] Aktenstück Nr. 2535, aaO.

[496] Stenographische Berichte der Nationalversammlung, S. 5190.

[497] Stenographische Berichte, aaO.

[498] Beachte insbesondere die Aufhebung des Reformationsfestes als anerkanntem Feiertag in Thüringen durch Gesetz v. 22. Oktober 1921 (Gesetzessammlung, S. 273) sowie die Aufhebung des Bußtages ebenfalls in Thüringen durch Gesetz v. 8. 11. 1921 (Gesetzessammlung, S. 312) sowie dessen Wiedereinführung am 30. 10. 1924 (Gesetzessammlung, S. 371); weitere Beispiele landesrechtlicher Veränderungen am Bestand anerkannter Feiertage während der Weimarer Republik bei *Kaisenberg*, aaO., S. 442 f.

[499] Vgl. nur die damals führenden Kommentierungen von *Kaisenberg*, aaO., S. 432 ff. sowie von *v. Anschütz*, Die Verfassung des Deutschen Reiches, 11. Aufl., 1929, Art. 139 Anm. 2.

durch Art. 139 WRV geschützt seien und Änderungen nur durch die Reichsgesetzgebung möglich seien[500]. Dieser Antrag fand keine Zustimmung. Eine reichsrechtliche Garantie für den Fortbestand der am 11. August 1919 bestehenden Feiertage stelle einen zu weitgehenden Eingriff in die Zuständigkeiten der Länder dar[501]. In der Folgezeit wurde der Anwendung des Art. 139 WRV stets die Auslegung der Reichsregierung zugrunde gelegt.

Durch die Inkorporierung in das Grundgesetz hat die Vorschrift keinen grundlegenden Bedeutungswandel erfahren. Vielmehr ist mit *Maunz*[502] davon auszugehen, dass die Art. 136 ff. WRV in der Gestalt in das Grundgesetz übernommen worden sind, die sie am Ende der Weimarer Zeit legitimerweise gefunden haben[503]. Art. 139 WRV ist in der Rechtspraxis von Beginn an im Sinne eines weiten Gestaltungsspielraumes ausgelegt worden, was sich in den vielfältigen Änderungen des Bestands anerkannter Feiertage zeigt. So haben sich mittlerweile erhebliche Differenzen gegenüber dem am 11. August 1919 anerkannten Feiertagen herausgebildet.

Die Gesetzeshistorie spricht somit gegen einen unabänderlichen Bestand anerkannter Feiertage und für einen Gestaltungsspielraum des einfachen Gesetzgebers.

---

[500] Drucksache Nr. 90 des Reichstages, III. Wahlperiode, zitiert nach *Kaisenberg*, aaO. § 1 des Gesetzentwurfs lautete:

„Auf Grund von Art. 139 der Reichsverfassung werden diejenigen Feiertage, die am 11. August 1919 in den Ländern gesetzlich geschützt waren, in demselben Maße, in dem sie an diesem Tag geschützt waren, von Reichs wegen geschützt. Änderungen bleiben der Reichsregierung vorbehalten. “.

[501] Dazu *Kaisenberg* aaO., S. 432 f.

[502] In: Maunz/Dürig, GG-Komm., Art. 140 Rdn. 8; ebenso *Hollerbach*, Verträge zwischen Staat und Kirche in der Bundesrepublik Deutschland, 1965, S. 85; a.A. jedoch *Obermayer*, in: BoKo, Art. 140 Rdn. 71, wobei sich die Ansichten im Ergebnis freilich kaum unterscheiden dürften, da auch der hier favorisierte Ansatz anerkennt, dass die Normen der WRV im Lichte des Gesamtkontext des Grundgesetzes auszulegen sind, was ein Abrücken von den Maßstäben der WRV bedingen kann, wenn diese in Widerspruch zu grundgesetzlichen Wertungen treten. Kollisionslagen sind dabei nach dem Grundsatz praktischer Konkordanz zu lösen, wohingegen *Obermayer* von einem Zurücktreten hinter „stärkere“ Verfassungsnormen spricht. Zur Problematik des Bedeutungswandels der inkorporierten Artikel der WRV vgl. bereits oben (Teil 3, Kap. 2, Abschn. 1, III 3).

[503] *Maunz*, in: Maunz/Dürig, GG-Komm., Art. 140 Rdn. 8; *Hollerbach*, Verträge zwischen Staat und Kirche in der Bundesrepublik Deutschland, 1965, S. 85.

3.) Systematik und Telos des Art. 139 WRV

a) Strukturvergleich mit Art. 137 V WRV

Gesetzessystematisch könnten sich jedoch aus einem Strukturvergleich der Vorschriften des Art. 137 V WRV und des Art. 139 WRV Anhaltspunkte für die Auslegung des Art. 139 WRV ergeben. Unmittelbar regeln beide Normen das Fortgelten eines bestimmten, vor dem Inkrafttreten der Weimarer Reichsverfassung am 11. August 1919 bestehenden Zustandes. Dies wird in der parallelen Verwendung der Formulierung „bleiben" deutlich. Fraglich ist jedoch, inwieweit hierdurch nachträgliche Veränderungen dieses in die Weimarer Verfassung übernommenen Zustandes möglich sind bzw. ausgeschlossen werden. Art. 137 V WRV trifft insoweit eine eindeutige Aussage. Die Norm differenziert ausdrücklich zwischen solchen Religionsgemeinschaften, die bereits vor dem 11. August 1919 als Körperschaften des öffentlichen Rechts anerkannt waren (Satz 1) und der künftigen Verleihung dieses Status (Satz 2)[504]. Eine solche Differenzierung findet sich in Art. 139 WRV hingegen nicht. Die Vorschrift bedingt allein den Fortbestand des Schutzes staatlich anerkannter Feiertage. Da eine ausdrückliche, dem Art. 137 V S. 2 WRV entsprechende Regelung über die Anerkennung weiterer Feiertage in Art. 139 WRV fehlt, könnte man dies als Hinweis für einen ausschließlichen Bezug der Feiertagsgarantie auf bereits vor dem 11. August 1919 anerkannte Feiertage werten[505]. Aus dem Fehlen einer dem Art. 137 V S. 2 WRV entsprechenden Regelung in Art. 139 WRV kann der Schluss auf die Existenz einer status-quo-Garantie für die anerkannten Feiertage jedoch nicht gezogen werden. Denn Art. 137 V S. 1 WRV enthält eine ausdrückliche Begrenzung auf bereits vor dem 11. August 1919 anerkannte Religionsgemeinschaften („*soweit sie solche bisher waren*"). Ein solch einschränkender Hinweis fehlt indes in Art. 139 WRV. Daraus wiederum ließe sich schlussfolgern, Art. 139 WRV lasse die Möglichkeit einer späteren Anerkennung offen und gewähre dem einfachen Gesetzgeber so einen Gestaltungsspielraum, enthalte mithin keine status-quo-Garantie.

Jedenfalls aber spricht ein Vergleich mit der Regelung des Art. 137 V WRV für die Möglichkeit, einem anerkannten Feiertag diesen Status auch wieder entziehen zu können. So erwähnt zwar Art. 137 V WRV nicht ausdrücklich

---

[504] Sog. „geborene" und „gekorene" Körperschaften, vgl. dazu *Friesenhahn*, in: HStKR I, 1. Aufl., Berlin, 1974, § 11, S. 545, 553 ff.; zu den Voraussetzungen einer Verleihung des Körperschaftsstatus vgl. zuletzt BVerfG EuGRZ 2001, 659 ff.; *Tillmanns*, DÖV 1999, 441 ff.; *Zacharias*, KuR 210, S. 21 ff.

[505] Zu diesem Ergebnis gelangt auch *Wolf*, JZ 1995, 139, der freilich allein auf den Wortlaut der Vorschrift abstellt, was jedoch – wie gezeigt – keine tragfähige Begründung einer status-quo-Garantie darstellt.

den Statusverlust[506], doch ist weithin anerkannt, dass Religionsgemeinschaften ihr öffentlich-rechtlicher Status als *actus contrarius* zur Verleihung - wenn auch unter engen Voraussetzungen - wieder entzogen werden kann[507], obgleich Art. 137 V WRV auch das Wort „bleiben" verwendet. Die Verwendung des Wortes „bleiben" in Art. 137 V S. 1 WRV steht dem Statusverlust somit nicht entgegen. Überträgt man diesen Gedanken auf Art. 139 WRV, so ist die Möglichkeit eines Entzuges staatlicher Anerkennung eines Feiertages möglich. Leitet man aus der Parallelwertung zu Art. 137 V WRV die Zulässigkeit einer Verringerung des Bestandes verfassungsrechtlich geschützter Tage ab, so erscheint es kaum erklärbar, weshalb dem einfachen Gesetzgeber nicht die Möglichkeit zustehen soll, einzelne Feiertage neu anzuerkennen.

Im Rahmen eines Vergleichs mit Art. 137 V WRV sprechen somit überwiegende Gründe dafür, eine status-quo-Garantie durch Art. 139 WRV abzulehnen. Zwischen Art. 137 V WRV und Art. 139 WRV bestehen jedoch nicht zu vernachlässigende Unterschiede, die dazu führen, dass die im Rahmen dieses Strukturvergleichs gewonnenen Ergebnisse keineswegs zwingend sind, sondern lediglich eine bestimmte Auslegung des Art. 139 WRV nahe legen können. So hat die Auslegung des Art. 137 V WRV immer unter Berücksichtigung der Tatsache zu erfolgen, dass mit der Anerkennung als Körperschaft des öffentlichen Rechts auch die Verleihung vom Hoheitsrechten einhergeht.

---

[506] Vgl. aber BVerfG, NVwZ 2001, 908 f.; in dem Verfahren ging es um die Frage, ob grundrechtliche Schutzpflichten den Gesetzgeber verpflichten, Regelungen über den Entzug des Status als Körperschaft des öffentlichen Rechts zu treffen. Das BVerfG verneint diese Frage zu Recht, geht jedoch nicht auf den hier relevanten Aspekt ein, ob die nicht ausdrückliche Regelung des Statusverlust zugleich die Möglichkeit, die körperschaftlichen Rechte zu entziehen ausschließt.

[507] *V. Campenhausen*, in: v. Mangoldt/Klein/Starck, GG-Komm., Bd. 3, 4. Aufl., 2001, Art. 137 Rdn. 234 (allerdings nur für „gekorene" Feiertage); *Friesenhahn*, HStKR I, 1. Aufl., 1974, S. 545, 557; *Held*, Die kleinen öffentlich-rechtlichen Religionsgemeinschaften, S. 144ff; bislang ist es jedoch nicht zu einem solchen Fall gekommen, abgesehen von der rechtswidrigen Entziehung der Körperschaftsrechte der Freireligiösen Gemeinden und der israelitischen Kultusgemeinden während des Dritten Reiches durch das Reichsgesetz über die Rechtsverhältnisse der jüdischen Kultusvereinigungen v. 28. 03. 1938 (RGBl. I S. 338). In jedem Falle aber bedarf der Entzug des Körperschaftsstatus einer parlamentsgesetzlichen Grundlage (*Morlok*, in: Dreier, GG-Komm., Bd. III, 2000, Art. 140/Art. 137 WRV Rdn. 101); vgl. auch BVerfG, BayVBl. 2001, 495 zu der Frage, ob der Gesetzgeber seine grundrechtlichen Schutzpflichten dadurch verletzt habe, dass er es unterlassen hat, eine Regelung zu schaffen, nach der die Körperschaftsrechte wieder aberkannt werden können.

b) Die Regelungen der Feiertagsgesetze

Auch der einfache (Landes-) Gesetzgeber differenziert nicht zwischen solchen anerkannten Feiertagen, die von Art. 139 WRV erfasst werden und solchen, die keinen verfassungsrechtlichen Schutz genießen[508]. Den Feiertagsgesetzen der Länder liegt die Annahme einer einheitlichen Kategorie anerkannter Feiertage zugrunde, die den selben Schutz wie der verfassungsrechtlich garantierte Sonntag genießen.

Die in den Feiertagsgesetzen der Länder zu findende Mehrstufigkeit des Feiertagssystems, die zwischen anerkannten und kirchlichen Feiertagen unterscheidet, deutet überdies auf eine gewisse „Durchlässigkeit" hin, die etwaige Statusänderungen eines oder mehrerer Feiertage und insbesondere ein „Abrutschen" vormals anerkannter Feiertage in die Kategorie der kirchlichen Feiertage - wie dies etwa beim Buß- und Bettag erfolgt ist - keineswegs ausschließen will[509]. So sind kraft gesetzlicher Definition in Nordrhein-Westfalen kirchliche Feiertage solche, die von den Kirchen begangen werden und nicht gleichzeitig anerkannte Feiertage sind[510]. Sprachlich nimmt dieser Verweis auf die anerkannten Feiertage, die Enumeration des § 2 FeiertagsG NW, Bezug. Diese gesetzessystematische Verknüpfung der Feiertagskategorien kann als landesrechtlicher Hinweis auf die Möglichkeit einer Dynamik verstanden werden.

Diese Systematik zeugt von einem überkommenen Verfassungsverständnis, welches einen Gestaltungsspielraum des einfachen Gesetzgebers sowohl bei der An- als auch der Aberkennung des Feiertagsstatus anerkennt.

c) Folgerungen

Die landesrechtliche Ausgestaltung durch den einfachen Gesetzgeber vermag allerdings nur Aufschluss über die bisherige Auslegungspraxis auf Landesebene zu vermitteln. Zwingende Gründe für die Annahme einer bestimmten inhaltlichen Aussage des Art. 139 WRV können sich freilich nur auf der Ebene der Bundesverfassung und dabei vornehmlich aus Art. 139 WRV selbst ergeben[511].

Diese Norm sieht sowohl für den Sonntag als auch für die anerkannten Feiertage die gleiche Rechtsfolge vor. Beide sind als Tage der „Arbeitsruhe und

---

[508] Vgl. nur § 2 FeiertagsG NW, der ohne Differenzierung lautet: „Feiertage sind (....)".

[509] Beachte in diesem Zusammenhang insbesondere BVerfG, NJW 1995, 3378, 3379 sowie BayVerfGH, DÖV 1996, 558, 559, die maßgeblich auf den fortdauernden Schutz des Buß- und Bettages als kirchlichem Feiertag abstellen und in der „Herabstufung" des Buß- und Bettages keinen Verstoß gegen das Grundgesetz bzw. die Landesverfassung sehen.

[510] Vgl. § 3 FeiertagsG NW.

[511] Die Vorgaben des Art. 139 WRV sind in jeder Hinsicht für das Landesrecht maßgeblich, vgl. Art. 31 GG.

seelischen Erhebung“ zu schützen. Dementsprechend werden die Sonn- und Feiertage bei der einfachrechtlichen Ausgestaltung dieses Schutzauftrages im Wesentlichen gleichbehandelt[512]. Anders als bei den Sonntagen hängt der verfassungsrechtliche Schutz der Feiertage von einem Anerkennungsakt des einfachen Gesetzgebers ab[513]. Aufgrund des fehlenden Verweises auf einen Anerkennungsakt für den Sonntag ist unstreitig, dass der Sonntag in seinem Bestand jeder Disposition durch den einfachen Gesetzgeber entzogen ist. Art. 139 WRV enthält für den Sonntag eine status-quo-Garantie[514]. Als allgemein akzeptierter Tag stellt der Sonntag christlich-abendländischen Überlieferungen bzw. Traditionen entsprechend den allwöchentlichen Ruhetag dar[515]. Die Sonntagsgarantie hat zwar kulturhistorisch einen christlichen Hintergrund, doch liegt ihre Funktion seit ihrer Statuierung auch ganz maßgeblich in der Sozialsynchronisation[516]. Die regelmäßige, allgemeine Sonntagsruhe verfolgt den Zweck, den Druck des Geldverdienenmüssens und die Hektik des Alltags zu unterbrechen, Gelegenheit zur Erholung und der Pflege sozialer Kontakte zu bieten. Prägendes Merkmal der Sonntagsgarantie ist die wöchentliche Un-

---

[512] Vgl. nur die Generalklausel des § 3 im FeiertagsG NW: „An Sonn- und Feiertagen (...) sind (...) verboten“; § 3 LSchlG, nach dem an Sonn- und Feiertagen der Ladenschluß gilt. Dieser Gleichlauf kommt auch im einheitlichen Oberbegriff „Sonn- und Feiertagsrecht“ zum Ausdruck. Die Ursache hierfür liegt darin, dass Art. 139 WRV dem Gesetzgeber aufgibt, Sonn- und Feiertage gleichermaßen als Tage der Arbeitsruhe und seelischen Erhebung zu schützen. Auch in der Literatur wird bei der Ausgestaltung des Schutzes nicht zwischen Sonn- und Feiertagen differenziert, vgl. nur *Morlok*, in: Dreier, GG-Komm., Bd. III, 2000, Art. 140/Art. 139 WRV Rdn. 22 ff.

[513] *Morlok*, in: Dreier, GG-Komm., Bd. III, 2000, Art. 140/Art. 139 WRV Rdn. 12; *Kästner*, DÖV 1994, 464, 466; *Loritz*, Möglichkeiten und Grenzen der Sonntagsarbeit, 1989, S. 35; vgl. auch *Richardi*, Sonn- und Feiertagsschutz im Arbeitsleben, in: EssGespr. 24 (1990), S. 117, 118, der analog Art. 137 V WRV vom „geborenen“ Sonntag und „gekorenen“ Feiertagen spricht. Diese Differenzierung verschleiert jedoch m.E. die Frage, ob auch im Rahmen der jährlich wiederkehrenden Feiertage zwischen „geborenen“ und „gekorenen“ Tagen zu unterscheiden ist. Das Merkmal der Anerkennung lässt im Gegensatz zu Art. 137 V WRV gerade offen, ob die staatliche Anerkennung zwingend vor oder nach dem Inkrafttreten der Vorschrift erfolgt sein muss.

[514] *Pahlke*, Sonn- und Feiertagsschutz als Verfassungsgut, in: EssGespr. 24 (1990), 53, 57; *Morlok*, in: Dreier, GG-Komm., Bd. III, 2000, Art. 140/Art. 139 WRV Rdn. 12; *Richardi*, Grenzen industrieller Sonntagsarbeit, 1988, S. 46 ff.

[515] Zur „Krise des Sonntags“ vgl. *Kästner*, DÖV 1994, 464 ff.; zur Bedeutung des Sonntags als kulturellem Identitätsmerkmal vgl. *Häberle*, Feiertagsgarantien als kulturelle Identitätsmerkmale des Verfassungsstaats, 1987; *Morlok*, in: Dreier, GG-Komm., Bd. III, 2000, Art. 140/Art. 139 WRV Rdn. 10.

[516] Dazu *Mattner*, NJW 1988, 2207, 2209; *ders.*, Sonn- und Feiertagsrecht, 2. Aufl., 1991, § 3 Rdn. 24 ff. (S. 44 ff.).

terbrechung des Arbeitsrhythmus. Schutzgut ist der Wochenrhythmus[517]. Diese herausragende sozialpolitische Funktion verdeutlicht das Merkmal der Arbeitsruhe.

Für die Feiertage hingegen ergibt sich ein anderes Bild. Diese kehren als „Anlasstage" lediglich im jährlichen Rhythmus wieder. Dem Rechtsinstitut anerkannter Feiertage fehlt die die Sonntagsgarantie prägende Funktion der regelmäßigen, wöchentlichen Unterbrechung des Alltagsprozesses. Bei den anerkannten Feiertagen tritt vielmehr deren jeweilige, spezielle Bedeutung in den Vordergrund. Bei der Sonntagsgarantie handelt es sich um eine gesellschaftspolitische Grundentscheidung, die das öffentliche und private Leben über weite Strecken prägt. Der Sonntag als wöchentlich wiederkehrender Ruhetag hat sich im Laufe der Zeit zu einem elementaren Bestandteil des Wochenrhythmusses entwickelt. Diese herausnehmende Bedeutung des Sonntages rechtfertigt es, den Sonntag als „Verfassungsprinzip" festzuschreiben[518]. Es erweist sich vor diesem Hintergrund als rechtspolitisch angemessene Lösung, eine Abkehr vom Sonntag als wöchentlichem Ruhetag ausschließlich im Wege einer Verfassungsänderung zuzulassen.

Feiertage als „Anlasstage" dienen nicht der Prägung eines Wochenrhythmusses. Bei ihnen steht das Merkmal der seelischen Erhebung im Vordergrund. Zwar sind einzelne Feiertage wie etwa Weihnachten oder Neujahr gegenwärtig gesellschaftlich in ähnlicher Weise verfestigt wie der Sonntag und werden als schlechthin unverzichtbar empfunden, grundsätzlich sind die Feiertage jedoch einem Wandel der Anschauungen und Empfindungen ausgesetzt.

Insbesondere angesichts der insgesamt schwindenden religiösen Bindungskräfte in unserer Gesellschaft werden Feiertage mittlerweile häufig lediglich als zusätzliche Freizeit aufgefasst[519]. Art. 139 WRV definiert die Funktion anerkannter Feiertage aber mit der Vermittlung von Arbeitsruhe einerseits und seelischer Erhebung andererseits. Hätte der einfache Gesetzgeber in Anbetracht der im Vergleich zum Sonntag geringeren gesellschaftlichen Verfestigung des einzelnen Feiertages keine Möglichkeit, auf Änderungen in der gesellschaftlichen Anschauung zu reagieren und wäre eine Veränderung des Bestandes anerkannter Feiertage wie bei der Sonntagsgarantie allein durch eine Änderung des Art. 139 WRV selbst möglich, so bestünde die Gefahr, dass die anerkannten Feiertage die ihnen verfassungsrechtlich zugedachte Funktion

---

[517] *V. Campenhausen*, in: v. Mangoldt/Klein/Starck, GG-Komm., Bd. 3, 4. Aufl., 2001, Art. 139 Rdn. 11; *Dirksen*, Das Feiertagsrecht, 1961, S. 26 f.; *Pahlke*, EssGespr. 24 (1990), 53, 59.

[518] So *Häberle*, Der Sonntag als Verfassungsprinzip, 1988.

[519] Vgl. *Morlok*, in: Dreier, GG-Komm., Bd. III, 2000, Art. 140/Art. 139 WRV Rdn. 22 ff. Diese Problematik zeigt auch *Dietlein*, FS Rüfner, S. 131, auf.

nicht mehr erfüllen könnten[520]. Sollen die anerkannten Feiertage insgesamt weiterhin als Tage der Arbeitsruhe *und* seelischen Erhebung dienen, ist es notwendig, dass der einfache Gesetzgeber auf Änderungen der Bedürfnisse der Bevölkerung reagieren kann. Rechtspolitisch erweist sich die Annahme eines Spielraumes für den einfachen Gesetzgeber daher als angemessene Lösung um auf Veränderungen der gesellschaftlichen Anschauungen reagieren zu können.

Hätte der Verfassunggeber hingegen mit dem Begriff der staatlich anerkannten Feiertage einen abgeschlossenen Bestand gemeint, der keinen Veränderungen unterliegen soll, so stellt sich die Frage, warum die anerkannten Feiertage dann nicht ausdrücklich im Text des Art. 139 WRV Erwähnung gefunden haben und stattdessen auf die Notwendigkeit eines staatlichen Anerkennungsaktes hingewiesen wird[521]. Die staatliche Anerkennung der Sonntage erfolgt unmittelbar durch Art. 139 WRV, für die Feiertage hingegen ist ein Akt des einfachen Gesetzgebers notwendig[522]. Diese Differenzierung ergibt nur Sinn, wenn mit dem Anerkennungsakt auch eine Dynamik im Bestand der staatlichen Feiertage verbunden ist[523]. Da die gesellschaftliche Akzeptanz bestimmter Feiertage bzw. ein Bedürfnis nach deren Anerkennung weitaus stärkeren Schwankungen ausgesetzt ist als der Sonntag, erweist sich eine Delegation der Ausgestaltungs- das heißt Anerkennungsbefugnis auf die Ebene des einfachen Rechts im Hinblick auf die Feiertage als ausgewogene, interessengerechte Lösung. Nur durch eine derartige Auslegung des Art. 139 WRV kann erreicht werden, dass die anerkannten Feiertage stets geeignet sind, den ihnen verfassungsrechtlich zugedachten Zweck seelischer Erhebung optimal zu erreichen.

Überdies erschiene es willkürlich, dem verfassungsrechtlichen Schutz nur diejenigen Feiertage zu unterstellen, die bereits vor dem 11. August 1919 anerkannt waren. Im Hinblick auf den mit der Feiertagsgarantie verfolgten Zweck lässt sich kein sachlich einleuchtender Grund finden, weshalb Feierta-

---

[520] Zur Frage nach der Möglichkeit derogierenden Verfassungsgewohnheitsrechts vgl. *Kunig*, Der Schutz des Sonntags im verfassungsrechtlichen Wandel, 1989, S. 28 ff. Richtigerweise bildet jedoch Art. 139 WRV nach wie vor eine bindende Grenze für den einfachen Gesetzgeber. Sie gibt Werte vor, die es umzusetzen gilt. Eine rechtliche Aushöhlung des Verfassungsrechts durch eine widersprechende Praxis kommt dogmatisch nicht in Betracht. Daneben ist festzustellen, dass der Sonn- und Feiertagsschutz als Verfassungsprinzip bislang durchaus allgemein akzeptiert ist; wie hier *Kästner*, NVwZ 1993, 148, 149; *ders.*, Der Sonntag und die kirchlichen Feiertage, in: HStKR II, 2. Aufl., 1995, § 51, S. 337, 338; *Morlok*, in: Dreier, GG-Komm., Bd. III, 2000, Art. 140/Art. 139 WRV Rdn. 22.

[521] Jedenfalls aber wäre eine Klarstellung möglich gewesen, welche die Differenzierung zwischen „geborenen" und „gekorenen" Feiertagen verdeutlicht.

[522] *Morlok*, in: Dreier, GG-Komm., Bd. III, 2000, Art. 140/Art. 139 WRV Rdn. 12; *Kästner*, DÖV 1994, 464, 466; *Loritz*, Möglichkeiten und Grenzen der Sonntagsarbeit, 1989, S. 35.

[523] Wie hier auch *Dietlein*, FS Rüfner, 131, 136.

ge, deren gesellschaftliche Anerkennung die der bereits staatlich anerkannten Feiertage übersteigt, nicht am verfassungsrechtlichen Schutz des Art. 139 WRV partizipieren sollen.

Der Begriff der „staatlich anerkannten Feiertage" ist vor diesem Hintergrund als Bezugnahme auf eine andauernde, gegenwärtige einfachrechtliche Anerkennung zu verstehen. Daraus folgt zugleich auch die Pflicht des einfachen Gesetzgebers, überhaupt Feiertage anzuerkennen, da anderenfalls auch eine verfassungsrechtlich unerwünschte Funktionsvereitelung einträte. Art. 139 WRV ist somit als Gesetzgebungsauftrag zu verstehen[524]. Art. 139 WRV erweist sich im Hinblick auf die anerkannten Feiertage als institutionelle Garantie, die einen Wesenskern, nicht aber jede einzelne Ausprägung schützt und damit dem einfachen Gesetzgeber umfangreiche Gestaltungsspielräume belässt[525]. Diese beziehen sich nicht allein auf die inhaltliche Ausgestaltung des gebotenen Schutzes, sondern auch auf den Bestand an zu schützenden Feiertagen. Insoweit ist der Ausgestaltungsspielraum weiter als bei der Sonntagsgarantie.

3. Abschnitt: Nähere Bestimmung des Gestaltungsspielraumes

Bei der Vorschrift des Art. 140 GG iVm. Art. 139 WRV handelt es sich um die Garantie eines Rechtsinstituts. Der Gesetzgeber unterliegt daher bei der Ausgestaltung des Feiertagsrechts und insbesondere bei der Bestimmung der anerkannten Feiertage Bindungen, die sich aus dem Wesen der garantierten Einrichtung selbst ergeben. Besondere dogmatische Schwierigkeiten bereitet die Frage, in welchem Umfang institutionelle Garantien den Gesetzgeber binden. Herkömmlicherweise wird dabei zwischen einem unantastbaren Wesenskern und der Gestaltungsfreiheit im Außenbereich differenziert[526].

---

[524] *V. Campenhausen*, in: v. Mangoldt/Klein/Starck, GG-Komm., Bd. 3, 4. Aufl., 2001, Art. 139 WRV Rdn. 11; *Dietlein*, FS Rüfner, 131, 144 f.; BVerwG, DÖV 1988, 642; BVerwG, GewArch 1982, 20 ff.; OVG NW, DÖV 1987, 1069.

[525] So auch BVerfG, NJW 1995, 3378, 3379; BVerwGE 79, 118, 122 ff.; BVerwGE 79, 236, 238; *Rüfner*, FS Heckel, 1999, S. 447, 448; *Kästner*, HStKR II, 2. Aufl., 1995, S. 337, 339 ff.; *Häberle*, Der Sonntag als Verfassungsprinzip, 1988, S. 21; *Loritz*, Möglichkeiten und Grenzen der Sonntagsarbeit, 1989, S. 15 ff.; *Benda*, Probleme der industriellen Sonntagsarbeit, 1990, S. 25 ff.; *Morlok*, in: Dreier, GG-Komm., Bd. III, 2000, Art. 140/Art. 139 WRV Rdn. 13; *v. Campenhausen*, in: v. Mangoldt/Klein/Starck, GG-Komm., Bd. 3, 4. Aufl., 2001, Art. 139 WRV Rdn. 11; *Maunz*, in: Maunz/Dürig, GG-Komm., Art. 140/Art. 139 WRV Rdn. 4; *Ehlers*, in: Sachs, GG-Komm., 2. Aufl., 1999, Art. 140/Art. 139 WRV Rdn. 1.

[526] Vgl. für Art. 140 GG iVm. Art. 139 WRV BVerfG, NJW 1995, 3378, 3379; BVerwGE 90, 337, 341 ff.; 79, 118, 122 ff.; *Rüfner*, FS Heckel, 1999, S. 447, 448; *Ehlers*, in: Sachs, GG-Komm., 2. Aufl., 1999, Art. 140/Art. 139 WRV Rdn. 1.

Alexy[527] geht demgegenüber für die Grundrechte von einem Optimierungsgebot aus, das den Gesetzgeber dahingehend binde, verfassungsrechtlichen Prinzipien zu einer größtmöglichen (optimalen) Entfaltung zu verhelfen. Erweitert man diesen Optimierungsgedanken über den grundrechtlichen Bereich hinaus auf sämtliche Verfassungsprinzipien, wäre der Gesetzgeber nicht nur verpflichtet, einen Kernbereich des Feiertagsrechts zu schaffen und zu erhalten, er unterläge vielmehr einer umfassenden Bindung auch im Außenbereich.

Zu klären ist daher, ob im Feiertagsrecht vom Bestehen umfassender Optimierungsgebote auszugehen ist. Es mag durchaus zutreffen, dass der Optimierungsgedanke zu ausgewogenen Ergebnissen bei der Lösung von verfassungsrechtlichen Kollisionslagen führt. Der dabei anzuwendende Grundsatz praktischer Konkordanz sucht nach einem Ausgleich, der den widerstreitenden (Grund-) Rechtspositionen zu optimaler Geltung verhilft. Eine solche Vorgehensweise scheint durch das rechtsstaatliche Prinzip legitimiert, wenn nicht sogar geboten. Denn es führt dazu, dass, wenn ein Eingriff in eine von zwei Rechtspositionen unvermeidlich ist, der mildere Eingriff erfolgt. Optimierungsgebote erweisen sich daher bei der Lösung von Kollisionslagen als Realisierung des Übermaßverbots, bedingen sie doch die Maßnahme, die zur geringsten Belastung führt.

Fehlt es hingegen an einer Kollisionslage, ist zweifelhaft, ob sich umfassende Optimierungsgebote, die in den Außenbereich von institutionellen Garantien hineinreichen, begründen lassen. Denn dann ginge es nicht mehr um rechtsstaatliche Eingriffsabwehr, sondern um aktive gesetzgeberische Gestaltung. Argumentierte man in diesem Bereich mit verfassungsrechtlichen Optimierungsgeboten, wäre im Ergebnis die einfachrechtliche Ebene vollständig grundgesetzlich präjudiziert. *Lerche*[528] ist der Ansicht, die einfachrechtliche Rechtsordnung als konkretisierenden Vollzug der Verfassung zu begreifen, setze ein geändertes Vorverständnis des Grundgesetzes voraus. Ein solches Vorverständnis möge zwar logisch schwer zu widerlegen sein, weil in diesem Falle die Auslegung der einfachen Rechtsordnung vom Grundgesetz aus folgerichtig wäre, jedoch sei gegenüber dem gegenwärtigen Grundverständnis unserer Verfassung ein Bedürfnis für eine Änderung praktisch nicht nachweisbar. Überdies spricht die Systematik des Grundgesetzes gegen die Annahme umfassender Optimierungsgebote. Denn dem Grundgesetz fehlt es an einer hinreichenden Regelungsdichte, die eine Präjudizierung der einfachrechtlichen Ebene zuließe. Vor allem belegen tragende Strukturprinzipien des Grundgesetzes wie die Glaubens-, die Presse- und die Meinungsfreiheit sowie die besonderen Gleichheitssätze, das Neutralitätsgebot, der im Demokratieprinzip wurzelnde

---

[527] *Alexy*, Theorie der Grundrechte, 1985, S. 71 ff.
[528] *Lerche*, in: FS Stern, 1997, S. 197, 203.

Pluralismusgedanke eine Wertungsoffenheit des Grundgesetzes, aus der sich verschiedene Gestaltungsmöglichkeiten für den Gesetzgeber ergeben. Mit dieser Gestaltungsfreiheit des Gesetzgebers wären umfassende Optimierungsgebote unvereinbar.

Ein umfassendes, den Außenbereich einschließendes Optimierungsgebot im Feiertagsrecht ist daher abzulehnen. Es ist vielmehr zu differenzieren zwischen dem Wesenskern des Art. 140 GG iVm. Art. 139 WRV und dem gesetzgeberischer Ausgestaltung zugänglichen Außenbereich. Der Gesetzgeber darf die garantierte Einrichtung weder als solche abschaffen noch ihre typusbestimmenden Merkmale aushöhlen[529]. Bei der näheren Bestimmung des Spielraums ist nach Schutzcharakter, Schutzdichte, Schutzrichtung und Schutzberechtigung zu differenzieren[530].

Schutzcharakter und Schutzrichtung der Feiertagsgarantie bereiten keine Schwierigkeiten. Art. 140 GG iVm. Art. 139 WRV erhebt die Einrichtung der Sonn- und Feiertage in den Rang eines Verfassungsgutes, das im Gegensatz zu bloß gesetzesgeschützten Einrichtungen dem besonderen Bestandsschutz des Art. 79 GG unterliegt. Der verfassungsrechtliche Schutz der Sonn- und Feiertage richtet sich an alle drei Staatsgewalten. Zwar handelt es sich bei Art. 140 GG iVm. Art. 139 WRV nicht um ein Grundrecht, so dass eine Bindung aller Staatsgewalt sich nicht aus Art. 1 III GG ergibt. Nicht grundrechtliche Einrichtungsgarantien entfalten aber ihre Schutzwirkung gegenüber aller Staatsgewalt durch Art. 20 III GG[531]. Demgegenüber bedürfen Schutzdichte und Schutzberechtigung des Art. 140 GG iVm. Art. 139 WRV einer vertiefenden Untersuchung.

I.) Schutzdichte des Art. 140 GG iVm. Art. 139 WRV

Zunächst gilt es zu klären, welche materiellen Vorgaben die verfassungsrechtliche Einrichtungsgarantie im Hinblick auf die Anerkennung von Feiertagen aufstellt. Mit anderen Worten: es gilt den Kernbereich der Garantie, der der gestaltenden Verfügung durch den Gesetzgeber entzogen ist, auszuloten. Die Eigentümlichkeit institutioneller Garantien besteht darin, dass diese sowohl einen Gestaltungsauftrag (für den Außenbereich) als auch ein striktes

---

[529] *Stern*, StaatsR III/1, § 68 VI 3a, S. 855.

[530] *Stern*, StaatsR III/1, § 68 VI 5, S. 866; vgl. auch *Abel*, Die Bedeutung der Lehre von den Einrichtungsgarantien für die Auslegung des Bonner Grundgesetzes, 1964, der zwischen „Abwehrrichtung“ (S. 59) und „Abwehrwirkung“ (S. 61) sowie „programmatischer Wirkung“ unterscheidet sowie *Schmidt-Jortzig*, Die Einrichtungsgarantien der Verfassung, 1979, der zwischen „Schutzrichtung“, „Schutzdichte“ und „zeitlicher Schutzerstreckung“ (S. 34 ff.) differenziert.

[531] *Stern*, StaatsR III/1, § 68 VI 5, S. 871 mwN.

Eingriffs- und damit Gestaltungsverbot (für den Kernbereich) statuieren. Bildlich gesprochen besteht das Wesen institutioneller Garantien aus zwei konzentrischen Kreisen, deren innerer den unantastbaren Kernbereich und deren äußerer den Gestaltungsspielraum bildet. Das eigentliche Problem institutioneller Garantien wie Art. 140 GG iVm. Art. 139 WRV besteht darin, die Grenze zwischen den beiden Sphären trennscharf zu bestimmen.

Im Folgenden soll untersucht werden, welche Kriterien im Hinblick auf die Festlegung anerkannter Feiertage für die Bestimmung des unantastbaren Kernbereich maßgeblich sind.

1.) Bestimmung des Kernbereichs

a.) Schutz einer Mindestzahl anerkannter Feiertage als Wesenskern?

Art. 140 GG iVm. Art. 139 WRV garantiert die Sonn- und Feiertage als „Tage der Arbeitsruhe und seelischen Erhebung“. Diese verfassungsrechtliche Intention kann nur erreicht werden, wenn überhaupt Feiertage gesetzlich anerkannt sind. Der Gesetzgeber darf nicht schlechthin alle Feiertage und damit das Rechtsinstitut selbst abschaffen[532]. Steht aber der einzelne Feiertag gleichwohl grundsätzlich zur Disposition durch den einfachen Gesetzgeber, stellt sich die Frage, die Existenz wie vieler anerkannter Feiertage Art. 139 WRV verlangt. Mit anderen Worten: ab welchem Punkt ist die Eingriffsgrenze in den Wesenskern überschritten? Der BayVerfGH[533] sowie das Bundesverfassungsgericht[534] haben eine eindeutige Bestimmung dieser Trennlinie in ihren Entscheidungen vermieden und vielmehr umgekehrt die Existenz einer „angemessenen Zahl“ im Einzelfall positiv festgestellt.

Sprachlich stellt Art. 139 WRV auf eine Mehrzahl an Feiertagen, also mindestens zweien, ab. Andererseits scheint es aber auch denkbar, dass Art. 139 WRV ein bestimmtes, darüber liegendes Niveau an Feiertagen schützen soll.

---

[532] Vgl. nur BVerfG, NJW 1995, 3378, 3379; BayVerfGH, DÖV 1996, 558, 559; *Maunz*, in: Maunz/Dürig, GG-Komm., Art. 140/Art. 139 WRV Rdn. 4; zur Unterscheidung zwischen Gestaltungsspielraum und unantastbarem Kernbereich vgl. etwa *Schmidt-Jortzig*, Die Einrichtungsgarantien der Verfassung, 1979, S. 38 (hiernach handelt es sich bei den Einrichtungsgarantien um eine Konstruktion zweier konzentrischer Kreise, deren innerer die prinzipiell unberührbaren Eseentialia und deren äußerer den gesetzlich zugänglichen Bereich der Akzidentialia kennzeichnet); vgl. auch *Stern*, StaatsR III/1, S. 751, 853 ff.; die Differenzierung zwischen unantastbarem Kernbereich und Gestaltungsspielraum soll der folgenden Untersuchung zugrunde gelegt werden. Neben die Frage nach dem Kernbereich gilt es zu klären, welche verfassungsrechtlich prädestinierte Faktoren den Gesetzgeber bei der Ausschöpfung des ihm zustehenden Gestaltungsspielraumes binden können.

[533] BayVerfGH, DÖV 1996, 558, 559.

[534] BVerfG, NJW 1995, 3378, 3379.

Dabei ließe sich zunächst an eine extensive Auslegung des Kernbereichs denken. Art. 139 WRV behandelt Sonn- und Feiertage in den Rechtsfolgen gleich. Daraus ist ein verfassungsrechtlicher Gleichrang beider Rechtsinstitute zu folgern. Dies wiederum könnte zu der Annahme verleiten, es sei eine in etwa den Sonntagen entsprechende Zahl an Feiertagen anzuerkennen. Andererseits wurden bereits unterschiedliche Ausprägungen der Funktionen der Garantien des Sonntags und der Feiertage festgestellt. Beim Sonntag als *dem* wöchentlichen Ruhetag nimmt die Arbeitsruhe einen höheren Rang ein als bei den Feiertagen als Anlasstagen, bei denen die seelische Erhebung in den Vordergrund tritt[535]. Die Anerkennung von Feiertagen folgt eben nicht aus dem Wochenrhythmus, sondern resultiert aus speziellen Anlässen. Die verfassungsrechtlich notwendige Zahl der zu schützenden Sonntage hingegen lässt sich wegen dieses Bezuges zum Wochenrhythmus kalendarisch bestimmen. Diese unterschiedliche Pointierung der Funktionen bei der Sonn- und Feiertagsgarantie widerlegen die Notwendigkeit einer quantitativen Gleichbehandlung.

Nicht zuletzt widerspräche dies der Intention des Verfassunggebers. Dieser wollte keine quantitativ dem wöchentlichen Ruhetag entsprechende Zahl an Feiertagen schützen, sondern orientierte sich am damaligen Bestand anerkannter Feiertage[536]. Dieser entsprach freilich in keiner Weise der Zahl der Sonntage. Obgleich die Vorschrift des Art. 139 WRV für Veränderungen im Bestand anerkannter Feiertage offen ist, leitete sie ursprünglich die vor Inkrafttreten der Weimarer Reichsverfassung anerkannten Feiertage in die neue Rechtsordnung über. Daraus folgt, dass jedenfalls das damalige Niveau anerkannter Feiertage seinerzeit quantitativ den Anforderungen des Art. 139 WRV entsprach, denn die Norm bezweckt gerade den Fortbestand des status-quo-ante bis zu dem Zeitpunkt, in dem der einfache Gesetzgeber Änderungen vornimmt[537]. Eine der Menge der Sonntage entsprechende Zahl anerkannter Feiertage bedingt Art. 139 WRV mithin nicht.

Art. 139 WRV besagt lediglich, dass es anerkannte Feiertage geben muss, die der Arbeitsruhe und seelischen Erhebung dienen. Es muss daher so viele anerkannte Feiertage geben, wie dies zur Verfolgung des verfassungsrechtlich vorgegebenen Zweckes notwendig ist. Wegen dieser Zweckbindung ist die Mindestzahl an zu gewährleistenden Feiertagen aber ihrerseits Änderungen der

---

[535] Vgl. etwa *Strätz*, HStKR II, 1. Aufl., 1975, § 42, S. 801, 809.

[536] Vgl. dazu insbesondere den Ansatz *Morloks*, in: Dreier, GG-Komm., Bd. III, 2000, Art. 140/Art. 139 WRV Rdn. 9, der die Feiertagsgarantie als Ausdruck des religionsverfassungsrechtlichen Kontinuitätsprinzips ansieht.

[537] In diesem Sinne etwa *Morlok*, in: Dreier, GG-Komm., Bd. III, 2000, Art. 140/Art. 139 WRV Rdn. 9.

Anschauungen und Bedürfnisse der Bevölkerung unterworfen[538]. Eine konkrete Mindestzahl lässt sich aus dem Sinn und Zweck der Vorschrift daher nicht herleiten. Der Wortlaut verpflichtet jedenfalls zur Anerkennung zweier Feiertage als Kernbereich der Institutsgarantie.

Eine solch formal-grammatikalische Auslegung des Kernbereichs griffe indes zu kurz. Es ist dem Gesetzgeber nämlich nicht „nur" versagt, das Rechtsinstitut als solches abzuschaffen, sondern auch, dessen typusbestimmenden Merkmale auszuhöhlen[539]. Dies rückt das mit den Begriffen „Arbeitsruhe" und „seelische Erhebung" umschriebene Pflichtenprogramm der institutionellen Garantie ins Blickfeld. Darin kommt zum Ausdruck, dass sich der Gesetzgeber sowohl bei der Ausgestaltung des Feiertagsschutzes als auch bei der Bestimmung der Feiertage an den Bedürfnissen der Bevölkerung zu orientieren hat. Zwar lassen sich diese Bedürfnisse nicht in jeder einzelnen Ausprägung eindeutig erfassen, da dem Begriff der „seelischen Erhebung" in erheblichem Maße prognostizive Elemente innewohnen, die einen Einschätzungsspielraum des Gesetzgebers bedingen, gleichwohl darf der Gesetzgeber hinter den erkennbaren, offensichtlichen Bedürfnissen nicht zurückbleiben. Vor dem Hintergrund dieses funktionalen Aspekts kann sich bereits unmittelbar aus Art. 140 GG iVm. Art. 139 WRV heraus die Notwendigkeit ergeben, weit mehr als nur zwei Feiertage anzuerkennen. Da die für den Kernbereich maßgeblichen gesellschaftlichen Bedürfnisse ihrerseits Veränderungen unterliegen, scheidet nach dem vorzugwürdigen funktionalen Ansatz die abstrakte Bestimmung einer konkreten Mindestzahl anerkannter Feiertage aus. Dies widerspräche überdies der Entwicklungsoffenheit von institutionellen Garantien[540]. Von daher erscheint es naheliegend, eine negative Bestimmung der Trennlinie zwischen Kern- und Randbereich zu favorisieren, die danach fragt, ob der jeweils gegenwärtige Bestand anerkannter Feiertage zur Zweckerreichung noch geeignet ist[541]. Erweist sich auch ein reduzierter Bestand als zwecktauglich, bildet dieser fortan den Maßstab für die Zulässigkeit künftiger Änderungen.

Bei einer mehrfach aufeinander folgenden, jeweils aber nur geringfügigen Herabsetzung der Zahl anerkannter Feiertage könnte dabei freilich die Gefahr einer schleichenden Aushöhlung des Rechtsinstituts im Wege einer legislativen „Salamitaktik"[542] entstehen. Jedoch ist zu bedenken, dass für die Beurtei-

---

538 *Renck*, NVwZ 1993, 648, 650, leitet gerade aus den sich wandelnden Anschauungen der Bevölkerung einen ganz erheblichen Spielraum des Gesetzgebers zur Reduzierung der Zahl anerkannter Feiertage ab.

539 *Stern*, StaatsR III/1, § 68 VI 3a, S. 855.

540 Vgl. *Klein*, AöR 90 (1965), 129, 139; *Schmitt*, HStR II, S. 597; *Schmidt-Jortzig*, Die Einrichtungsgarantien der Verfassung, 1979, S. 37 f.; *Stern*, StaatsR III/1, § 68, VI 5, S. 868.

541 So auch BVerfG, NJW 1995, 3378, 3379; BayVerfGH, NJW 1982, 2652.

542 *Stern*, StaatsR III/1, § 68 VI 5, S. 869.

lung des Spielraums vor allem funktionale Gesichtspunkte erheblich sind. Die sog. „Subtraktionsmethode", die danach fragt, ob das Gesamtbild der Einrichtung nach der Änderung sich wesentlich von dem vorherigen Zustand unterscheidet, ist nämlich nicht geeignet, einer schrittweisen, schleichenden Aushöhlung zu begegnen. Richtigerweise ist daher allein nach funktionalen Gesichtspunkten zu fragen, ob auch der geänderte Zustand dem Pflichtenprogramm des Art. 140 GG iVm. Art. 139 WRV noch genügt[543].

Fest steht dabei jedenfalls, dass der Zustand zum Zeitpunkt des Inkrafttretens der Norm ausreichend war, denn genau diesen Zustand sollte die Vorschrift in die neue Rechtsordnung überleiten. Die Zahl der damals anerkannten Feiertage gibt jedenfalls einen Anhaltspunkt für den institutionell abgesicherten „Zielkorridor" einer Größenordnung an Feiertagen, da sich die religiösen Strukturen bislang nicht grundlegend geändert haben.

b.) Verfassungsrechtlicher Schutz bestimmter Tage?

Fraglich ist, ob neben diesem funktional zu bestimmenden Kernbereich bestimmte, einzelne Feiertage schlechthin der gesetzgeberischen Disposition entzogen sind. Angesprochen sind damit insbesondere die gesellschaftlich gegenwärtig als unverzichtbar empfundenen (christlichen) Hochfeste Weihnachten und Ostern.

Wegen der herausragenden Bedeutung dieser Feiertage sind diese angesichts der bestehenden religiösen Strukturen in unserer Gesellschaft ohne weiteres vom funktional bestimmten Kernbereich erfasst. Denn die religiöse Struktur unserer Gesellschaft bedingt gegenwärtig die Anerkennung christlicher Feiertage. Da es sich bei Weihnachten und Ostern um die höchsten christlichen Feste handelt, könnte deren Anerkennung nur unter Verstoß gegen das Willkürverbot sowie gegen Art. 140 GG iVm. Art. 139 WRV entzogen werden. Zur Zeit ist der Status dieser Tage dem Zugriff des Gesetzgebers mithin entzogen. Die Einbeziehung von Weihnachten und Ostern in den Kernbereich durch eine funktionale Argumentation bedingt notwendigerweise auch die Möglichkeit eines Herausfallens von Feiertagen aus dem Kernbereich für den Fall, dass sich die gesellschaftlichen Rahmenbedingungen - was zumindest theoretisch nicht ausgeschlossen ist - grundlegend ändern. Allein für diesen Fall stellt sich die Frage nach einer zusätzlichen status-quo-Garantie einzelner Tage, die unabhängig von dem in Art. 139 WRV benannten Zweckprogramm besteht.

---

[543] Vgl. auch *Dietlein*, FS Rüfner, 131, 139, der ebenfalls dezidiert für ein funktionales Verständnis plädiert.

Der Wortlaut der Vorschrift bietet keinen Anhaltspunkt für einen besonders hervorgehobenen, vom Merkmal der „seelischen Erhebung“ losgelösten Bestandsschutz bestimmter Feiertage. Vielmehr spricht Art. 140 GG iVm. Art. 139 WRV ausnahmslos davon, dass Feiertage der seelischen Erhebung zu dienen haben. Hätte der Verfassunggeber einzelnen Feiertagen einen besonderen Status einräumen wollen, wäre hierfür eine besondere Hervorhebung im Verfassungstext erforderlich gewesen.

Auch systematische Erwägungen widerlegen eine status-quo-Garantie einzelner Feiertage. So spricht Art. 140 GG iVm. Art. 139 WRV von „staatlich anerkannten Feiertagen“. Analog zum Sonntag, dessen Status bereits unmittelbar qua Verfassung festgelegt wird, bedürfte es einer Anerkennung der besonders geschützten Feiertage ebenfalls nicht. Aus Gründen der Rechtsklarheit wäre dann aber eine gesetzessystematische Klarstellung im Sinne einer ausdrücklichen Benennung der besonders verfassungsrechtlich geschützten Feiertage erforderlich gewesen[544]. Eine gesetzliche Anerkennung hätte für solche Tage bloß deklaratorischen Charakter, obgleich Art. 140 GG iVm. Art. 139 WRV klar auf eine konstitutive Entscheidung des Gesetzgebers in Form der Anerkennung hindeutet. Umgekehrt wäre eine Statusänderung solcher Tage ausschließlich im Wege einer Verfassungsänderung möglich.

Mangels klarer Hinweise im Verfassungstext könnten die Feiertage, die unabhängig von der funktionalen Bestimmung des Kernbereichs von einer status-quo-Garantie erfasst wären, ihrerseits allein unter Rückgriff auf funktionale Aspekte, mithin deren herausragende gesellschaftliche Bedeutung, die allerdings nur auf einen bestimmten Zeitpunkt bezogen würde, ermittelt werden. Insofern wäre die Herleitung eines besonderen, vom Merkmal der „seelischen Erhebung“ entkoppelten Bestandsschutzes in sich widersprüchlich, da sich dieser Status nur unter Rückgriff auf eben dieses Merkmal begründen lässt und dabei fingiert, bestimmte gesellschaftliche Anschauungen seien unabänderlich.

Etwas anderes könnte sich nur dann ergeben, wenn Art. 139 WRV wiederum losgelöst vom Begriff der seelischen Erhebung die Existenz christlicher Feiertage schlechthin bedingte. Dies könnte sich aus der Kontinuitätsgarantie des Art. 139 WRV[545] ergeben. Jedoch ist zu bedenken, dass - wie schon *Kaisenberg*[546] zutreffend bemerkte - der Begriff der „seelischen Erhebung“ eine Brücke zu anderen Weltanschauungen bildet. Diese „merkwürdig anmuten-

---

[544] Art. 139 WRV hätte dann lauten müssen: „Der Sonntag, der erste und zweite Weihnachtstag, Karfreitag, Ostermontag sowie die staatlich anerkannten Feiertage bleiben als Tage der Arbeitsruhe und seelischen Erhebung gesetzlich geschützt.“

[545] Vgl. zur Kontinuitätsgarantie *Morlok*, in: Dreier, GG-Komm., Bd. 3, 2001, Art. 139 WRV Rdn. 9.

[546] *Kaisenberg*, in: Nipperdey, Die Grundrechte der Reichsverfassung, Art. 139, Anm. 4.

de“[547], verweltlichte Formulierung deutet darauf hin, dass die Vorschrift nicht nur im Hinblick auf einzelne Feiertage, sondern insgesamt, also auch bezogen auf die zugrundeliegenden Weltanschauungen dynamisch zu verstehen ist und die reale Anerkennung von Feiertagen ein Spiegel der gesellschaftlichen Bedürfnisse sein soll[548]. Diese Bedürfnisse sind jedoch dem Grunde nach nicht unabänderlich. Das Kontinuitätsprinzip kann daher lediglich die Überleitung eines feiertagsrechtlichen status-quo-ante in eine neue Rechtsordnung legitimieren, nicht jedoch dessen Unabänderlichkeit dauerhaft festschreiben.

Schon die Reichsregierung betonte, dass sich durch die Schaffung des Art. 139 WRV an der Regelung des § 105a GewO nichts geändert habe[549]. Diese Vorschrift überantwortete aber die Bestimmung der Feiertage ohne inhaltliche Festlegungen den Landesregierungen. Da Art. 139 WRV aber keinen Hinweis auf den besonderen bzw. unbedingten Schutz einzelner Feiertage enthält, ist in der Tat davon auszugehen, dass die Regelung an § 105a GewO anknüpft und die Bestimmung der Feiertage allein Sache des einfachen Gesetzgebers ist.

Der Kernbereich des Art. 140 GG iVm. Art. 139 WRV ist daher allein funktional zu bestimmen, wobei dem Begriff der „seelischen Erhebung“ zentrale Bedeutung zukommt. Damit ist zugleich die grundsätzliche Elastizität des Kernbereichs verbunden, die es ausschließt, für einzelne Tage wie etwa Weihnachten oder Ostern einen verfassungsrechtlich sanktionierten, unabänderlichen Status anzunehmen[550]. Dies dürfte freilich allein in dem zur Zeit bloß theoretisch denkbaren Fall einer Bedeutungslosigkeit dieser Feste relevant werden. Denn gegenwärtig und auf unabsehbare Zeit partizipieren die höchsten christlichen Feiertage ohne weiteres unter funktionalen Aspekten am Kernbereich der institutionellen Garantie des Art. 140 GG iVm. Art. 139 WRV.

---

[547] *V. Campenhausen*, in: v. Mangoldt/Klein/Starck, GG-Komm., Bd. 3, 4. Aufl., 2001, Art. 139 WRV Rdn. 13.

[548] Ausführlich zu den Möglichkeiten einer Anerkennung nichtchristlicher religiöser Feiertage unten (Teil 4).

[549] Stenographische Berichte der Nationalversammlung, S. 5190.

[550] In diesem Sinne auch *Dietlein*, FS Rüfner, 131, 139 f., der zugleich - wie hier - einen relativen Bestandsschutz der hohen christlichen Festtage aus dem funktionalen Verständnis selbst ableitet. Denn die Rückbindung an gesellschaftliche Bedürfnisse bedinge in gewissen Grenzen zugleich eine Abstufung der „Wertigkeit“ von Feiertagen, die der Gesetzgeber zu beachten habe; dazu sogleich.

2.) Bindungen des Gesetzgebers im Außenbereich?

a) Bestimmen die Kirchen über die An- und Aberkennung?

Seiner systematischen Stellung nach handelt es sich bei Art. 139 WRV um einen der Weimarer „Kirchenartikel"[551]. Neben einer geringen Zahl weltlicher Feiertage wurde und wird bislang vor allem der Kernbestand der christlichen Feiertage von dieser Garantie erfasst[552]. Dies wirft die Frage auf, ob und inwieweit die betreffenden Kirchen bei einer An- bzw. Aberkennung eines religiös geprägten Feiertages zu beteiligen sind und namentlich einen Entzug der Anerkennung verhindern können.

Spillner[553] verweist auf den Grundsatz der Trennung von Staat und Kirche und leitet daraus ein Verbot des Staates ab, anerkannten kirchlichen Feiertagen diesen Status zu entziehen. Er bezweifelt eine Verfügbarkeit des Staates über diese Feiertage unter Hinweis auf deren „ideelle Besetzung" durch die Kirchen[554]. Zwar sei der Entzug der Anerkennung gesetzestechnisch möglich, dem stünden aber „übergeordnete verfassungsrechtliche Gesichtspunkte entgegen"[555]. Zur Begründung führt *Spillner* aus, das Bundesverfassungsgericht gehe in seinem Beschluss vom 16. Oktober 1968[556] von einem Rückgriff auf das Selbstverständnis der Kirchen aus und ordne die kirchlichen Feiertage dem Zuständigkeitsbereich der Kirchen zu[557]. In Verbindung mit dem Grundsatz weltanschaulicher Neutralität sieht *Spillner* darin eine Institutsgewährleistung kirchlicher Feiertage, die gem. Art. 140 GG iVm. Art. 139 WRV als Pflicht zur Erhaltung des status-quo-ante anzusehen sei[558].

Dieser Argumentation kann freilich nicht gefolgt werden. Hinsichtlich der Existenz einer status-quo-Garantie kann auf die vorangehenden Ausführungen verwiesen werden[559]. An dieser Stelle fragt sich jedoch, ob eine kirchliche Kompetenz zur Festlegung bzw. Wahrung anerkannter Feiertage bestehen kann, was *Spillner* seiner Argumentation offenbar zugrunde legt. Überdies ist der Gedankengang *Spillners* in zweierlei Hinsicht bereits nicht schlüssig. Zum einen rechtfertigt die zitierte Entscheidung des Bundesverfassungsgerichts

---

[551] Vgl. zu dieser Terminologie etwa *Morlok*, in: Dreier, GG-Komm., Bd. III, 2000, Art. 140 Rdn. 12; *Schmidt-Bleibtreu*, in: ders./Klein, GG-Komm., 9. Aufl., 1999, Art. 140 Rdn. 1.

[552] Als weltliche Feiertage sind gegenwärtig lediglich der Tag der Arbeit (1. Mai) sowie der Tag der deutschen Einheit (3. Oktober) gesetzlich anerkannt.

[553] In: ZRP 1994, 138; ablehnend hingegen *Reich*, ZRP 1993, 281, 282.

[554] *Spillner*, aaO.

[555] *Spillner*, aaO.

[556] BVerfGE 24, 236 ff.

[557] *Spillner*, aaO.

[558] *Spillner*, aaO.

[559] Vgl. oben (Teil 3, Kap. 2, Abschn. 2, II).

keinen uneingeschränkten Rückgriff auf kirchliches Selbstverständnis. Das Bundesverfassungsgericht geht im Grundsatz davon aus, dass der religiös-weltanschaulich neutrale Staat verfassungsrechtliche Begriffe prinzipiell nach neutralen, allgemeingültigen, nicht konfessionell oder weltanschaulich gebundenen Gesichtspunkten zu interpretieren habe[560]. Setze die Rechtsordnung an bestimmten Punkten aber gerade das religiöse oder weltanschauliche Selbstverständnis voraus, sei dieses bei der Auslegung mit zu berücksichtigen[561]. Aus der angeführten Entscheidung resultiert indes keine Legitimation zur „Selbstdefinition" verfassungsrechtlicher Begriffe. Kirchliches Selbstverständnis muss gegebenenfalls lediglich als ein Faktor in die Auslegung miteinbezogen werden. Auch bezieht sich die angeführte Entscheidung lediglich auf die Auslegung der Religionsfreiheit des Art. 4 GG. *Spillner* hingegen setzt es als gegeben voraus, dass das Rechtsinstitut der anerkannten Feiertage einen vergleichbaren konfessionellen Kern aufweist wie die individuelle Glaubensfreiheit. Zweitens führt *Spillner* aus, das Bundesverfassungsgericht ordne die religiösen Feiertage dem Zuständigkeitsbereich der Kirchen zu[562]. Dies trifft nicht zu. Die von *Spillner* zitierte Entscheidung betrifft ausschließlich die individuelle Glaubensfreiheit. Ungeachtet dessen geht jedenfalls der von *Spillner* aus dieser Interpretation des Bundesverfassungsgerichts gezogene Schluss auf die verfassungsrechtliche Ebene fehl. In der Tat weisen die Feiertagsgesetze der Länder häufig den Kirchen die Definitionskompetenz für die kirchlichen Feiertage zu und greifen insoweit auf kirchliches Selbstverständnis zurück[563]. Dies rechtfertigt sich maßgeblich aus den nur geringfügigen Auswirkungen kirchlicher Feiertage auf das öffentliche Leben[564]. Sie reduzieren sich im Wesentlichen auf den Schutz der Gottesdienste sowie auf als Ausnahmevorschriften zu verstehende Freistellungsansprüche Erwerbstätiger. Von den kirchlichen Feiertagen sind die staatlich anerkannten Feiertage zu unterscheiden. Diese Differenzierung vollzieht *Spillner* hingegen nicht. Von den kirchlichen Feiertagen unterscheiden sich die anerkannten, von Art. 139 WRV geschützten Feiertage aber maßgeblich durch den Akt der staatlichen Anerkennung. So kann der

---

[560] BVerfGE 24, 236, 247.

[561] BVerfGE 24, 236, 248; vgl. auch *Kästner*, DÖV 1994, 464, 471: „Der Staat kann lediglich auf einschlägige Feiertage, die er vorfindet, Bezug nehmen und den rechtlichen Status konkretisieren, den er ihnen einräumt".

[562] *Spillner*, aaO.

[563] Dazu bereits oben (Teil 2, Kap. 1, Abschn. 2, II 2 b).

[564] Anders als an anerkannten Feiertagen, bilden Beeinträchtigungen des öffentlichen Lebens bzw. des Arbeitslebens an kirchlichen Feiertagen die Ausnahme. Freistellungsansprüche sind im Einzelfall gegenüber dem Arbeitgeber geltend zu machen. Ausführlich dazu oben (Teil 2, Kap. 1, Abschn. 2, II 2 b).

Schluss von der Definitionskompetenz der Kirchen für kirchliche Feiertage auf die Verfassungsebene nicht durchgreifen.

Gegen einen verfassungsrechtlich gebotenen Rückgriff auf das Selbstverständnis der Kirchen bestehen unabhängig davon jedoch durchgreifende verfassungsrechtliche Bedenken. So statuiert Art. 139 WRV ausdrücklich eine staatliche Anerkennung des jeweiligen Feiertages. In Abgrenzung zur Kategorie kirchlicher Feiertage, bei der in der Tat kirchliches Selbstverständnis maßgebend ist, kann Art. 139 WRV sinnvollerweise nur dahingehend verstanden werden, dass die Vorschrift eine eigene Entscheidung des Staates voraussetzt[565]. Anderenfalls würde das Normelement der staatlichen Anerkennung zur Bedeutungslosigkeit degradiert bzw. vollständig negiert. Unabhängig vom ausdrücklichen Erfordernis einer staatlichen Anerkennung widerspräche ein verfassungsrechtlich gebotener Rückgriff auf kirchliche Entscheidungen dem Vorrang staatlichen vor kirchlichem Rechts. Eine Definitionskompetenz der Kirchen müsste diesen folglich ausdrücklich (analog zu den kirchlichen Feiertagen) verliehen werden. Die in Art. 137 I WRV iVm. Art. 140 GG statuierte Trennung von Staat und Kirche bedingt es keineswegs, den Kirchen die Bestimmung der von Art. 139 WRV geschützten Feiertage zu überlassen. Auch stellt eine autonome Entscheidung des Staates über die Anerkennungswürdigkeit keineswegs einen Verstoß gegen die ihm obliegende Neutralitätspflicht dar[566]. Denn die Anerkennung von Feiertagen hat sich an den Merkmalen der Arbeitsruhe und seelischen Erhebung zu orientieren. Maßgeblich für den Staat ist, ob und inwieweit anhand der genannten Maßstäbe ein gesellschaftliches Bedürfnis nach einem besonderen Status eines Tages besteht. Damit stellt der Staat aber nicht auf Glaubensinhalte, sondern auf äußere Umstände ab, so dass ihm eine Entscheidung über die Anerkennungswürdigkeit ohne Verstoß gegen die Neutralitätspflicht möglich ist. Der Staat hat gem. Art. 139 WRV auf gesellschaftliche Bedürfnisse, die er vorfindet, Bezug zu nehmen[567]. Dies umschließt das Recht, darüber zu entscheiden, welchen rechtlichen Status er einem bestimmten Feiertag einräumt und diesen Status zu konkretisieren[568]. Ein Rückgriff auf kirchliches Selbstverständnis kann den Staat jedoch bei seiner

---

[565] Diese Auslegung entspricht auch der historischen Entwicklung: So ordnete bereits § 34, 2. Teil, 11. Abschnitt ALR ausdrücklich an, dass „die Anordnung öffentlicher Bet-, Dank- und anderer außerordentlicher Festtage allein dem Staat" obliege. Auch § 105a II GewO wies die Kompetenz zur Bestimmung der Feiertage ausschließlich den (staatlichen) Landesregierungen zu.

[566] Dazu *v. Campenhausen*, in: v. Mangoldt/Klein/Starck, GG-Komm., Bd. 3, 4. Aufl., 2001, Art. 139 WRV Rdn. 13 ff. (insb. Rdn. 14); *Morlok*, in: Dreier, GG-Komm., Bd. III, 2000, Art. 140/Art. 139 WRV Rdn. 10; *Kästner*, DÖV 1994, 464, 469.

[567] *Kästner*, DÖV 1994, 464, 471.

[568] *Kästner*, DÖV 1994, 464, 471.

autonomen Entscheidung über die Anerkennungswürdigkeit eines Feiertages unterstützen. Angesichts der fortbestehenden religiösen Bindungen unserer Gesellschaft kann die theologische Bedeutung und Rechtfertigung eines (kirchlichen) Feiertages durchaus Aufschluss über den Grad der gesellschaftlichen Bedeutung eines bestimmten Feiertages geben. Ein solcher Rückgriff kann jedoch allein informeller Natur zum Zwecke der Bildung einer zutreffenden Beurteilungsgrundlage für den die eigentliche Entscheidung selbst treffenden Staat sein.

Der Rückgriff auf das Selbstverständnis der Kirchen auf der Ebene der kirchlichen Feiertage rechtfertigt sich aus den geringfügigen Auswirkungen dieses Feiertagsstatus auf das öffentliche Leben. So sieht die gesetzliche Konzeption die Freistellungsansprüche für Erwerbstätige als Ausnahmerecht an. Die Arbeitsbefreiung tritt nicht ipso iure ein, sondern muss beantragt werden und ist zeitlich auf den Gottesdienstbesuch begrenzt[569]. Die Anerkennung als gesetzlichem Feiertag impliziert für diesen Tag die Geltung der allgemeinen Sonntagsruhe, was einen ganztägigen Ruhecharakter bedeutet. Eine originäre Definitionskompetenz der Kirchen brächte die Gefahr eines exorbitant hohen Niveaus an Feiertagen, welches vor dem Hintergrund der objektivrechtlichen Funktion der Grundrechte nicht vertretbar wäre. Die Zahl der Feiertage darf nicht so weit ansteigen, dass sie die Unternehmergrundrechte aushöhlt. Vor diesem Hintergrund muss der Staat zur Wahrung seiner freiheitsdienenden Funktion die Möglichkeit haben, über die Zahl arbeitsfreier Feiertage autonom zu entscheiden.

Ein originäres Veto- oder sonstiges Mitentscheidungsrecht im Hinblick auf die Bestimmung der religiösen Feiertage steht den Kirchen von Verfassungs wegen im Hinblick auf die anerkannten Feiertage nicht zu.

b) Schutz durch Konkordate bzw. einfaches Recht

Ein verfassungsrechtliches „Vetorecht“ der Kirchen lässt sich wie gezeigt nicht nachweisen. Auch die Feiertagsgesetze der Länder sehen derartige subjektive Rechtspositionen der Kirchen nicht vor. Jedoch wäre es ein gesetzestechnisch möglicher Weg, durch eine „Selbstbindung“ des einfachen Gesetzgebers den betreffenden Kirchen Mitentscheidungsbefugnisse einzuräumen.

Weiter könnten Mitentscheidungsrechte der Kirchen durch Konkordate begründet werden[570]. Bislang wurde von dieser Möglichkeit allerdings nur sehr

---

[569] Dazu oben (Teil 2, Kap. 1, Abschn. 2, II 2 b).

[570] Dazu *Spillner*, ZRP 1994, 138, 139; *Kästner*, HStKR II, 2. Aufl., 1995, § 51, S. 337, 357; vgl. auch OVG MV, NVwZ 2000, 948 ff., das subjektive Rechte der Kirchen gegenüber einer auf § 23 LSchlG gestützten Ausnahmebewilligung aus den zwischen dem Land MV und dem heiligen Stuhl (GVBl. 1998, S. 2) bzw. der Evangelisch-Lutherischen Landeskirche

zurückhaltend Gebrauch gemacht. Das Feiertagsrecht ist Gegenstand des Niedersächsischen Konkordats vom 26. Februar 1965, das eine allgemeine vertragliche Garantie des Schutzes der Sonntage und der kirchlichen Feiertage enthält[571]. Auch die evangelischen Kirchenverträge von Mecklenburg-Vorpommern, Sachsen, Sachsen-Anhalt und Thüringen enthalten ähnliche Gewährleistungen[572]. Diese kirchenvertraglichen Regelungen beziehen sich jedoch lediglich auf den Schutz der Sonn- und Feiertage, nicht hingegen auf die Existenz bestimmter Feiertage[573]. Sie entsprechen inhaltlich der Vorschrift des Art. 140 GG iVm. Art. 139 WRV, der als institutionelle Garantie nicht den Fortbestand des einzelnen Feiertages schützt. Rechtlich könnte aber der Fortbestand eines oder mehrerer bestimmter Feiertage aber ohne weiteres zum Gegenstand einer kirchenvertraglichen Regelung gemacht werden. Fraglich ist daher, inwieweit durch kirchenvertragliche Regelungen der Staat bei der Auswahl anerkannter Feiertage gebunden werden kann. Soweit solche zweiseitigen Abmachungen existieren, verleihen sie den Kirchen als Vertragspartnern sub-

---

Mecklenburg (GVBl. 1994, S. 559) geschlossenen Verträgen herleitete; zustimmend dazu *Heinig/Morlok*, KuR 160, S. 13 ff.; der vertragliche Schutz bezieht sich dabei allerdings nicht auf den Bestand eines oder mehrerer konkreter Feiertage, sondern auf inhaltliche Vorgaben für den Feiertagsschutz.

571 Art. 1 II des Konkordates zwischen dem Hl. Stuhl und dem Land Niedersachsen, geschlossen am 26. 2. 1965, Nieders. GVBl. 1965, 192; geändert durch Vertrag v. 21. 5. 1973, GVBl. 1973, 375; die Vorschrift lautet: *„Der Schutz der Sonntage und der kirchlichen Feiertage bleibt gewährleistet"*: Zweifelhaft ist jedoch, ob durch einen Vertragsschluss in dieser Form die Existenz einzelner Feiertage subjektivrechtlich gesichert wird. Dies dürfte eher zu verneinen sein, da sich der Wortlaut dieses Konkordats erkennbar an der Vorschrift des Art. 139 WRV orientiert, dem ja gerade ein Spielraum des Gesetzgebers immanent ist. Der Gehalt des Art. 1 II dieses Konkordats dürfte sich daher richtigerweise auf eine ausdrücklich subjektivrechtliche Flankierung des Gewährleistungsgehalts des Art. 139 WRV, also eines gewissen Mindeststandards reduzieren.

572 Vgl. Art. 23 MV KV: *„Der staatliche Schutz der Sonntage und der kirchlichen Feiertage wird gewährleistet."* - Art. 21 SächsKV: *„Der Schutz des Sonntags und der kirchlichen Feiertage wird gewährleistet."* - Art. 19 Sachs.-Anh.KV: *„ Der Schutz der Sonntage und der kirchlichen Feiertage wird gewährleistet."* - Art. 20 ThürKV: *„Der Schutz der Sonntage und der staatlich anerkannten kirchlichen Feiertage wird gewährleistet."*

573 Beachte aber, dass in Berlin der Senat den Kirchen im Jahre 1970 vorherige Konsultationen für den Fall zugesagt hat, dass durch eine Änderung des Landesrechts ein katholischer bzw. evangelischer Feiertag betroffen wäre, vgl. Abschn. V bzw. VI der abschließenden Protokolle vom 2. Juli 1970 über Besprechungen zwischen den Vertretern des Bischöflichen Ordinariats Berlin bzw. des Evangelischen Konsortiums in Berlin (West) einerseits und des Senats von Berlin andererseits über die Regelung gemeinsam interessierender Fragen; Text bei: *Listl*, Konkordate und Kirchenverträge in der Bundesrepublik Deutschland, Bd. 1, 1987, S. 633 sowie 685.

jektive Rechte[574]. Gegenüber den vertragschließenden Kirchen wäre der Staat zu einer Einhaltung der vertraglichen Vereinbarungen verpflichtet. Als eigentlich problematisch erweist sich hingegen die Frage, ob und inwieweit nachfolgendes, vertragswidriges Recht erlassen werden kann, durch welches der Status eines kirchenvertraglich geschützten Feiertages beseitigt wird. Wie bereits oben herausgearbeitet[575], vermögen kirchenvertragliche Regelungen den Erlass widersprechender Rechtsnormen nicht zu verhindern[576]. Kirchenvertragswidriges Recht ist vollgültig, soweit das Landesrecht auf der Verfassungsebene keine entsprechenden Kollisionsnormen enthält. Ohne Kollisionsnormen handelt es sich bei dem Vertragsgesetz um einfaches Landesrecht, so dass ein Verstoß gegen den rechtsstaatlichen Grundsatz des Gesetzesvorrangs (Art. 20 III GG) insoweit nicht vorliegt[577]. Auch erwachsen aus Kirchenverträgen keine Vertrauenstatbestände, die eine Bindung des Gesetzgebers über das Innenverhältnis der Parteien hinaus zu begründen vermögen. Fehlen landesverfassungsrechtliche Schutznormen für den Inhalt von Kirchenverträgen, gilt daher der Grundsatz *lex posterior derogat legi priori*[578].

Im Innenverhältnis macht sich der Staat dann jedoch unter Umständen eines Vertragsbruches schuldig, der dem Vertragspartner ein Recht auf Schadensersatz verleihen kann. Auch ist zu berücksichtigen, dass der Staat im Innenverhältnis nach Treu und Glauben vor einer einseitigen Aufhebung der Vereinbarung zur Aufnahme von Verhandlungen mit der anderen Vertragspartei verpflichtet ist. Trotz der rechtlich bei Fehlen entsprechender landesverfassungsrechtlicher Schutzvorschriften gegebenen Möglichkeit, einseitig dem Vertrag widersprechende gesetzliche Regelungen zu erlassen, dürfte in der Praxis mit einem solchen Vorgehen nicht zu rechnen sein. Dadurch würden die partnerschaftlichen Strukturen zwischen Staat und den Kirchen nachhaltig erschüttert

---

574 Vgl. OVG Greifswald, DVBl. 2000, 1072, 1073; dazu *Morlok/Heinig*, NVwZ 2001, 846 ff.

575 Teil 2, Kap. 2, Abschn. 3, II.

576 *V. Campenhausen*, in: v. Mangoldt/Klein/Starck, GG-Komm., Bd. 3, 4. Aufl., 2001, Art. 140 Rdn. 60, der ausdrücklich zwischen rechtlichem Können und Dürfen unterscheidet. Danach ist ein vertragswidrig ergangenes Gesetz zwar allgemeingültig, vermag den Vertrag als solchen einschließlich der sich daraus ergebenden Rechte und Pflichten indes nicht aufzuheben; näher dazu bereits oben (Teil 2, Kap. 2, Abschn. 3, II).

577 *Hollerbach*, HStR VI, § 138 Rdn. 72-74; *Mattner*, Sonn- und Feiertagsrecht, 2. Aufl. 1991, § 4 Rdn. 4, hingegen vertritt die Ansicht, Konkordate gingen im Range selbst dem Landesverfassungsrecht, nicht aber Bundesrecht, vor. Dieser Ansatz ist abzulehnen. Das Vertragsgesetz steht im Range einfachen Landesrechts und unterliegt nach hier vertretener Auffassung uneingeschränkt dem Grundsatz der Revisibilität von Gesetzen. Vertragsbrüche durch den Erlass nachfolgenden, vertragswidrigen Rechts stellen daher lediglich Rechtswidrigkeiten im Verhältnis der vertragsschließenden Parteien zueinander dar.

578 Ausführlich dazu oben (Teil 2, Kap. 2, Abschn. 3, II).

und von den auf Seiten des Staates handelnden Personen entstünde ein negativer Eindruck. Im Rahmen dieser Untersuchung bleibt jedoch festzuhalten, dass eine Statussicherung von Feiertagen durch Konkordate nur dann zu einer rechtlichen Bindung des Gesetzgebers führt, wenn der Inhalt dieser Verträge verfassungsrechtlich besonders abgesichert wird. Überlagert wird diese rechtliche Ebene indes von der politischen, auf der eine erhebliche Bindung durch Konkordate angenommen werden kann.

c) Rangverhältnis zwischen Feiertagen mit religiösem und weltlichem Hintergrund?

Versteht man Art. 139 WRV als „Kirchenartikel"[579], so könnte man zu der Auffassung gelangen, die Vorschrift schütze ausschließlich religiöse Feiertage. Dies hätte zur Folge, dass weltliche Feiertage nicht von Art. 139 WRV erfasst wären und daher als bloß einfachrechtlich anerkannte Tage ohne institutionelle Garantie in der Verfassung zu qualifizieren wären. Die weltlichen Feiertage genössen in diesem Falle keinen verfassungsrechtlichen Schutz und wären daher vorrangig vor den religiös veranlassten Feiertagen zu streichen. Bei einer strikten Auslegung des Art. 139 WRV ließe sich sogar an die Unzulässigkeit der Anerkennung weltlicher Feiertage denken. Zwar werden auch die einzelnen religiösen Feiertage bloß einfachrechtlich anerkannt, doch würde die institutionelle Absicherung auf Verfassungsebene diese Tage gegenüber den weltlichen Tagen auf einen höheren Rang heben, da diese Tage einen Verfassungsauftrag ausgestalten.

Für einen solchen Ausschluss weltlicher Feiertage spricht allein die systematische Stellung der Norm innerhalb der Art. 136 ff. WRV, welche die Grundlagen des geltenden Staatskirchenrechts in wesentlichem Umfang prägen. Der Wortlaut hingegen verlangt keine derartige Eingrenzung des Anwendungsbereiches. Vielmehr belegt der Vorbehalt einer staatlichen Anerkennung ein originäres Recht des Staates, darüber zu befinden, welche Tage im Sinne des Art. 139 WRV zu schützen sind[580]. Wenn überhaupt eine solche Entscheidungsbefugnis des Staates besteht, so ist nicht nachzuvollziehen, warum es

---

[579] Diesen Begriff verwenden beispielsweise *Morlok*, in: Dreier, GG-Komm., Bd. III, 2000, Art. 140 Rdn. 12 sowie *Schmidt-Bleibtreu*, in: ders./Klein, GG-Komm., 9. Aufl., 1999, Art. 140 Rdn. 1. Die Autoren leiten daraus allerdings nicht die Konsequenz ab, dass Art. 139 WRV Schutzwirkung ausschließlich zu Gunsten religiöser Feiertage entfaltet.

[580] Vgl. *Kästner*, HStKR II, 2. Aufl., Berlin, 1995, § 51, S. 337, 346 f., der aber zutreffend auch darauf hinweist, dass der Staat nicht darüber zu bestimmen vermag, welche Feiertage tatsächlich begangen werden, sondern er durch die Anerkennung lediglich auf gesellschaftliche Bedürfnisse, die er vorfindet, Bezug nehmen kann.

dem Staat verwehrt sein soll, auch weltliche Feiertage auf gleicher Stufe mit religiös veranlassten Feiertagen zu schützen.

Da die Funktionen der Feiertagsgarantie, die Arbeitsruhe und seelische Erhebung, an den gesellschaftlichen Bedürfnissen orientiert sind[581], muss auch die Wahl der Feiertage daran ausgerichtet sein. Vor diesem Hintergrund erschiene es systemwidrig, etwa den Nationalfeiertag, für den ein ganz erhebliches gesellschaftliches Bedürfnis besteht, nicht auf gleiche Stufe mit religiösen Feiertagen, die zum Teil (ausschließlich) als willkommene Freizeit empfunden werden, stellen zu dürfen[582]. Dies wird deutlich, wenn man sich die praktischen Konsequenzen einer solchen Betrachtung verdeutlicht. Bevor auch nur irgendeinem Feiertag mit kirchlichem Bezug, sei dessen Bedeutung auch noch so gering, die Anerkennung entzogen werden dürfte, wäre der Tag der Deutschen Einheit zu streichen. In letzter Konsequenz dieses gedanklichen Ansatzes wäre eine einmal erfolgte Streichung kirchlicher Feiertage vor einer Anerkennung weltlicher Feiertage zu revidieren. Eine solche „Preisgabe" staatlicher Kompetenzen bezweckt Art. 139 WRV jedoch gerade nicht. Sie widerspräche in ihrer gedanklichen Konzeption dem generellen Vorrang staatlichen Rechts, da der Staat in der Auswahl seiner eigenen Feiertage - im rein weltlichen Bereich - erheblich eingeschränkt würde.

Zwar lässt sich entstehungsgeschichtlich ein enger Bezug der Feiertagsgarantie zu kirchlichen Interessen herstellen. Art. 139 WRV spiegelt auch ein Verständnis des Staates als Wärter kirchlicher Interessen, als „advocatus ecclesiae"[583] wieder, infolgedessen anfänglich der Schutz des Grundbestandes christlicher Feiertage als Kern der Garantie aufgefasst wurde. Diese, den Art. 139 WRV auf kirchliche Tage verengende Sicht hat sich aber schon in der Weimarer Republik nicht durchsetzen können[584].

Zu fragen ist vor diesem Hintergrund aber, ob Art. 139 WRV umgekehrt nicht nur die Existenz anerkannter Feiertage überhaupt, sondern auch die Existenz anerkannter Feiertage mit religiösem Anlass garantiert. Gesetzeshistorisch spricht - wie gezeigt - vieles dafür, als vom Wesenskern mitumfasst auch die Existenz religiöser Feiertage anzusehen. Maßgeblich muss jedoch die verfassungsrechtlich intendierte Funktion der Norm sein. Zwar mag der Begriff

[581] Dazu bereits oben (Teil 2, Kap. 1, Abschn. 2, II 2 a 2).

[582] Dementsprechend verneinte das Bundesverfassungsgericht (NJW 1995, 3378, 3379) die Notwendigkeit anstelle des Buß- und Bettages den Tag der Deutschen Einheit zu streichen, mit dem knappen Hinweis auf die erst kurz zuvor erlangte Wiedervereinigung ohne sich näher mit der dogmatischen Frage eines Rangverhältnisses auseinanderzusetzen. Zuletzt zum Tag der Deutschen Einheit *Wassermann*, NJW 2001, 793 f.

[583] *Anschütz*, Die Verfassung des Deutschen Reiches, 11. Aufl., 1929, Art. 139 WRV Anm. 1; *Dirksen*, Das Feiertagsrecht, 1961, S. 19.

[584] Vgl. dazu bereits oben (Teil 2, Kap 1, Abschn. 2, II 1 a 2).

der seelischen Erhebung vormals primär religiöse Belange im Blick gehabt haben, doch unterliegt dieser Terminus wegen seiner Anknüpfung an die gesellschaftlichen Bedürfnisse Änderungen in der tatsächlichen Anschauung der Bevölkerung. Daraus folgt zumindest die theoretische Möglichkeit, den Wesenskern des Art. 139 WRV im Zuge einer massiven religiösen Erosion in der Bevölkerung von religiösen Elementen zu trennen. Dies würde freilich eine nahezu vollständige Loslösung unserer Gesellschaft von religiösen Bindungen voraussetzen.

Eine Garantie der Anerkennung religiöser Feiertage folgt somit aus der gegenwärtig nicht vorzunehmenden Trennung von Religion und seelischer Erhebung. Wichtig an dieser Erkenntnis ist aber, dass die Anerkennung kirchlicher Feiertage nicht aus dem Begriff der „Feiertage" iSd. Art. 139 WRV folgt, sondern aus dem einem dynamischen Verständnis unterliegenden Begriff der seelischen Erhebung, der zur Zeit jedenfalls ohne Anerkennung bestimmter religiöser Feiertage nicht den Bedürfnissen der Bevölkerung entsprechend berücksichtigt würde, beließe es der Staat ausschließlich bei der Anerkennung weltlicher Feiertage.

Dies ist jedoch ausschließlich Folge einer funktionalen Bestimmung des Wesenskerns am Maßstab der jeweils gegenwärtigen gesellschaftlichen Gegebenheiten. Daraus lässt sich zwar ein Vorrang bestimmter religiöser Feiertage wie etwa Weihnachten oder Ostern begründen. Ein allgemeingültiges Rangverhältnis zwischen weltlichen und kirchlichen Feiertagen schlechthin folgt hieraus indes nicht. Dies würde eine Abkoppelung vom funktionalen Element der institutionellen Garantie bedeuten, wofür die Norm keine Anhaltspunkt bietet.

d) Wirtschaftspolitische Erwägungen

Der Status als anerkanntem Feiertag bringt es mit sich, dass Arbeitgeber zur Lohnfortzahlung verpflichtet sind, obwohl sie an diesem Tag keine Arbeitnehmer beschäftigen dürfen. Von Seiten der Wirtschaft besteht daher ein großes Interesse daran, die Zahl der anerkannten Feiertage möglichst gering zu halten bzw. zur Steigerung der Effektivität ihrer Arbeitskräfte weiter abzusenken. So entlastet die Streichung allein des Buß- und Bettages die Arbeitgeber um jährlich etwa 9 Mrd. DM[585]. Diese Kostengröße wird in einem sich internationalisierenden Wettbewerb zukünftig weiter an Bedeutung gewinnen[586]. Poli-

[585] Sondergutachten des Sachverständigenrates zur Begutachtung der gesamtwirtschaftlichen Entwicklung vom 02.07.1995 zur Kompensation der Kosten der Pflegeversicherung.

[586] Näher dazu *Kunig*, Der Schutz des Sonntags im verfassungsrechtlichen Wandel, 1989, S. 6 f.

tisch stehen Feiertage und wirtschaftliche Interessen in einem Spannungsverhältnis. Fraglich ist daher, ob die Zahl der Feiertage zur Erzielung finanzpolitischer Effekte reduziert werden darf[587]. Der BayVerfGH[588] hat in seiner Entscheidung zum Buß- und Bettag ausgeführt, die Streichung von Feiertagen aus sachlichen Erwägungen - "welchen auch immer" - verstieße nicht gegen die Feiertagsgarantie der Landesverfassung. Insbesondere wirtschaftliche oder sozialpolitische Gründe seien in diesem Zusammenhang legitime Anlässe einer Streichung. Das Bundesverfassungsgericht[589] hat diese Frage nicht erörtert, sondern auf den Fortbestand einer angemessenen Zahl an Feiertagen auch weiterhin verwiesen.

Im Ergebnis ist den Entscheidungen zuzustimmen. Die Feiertagsgarantie steht allerdings nicht bezugslos im Verfassungsgefüge, sondern ihr kommt eine durch die Merkmale der Arbeitsruhe und seelischen Erhebung definierte verfassungsrechtliche Funktion zu[590]. An diese Funktionen ist der Gesetzgeber bei der Ausgestaltung seines Spielraumes gebunden. Eine Streichung einzelner Feiertage[591] *allein* aus finanzpolitischen Erwägungen heraus wäre daher verfassungswidrig[592]. Umgekehrt braucht sich der Gesetzgeber bei der Ausgestaltung seines Spielraumes aber nicht ausschließlich von den Funktionen des Art. 139 WRV leiten lassen. Im Folgenden gilt es daher zu klären, in welcher Weise wirtschaftspolitische Gründe bei der Anerkennung von Feiertagen bzw. deren Entzug eine Rolle spielen können.

In der Praxis werden es wohl ausschließlich finanzpolitische Erwägungen sein, die den Gesetzgeber dazu verleiten, über eine Kürzung von Feiertagen nachzudenken. Dies hat der Fall des Buß- und Bettages allzu deutlich gezeigt. Für die weitere rechtliche Bewertung hat dieser ökonomische und daher außerhalb des Art. 139 WRV liegende Anlass aber zunächst außer Betracht zu bleiben. Unter Ausblendung finanzpolitischer Effekte hat der Gesetzgeber eine Prognoseentscheidung darüber zu treffen, ob nach der Streichung eines oder mehrerer Feiertage die Anforderungen des Art. 139 WRV gewahrt bleiben, das heißt den gesellschaftlichen Bedürfnissen nach Arbeitsruhe und seelischer Er-

---

[587] Vgl. zu dieser Frage etwa *Kästner*, HStKR II, 2. Aufl., 1995, § 51, S. 337, 349; *ders.*, DÖV 1994, 464 ff.; *Busch/Werner*, DÖV 1998, 680 ff.

[588] BayVerfGH, DÖV 1996, 558.

[589] BVerfG, NJW 1995, 3378, 3379.

[590] Ausführlich zu diesen Merkmalen bereits oben (Teil 2, Kap. 1, Abschn. 2, II 2 a 2).

[591] Wären hiervon alle Feiertage betroffen, läge bereits ein unzulässiger Eingriff in den Wesenskern der Garantie vor.

[592] So auch *Kästner*, HStKR II, 2. Aufl., 1995, § 51, S. 337, 349; *Busch/Werner*, DÖV 1998, 680, 683.

hebung noch hinreichend entsprochen wird[593]. Für die Zulässigkeit einer Reduzierung der Feiertage sprechen dabei gegenwärtig insbesondere die schwindenden religiösen Bindungskräfte. Religiöse Feiertage werden heute von einer steigenden Zahl an Menschen lediglich als zusätzliche Freizeit wahrgenommen, wobei das Merkmal der seelischen Erhebung völlig in den Hintergrund tritt[594]. Feiertage sind nach der Intention des Art. 139 WRV jedoch mehr als staatlich festgelegte „Urlaubstage". Insbesondere wenn die Tage nicht mehr ihrem Anlass entsprechend begangen werden, stellt sich die Frage nach ihrer Notwendigkeit[595]. Kommt der Gesetzgeber bei seiner zu treffenden Prognose zu dem Ergebnis, auch eine reduzierte Zahl an Feiertagen werde der verfassungsrechtlich an die Feiertage gestellten Funktion gerecht, spielt es grundsätzlich keine Rolle, welche Erwägungen den Anlass gegeben haben, über eine Streichung von Feiertagen nachzudenken. Vor diesem Hintergrund kann die Entscheidung zur Verringerung der Feiertage auch auf wirtschaftlichen Gründen beruhen[596].

e) Instrumentalisierung von Feiertagen für politische Zwecke?

Der Bezug des Spielraumes zur Intention der Garantie des Art. 139 WRV schließt aber verfassungsrechtlich eine Instrumentalisierung der Feiertage zu politischen Zwecken aus. So wäre es etwa unzulässig, zur Verfolgung staatsideologischer Intentionen die Mehrheit der bisherigen Feiertage zu streichen und stattdessen eine Vielzahl von weltlichen Feiertagen anzuerkennen, die lediglich der Infiltrierung dienen, wie etwa in der ehemaligen DDR gesche-

[593] Zutreffend führt *Kästner*, HStKR II, 2. Aufl., 1995, § 51, S. 337, 349, aus, dass der Gesetzgeber bei der Entscheidung über die staatliche Anerkennung kirchlicher Feiertage bzw. einen Entzug der Anerkennung in jedem Fall die gesellschaftliche Relevanz der betreffenden Tage unter Berücksichtigung ihrer religiösen Bedeutung zu ermitteln habe und nur im Lichte dieses Befundes im Einklang mit den Vorgaben der Bundesverfassung über den Fortbestand staatlicher Anerkennung entscheiden könne.

[594] Zur „Krise des Sonntags" *Kästner*, DÖV 1994, 464 ff.

[595] Vor diesem Hintergrund gelangt *Renck*, NVwZ 1993, 648, 650, zu dem Ergebnis, die staatliche Verfügbarkeit über kirchliche Feiertage sei bei weitem nicht so beschränkt wie man zunächst annehmen würde. Danach bedürfe gegenwärtig selbst die Streichung mehrerer kirchlicher Feiertage keiner besonderen sachlichen Rechtfertigung. Dem kann so jedoch nicht gefolgt werden. Die Motive des Staates bei der Festlegung anerkannter Feiertage müssen nachvollziehbar sein. Dies ist eine zwingende Folge des Willkürverbots, das dem Gesetzgeber eine Begründungspflicht auferlegt; näher dazu sogleich.

[596] So auch: *Kästner*, DÖV 1994, 464, 472, jedoch bezüglich des Vorliegens dieser Voraussetzungen bei der Streichung des Buß- und Bettages skeptisch; *Busch/Werner*, DÖV 1998, 680, 683. In diesem Sinne wohl auch *Dietlein*, FS Rüfner, 131, 139.

hen[597]. Eine solche aktive Gestaltung sieht Art. 139 WRV gerade nicht vor. Der Gesetzgeber soll durch die Anerkennung vorgefundenen Bedürfnissen entsprechen, diese jedoch nicht erst hervorrufen[598]. Weltliche Feiertage müssen in besonderer Weise von einem gesellschaftlichen Grundkonsens getragen werden. Bei ihrer Anerkennung ist daher eine gewisse Zurückhaltung geboten.

f) Aus dem Willkürverbot abzuleitendes Rangverhältnis

Den Gestaltungsspielraum eröffnend wie begrenzend wirken nach alldem die dem Art. 139 WRV innewohnenden Funktionselemente der Arbeitsruhe und seelischen Erhebung. Durch das Merkmal der seelischen Erhebung wird der Gesetzgeber bei der Auswahl zu streichender Feiertage ggf. gebunden. Da er sich an den Bedürfnissen der Bevölkerung zu orientieren hat, ergibt sich eine dem Maß ihrer gesellschaftlichen Anerkennung entsprechende „Rangfolge" an Feiertagen. Die gesellschaftliche Akzeptanz als entscheidende Größe lässt sich tatsächlich jedoch nicht im Einzelnen dezidiert nachweisen. Vor diesem Hintergrund beinhaltet die Entscheidung über den Entzug oder die Verleihung der Anerkennung zwangsläufig in erheblichem Umfang prognostizierende Elemente. Bei der Bewertung des Maßes gesellschaftlicher Anerkennung besteht ein gesetzgeberischer Beurteilungsspielraum[599]. Die Grenze dieses Spielraumes bildet allerdings das Willkürverbot[600]. Unzulässig ist ein Hinwegsetzen über offenkundige Bedürfnisse.

Auch unter dem Aspekt des Willkürverbots erlangen die höchsten christlichen Feste Weihnachten und Ostern daher eine besondere verfassungsrechtliche Absicherung. Diese steht aber unter dem Vorbehalt, dass sich an der gesellschaftlichen Bedeutung dieser Feste gegenüber anderen Feiertagen nichts grundlegend ändert. Keine Bindung des Gesetzgebers kann dem Art. 139 WRV hingegen hinsichtlich der Frage entnommen werden, ob die zweiten Feiertage dieser bedeutenden Feste Vorrang gegenüber anderen Feiertagen genießen.

---

597 Vertiefend hierzu *Mattner*, Sonn- und Feiertagsschutz auf dem Gebiet der ehemaligen DDR, Arbeit und Arbeitsrecht, 1991.

598 Vgl. auch *Kästner*, DÖV 1994, 464, 472, der zwar die Möglichkeit einer politischen Instrumentalisierung der Feiertage nicht ausdrücklich erwähnt, jedoch die Bindung des Gesetzgebers an das in Art. 139 WRV bzw. den entsprechenden Vorschriften der Landesverfassungen enthaltene Pflichtenprogramm herausstellt.

599 *Kästner*, NVwZ 1993, 148, 150 f.; *ders.*, DÖV 1994, 464, 472; *Busch/Werner*, DÖV 1998, 681, 683.

600 Vgl. insoweit BVerfG, NJW 1995, 3378, 3379, das feststellt, der Gesetzgeber dürfe Feiertage aus sachlichen Gründen - welchen auch immer - die Anerkennung entziehen. Fehlt es an einem sachlichen Grund, liegt eine willkürliche Entscheidung vor, so dass die Ausführungen des BVerfG durchaus dahingehend zu interpretieren sind, dass das Willkürverbot die inhaltliche Grenze des Gestaltungsspielraums bildet.

Dabei handelt es sich um eine offene Wertungsfrage, die der einfache Gesetzgeber im Rahmen des ihm eröffneten Prognosespielraumes frei zu entscheiden vermag[601].

g) Weitere Bindungen des Gesetzgebers

Schließlich erscheint es denkbar, die Anerkennung kirchlicher Feiertage von der Erfüllung weiterer Voraussetzungen, die an die betreffende Kirche zu stellen sind, abhängig zu machen sind. So könnte man etwa verlangen, nur Feiertage solcher Kirchen anzuerkennen, die als Körperschaft des öffentlichen Rechts anerkannt sind, oder zumindest die Voraussetzungen einer Religionsgemeinschaft erfüllen. Auch liegt es nahe, nur die Anerkennung von Feiertagen solcher Kirchen zuzulassen, die sich rechtstreu verhalten. Diese Merkmale werden jedoch von den christlichen Großkirchen, deren Feiertage bislang ausschließlich als religiöse Feiertage anerkannt wurden, ohne jeden Zweifel erfüllt. Den genannten Kriterien kann daher nur dann eine Relevanz zukommen, wenn der Staat Feiertage anderer Glaubensrichtungen anzuerkennen gedenkt. Aus diesem Grunde soll die Frage nach solchen weitergehenden Bindungen des Gesetzgebers erst im vierten Teil untersucht und an dieser Stelle offengelassen werden.

II.) Schutzberechtigung der institutionellen Garantie

Nicht abschließend geklärt ist die Frage, ob und in welchem Umfang Art. 140 GG iVm. Art. 139 WRV subjektive Rechte vermittelt. Die Rechtsprechung[602] und die herrschende Lehre[603] verneinen einen subjektivrechtlichen Charakter der Vorschrift und betrachten Art. 140 GG iVm. Art. 139 WRV als lediglich objektivrechtliche institutionelle Garantie.

Gleichwohl hat das OVG Greifswald[604] einer Klage von Kirchengemeinden auf Einhaltung des Sonn- und Feiertagsschutzes stattgegeben. Ein subjektives Recht der Kläger leitete das Gericht dabei jedoch gerade nicht aus der institutionellen Garantie selbst, sondern aus entsprechenden Verträgen zwischen dem Land Mecklenburg-Vorpommern und den beiden großen Kirchen ab[605].

---

[601] *Kästner*, NVwZ 1993, 148, 151; *Tettinger*, EssGespr. 24 (1990), S. 100 (Aussprache); *Pahlke*, EssGespr. 24 (1990), S. 104 (Aussprache).

[602] BVerfG, NJW 1995, 3378, 3379; OVG Greifswald, NVwZ 2000, 948, 949.

[603] Vgl. *Zippelius*, in BoKo Art. 4 Rdn. 93; *Lücke* EuGRZ 1995, 651, 652; *Kokott*, in: Sachs, GG-Komm., 2. Aufl., 1999, Art. 4 Rdn. 9; *Jarass*, in: Jarass/Pieroth, GG-Komm., 5. Aufl., 2000, Art. 140 Rdn. 1.

[604] OVG Greifswald, NVwZ 2000, 948, 949

[605] Dazu auch *Heinig/Morlok*, KuR 160, 13 ff.

Die Einhaltung der verfassungsrechtlichen Vorgaben kann nach diesem Ansatz, sofern nicht einfachgesetzliche Konkretisierungen bestehen, die subjektivrechtlich ausgestaltet sind (bspw. §§ 9 ff. ArbZG), nicht von jedermann gerichtlich verfolgt werden. Nach diesem Verständnis käme insbesondere eine auf die Verletzung von Art. 140 GG gestützte Verfassungsbeschwerde gegen die Streichung eines Tages als anerkanntem Feiertag nicht in Betracht[606]. Diesem Ergebnis weicht die h.M. dadurch aus, dass die Zulässigkeit einer Verfassungsbeschwerde, bei der es im Kern um eine Verletzung des Art. 140 GG geht, aus der Möglichkeit der Verletzung anderer Vorschriften mit grundrechtlichem Charakter, namentlich Art 4 GG, in diesen Fällen hergeleitet wird. Dies soll selbst dann gelten, wenn Art. 140 GG über die Gewährleistungen dieser Vorschriften hinausgeht[607]. Fraglich ist, ob diese „Kongruenzfiktion" zu überzeugen vermag.

Zwar effektuiert Art. 139 WRV die Grundrechtsausübung, die Anerkennung von Feiertagen ist jedoch grundrechtlich nicht geboten[608]. Wird einem Feiertag die staatliche Anerkennung entzogen, so ist eine Grundrechtsverletzung regelmäßig offensichtlich ausgeschlossen[609]. Insbesondere gewährt Art. 4 GG keinen Anspruch auf ganztägige Arbeitsbefreiung[610], sondern reduziert sich auf die Garantie der Ausübung des religiösen Bekenntnisses, namentlich des Gottesdienstes. Dieses Segment des Feiertagsschutzes wird aber in vielen Bundesländern bereits durch den Status eines kirchlichen Feiertags erfasst. Gewähren die Feiertagsgesetze der Länder an kirchlichen Feiertagen Ansprüche auf Freistellung zur Teilnahme am Gottesdienst, scheint eine Verletzung des Art. 4 GG durch den Entzug staatlicher Anerkennung stets ausgeschlossen, wenn der betreffende Feiertag fortan als kirchlicher Feiertag einzustufen ist.

Kommt es hingegen nicht zu einem bloßen „Abrutschen" des betreffenden Feiertages in eine andere Kategorie, weil das Landesrecht diesen Tag nicht als kirchlichen Feiertag erfasst, ist eine Verletzung des Art. 4 GG durch den Entzug der Anerkennung ebenfalls von vornherein und offensichtlich ausgeschlossen. Denn selbst wenn Art. 4 GG ein subjektives Recht auf Arbeitsbefreiung zum Gottesdienstbesuch vermitteln sollte, könnte daraus lediglich auf Freistellung im Einzelfall für einen begrenzten Zeitraum, nicht jedoch auf staatliche Anerkennung eines Feiertages geklagt werden. Der Entzug staatlicher Anerkennung hingegen verletzt die Glaubensfreiheit offensichtlich

606 Vgl. BVerfGE 19, 129, 135, wo festgestellt wird, dass Art 140 GG keine mit der Verfassungsbeschwerde verfolgbaren Grundrechte enthalte.

607 *Pirson*, EssGespr 23 (1989), S. 43, 45.

608 Ausführlich dazu unten (Teil 3, Kap. 3).

609 Dazu im Einzelnen unten (Teil 3, Kap. 3).

610 LAG Düsseldorf, BB 1964, 587; *Hoeren/Mattner*, Feiertagsgesetze der Bundesländer, 1989, § 7 Rdn. 12; *Voll*, Handbuch des Bayerischen Staatskirchenrechts, 1985, S. 318.

nicht[611]. Jedenfalls künftig werden sich Verfassungsbeschwerden gegen den Entzug staatlicher Anerkennung bei konsequenter Betrachtung nicht mehr auf eine mögliche Verletzung des Art. 4 stützen lassen.

Die bislang herrschende Dogmatik weckt vielmehr den Eindruck, der Makel vermeintlich fehlender subjektiver Rechte aus Art. 140 GG solle durch eine bewusst großzügige Auslegung der Möglichkeit einer Grundrechtsverletzung ausgeglichen werden. Offenbar wird für die Zulässigkeit von Verfassungsbeschwerden, die sich im Kern auf eine Verletzung der inkorporierten Garantien der Art. 136 ff. WRV stützen, ein Bedürfnis gesehen.

Vor diesem Hintergrund liegt es nahe, die These einer bloß objektiven Einrichtungsgarantie des Art. 139 WRV kritisch zu hinterfragen.

Für ein bloß objektivrechtliches Verständnis der Feiertagsgarantie im Grundgesetz könnte sprechen, dass es sich bei ihr lediglich um eine nicht grundrechtliche Einrichtungsgarantie handelt. Die subjektive Schutzberechtigung folgt damit nicht schon ohne weiteres aus der subjektivrechtlichen Qualität der Norm, die sie verbürgt (wie dies bspw. beim Eigentum gem. Art. 14 GG, der freien Presse gem. Art. 5 GG, oder Ehe und Familie gem. Art. 6 GG der Fall ist), sondern bedarf der besonderen Herleitung. Eine solche wird nicht schon durch die Rezeption der Feiertagsgarantie in das Grundgesetz mittels Art. 140 GG ausgeschlossen. Denn die Art. 136 ff. WRV enthalten nicht ausschließlich objektives Recht[612]. So ist Art. 137 WRV eindeutig als subjektive Gewährleistung zu verstehen. Die Vorschrift begründet einen Rechtsanspruch der Religionsgemeinschaften auf Anerkennung als Körperschaft des öffentlichen Rechts bei Vorliegen der Voraussetzungen[613]. Auch das Steuererhebungsrecht des Art. 137 VI WRV begründet subjektive Rechte. In der Weimarer Reichsverfassung waren die Art. 136 ff. WRV in den Grundrechtsteil integriert. Die Annahme einer bloß objektivrechtlichen Inkorporation durch Art. 140 GG erweist sich als unrichtig, da der Verfassunggeber die Art. 136 ff. WRV in der Gestalt in das Grundgesetz aufgenommen hat, die sie zum Ende der Weimarer Demokratie gefunden haben[614]. Daher ist für jede der inkorporierten Normen einzeln deren subjektivrechtlicher Gehalt zu ermitteln. Dabei ist im Ansatz davon auszugehen, dass auch nichtgrundrechtliche Einrichtungsgarantien in den meisten Fällen nicht nur um der Institution willen geschaffen

---

[611] Dazu ausführlich unten (Teil 3, Kap. 3, Abschn. 1, I).

[612] Vgl. nur *Ehlers*, in: Sachs, GG-Komm., 2. Aufl., 1999, Art. 140 Rdn. 3.

[613] Zuletzt *Bohl*, Der öffentlich-rechtliche Körperschaftsstatus der Religionsgemeinschaften, 2001, S. 23 ff.; vgl. nur den Wortlaut der Vorschrift („*sind zu gewähren*"), der unmissverständlich auf eine gebundene Entscheidung und damit einen Anspruch hindeutet.

[614] Vgl. dazu *Maunz*, in: Maunz/Dürig, GG-Komm., Art. 140 Rdn. 8; *Hollerbach*, Verträge zwischen Staat und Kirche in der Bundesrepublik Deutschland, 1965, S. 85.

sind, sondern auch bestimmt sind, individuellen Rechtssubjekten zu dienen[615]. *Morlok/Heinig*[616] werten ein rein objektivrechtliches Verständnis des Art. 140 GG iVm. Art. 139 WRV daher als „absolute Anomalie" und werfen die Frage auf, ob vor diesem Hintergrund weniger die Herleitung subjektiver Rechte als vielmehr deren Verneinung begründungsbedürftig sei. Auch *Stern*[617] verweist darauf, dass Einrichtungsgarantien stets „nur so viel wert sind, wie sie im Bedrohungsfall verteidigt werden können" und deren subjektive Berechtigung daher nicht restriktiv, sondern extensiv zu verstehen sei. Diese Erkenntnis kann meines Erachtens jedoch nicht vollständig von der dogmatischen Herleitung des subjektivrechtlichen Charakters der jeweiligen nichtgrundrechtlichen Einrichtungsgarantie entbinden. Sie kann sich einerseits aus einer besonderen „Grundrechtsnähe", der systematischen Platzierung im Grundrechtsteil (Art. 1-19 GG) ergeben, wie dies etwa bei der Garantie des Religionsunterrichts als ordentlichem Lehrfach (Art. 7 III 1 GG) oder der deutschen Staatsangehörigkeit (Art. 16 I GG) der Fall ist. Elementare, nicht grundrechtliche Einrichtungsgarantien werden durch ergänzende Normen subjektivrechtlich bewehrt. Für die kommunale Selbstverwaltung ist dies etwa Art. 93 I Nr. 4b GG, für politische Parteien Art. 93 I Nr. 1 GG. Da das Grundgesetz eine solch positive Aussage zum subjektivrechtlichen Charakter der nichtgrundrechtlichen Einrichtung „Feiertage" nicht enthält, muss sich dieser aus dem Inhalt der garantierten Einrichtung selbst ergeben.

Maßgebliche Bedeutung kommt dabei dem mit den Worten „Arbeitsruhe und seelische Erhebung" skizzierten Zweckprogramm der Norm zu. Zum Teil wird im Hinblick auf das damit verbundene Nebeneinander sozialpolitischer und religiöser Zwecke eine Auflösung der spezifischen Verbindung zu individualisierbaren Trägern subjektiver Rechte gesehen[618]. Dies kann so freilich nicht überzeugen. Zunächst knüpft der Wortlaut des Art. 139 WRV mit dem Begriff der „*seelischen*" Erhebung erkennbar an die Erholung des Einzelnen an[619]. Soweit mit dem Zweckprogramm der Vorschrift die Herstellung einer allgemeinen „Sonntagsruhe" als äußerer Ruhe verlangt wird, dient dies zwar dem Allgemeininteresse, dieses wird jedoch ausschließlich von der Summe der Individualinteressen gebildet. Blendete man die individuelle Ebene des Feiertagsschutzes aus dem verfassungsrechtlichen Blickfeld aus, geriete die institutionelle Garantie der Feiertage zum reinen Selbstzweck. Hinter Art. 140 GG iVm. Art. 139 WRV verbirgt sich vielmehr eine „dezidierte grundrechtliche

---

[615] *Stern*, StaatsR III/1, § 68, VI 5, S. 874.
[616] NVwZ 2001, 846, 849.
[617] StaatsR III/1, § 68, VI 5, S. 875.
[618] Vgl. OVG Greifswald, NVwZ 2000, 948, 949 mwN.
[619] So auch *Morlok/Heinig*, NVwZ 2001, 846, 850.

Teleologie"[620]. Mit der Einrichtung soll insbesondere Gläubigen die Ausübung ihrer religiösen Bedürfnisse erleichtert werden; insoweit dient die Vorschrift der Effektuierung des Grundrechts der Religionsfreiheit. Mit der status-quo-Garantie des Sonntags wird eine gleichmäßige Taktung des Wochenrhythmusses im Sinne einer sozialen Synchronisation erreicht, die ein erfülltes Ehe- und Familienleben erst ermöglicht. Schließlich erscheint es kaum denkbar, sich über die Individualbezogenheit hinwegzusetzen, die in der Anknüpfung des Art. 139 WRV an dem Begriff der „Seele" zum Ausdruck kommt[621]. Die Vorschrift nimmt daher erkennbar die personale Integrität des Einzelnen in Bezug[622]. Sie gibt den äußeren Rahmen, in dem der Einzelne zu seelischer Erhebung finden können soll.

Dass die institutionelle Garantie daneben die Schaffung einer im Allgemeininteresse liegenden äußeren Ruhe bezweckt, vermag den Individualbezug nicht aufzulösen (zumal sich das Interesse nach äußerer Ruhe als Summe von individuellen Interessen begreifen lässt).

Die in der Feiertagsgarantie unbestrittenermaßen liegenden sozialpolitischen und religiösen Motive können die individuelle Komponente des Art. 139 WRV ebenfalls nicht überspielen, sondern sie treten lediglich ergänzend neben diese Zwecke. So erscheint es nur folgerichtig, eine subjektivrechtliche Komponente des Art. 139 WRV anzuerkennen[623].

Bestärkt wird dieses Ergebnis durch das im Wort „bleiben" zum Ausdruck kommende Kontinuitätsprinzip. Die konservierende Funktion des Art. 139 WRV beschränkt sich nicht allein auf den Erhalt bzw. Bestand von Feiertagen, sondern bezieht sich auch auf die Art und Weise des Feiertagsschutzes („bleiben *als* Tage der ... geschützt"). Art. 139 WRV knüpft u.a. an die zum Zeitpunkt des Inkrafttretens der Norm bestehenden, individualschützenden §§ 105a ff. GewO an. Die im einfachen Recht seit jeher anzufindende subjektivrechtliche Aufladung des Feiertagsrechts - insbesondere durch Arbeitnehmerschutzvorschriften oder Verbote störender Tätigkeiten - könnte durch die kontinuitätswahrende Funktion des Art. 139 WRV dergestalt auf die Ebene des Verfassungsrechts transportiert worden sein, dass zum Wesenskern der institutionellen Garantie ein Grundbestand individualschützender Vorschriften zu zählen ist, der der verfassungsrechtlichen Garantie insgesamt einen subjektivrechtlichen Charakter verleiht[624]. Ein solches Vorgehen bedeutet keineswegs einen

---

[620] *Morlok*, in: Dreier, GG-Komm., Bd. 3, Art. 140/Art. 139 WRV Rdn. 19.

[621] Vgl. *Morlok/Heinig*, NVwZ 2001, 846, 850.

[622] Vgl. *Morlok*, in: Dreier, GG-Komm., Bd. III, 2000, Art. 140/Art. 139 WRV Rdn. 19.

[623] Wie hier bislang lediglich *Morlok*, in: Dreier, GG-Komm., Bd. 3, Art. 140/Art. 139 WRV Rdn. 18 f.; *Morlok/Heinig*, NVwZ 2001, 846 ff.

[624] So auch *Morlok*, in: Dreier, GG-Komm., Bd. 3, Art. 140/Art. 139 WRV Rdn. 18; *Morlok/Heinig*, NVwZ 2001, 846, 850.

unzulässigen Rückschluss von der Ebene des einfachen auf die des Verfassungsrechts. Denn nach dieser Konzeption hat der Verfassunggeber bewusst an vorgefundene Gegebenheiten angeknüpft und diese in seinen Willen aufgenommen. An diesem Mindeststandard ist fortan die einfachgesetzliche Ausgestaltung zu messen. Sie darf insbesondere nicht hinter diesen Grundstandard zurückfallen. Für diesen Ansatz spricht, dass sich mit der Schaffung des Art. 139 WRV unmittelbar an der gesetzlichen Ausgestaltung des Sonn- und Feiertagsrechts nichts änderte, sondern eine zusätzliche verfassungsrechtliche Absicherung eines Wesenskerns geschaffen wurde. Gerade dieses „Wesen" des Feiertagsrechts war aber von individualschützenden Normen geprägt, so dass nicht einzusehen ist, der verfassungsrechtlichen Garantie den subjektivrechtlichen Charakter zu versagen. Entgegen der bislang h.M. ist daher ein subjektivrechtlicher Charakter des Art. 140 GG iVm. Art. 139 WRV anzuerkennen.

Der sachliche Gehalt des Art. 140 GG iVm. Art. 139 WRV bleibt hiervon unberührt[625]. Subjektivrechtlich bewehrt sind grundsätzlich Eingriffe in den Kernbereich. Im Außenbereich besteht lediglich ein Anspruch auf Einhaltung der Grenzen des gesetzgeberischen Gestaltungsspielraums. Entsprechend den allgemeinen Grundsätzen zum legislativen Unterlassen kann demgegenüber regelmäßig kein Anspruch auf Erlass einer bestimmten Regelung begründet werden.

Aus Art. 140 GG iVm. Art. 139 WRV berechtigt werden alle natürlichen Personen. Analog Art. 19 III GG wirkt die institutionelle Garantie darüber hinaus auch zu Gunsten der Kirchen, sind es nach der Intention des Art. 139 WRV eben auch diese, die durch ihre Angebote den Rahmen schaffen, in dem der Einzelne zur seelischen Erhebung finden kann.

Fraglich ist jedoch, auf welchem Weg gegen eine Verletzung des Art. 140 GG iVm. Art. 139 WRV Rechtsschutz zu erlangen ist. Gegen Maßnahmen der Exekutiven steht gem. § 40 I VwGO der Verwaltungsrechtsweg offen. Probleme ergeben sich jedoch in dem hier zu untersuchenden Fall, dass der Gesetzgeber einem Feiertag die staatliche Anerkennung entzieht, da hiergegen der Verwaltungsrechtsweg regelmäßig nicht in Anspruch genommen werden kann. Denn der Verwaltungsrechtsweg ist grundsätzlich nicht zur bloßen Überprüfung von Rechtsnormen eröffnet. Das Normprüfungsrecht ist beim Bundesverfassungsgericht (bzw. den Landesverfassungsgerichten) monopolisiert. Der Entzug staatlicher Anerkennung eines Feiertages erfolgt jedoch grundsätzlich unmittelbar durch Gesetz, das keines weiteren Vollzugsaktes, der im Verwaltungsrechtsweg angreifbar wäre, bedarf. Rechtsschutz kann sich in diesem Fall

---

[625] So auch *Morlok/Heinig*, NVwZ 2001, 846, 851.

daher nur gegen die Existenz der Norm als solche richten. Es geht in der Sache um eine Normenkontrolle, die vom Bundesverfassungsgericht (bzw. den Landesverfassungsgerichten) monopolisiert ist.

Ohne weiteres könnte die Verfassungsmäßigkeit des Entzuges staatlicher Anerkennung im Wege der abstrakten Normenkontrolle gem. Art. 93 I Nr. 2 GG, §§ 13 Nr. 6, 76 I, 77 ff. BVerfGG erfolgen. Dieses Verfahren setzt überdies als objektives Kontrollverfahren keinen subjektivrechtlichen Gehalt der zur Überprüfung gestellten Norm voraus. Das Verfahren dient gerade nicht der Durchsetzung subjektiver Rechte, sondern dem Schutz der Verfassung, insbesondere deren Vorrang vor jedwedem sonstigen widersprechenden (nationalen) Recht[626]. Dementsprechend kann das Verfahren nur von bestimmten Verfassungsorganen beantragt werden[627]. Dem Rechtsschutz suchenden Bürger steht dieses Verfahren nicht offen.

Das Verfahren der konkreten Normenkontrolle nach Vorlage durch ein Gericht wird im Fall des Entzuges staatlicher Anerkennung ebenfalls keinen hinreichenden Rechtsschutz gewähren können, da es an einem selbständig gerichtlich angreifbaren Umsetzungsakt fehlt.

Den primär in Betracht kommende verfassungsprozessuale Rechtsbehelf stellt im Fall eines legislativen Entzuges staatlicher Anerkennung die Verfassungsbeschwerde gem. Art. 93 I Nr. 4a GG dar. Art. 140 GG iVm. Art. 139 WRV zählt jedoch nicht zu den in Art. 93 I Nr. 4a GG ausdrücklich angeführten, grundrechtsgleichen Rechten. Fraglich ist daher zunächst, ob die Feiertagsgarantie als Grundrecht iSd. Art. 93 I Nr. 4a GG einzuordnen ist. Hierzu wird von der h.M. eine formale Betrachtung vertreten, die als „Grundrechte" iSd. Art. 93 I Nr. 4a GG nur die im ersten Abschnitt des Grundgesetzes unter der Überschrift „Die Grundrechte" enthaltenen Grundrechte versteht[628]. Danach könnte eine Verletzung des Art. 140 GG iVm. Art. 139 WRV nicht im Wege der Verfassungsbeschwerde angegriffen werden. Für diese Auffassung spricht eine systematische Betrachtung des Art. 93 I Nr. 4a GG. Wäre der Begriff der „Grundrechte" nicht formal, sondern funktional auszulegen, bestünde für eine enumerative Auflistung grundrechtsgleicher Rechte keine Veranlassung; sie wäre überflüssig.

Andererseits ergäben sich nach dieser Lösung erhebliche Rechtsschutzlükken, welche den tatsächlichen Wert der Bejahung subjektiver Rechte aus Art. 139 WRV wieder in Frage stellen würden. Durch die verfahrensrechtliche Ausgestaltung der Verfassungsbeschwerde würde die materiellrechtlich getrof-

---

626 *Benda/Klein*, Verfassungsprozeßrecht, 2. Aufl., 2001, Rdn. 707.

627 Gem. Art. 93 I Nr. 2 GG sind nur die Bundesregierung, der Bundesrat oder 1/3 der Mitglieder des Bundestages antragsberechtigt.

628 So etwa *Kley/Rühmann*, in: Umbach/Clemens, BVerfGG, Art. 90 Rdn. 40 mwN.

fene Wertung des Art. 139 WRV ausgeschaltet. Richtigerweise hat jedoch das Verfahrensrecht dem materiellen Recht zu folgen[629]. Die Einrichtung der Sonn- und Feiertage wäre anderenfalls der legislativen Aushöhlung nahezu schutzlos preisgegeben. Dies widerspräche dem Wert bzw. dem Rang der garantierten Einrichtung im Verfassungsgefüge. Materielle Regelungen sollen gerade nicht durch Verfahrensregelungen „durch die Hintertür" korrigiert werden. Im Gegenteil: Das Verfahrensrecht hat der Durchsetzung des materiellen Rechts zu dienen. Zu diesem materiellen Gehalt des Art. 139 WRV gehört aber auch der subjektivrechtliche Charakter.

Gleichwohl hat das Bundesverfassungsgericht entschieden, Art. 140 GG beinhalte keine im Wege der Verfassungsbeschwerde rügefähigen Rechte[630]. Dieses Ergebnis wird durch eine extensive Auslegung der Möglichkeit einer anderweitigen Grundrechtsverletzung kompensiert. Gegenüber dieser fragwürdigen Vorgehensweise[631] bietet es sich meines Erachtens eher an, Art. 93 I Nr. 4a GG im Lichte der materiellen Wertungen des Grundgesetzes auszulegen[632]. Art. 140 GG iVm. Art. 139 WRV ist im Wege einer Gesamtanalogie den in Art. 93 I Nr. 4a GG ausdrücklich benannten grundrechtsgleichen Rechten gleichzustellen. Aus dem Wortlaut des Art. 93 I Nr. 4a GG ergibt sich nicht, dass die darin enthaltene Aufzählung abschließend sei soll[633]. Auch sind unter dem Begriff der „Grundrechte" iSd. Art. 93 I Nr. 4a GG nicht zwingend nur die Art. 1-19 GG zu verstehen[634]. Die Verfassungsbeschwerde ist strukturell als (in der Regel subsidiäre) Rechtsschutzform des Bürgers gegen staatliche Eingriffe in seine grundgesetzlich gewährten subjektiven Rechte zu verstehen. Sie bildet die verfassungsprozessuale Komplementäreinrichtung zum grundrechtlichen status negativus. Rückt man diese Abwehrfunktion in den Vordergrund der Auslegung des Art. 93 I Nr. 4a GG, so kommt es weniger auf eine begriffsdogmatische Einordnung des Art. 140 GG iVm. Art. 139 WRV als Grundrecht, sondern vielmehr darauf an, ob sich eine Abwehrfunktion dieser Norm nachweisen lässt. Wie vorstehend herausgearbeitet, geht der subjektivrechtliche Gehalt des Art. 139 WRV dahin, Eingriffe in den Kernbereich zu unterbinden, also abzuwehren. Im Rahmen der vorzugswürdigen, funktionalen

---

629 *Ehlers*, in: Sachs, GG-Komm., 2. Aufl., 1999, Art. 140 Fn. 12.
630 BVerfGE 19, 129, 135.
631 Zur Kritik vgl. bereits oben (Teil 3, Kap. 1, Abschn. 2, IV).
632 Wie hier *Hollerbach*, HStR VI, § 138 Rdn. 145; *Ehlers*, in: Sachs, GG-Komm., 2. Aufl., 1999, Art. 140 Rdn. 3.
633 *Hollerbach*, HStR VI, § 138 Rdn. 145.
634 *Ehlers*, in: Sachs, GG-Komm., 2. Aufl., 1999, Art. 140 Rdn. 3.

Auslegung des Art. 93 I Nr. 4a GG ist daher auch die Verletzung des Art. 140 GG iVm. Art. 139 WRV rügefähig[635].

Der Charakter der Verfassungsbeschwerde als außerordentlichem Rechtsbehelf[636] wird durch dieses Ergebnis nicht unterlaufen. Denn aufgrund des vorrangig zu erschöpfenden Rechtswegs (§ 90 II BVerfGG) bleibt die Bedeutung der Verfassungsbeschwerde gegenüber Exekutivakten nach wie vor sekundär. Auch gegenüber Legislativakten ist die Verfassungsbeschwerde grundsätzlich subsidiär[637]. Entzieht der Staat allerdings durch Gesetz einem Feiertag die Anerkennung, besteht für den betroffenen Bürger keine Möglichkeit, die Maßnahme auf anderem Wege gerichtlich überprüfen zu lassen, da insbesondere kein Vollzugsakt notwendig ist, gegen den der Verwaltungsrechtsweg eröffnet wäre. Das entsprechende Gesetz führt vielmehr unmittelbar zur Änderung des Status des betreffenden Tages, es ist selbstvollziehend („self-executing-Norm").

Vor diesem Hintergrund ist die Verfassungsbeschwerde als *der* (verfassungs)prozessuale Rechtsbehelf gegen den legislativen Entzug staatlicher Anerkennung von Feiertagen anzusehen.

III.) Kompetenzen für die Anerkennung von Feiertagen

Art. 139 WRV äußert sich nicht ausdrücklich zu der Frage, wer zur Anerkennung von Feiertagen berechtigt ist. Ursprünglich wies § 105a II GewO den Landesregierungen die Kompetenz zu, die als Festtage zu begehenden Tage zu bestimmen. Nach Inkrafttreten des Art. 139 WRV war zunächst unklar, ob damit eine Änderung der Anerkennungskompetenz einherging[638]. Teilweise wurde Art. 139 WRV dahingehend interpretiert, dass nunmehr ausschließlich das Reich für Veränderungen im Bestand der Feiertage zuständig sei, da die Vorschrift des Art. 139 WRV die reichsrechtliche Garantie für den Fortbestand der am 11. August 1919 in den jeweiligen Ländern anerkannten Feiertage in dem zu dem genannten Stichtag bestehenden Umfang bilde und Änderungen an diesem feiertagsrechtlichen Status nunmehr ausschließlich durch die Reichsgesetzgebung erfolgen könnten[639]. Die These einer reichsverfassungsrechtlichen

---

[635] Wie hier *Ehlers*, in: Sachs, GG-Komm., 2. Aufl., 1999, Art. 140 Rdn. 3; *Hollerbach*, HStR VI, § 138 Rdn. 145, jeweils auf Art. 140 GG bezogen.

[636] Statt vieler etwa *Kley/Rühmann*, in: Umbach/Clemens, BVerfGG, § 90 Rdn. 1; BVerfGE 2, 287, 291.

[637] Dazu BVerfGE 81, 22, 27 f.; 81, 97, 102 f.; *Kley/Rühmann*, in: Umbach/Clemens, BVerfGG, § 90 Rdn. 90 ff.

[638] Ausführlich dazu oben (Teil 3, Kap. 2, Abschn. 2, II 2).

[639] Vgl. die Anfrage der Reichstagsabgeordneten *Mumm, Kahl, Beuerle, von Delbrück, Düringer, Heinze, Höltzsch und Philipp* an die Reichsregierung vom 3. April 1920; Aktenstück

status-quo-Garantie vermochte sich jedoch nicht durchzusetzen, vielmehr wurde Art. 139 WRV von der herrschenden Auffassung lediglich als institutionelle Sicherung aufgefasst. Die Reichsregierung vertrat die Ansicht, an der Geltung des § 105a II GewO habe sich grundsätzlich nichts geändert. Es sei daher vorrangig Sache der Länder, über die Anerkennung der Feiertage zu bestimmen, jedoch stelle Art. 139 WRV klar, dass auch das Reich zur Festsetzung von Feiertagen befugt sein könne[640].

Nach der Überleitung des Art. 139 WRV in das Grundgesetz stellte sich die Frage, ob der Bund oder die Länder zur Anerkennung von Feiertagen berechtigt sind. Die Vorschrift des Art. 139 WRV spricht lediglich von einer staatlichen Anerkennung, lässt aber ausdrücklich offen, ob diese durch den Bund oder die Länder erfolgt. Art. 139 WRV selbst stellt somit keinen Kompetenztitel dar[641]. Die Zuständigkeit ist daher aus der allgemeinen Kompetenzordnung des Grundgesetzes herzuleiten[642]. Der Sonn- und Feiertagsschutz bedarf aufgrund seiner Grundrechtsrelevanz einer gesetzlichen Ausgestaltung[643], so dass die zur Bestimmung der Anerkennungskompetenz maßgeblichen Normen des Grundgesetzes die Art. 70 ff. bilden. Gemäß Art. 70 I GG haben die Länder das Recht der Gesetzgebung, soweit das Grundgesetz nicht ausdrücklich dem Bund die Zuständigkeit verleiht. Zu denken wäre daran, einen Gegenstand der konkurrierenden Gesetzgebung gemäß Art. 74 I Nr. 11, 12 anzunehmen, da anerkannte Feiertage qua Verfassung Tage der Arbeitsruhe sind und dadurch einen engen Bezug zum Arbeits- und Wirtschaftsrecht aufweisen. Dieser Ansatz würde aber verkennen, dass die Facette der Arbeitsruhe nicht die Auswahl der anzuerkennenden Feiertage, sondern die inhaltliche Ausgestaltung des für alle Feiertage gleichermaßen geltenden Schutzes betrifft. Insoweit hat der Bund tatsächlich mit dem LSchlG oder dem ArbZG auf Art. 74 I Nr. 11, 12, Art. 72 GG gestützte Regelungen erlassen[644]. Die Kompetenz zur Festlegung eines Feiertages hat sich vielmehr an dem dem jeweiligen Feiertag zugrunde liegen-

---

Nr. 2535, Verhandlungen der Nationalversammlung, Bd. 342, S. 2819; zitiert nach *Kaisenberg*, in: Nipperdey, Die Grundrechte der Reichsverfassung, Bd. 2, S. 432 f.

640 Ausführlich dazu *Kaisenberg*, in: Nipperdey, Die Grundrechte der Reichsverfassung, Bd. 2, S. 432 f.

641 *Dietlein*, FS Rüfner, 131, 138.

642 Allgemein dazu etwa *Rengeling*, HStR IV, § 100, S. 723 ff.; *Fiedler*, DÖV 1977, 580 ff.; *Pietzcker*, HStR IV, § 99, S. 693 ff.

643 *Morlok*, in: Dreier, GG-Komm., Bd. III, 2000, Art. 140/Art. 139 WRV Rdn. 26; zuletzt OVG Magdeburg, NJW 1999, 2982, 2983.

644 *Dietlein*, FS Rüfner, 131, 138. Die Kompetenz des Bundes zum Erlass dieser Regelungen ist allgemein anerkannt, vgl. nur *Mattner*, Sonn- und Feiertagsrecht, 2. Aufl., 1991, § 4 Rdn. 1 (S. 77); *Morlok*, in: Dreier, GG-Komm., Bd. III, 2000, Art. 140/Art. 139 WRV Rdn. 26; *v. Campenhausen*, in: v. Mangoldt/Klein/Starck, GG-Komm., Bd. 3, 4. Aufl., 2001, Art. 139 WRV Rdn. 12.

den Anlass zu orientieren. Das Begehen von Feiertagen ist regelmäßig Ausdruck kultureller Identität, so dass die Anerkennung auf kulturpolitischen Motiven beruht[645]. Eine kulturpolitische Bundeskompetenz, welche auch die Festlegung von Feiertagen erfassen könnte, existiert jedoch nicht. Vielmehr fällt die Festlegung der Feiertage im Grundsatz unter die aus Art. 70 I GG abzuleitende Kulturhoheit der Länder[646]. Etwas anderes kann sich dann ergeben, wenn der konkrete Anlass eines bestimmten Feiertages einen Bezug zu einem Gegenstand der dem Bund zugänglichen Regelungsmaterien aufweist. Zu denken ist dabei namentlich an den Tag der Arbeit (1. Mai), der als traditioneller Tag der Arbeiterbewegung und der Gewerkschaften auch einen inhaltlichen Bezug zum Arbeits- und Wirtschaftsrecht aufweist[647]. In der Tat weist die Lehre dem Bund gem. Art. 74 I Nr. 11, 12 iVm. Art. 72 GG die Kompetenz zur Festlegung des Tags der Arbeit zu[648]. Hinsichtlich des 1. Mai hat der Bund jedoch von seiner behaupteten konkurrierenden Zuständigkeit keinen Gebrauch gemacht. Vielmehr ist der 1. Mai ausnahmslos landesrechtlich anerkannt. Überdies scheint es fraglich, die Anerkennung eines Feiertages zu Ehren der Arbeiterbewegung und der Gewerkschaften unter die in Art. 74 I Nr. 11, 12 GG verwendeten Begriffe des Arbeits- und Wirtschaftsrechts zu subsumieren[649]. Zu beachten ist, dass durch die Anerkennung dieses Feiertages ausschließlich

---

645 Dazu *Kästner*, HStKR II, 2. Aufl., 1995, § 51, S. 337, 343; *Häberle*, Feiertagsgarantien als kulturelle Identitätselemente des Verfassungsstaates, 1987, S. 53; vgl. auch *v. Campenhausen*, in: v. Mangoldt/Klein/Starck, GG-Komm., Bd. 3, 4. Aufl., 2001, Art. 139 WRV Rdn. 14.

646 So auch die einhellige Literatur, vgl. *Dietlein*, FS Rüfner, 131, 138; *Morlok*, in: Dreier, GG-Komm., Bd. III, 2000, Art. 140/Art. 139 WRV Rdn. 26; *Schmidt-Bleibtreu*, in: ders./Klein, GG-Komm., 9. Aufl., 1999, Art. 140 Rdn. 10f; *Ehlers*, in: Sachs, GG-Komm., 2. Aufl., 1999, Art. 140/Art. 139 WRV Rdn. 3 mwN.; *Röper*, SächsVBl. 1993, 265 ff.; der Begriff der „Kulturhoheit der Länder" taucht im Grundgesetz zwar nicht ausdrücklich auf, doch ergibt sich in Ermangelung einer umfassenden Bundeszuständigkeit, dass für kulturelle Belange in Anwendung des Grundsatzes des Art. 70 prinzipiell die Länder zuständig sind, vgl. hierzu etwa *Kunig*, in: v. Münch/Kunig, GG-Komm., Bd. 3, 3. Aufl., 1996, Art. 70 Rdn. 11; *Häberle*, Kulturverfassungsrecht im Bundesstaat, 1980, *Köstlin*, Die Kulturhoheit des Bundes, 1989.

647 Ein solcher Bezug kann sich freilich nur bei Feiertagen mit nicht religiösem Hintergrund - also ausschließlich bei weltlichen Feiertagen - ergeben, vgl. *Ehlers*, in: Sachs, GG-Komm., 2. Aufl., 1999, Art. 140/Art. 139 WRV Rdn. 3, jedoch gilt auch für die Festlegung weltlicher Feiertage die grundsätzliche Zuständigkeit der Länder.

648 So bspw. *Maunz*, in: Maunz/Dürig, GG-Komm., Art. 140/Art. 139 WRV Rdn. 1; *Mattner*, Sonn- und Feiertagsrecht, 2. Aufl., 1991, § 4 Rdn. 2; *Braun*, Kommentar zur Verfassung des Landes Baden-Württemberg, Art. 22 Rdn. 3; *Pfennig/Neumann*, Verfassung von Berlin, Art. 22 Rdn. 1.

649 Obgleich diese Kompetenztitel weit auszulegen sind, vgl. etwa *Badura*, AöR 92 (1967), 382, 387; *Rengeling*, in: BoKo, Art. 74 Rdn. 41.

die gesellschaftliche und historische Bedeutung der Arbeiter und Gewerkschaften gewürdigt werden soll, mithin also kulturelle Momente im Vordergrund stehen. Meines Erachtens hat der Bund daher keine Kompetenz zur Festlegung des 1. Mai als gesetzlichem Feiertag. Auf die Art. 74 I Nr. 11, 12 iVm. Art. 72 GG lässt sich nach hier vertretener Auffassung in keinem Fall die Anerkennung eines Feiertages stützen[650]. In jedem Fall ginge aber die Annahme fehl, der Bund sei grundsätzlich zur Anerkennung weltlicher Feiertage zuständig[651]. Als Beispiel sei nur die Festlegung eines Feiertages aus Anlass der Gründung eines Bundeslandes genannt[652]. Gleichwohl kann sich aber eine Bundeskompetenz zur Anerkennung eines Feiertages ausnahmsweise aus der Natur der Sache[653] ergeben. Solche ungeschriebenen Kompetenzen kraft Natur der Sache widersprechen nicht Art. 70 I GG, der keine ausdrückliche Verleihung verlangt. Das Grundgesetz kann insbesondere aus seiner Gesamtordnung heraus auch „stillschweigend mitgeschriebene" Zuständigkeiten „verleihen"[654]. Dies ist bei solchen Materien anzunehmen, die gerade den Bund als solchen, das heißt in seiner Gesamtheit betreffen. Soweit ein Feiertag einen solchen, spezifisch auf den Bund als Gesamtstaat bezogenen Charakter hat, ist daher eine Anerkennungskompetenz des Bundes zu bejahen[655]. Genannt sei hier der Tag der Deutschen Einheit (3. Oktober) als Nationalfeiertag und einzigem bundesrechtlich festgesetzten Feiertag[656]. Zwar wäre es möglich, dass die Län-

---

[650] Ähnlich auch *Dietlein*, FS Rüfner, 131, 138 f.

[651] Vgl. nur *Ehlers*, in: Sachs, GG-Komm., 2. Aufl., 1999, Art. 140/Art. 139 WRV Rdn. 3; *Maunz*, in: Maunz/Dürig, GG-Komm., Art. 140/Art. 139 WRV Rdn. 1.

[652] Dazu *Maunz*, in: Maunz/Dürig, GG-Komm., Art. 140/Art. 139 WRV Rdn. 1.

[653] Die Möglichkeit einer ungeschriebenen Bundeskompetenz kraft Natur der Sache wird von der h.M. angenommen, wenn bestimmte Sachgebiete begriffsnotwendig nur vom Bund zu regeln sind, obgleich ein ausdrücklicher Kompetenztitel nicht vorliegt; vgl. etwa BVerfG, NJW 1991, 1667, 1668; *Stern*, Staatsrecht II, S. 612; *Maunz*, in: Maunz/Dürig, GG-Komm., Art. 70 Rdn. 46; *Degenhart*, in: Sachs, GG-Komm., 2. Aufl., 1999, Art. 70 Rdn. 22 ff. Dem ist zuzustimmen. Das Bestehen ungeschriebener Bundeskompetenzen kraft Natur der Sache folgt bereits unmittelbar aus dem Bundesstaatsprinzip. Dieses bedingt, dass bestimmte, den Bund betreffende Fragen nur von diesem geregelt werden können. Einer ausdrücklichen Kompetenzzuweisung bedarf es in diesen Fällen nicht. Insbesondere verlangt Art. 70 I GG keine ausdrückliche Verleihung der Zuständigkeit an den Bund. Das Grundgesetz kann aus sich heraus auch stillschweigend Zuständigkeiten „verleihen". Klassischerweise wird eine nur durch den Bund vorzunehmende Regelung etwa bei der Festlegung der Nationalhymne oder der Bundeshauptstadt, also den Bund selbst betreffenden Materien angenommen.

[654] Vgl. *Achterberg*, JA 1980, 210 ff., 217; *v. Mutius*, Jura 1986, 498 ff. (Fn. 9), *Lerche*, in: Maunz/Dürig, GG-Komm., Art. 83 Rdn. 39, Fn. 136; *Degenhart*, in: Sachs, GG-Komm., 2. Aufl., 1999, Art. 70 Rdn. 22.

[655] Vgl. *Pfennig/Neumann*, Verfassung von Berlin, Art. 22 Rdn. 1.

[656] Zur Bundeskompetenz für die Festlegung des 17. Juni als Tag der Deutschen Einheit vgl. BVerfGE 16, 241; *Dietlein*, FS Rüfner, 131, 138; *Hamann/Lenz*, GG-Komm., 3. Aufl., 1970,

der – gleich dem Vorgehen hinsichtlich des 1. Mai – alle den gleichen Tag als Nationalfeiertag anerkennen und so eine bundeseinheitliche Regelung schaffen, doch setzte dies gerade eine Kompetenz des einzelnen Landes zur autonomen Festsetzung des Nationalfeiertages voraus und stellte die Existenz einer bundeseinheitlichen Lösung in das Belieben der Länder. So wäre es bei Annahme einer Länderkompetenz möglich, dass jedes Land einen anderen Nationalfeiertag anerkennt. Gerade dies widerspräche aber dem Wesen und der Tradition eines Nationalfeiertages, der gerade für die ganze Nation gleichermaßen gelten soll. Eine bundeseinheitliche Regelung ließe sich bei Verneinung einer Bundeskompetenz für die Festlegung des Nationalfeiertages nur erzielen, wenn man eine Rechtspflicht der Länder zur Schaffung einer einheitlichen Lösung begründen könnte, wofür das Grundgesetz jedoch keinen Anhalt bietet. Vor diesem Hintergrund ergibt sich bereits unmittelbar aus der Verfassung selbst die Zuständigkeit des Bundes zur Festlegung des Nationalfeiertages[657]. Jedoch begründet ein überregionaler Zusammenhang alleine noch keine Bundeskompetenz. So mag es in vielen Fällen zwar zweckmäßig erscheinen, eine einheitliche Regelung zu schaffen, doch vermag erst eine logische Notwendigkeit eine Zuständigkeit kraft Natur der Sache zu begründen. Reine Zweckmäßigkeitserwägungen genügen dem nicht[658]. Insgesamt ist bei der Herleitung ungeschriebener Bundeskompetenzen Zurückhaltung geboten[659], so dass die Anerkennung einer Bundeskompetenz für die Bestimmung von Feiertagen die Ausnahme bildet. Grundsätzlich sind daher die Länder für die Bestimmung der Feiertage zuständig[660].

Art. 140 Rdn. 13; *Röper*, SächsVBl. 1993, 265 ff.; zur Bedeutung der seinerzeitigen Präambel und des Art. 146 für die Bundeskompetenz vgl. *Mattner*, Sonn- und Feiertagsrecht, 2. Aufl., 1991, § 4 Rdn. 2 (S. 78).

657 Vgl. die Nachweise oben.

658 Vgl. etwa *Degenhart*, in: Sachs, GG-Komm., 2. Aufl., 1999, Art. 70 Rdn. 28; das BVerfG, NJW 1991, 1667, 1668, nimmt jedoch eine Bundeskompetenz auch in dem Fall an, in dem sich die Länder nicht in angemessener Zeit auf eine Regelung einigen können. Diese Entscheidung ist jedoch nicht verallgemeinerungsfähig, da sie auf die besondere Situation der deutschen Wiedervereinigung Bezug nimmt. Da der Bundesgesetzgeber nach Art. 23 S. 2 GG a.F. die Voraussetzungen für den Beitritt der ehemaligen DDR zu regeln hatte, war der Bundesgesetzgeber berechtigt, die Beschäftigungsverhältnisse der Arbeitnehmer im öffentlichen Dienst zu regeln. Eine zeitaufwendigere Regelung durch die Länder hätte den Beitritt der neuen Länder unverhältnismäßig verzögern können.

659 Anderenfalls würde die in Art. 70 ff. GG geregelte Kompetenzaufgliederung als Ausfluss des Bundesstaatsprinzips ausgehöhlt werden, vgl. dazu etwa *Maunz*, in: Maunz/Dürig, GG-Komm., Art 70 Rdn. 45.

660 Vgl. nur *Ehlers*, in: Sachs, GG-Komm., 2. Aufl., 1999, Art. 140/Art. 139 WRV; ausführlich dazu *Röper*, SächsVBl. 1993, 265 ff. mwN.

IV.) Zusammenfassung

Von Verfassungs wegen gibt es keinen absolut geschützten Feiertag. Der Wortlaut verpflichtet zur Anerkennung lediglich zweier Feiertage. Andererseits bringt die Bezugnahme auf den vorhandenen Bestand an Feiertagen zum Ausdruck, dass die gesellschaftlich als besonders bedeutsam betrachteten Feiertage durch staatliche Anerkennung real geschützt werden[661]. Nur in Zusammenhang mit einer entsprechenden gesellschaftlichen Bedeutung sind diese Tage geeignet, ihrer verfassungsrechtlichen Intention entsprechend Gelegenheit zur seelischen Erhebung zu bieten. Anderenfalls mutierte Art. 139 WRV zu einer „Hülle ohne Kern". Der Kernbereich der institutionellen Garantie ist daher funktional unter maßgeblicher Berücksichtigung des Merkmals der „seelischen Erhebung" zu ermitteln.

Dieser verfassungsrechtlichen Intention entspricht die gegenwärtige Anerkennung der wesentlichen Feiertage der Kirchen. Im Übrigen ist davon auszugehen, dass die in Art. 139 WRV statuierte institutionelle Garantie die Aufrechterhaltung einer nennenswerten Anzahl staatlich anerkannter Feiertage gebietet. Das Niveau der anzuerkennenden Feiertage erweist sich dabei als elastisch. Auch aus wirtschaftlichen Erwägungen heraus ist die Reduzierung von Feiertagen zulässig, wenn dabei die Bedürfnisse nach Arbeitsruhe und seelischer Erhebung hinreichend berücksichtigt werden.

Letzte Grenze des Gestaltungsspielraumes bildet das Willkürverbot, aus dem sich eine Rangfolge an Feiertagen, gemessen an dem Grad ihrer Bedeutung ergibt. Bei der Bestimmung dieser Rangfolge kommt dem Gesetzgeber aber über weite Strecken ein Prognosespielraum zu. Dass die staatliche Anerkennung eines Feiertages von weiteren ungeschriebenen, verfassungsimmanenten Voraussetzungen wie etwa einer bestimmten Organisationsform der jeweiligen Kirche oder deren Rechtstreue abhängig ist, bleibt an späterer Stelle zu klären.

Zuständig für die Anerkennung von Feiertagen sind wegen ihres kulturpolitischen Bezuges grundsätzlich die Länder. Eine Bundeskompetenz kann sich nur ausnahmsweise kraft Natur der Sache ergeben.

Entgegen der herrschenden Ansicht enthält Art. 139 WRV eine subjektivrechtliche Komponente, aus der zugleich die Möglichkeit der Geltendmachung einer Verletzung dieser Vorschrift im Wege der Verfassungsbeschwerde folgt.

---

[661] *Kästner*, DÖV 1994, 464, 472.

Kapitel 3: Grundrechtliche Vorgaben für die Auswahl staatlich anerkannter Feiertage

Die institutionelle Garantie des Art. 140 GG iVm. Art. 139 WRV eröffnet dem Gesetzgeber jenseits des unantastbaren Kernbereichs einen Spielraum auch im Hinblick auf die Bestimmung der anerkannten Feiertage. Diese institutionelle Garantie ist in den Kontext der Gesamtverfassung einzubetten. Dabei stellt sich namentlich die Frage, inwieweit die Grundrechte zusätzliche Kriterien aufstellen, die den Gesetzgeber bei der Anerkennung von Feiertagen binden. Anders als Art. 140 GG iVm. Art. 139 WRV bildet bei den Grundrechten insbesondere der Verhältnismäßigkeitsgrundsatz den zu berücksichtigenden Prüfungsmaßstab[662].

Das Verhältnis des Art. 139 WRV zu den Grundrechten ist durch zwei Grundkonstellationen charakterisiert. Angelehnt an die allgemeine Grundrechtsdogmatik lassen sich Konkurrenz- und Kollisionslagen voneinander unterscheiden[663]. So entfaltet die Anerkennung von Feiertagen einerseits grundrechtsdienende Wirkung - etwa im Hinblick auf die Religionsausübung oder ein harmonisches Familienleben[664] - andererseits bedeutet die Anerkennung von Feiertagen als Tagen der Arbeitsruhe beispielsweise eine Hemmung unternehmerischer Freiheit[665].

Die verfassungsrechtliche Feiertagsgarantie ist damit in einem grundrechtlichen Spannungsfeld positioniert. Gerade deshalb darf die Berufung auf Grundrechte in der feiertagsrechtlichen Diskussion nicht beliebig für politische Interessen instrumentalisiert werden. Vielmehr gilt es zu klären, ob und inwieweit die Feiertagsgarantie des Art. 139 WRV den Schutzbereich anderer Grundrechte tangiert und dies von einer Grundrechtsschranke legitimiert ist[666].

---

[662] Zur Bedeutung des Verhältnismäßigkeitsgrundsatzes für Grundrechtseinschränkungen vgl. *Schnapp*, JuS 1983, 850 ff.; *Novak*, FS Winkler, 1989, S. 39 ff.; *Stern*, StaatsR III/2, S. 762 ff., 785 ff.; zur Bedeutung der Verhältnismäßigkeit im Feiertagsrecht etwa *Mattner*, NJW 1988, 2207, 2209; *ders.*, Sonn- und Feiertagsrecht, 2. Aufl., 1991, S. 56 ff.

[663] Vgl. zu dieser Unterscheidung ausführlich *Mattner*, Sonn- und Feiertagsrecht, 2. Aufl., 1991, S. 56 ff.

[664] Hierzu etwa *Morlok*, in: Dreier, GG-Komm., Bd. III, 2000, Art. 140/Art. 139 WRV Rdn. 10; *Mattner*, NJW 1988, 2207, 2209; *Kunig*, Der Schutz des Sonntags im verfassungsrechtlichen Wandel, 1989, S. 22 ff.

[665] Hierzu insbesondere *Däubler*, DB-Sonderbeil. Nr. 7/88, S. 4 ff.; *Mattner*, Sonn- und Feiertagsrecht, 1991, S. 71 ff.

[666] Vgl. *Kunig*, Der Schutz des Sonntags im verfassungsrechtlichen Wandel, 1989, S. 23 f.

1. Abschnitt: Konkurrenzlagen zwischen Art. 139 WRV und Grundrechten

Eine grundrechtliche Konkurrenzlage ist gegeben, wenn ein Sachverhalt vom Schutzbereich mehrerer Grundrechte erfasst wird[667]. Zwar enthält Art. 139 WRV nach h.M.[668] kein Grundrecht, doch effektuiert er auch die Ausübung anderer Grundrechte. Insoweit scheint es angebracht, zur Lösung von Konkurrenzlagen zwischen Art. 139 WRV und Grundrechten auf die zu Grundrechtskonkurrenzen entwickelten Maßstäbe zurückzugreifen[669]. Soweit die Anerkennung von Feiertagen auch andere Grundrechte berührt, ist daher zunächst zu fragen, welche Anforderungen sich diesen Grundrechten im Hinblick auf die Gewährleistung von Feiertagen entnehmen lassen und anschließend zu klären, welche Vorschrift vorrangig anzuwenden ist.

I.) Konkurrenz mit Art. 4 GG

Erkennt der Gesetzgeber religiöse Feiertage an und schafft entsprechende Regelungen zu ihrem Schutz, fördert er dadurch die individuelle Glaubensausübung. So nutzen viele Menschen die allgemeine Arbeitsruhe, um diese Tage entsprechend ihrem Bekenntnis zu begehen. Dies legt die Annahme nahe, der Gesetzgeber verletze möglicherweise Art. 4, wenn er einem Feiertag die Anerkennung entzieht. Die Glaubensausübungsfreiheit des Art. 4 schützt insbesondere die ungestörte Veranstaltung von und Teilnahme an Gottesdiensten[670]. Entfällt die Arbeitsruhe durch den Entzug staatlicher Anerkennung, könnte dies eine Verhinderung der Teilnahme am Gottesdienst darstellen, da viele Arbeitnehmer dann ihren vertraglichen Arbeitspflichten nachkommen müssten. Hiergegen ließe sich freilich einwenden, der Gesetzgeber nehme lediglich eine vormals gewährte Begünstigung zurück und könne von daher keine subjekti-

---

[667] Vgl. *Sachs*, in: ders., GG-Komm., 2. Aufl., 1999, Vor Art. 1 Rdn. 136; allgemein zu Grundrechtskonkurrenzen *Berg*, Konkurrenzen schrankendivergenter Freiheitsrechte im Grundrechtsabschnitt des Grundgesetzes, 1968; *Rüfner*, FG BVerfG II, 1976, S. 453 ff.; *Schwabe*, Probleme der Grundrechtsdogmatik, 1977, S. 324 ff.; *ders.*, JA 1979, 191 ff.; *Fohmann*, EuGRZ 1985, 49 ff.; *Bleckmann/Wiethoff*, DÖV 1991, 722 ff.; *Stern*, StaatsR III/2, S. 1386, 1388, 1392 f., 1400 ff.

[668] Vgl. etwa BVerfG, NJW 1995, 3378, 3379; *Ehlers*, in: Sachs, GG-Komm., 2. Aufl., 1999, Art. 140/Art. 139 WRV Rdn. 1; *Maunz*, in: Maunz/Dürig, GG-Komm., Art. 140/Art. 139 WRV Rdn. 4; *Mattner*, Sonn- und Feiertagsrecht, 2. Aufl., 1991, S. 35 ff.; *Steiner*, JuS 1982, 166.

[669] *Schatzschneider*, NJW 1989, 681, 682; *Häberle*, Der Sonntag als Verfassungsprinzip, 1988, S. S. 28 ff.; *Mattner*, Sonn- und Feiertagsrecht, 2. Aufl., 1991, S. 56.; *Kästner*, HStKR II, 2. Aufl., 1995, § 51, S. 337, 354.

[670] Vgl. nur *Kokott*, in: Sachs, GG-Komm., 2. Aufl., 1999, Art. 4 Rdn. 53 mwN.

ven Rechte Gläubiger verletzen. Doch würde dabei die eigentliche Frage ausgeblendet, ob Art. 4 nicht möglicherweise unmittelbar die Anerkennung von Feiertagen bedingt und der Gesetzgeber durch den Entzug der Anerkennung grundrechtliche Schutzpflichten verletzt[671]. Da Art. 139 WRV einen solchen Entzug nicht ausschließt, gewinnt die grundrechtliche Ebene hier besondere Bedeutung.

Dabei ist aber zu berücksichtigen, dass Art. 4 keine unmittelbare Wirkung zwischen Privaten entfaltet[672]. Wird jemandem die Teilnahme am Gottesdienst unmöglich, weil er sich vertraglich zur Arbeitsleistung verpflichtet hat, liegt darin kein staatlicher Eingriff. Für die Mehrzahl der Menschen in der Bundesrepublik ist jedoch die Eingehung eines privatrechtlichen Arbeitsverhältnisses Grundvoraussetzung für die persönliche Lebensentfaltung. Soweit auf vertraglicher Ebene keine Regelungen getroffen werden, welche die Glaubensbedürfnisse des Einzelnen berücksichtigen, was in den wenigsten Fällen geschieht, sind abhängig Beschäftigte darauf angewiesen, dass der Staat korrigierend in die Privatrechtsordnung eingreift und Regelungen schafft, die von der individuell begründeten Arbeitspflicht befreien. Möglicherweise lässt sich Art. 4 aber unabhängig von Art. 139 WRV eine Pflicht zur Anerkennung religiöser Feiertage entnehmen.

Zwar schützt das Grundrecht der Glaubensausübungsfreiheit nicht nur die Teilnahme an religiösen Feiern, sondern das bekenntnishafte Leben insgesamt[673]. Aus Art. 4 GG abgeleitete feiertagsrechtliche Schutzpflichten können jedoch nur auf die Wahrung individueller Belange ausgerichtet sein. Die Festsetzung anerkannter Feiertage erfasst aber nicht nur Angehörige des betreffenden Bekenntnisses, sondern schlechthin die Allgemeinheit[674]. Eine grundrechtliche Schutzpflicht könnte allenfalls individuelle Freistellungsansprüche vermitteln. Insoweit geht die Anerkennung von Feiertagen gem. Art. 139 WRV über die Anforderungen des Art. 4 GG hinaus.

---

671 Zu den grundrechtlichen Schutzpflichten etwa E. *Klein*, NJW 1989, 1633 ff.; *Dietlein*, Die Lehre von den grundrechtlichen Schutzpflichten, 1992; H.H. *Klein*, DVBl. 1994, 489 ff.; *Oeter*, AöR 119 (1994), 529 ff.; *Pietzrak*, JuS 1994, 748 ff.; *Unruh*, Zur Dogmatik der grundrechtlichen Schutzpflichten, 1996.

672 Ausführlich dazu etwa *Starck*, in: v. Mangoldt/Klein/Starck, GG-Komm., Bd. 1, 4. Aufl., 1999, Art. 4 Rdn. 114 ff. mwN.

673 Vgl. grundlegend BVerfGE 32, 98, 106; 41, 29, 49, wonach zur Glaubensfreiheit auch das „Recht des Einzelnen, sein gesamtes Verhalten an den Lehren seines Glaubens auszurichten und seiner inneren Glaubensüberzeugung gemäß zu handeln", gehört.

674 So sind etwa Angehörige nichtchristlichen Glaubens gezwungen, die mit der allgemeinen Sonntagsruhe verbundenen Einschränkungen hinzunehmen und ihr Verhalten darauf einzurichten, obgleich sie selbst unter Umständen einen anderen wöchentlichen Ruhetag begehen; dazu *Hoeren/Mattner*, Feiertagsgesetze der Bundesländer, 1989, Einf. Rdn. 20.

Auch bedingt die Vorschrift des Art. 139 WRV ganztägige Arbeitsruhe. Aus Art. 4 lässt sich demgegenüber kein Anspruch auf ganztägige Arbeitsruhe herleiten[675]. Dem stehen die berechtigten Interessen der Unternehmer entgegen, die verletzt wären, wenn ihre Arbeitnehmer unter Berufung auf religiöse Belange beliebig Arbeitsbefreiung verlangen könnten. Aus Art. 4 hergeleitete Ansprüche auf Eingriffe in die Privatautonomie sind daher restriktiv zu bestimmen. Denkbar wäre allenfalls, Arbeitnehmern grundrechtliche Ansprüche auf Befreiung von der Arbeitspflicht während der Zeit des Gottesdienstes zuzugestehen[676].

Solche Ansprüche enthalten gegenwärtig durchweg die Feiertagsgesetze der Länder für alle kirchlichen Feiertage, die nicht staatlich anerkannt sind[677]. Zutreffend hat das Bundesverfassungsgericht in der Entscheidung zur Streichung des Buß- und Bettages eine Verletzung des Art. 4 mit dem Hinweis verneint, der Tag bleibe weiterhin als kirchlicher Feiertag bestehen und werde entsprechend geschützt[678]. Der Entzug der Anerkennung religiöser Feiertage führt lediglich zu einer „Umwidmung" in die Kategorie kirchlicher Feiertage, die aber ihrerseits ohne weiteres noch den Anforderungen des Art. 4 an den Schutz religiöser Feiertage genügt[679].

Selbst wenn die einfachrechtliche Ausgestaltung des Schutzes kirchlicher (nicht anerkannter) Feiertage den Anforderungen des Art. 4 nicht mehr genügen sollte, kann dies nicht dazu führen, im Entzug staatlicher Anerkennung eine Verletzung des Art. 4 zu sehen. Träfe dies zu, müsste der Gesetzgeber zugleich alle übrigen kirchlichen Feiertage anerkennen, um Art. 4 zu genügen[680]. Dieses Ergebnis kann jedoch nicht zutreffen. Vielmehr ist es Aufgabe des Gesetzgebers, den Schutz kirchlicher Feiertage den Erfordernissen des Art. 4 anzupassen, nicht jedoch, Feiertage im Sinne des Art. 139 WRV anzuerkennen.

Dies muss selbst dann gelten, wenn der Gesetzgeber in den Kernbereich des Art. 139 WRV eingreift und dadurch die Grenzen des ihm eingeräumten Spielraumes überschreitet, im Extremfall sogar sämtlichen Feiertagen die Anerkennung entzieht. Missverständlich erscheint daher der Ausspruch des Bundesverfassungsgerichts im Buß- und Bettagbeschluss, wonach eine Verletzung des

---

[675] Vgl. etwa LAG Düsseldorf, BB 1964, 587.

[676] Zur Frage, ob Art. 4 GG tatsächlich Ansprüche auf Freistellung im Privatrecht vermittelt vgl. unten (Teil 3, Kap. 3, Abschn. 1, I).

[677] Vgl. dazu oben (Teil 2, Kap. 1, Abschn. 2, II 2 b).

[678] BVerfG, NJW 1995, 3378, 3379.

[679] Ausführlich zum Schutz kirchlicher Feiertage bereits oben (Teil 2, Kap. 1, Abschn. 2, II 2 b); vgl. auch *Strätz*, HStKR II, 1. Aufl., 1975, § 42, S. 801 ff.; *Kästner*, HStKR II, 2. Aufl., 1995, § 51, S. 337, 360 f.

[680] Diesem Ergebnis läge freilich eine unzulässige Vermischung der Kategorien anerkannter und kirchlicher Feiertage zugrunde.

Art. 4 nicht gegeben sei, da der Gesetzgeber „bei Wahrung der Institutsgarantie“ lediglich von seiner Befugnis Gebrauch gemacht habe, zu regeln, ob und in welchem Umfang einzelne Feiertage staatlich geschützt werden sollen[681]. Denn überschreitet der Gesetzgeber seinen Spielraum, verletzt er dadurch zwar Art. 139 WRV, die Religionsfreiheit kann jedoch nur dadurch beeinträchtigt werden, dass die Regelungen über kirchliche Feiertage unzureichend ausgestaltet sind.

II.) Konkurrenz mit Art. 12 GG

Art. 139 WRV verpflichtet den Gesetzgeber, Feiertage als Tage der Arbeitsruhe zu schützen. Wird einem Feiertag die Anerkennung entzogen, wird der allgemeine Ruhecharakter eines solchen Tages beseitigt. Dies vollzieht sich vor allem dadurch, dass der vormalige arbeitsfreie Tag nunmehr als regulärer Werktag gilt. Lediglich wenn der betreffende Tag weiterhin die Merkmale eines kirchlichen Feiertages erfüllt, können Arbeitnehmer Freistellung verlangen um den Gottesdienst zu besuchen. Die unternehmerische Freiheit wird durch die Streichung von Feiertagen gefördert, doch Arbeitnehmer werden dies als unangenehmen Arbeitszwang empfinden.

Ein Arbeitszwang im Sinne des Art. 12 II GG wird durch den Entzug staatlicher Anerkennung eines Feiertages hingegen nicht begründet. Zweck der Vorschrift ist vor dem Hintergrund der im nationalsozialistischen Regime gängigen Praxis der Ausschluss von die menschliche Persönlichkeit herabwürdigenden staatlichen Arbeitszwängen[682]. Ausgeschlossen werden soll jeder staatliche Zwang in Form physischer oder psychischer Willensbeugung zur Arbeitsaufnahme[683]. Arbeitspflichten aufgrund freiwillig eingegangener Dienstverhältnisse werden vom Schutzzweck der Norm jedoch gerade nicht berührt[684]. Durch den Entzug staatlicher Anerkennung von Feiertagen verpflichtet der Staat niemanden, eine Tätigkeit aufzunehmen, sondern modifiziert lediglich Rahmenbedingungen privatautonom veranlasster Berufsausübung.

---

[681] BVerfG, NJW 1995, 3378, 3379.

[682] Vgl. BVerfGE 22, 380, 383; 83, 119, 126; *Tettinger*, in: Sachs, GG-Komm., 2. Aufl., 1999, Art. 12 Rdn. 148; das Verbot der Zwangsarbeit weist somit einen engen Bezug zur Menschenwürde auf (vgl. *Gubelt*, in: v. Münch/Kunig, GG-Komm., Bd. 1, 5. Aufl., 2000, Art. 12 Rdn. 77; BVerfGE 74, 102, 116 ff.); vertiefend hierzu etwa *Gusy*, JuS 1989, 710 ff.; *Köhler*, JZ 1988, 749 ff.; *Göppel*, Die Zulässigkeit von Arbeitszwang nach Art. 12 Abs. 2 S. 1 GG, 1967.

[683] *Tettinger*, in: Sachs, GG-Komm, 2. Aufl., 1999, Art. 12 Rdn. 151.

[684] BVerwGE 35, 146, 149 f.; *Scholz*, in: Maunz/Dürig, GG-Komm., Art. 12 Rdn. 491; *Tettinger*, in: Sachs, GG-Komm., 2. Aufl., 1999, Art. 12 Rdn. 151; *Schmidt-Bleibtreu*, in: ders./Klein, GG-Komm., 9. Aufl., 1999, Art. 12 Rdn. 28a.

Denkbar bliebe allerdings ein mittelbarer Eingriff in die negative Berufsfreiheit. Zwar schützt Art. 12 I auch die Freiheit, keinen Beruf zu ergreifen bzw. auszuüben[685], doch ist zu berücksichtigen, dass sich die Pflicht, an nicht (mehr) anerkannten Feiertagen zu arbeiten, aus privatautonom eingegangenen Rechtsverhältnissen ergibt. Durch den Entzug staatlicher Anerkennung hindert der Staat niemanden daran, mit seinem Arbeitgeber eine Arbeitsbefreiung an dem betreffenden Tag zu vereinbaren. Vielmehr werden staatliche Arbeitsverbote beseitigt, so dass durch die Streichung überhaupt erst die positive Berufsfreiheit an diesen Tagen geschaffen wird. Diese insgesamt freiheitserweiternden Konsequenzen dürfen nicht in ihr Gegenteil verkehrt werden.

III.) Weitere Konkurrenzen

Als weitere konkurrierende Grundrechte bzw. Verfassungsprinzipien sind das Recht auf körperliche Unversehrtheit (Art. 2 II S. 1 Alt. 2 GG), der Schutz von Ehe und Familie (Art. 6 GG) sowie das Sozialstaatsprinzip zu nennen[686].

Diese sind jedoch in erster Linie auf den Sonntag als wöchentlichen Ruhetag bezogen. Teilweise wird vertreten, das mit ununterbrochener Arbeit verbundene Gefühl einer Endlosigkeit des Alltags führe zu psychosomatischen Störungen[687]. Den Staat treffe daher eine Schutzpflicht, in den Wochenrhythmus eine allgemeinverbindliche Ruhezeit einzupassen. Der Nachweis, dass ohne das Bewusstsein, in regelmäßigen Abständen die Arbeit unterbrechen zu können, psychosomatische Erkrankungen auftreten, ist jedoch bislang nicht geführt. Gesichert ist lediglich die Erkenntnis, dass bei Nachtarbeit nach einigen Arbeitstagen freie Tage folgen müssen, da anderenfalls eine Umbildung des Wach-Schlaf-Rhythmusses nicht ausgeschlossen werden kann[688]. Selbst wenn man das Entstehen von Krankheitsbildern durch ununterbrochene Arbeit unterstellt, bedingte dies lediglich die Einrichtung eines wöchentlichen Ruhetages. Jährlich wiederkehrende Feiertage stehen demgegenüber außerhalb des Wochenrhythmusses, so dass ihr Fehlen auch keine Auswirkungen auf die Gesundheit haben kann.

Aus selbem Grund kann auch Art. 6 keine Verpflichtung zur Anerkennung ganztägig arbeitsfreier Feiertage entnommen werden, um Familien die Möglichkeit zu geben, gemeinsame Zeit zu verbringen. Art. 6 erlegt dem Staat zwar Schutzpflichten auf, diese können sich jedoch allein auf die Sicherung eines

---

[685] Vgl. BVerfGE 58, 358, 364.

[686] Vgl. etwa *Mattner*, NJW 1988, 2207, 2209; *Kunig*, Der Schutz des Sonntags im verfassungsrechtlichen Wandel, 1989, S. 23 ff.

[687] *Mattner*, NJW 1988, 2207, 2209.

[688] *Rutenfranz*, Die Bedeutung der biologischen Rhythmik für Schichtarbeit bei kontinuierlicher Produktion.

wöchentlichen gemeinsamen freien Tages beziehen, nicht jedoch auf die Schaffung anlassgebundener Feiertage, die außerhalb jeden Wochenrhythmusses stehen. Selbst wenn man daher Art. 6 eine Pflicht zur Sicherung eines wöchentlichen allgemeinen Ruhetages entnimmt[689], bedingte die Vorschrift gleichwohl nicht die Anerkennung von Feiertagen.

So dient die Einrichtung anerkannter Feiertage zwar der Verwirklichung grundrechtlicher Freiheiten, grundrechtlich bedingt ist sie gleichwohl nicht[690]. Die Gewährleistung des Art. 139 WRV geht über den feiertagsspezifischen Inhalt der konkurrierenden Verfassungsnormen weit hinaus, so dass diese Vorschrift in Kollisionslagen allein maßgeblich ist[691].

IV.) Ergebnis

Für die Lösung sämtlicher Konkurrenzlagen erweist sich somit Art. 139 WRV als maßgebliche Vorschrift. Diese Norm geht weit über die grundrechtlichen Gewährleistungen hinaus. Grundrechtlich lässt sich die Notwendigkeit, bestimmte Feiertage bzw. überhaupt Feiertage anzuerkennen, nicht herleiten.

---

[689] So etwa *Kunig*, Der Schutz des Sonntags im verfassungsrechtlichen Wandel, 1989, S. 24; uneindeutig hingegen *Mattner*, NJW 1988, S. 2207, 2209. Diese Ansicht dürfte jedoch die aus Art. 6 herzuleitenden Schutzpflichten überdehnen. Als „wertentscheidende Grundsatznorm" beinhaltet Art. 6 I GG zwar positiv ein an den Staat adressiertes Forderungsgebot (dazu *Schmitt-Kammler*, in: Sachs, GG-Komm., 2. Aufl., 1999, Art. 6 Rdn. 17 ff.), dem Staat obliegt dabei jedoch ein weiter Gestaltungsspielraum (*Coester-Waltjen*, in: v. Münch/Kunig, GG-Komm., Bd. 1, 5. Aufl., 2000, Art. 6 Rdn. 35). Die Zurverfügungstellung eines allgemeinen wöchentlichen Ruhetages dürfte daher nicht unmittelbar nach Art. 6 I GG notwendig sein. Vielmehr ist Art. 139 WRV wiederum als den Auftrag des Art. 6 I GG ausgestaltende Komplementärnorm zu verstehen, die dem Sonntag als Tag der Familie überhaupt erst die verfassungsrechtliche Dimension verleiht.

[690] Entsprechendes gilt für eine Herleitung des Sonn- und Feiertagsschutzes aus dem Sozialstaatsprinzip. Dieses stellt in erster Linie eine an den Gesetzgeber gerichtete objektive Wertentscheidung des Grundgesetzes dar, aus der sich nahezu keine konkreten Konsequenzen ableiten lassen (st. Rsp., vgl. nur BVerfGE 1, 97, 105; aus jüngerer Zeit etwa BVerfGE 84, 90, 125; 94, 241, 263). So verleiht das Sozialstaatsprinzip weder dem Einzelnen subjektive Rechte noch enthält es bestimmte Vorgaben an den Gesetzgeber.

[691] Für die Lösung der Konkurrenzlagen formuliert *Kunig*, Der Schutz des Sonntags im verfassungsrechtlichen Wandel, 1989, S. 26 zutreffend, das Licht, das die übrigen Verfassungsnormen auf Art. 139 WRV abstrahlen, glänze „eher matt", wobei dies entgegen der Ansicht *Kunigs* (aaO.) nicht auch für die sogleich zu erörternden Kollisionslagen gelten kann.

2. Abschnitt: Kollisionslagen zwischen Art. 139 WRV und Grundrechten

Art. 139 WRV effektuiert nicht nur die Ausübung bestimmter Grundrechte, sondern kollidiert zugleich mit den Gewährleistungen anderer Grundrechte. So scheint es denkbar, ein Spannungsverhältnis zwischen der Religionsfreiheit Andersgläubiger und der Anerkennung religiöser Feiertage zu erblicken. Jedenfalls aber beeinträchtigt die Anerkennung von Feiertagen die unternehmerischen Interessen, die auf eine möglichst umfassende Arbeitszeit zur Erzielung größtmöglichen Profits gerichtet sind. Überdies enthalten die Feiertagsgesetze der Länder allgemeine Handlungsverbote, Veranstaltungsverbote oder das Verbot des Vertriebs von Presseerzeugnissen[692].

Es zeigen sich damit vielschichtige Kollisionslagen. Zu deren Lösung bieten sich drei grundverschiedene Lösungsmodelle an. Zunächst wäre es denkbar, der in Art. 139 WRV enthaltenen positiven Verfassungsentscheidung zu Gunsten anerkannter Feiertage zugleich einen Vorrang vor kollidierenden Verfassungsgütern zu entnehmen[693]. In diesem Falle bildete allein Art. 139 WRV die zur Beurteilung feiertagsrechtlicher Maßnahmen maßgebliche Grundgesetznorm[694]. Umgekehrt wird jedoch auch vertreten, Kollisionslagen seien einseitig zu Gunsten kollidierender Grundrechte aufzulösen[695]. Der Gestaltungsspielraum des Gesetzgebers gem. Art. 139 WRV stünde danach unter dem Vorbehalt, dass die gesetzgeberischen Maßnahmen nicht mit Grundrechten kollidieren[696]. Als drittes Lösungsmodell kommt in Betracht auf die zur Lösung grund-

---

[692] Vgl. nur § 12 FTG NW, der Art. 8 GG ausdrücklich als durch das Feiertagsgesetz eingeschränktes Grundrecht nennt. Diese Vorschrift bringt jedenfalls eindeutig die Auffassung des nordrhein-westfälischen Landesgesetzgebers zum Ausdruck, kollidierende Grundrechte würden durch die verfassungsrechtliche Fixierung des Feiertagsschutzes nicht schlechthin verdrängt. Dass in dieser Vorschrift allein Art. 8 als durch das FTG NW eingeschränktes Grundrecht genannt wird, hat seine Ursache darin, dass von den in Betracht kommenden, kollidierenden Grundrechten ausschließlich die Versammlungsfreiheit dem Zitiergebot des Art. 19 I S. 2 GG unterliegt (zum Anwendungsbereich des Zitiergebots vgl. *Selk*, JuS 1992, 816 ff.; *Bethge*, DVBl. 1972, 365 ff.).

[693] In diese Richtung etwa *Däubler*, DB Sonderbeil. Nr. 7/88, S. 6, der schreibt: „Soweit es nur darum geht, dass einzelne Mitbürger die genannten Grundrechte auch sonntags ausüben möchten, geht Art. 140 GG in Verbindung mit Art. 139 WRV als Spezialbestimmung vor".

[694] Diese Konsequenz zieht offensichtlich *Kunig*, Der Schutz des Sonntags im verfassungsrechtlichen Wandel, S. 26, der sowohl Konkurrenz- als auch Kollisionslagen allein nach Maßgabe des Art. 139 WRV lösen will.

[695] So bspw. *Loritz*, Möglichkeiten und Grenzen der Sonntagsarbeit, Stuttgart 1989, Kap. 4 A II; zur Kritik an diesem Ansatz vgl. *Mattner*, Sonn- und Feiertagsrecht, 2. Aufl., 1991, S. 56 f.

[696] Richtigerweise anerkennt *Loritz* aaO. jedoch einen Vorrang des Art. 139 WRV zumindest hinsichtlich des Kernbereichs des Art. 139 WRV.

rechtlicher Kollisionslagen entwickelten allgemeinen Grundsätze zurückzugreifen[697]. Zwar handelt es sich bei Art. 139 WRV nach h.M. nicht um ein Grundrecht[698], doch dient die praktische Konkordanz nicht nur der Lösung grundrechtlicher Kollisionen, sondern verfolgt das Ziel, möglichst allen Verfassungsprinzipien zu optimaler Geltung zu verhelfen. Der von der h.M. angenommene fehlende Grundrechtscharakter steht der Anwendung der Grundsätze praktischer Konkordanz nicht entgegen.

Insbesondere kann der Ansatz, der von einem generellen Vorrang der Grundrechte ausgeht, nicht überzeugen. Er negiert die positive Verfassungsentscheidung zu Gunsten arbeitsfreier Ruhetage. Wendete man diese Lösung konsequent an, bliebe für die Anerkennung arbeitsfreier Sonn- und Feiertage in der Form, die Art. 139 WRV vorsieht, kein Raum, da die in Art. 139 WRV enthaltene Verpflichtung zu allgemeiner Arbeitsruhe stets mit den Unternehmergrundrechten (Art. 12, 14) kollidiert. Art. 139 WRV stellt aber durch die Inkorporation vollgültiges Verfassungsrecht dar, das gegenüber anderen grundgesetzlichen Normen auf keiner Stufe niederen Ranges steht[699]. Art. 139 WRV enthält vielmehr die auch im Rahmen des Art. 12 oder Art. 14 zu berücksichtigende Entscheidung zu Gunsten allgemeiner Ruhetage. Jedem Unternehmer wird unmittelbar von Verfassungs wegen zugemutet, auf einen Teil der technisch und personell zu erzielenden Einnahmen zu verzichten[700]. Jedenfalls der verfassungsrechtlich durch Art. 139 WRV abgesicherte Kernbereich rechtfertigt daher Einschränkungen grundrechtlicher Gewährleistungen[701].

Ob dies auch für den in weitem Umfang der gesetzgeberischen Gestaltung überantworteten Außenbereich gilt, erscheint demgegenüber zweifelhaft. Denn die Garantie des Art. 139 WRV sieht neben dem unantastbaren Kernbereich zugleich einen Ausgestaltungsspielraum vor. Die Einräumung solcher Spielräume bedingt zugleich aber auch eine Ausgestaltungspflicht[702]. Die unmittelbar durch die Verfassung selbst getroffene Entscheidung zu Gunsten des Feiertagsschutzes geht daher über die Garantie eines Kernbereichs hinaus. Ein unbedingter Vorrang kollidierender Grundrechte widerspräche dieser verfassungsrechtlichen Grundaussage. Umgekehrt ist der Gestaltungsspielraum im

---

[697] Dazu allgemein *Rüfner*, FG BVerfG II, 1976, S. 453 ff.; *Fohmann*, EuGRZ 1985, 49 ff.; *Stern*, StaatsR III/2, S. 603 ff.; *Fehn/Fehn*, VR 1994, 413 ff.

[698] *Kästner*, DÖV 1994, 464, 466; *Ehlers*, in: Sachs, GG-Komm., 2. Aufl., 1999, Art. 140/Art. 139 WRV Rdn. 1 mwN.

[699] BVerfGE 19, 206, 219; ausführlich dazu bereits oben (Teil 3, Kap. 2, Abschn. 1, III 2).

[700] Vgl. *Däubler*, DB-Sonderbeil. Nr. 7/88, S. 6.

[701] Dies anerkennt auch *Loritz*, Möglichkeiten und Grenzen der Sonntagsarbeit, 1989.

[702] So ausdrücklich *Rüfner*, FS Heckel, 1999, 447, 449; der in der Gewährung eines Gestaltungsspielraumes nicht nur das Recht, sondern zugleich auch die Pflicht des Gesetzgebers zu einer zeitgerechten Fortentwicklung und Ausgestaltung sieht.

Gegensatz zum Kernbereich eben nicht unantastbar. Unbedingte Vorgaben enthält die Verfassung über den Kernbereich hinausgehend nicht. Daraus folgt die Möglichkeit und zugleich die Pflicht, bei der Ausgestaltung kollidierende Verfassungsnormen zu berücksichtigen. Wären diese völlig auszublenden, könnten auf Art. 139 WRV gestützt grundrechtliche Gewährleistungen vollständig ausgehöhlt werden. Würde der Gesetzgeber etwa Feiertage in einem solchen Umfang anerkennen, dass eine unternehmerische Betätigung nicht mehr möglich wäre, stünde dem die Verfassungsentscheidung zu Gunsten unternehmerischer Freiheit entgegen. Bei der Ausgestaltung des gesetzgeberischen Spielraums ist daher von der Einheit der Verfassung bzw. Gleichrangigkeit der kollidierenden Güter auszugehen. Bei einer Kollision jenseits des unantastbaren Kernbereichs sind beide widerstreitenden Verfassungspositionen zu berücksichtigen und zum schonendsten Ausgleich zu bringen. Eingriffe in Grundrechte, durch welche der Gesetzgeber den ihm gem. Art. 139 WRV zustehenden Gestaltungsspielraum ausschöpft, sind insbesondere nur dann verfassungsrechtlich gerechtfertigt, wenn sie den Verhältnismäßigkeitsgrundsatz wahren. Dieser ist im Rahmen des Art. 139 WRV selbst ohne Belang. Auf der grundrechtlichen Ebene hingegen ist die Rechtsgüterproportionalität eines Eingriffs zu wahren[703]. Die Angemessenheit von Eingriffen verlangt eine Abwägung unter Berücksichtigung der Bedeutung der widerstreitenden Verfassungsgüter und der Intensität des Eingriffs.

Im Folgenden gilt es daher zu untersuchen, welche Grundrechte durch die Anerkennung von Feiertagen beeinträchtigt sein können. Ferner gilt es zu klären, unter welchen Voraussetzungen Eingriffe in kollidierende Grundrechte verfassungsrechtlich zu rechtfertigen sind.

I.) Kollision mit der negativen Glaubensfreiheit

Wie soeben herausgestellt, treten Art. 4 GG und Art. 139 WRV in ein Konkurrenzverhältnis, soweit es um die mit der Anerkennung verbundenen Erleichterungen, insbesondere bezüglich des Gottesdienstbesuches geht. Beide Normen begünstigen insoweit die Ausübung des Glaubens.

Ein solches Konkurrenzverhältnis kann jedoch nur bestehen, solange Art. 139 WRV aus Sicht des Gläubigen „seine" Feiertage erfasst. Umgekehrt kann die Anerkennung bestimmter kirchlicher Feiertage von Anders- bzw. Nichtgläubigen durchaus als störend empfunden werden. Dies wirft die Frage auf, ob die

---

[703] Zur Bedeutung des Verhältnismäßigkeitsgrundsatzes für Grundrechtseinschränkungen vgl. *Schnapp*, JuS 1983, 850 ff.; *Novak*, FS Winkler, 1989, S. 39 ff.; *Stern*, StaatsR III/2, S. 762 ff., 785 ff.; zur Bedeutung der Verhältnismäßigkeit im Feiertagsrecht etwa *Mattner*, NJW 1988, 2207, 2209; *ders.*, Sonn- und Feiertagsrecht, 2. Aufl., 1991, S. 56 ff.

negative Religionsfreiheit, die von Art. 4 GG ebenso erfasst ist wie die positive[704], im Falle der Anerkennung von Feiertagen in eine Kollisionslage zu Art. 139 WRV tritt, aus der sich gegebenenfalls Abwehrrechte gegen die einfachrechtliche Anerkennung eines Feiertages ergeben können. Notwendige Voraussetzung einer solchen Kollision von Verfassungsgütern ist ein Eingriff in den Schutzbereich der negativen Glaubensfreiheit durch die Anerkennung eines Feiertages einer anderen als der eigenen Religion.

Die negative Religionsfreiheit gewährt - gleichsam spiegelbildlich zur positiven Religionsfreiheit - das Recht, einen bestimmten Glauben nicht zu haben bzw. auszuüben[705]. Eine äußerlich bemerkbare Begehung eines Feiertages kann Andersgläubige durchaus in ihrem religiösen Empfinden stören bzw. von ihnen als Aufdrängung fremden Glaubens empfunden werden. Dennoch könnte das Vorliegen eines Eingriffs in den Schutzbereich zweifelhaft sein.

Der BayVerfGH hat im Falle der Anerkennung christlicher Feiertage entschieden, die negative Glaubensfreiheit Andersgläubiger sei durch die Einführung von anerkannten Feiertagen nicht verletzt[706]. Dieser Sichtweise ist zuzustimmen. Die Anerkennung als solche beeinträchtigt noch niemanden in seinem religiösen Empfinden. Die möglicherweise als störend empfundene tatsächliche Begehung eines Feiertages durch die Gläubigen stellt kein staatliches, sondern privates Handeln dar, gegen das Art. 4 GG kein Abwehrrecht verleiht. Der Staat schafft durch die Anerkennung lediglich den äußeren Rahmen für die Religionsausübung anderer. Diese Begünstigung erfolgt allerdings bewusst, so dass sich die Frage nach einem mittelbaren Grundrechtseingriff durch die Anerkennung eines Feiertages stellt. Dass sich Nicht- bzw. Andersgläubige unter Umständen den tatsächlichen Auswirkungen eines anerkannten Feiertages oftmals nicht entziehen können, ist voraussehbare und zwangsläufige Konsequenz der mit der staatlichen Anerkennung verbundenen Rechtsfolgen[707].

Doch wird hierdurch niemandem ein fremder Glaube aufgedrängt. Es ist anerkannt, dass eine Teilnahme an fremder Religion, gegen die die negative Religionsfreiheit ausschließlich schützt, nicht schon dann vorliegt, wenn man

---

[704] *Kokott*, in: Sachs, GG-Komm., 2. Aufl., 1999, Art. 4 Rdn. 26; vgl. auch *Mikat*, HdbVerfR, § 29 Rdn. 15, der die negative Religionsfreiheit als eigentlichen Ausgangspunkt und Kern der Religionsfreiheit ansieht.

[705] BVerfGE 46, 260, 267 ff.; *Pieroth/Schlink*, Grundrechte, 15. Aufl. 1999, Rdn. 516.

[706] BayVerfGH, NJW 1982, 2656, 2659 f.

[707] Zu den sog. „faktischen" bzw. „mittelbaren" Eingriffen vgl. etwa *Gallwas*, Faktische Beeinträchtigungen im Bereich der Grundrechte, 1970, S. 10 ff.; *Kirchhof*, Verwalten durch „mittelbares" Einwirken, 1977; *Pietzcker*, FS Bachof, 1984, S. 131 ff.; *Eckhoff*, Der Grundrechtseingriff, 1992, 197 ff., 212 f.; *Sachs*, in: Stern, StaatsR III/2, S. 128 ff.; *ders.*, JuS 1995, 303, 304 ff.; *Schwabe*, DVBl. 1988, 1055 ff.; *Albers*, DVBl. 1996, 233 ff.

nicht umhin kann, eine kirchliche Prozession zu hören oder zu sehen, die etwa an der Wohnung vorbeizieht[708]. Art. 4 GG schützt somit gerade nicht vor bloßer Kenntnisnahme fremder Religionsausübung.

Art. 4 beinhaltet primär ein Abwehrrecht gegen staatliche Eingriffe, nicht jedoch gegen die Religionsausübung Privater. Solange der Staat durch die Anerkennung kirchlicher Feiertage lediglich die Rahmenbedingungen der Religionsausübung gestaltet, ohne sich mit der betreffenden Religion zu identifizieren, kommt selbst ein mittelbarer Eingriff in die negative Religionsfreiheit Andersgläubiger nicht in Betracht. Die bloße Begehung eines anerkannten Feiertages durch die Mehrheit hindert niemanden an der ungestörten Fassung und Ausübung seines eigenen Glaubens oder der Ablehnung eines für ihm fremden Glaubens.

Denkbar wäre allenfalls eine Beeinträchtigung durch die Anerkennung eines Feiertages einer fremden Religion anstelle eines Feiertages des eigenen Glaubens. Diese Problematik betrifft aber gerade nicht den Schutz vor der Aufdrängung fremden Glaubens, sondern die mögliche Ungleichbehandlung des eigenen Glaubens gegenüber einem anderen Glauben und ist daher eine spezifische Frage des Gleichheitssatzes[709].

Auch die mit der Anerkennung eines Feiertages bewirkten Verbote nach den Feiertagsgesetzen der Länder (bspw. § 3 FeiertagsG NW) stellen keine Aufdrängung fremden Glaubens, sondern eine Einschränkung anderer Rechte wie etwa der allgemeinen Handlungsfreiheit des Art. 2 I GG oder der Berufsfreiheit des Art. 12 GG dar und sind an deren Voraussetzungen und Schranken zu messen[710].

II.) Kollision mit Art. 12 GG

Art. 139 WRV verpflichtet den Gesetzgeber, Feiertage als Tage der Arbeitsruhe anzuerkennen und zu schützen. Das hierdurch bedingte grundsätzliche Ruhen von Erwerbstätigkeiten, die den ernsten Charakter dieser Tage stören könnten , kollidiert mit der durch Art. 12 I GG gewährleisteten Freiheit, jederzeit eine berufliche Tätigkeit aufzunehmen oder auszuüben. Zwar betrifft das Merkmal der Arbeitsruhe nur die sonn- und feiertägliche Erwerbstätigkeit, so dass keine Regelung des Berufszugangs vorliegt, doch wird die Art und Weise

---

[708] *Starck*, KuR 1999, 131; *ders.* in v. Mangoldt/Klein/Starck, GG-Komm., Bd. 1, 4. Aufl., 1999, Art. 4 Rdn. 23.
[709] Dazu unten (Teil 4, Kap. 3, Abschn. 2).
[710] Dazu sogleich.

der Berufsausübung in zeitlicher Hinsicht beschränkt[711]. Ein Eingriff gerade durch die Anerkennung eines Feiertages könnte jedoch durch die Erwägung zu verneinen sein, die berufsausübungsbeschränkenden Rechtsfolgen träten nicht durch den Akt der Anerkennung selbst, sondern erst durch die einfachrechtliche Ausgestaltung des Schutzes der betreffenden Feiertage ein. Dies hätte zur Folge, dass allein die Normen des einfachen Rechts am Maßstab des Art. 12 GG zu prüfen wären, die Berufsfreiheit auf die Anerkennung von Feiertagen hingegen keinen Einfluss hätte. Einem solchen Ansatz steht jedoch entgegen, dass die berufsbeschränkenden Regelungen des ArbZG oder des LSchlG das Merkmal der Arbeitsruhe, welches Art. 139 WRV enthält, unmittelbar umsetzen. Es ist Art. 139 WRV, der die bindende Vorgabe an den einfachen Gesetzgeber enthält, Erwerbstätigkeit an anerkannten Feiertagen grundsätzlich auszuschließen[712]. Ein anerkannter Feiertag, der nicht die im ArbZG oder LSchlG festgelegten Rechtsfolgen auslöst, wäre mit Art. 139 WRV unvereinbar. Auch die Anerkennung von Feiertagen selbst ist daher auf ihre Vereinbarkeit mit Art. 12 GG hin zu überprüfen[713].

Wie bereits gezeigt, beinhaltet Art. 139 WRV keine grundsätzlich die Berufsfreiheit verdrängende Spezialregelung. Ein solcher Vorrang des Art. 139 WRV kann nur angenommen werden, solange es um die Gewährleistung des unantastbaren Kernbereichs der Vorschrift geht. Jenseits dieses Kernbereichs können sich Begrenzungen des Gestaltungsspielraums aus kollidierenden Grundrechten ergeben. Vorrang vor Art. 12 GG genießt Art. 139 WRV damit jedenfalls im Hinblick auf die generelle Arbeitsruhe an 52 Sonntagen im Jahr[714]. Die Vorschrift bringt zum Ausdruck, dass es der Verfassunggeber Erwerbstätigen zumutet, auf ein Siebtel der technisch möglichen Produktion zu verzichten. Daneben zwingt Art. 139 WRV, das Ruhen von Erwerbstätigkeit auch an einer Anzahl an Feiertagen hinzunehmen, lässt die genaue Bestimmung dieser Zahl jedoch offen. Die Frage, wie viele Feiertage als Tage der Arbeitsruhe anerkannt werden dürfen, muss daher auch die Bedeutung des Art. 12 GG im Verfassungsgefüge berücksichtigen. Art. 139 WRV verlangt keine solchen normübergreifenden Abwägungen. Die Norm bemisst die Zulässigkeit der Anerken-

---

[711] *Kunig*, Der Schutz des Sonntags im verfassungsrechtlichen Wandel, 1989, S. 25; *Mattner*, Sonn- und Feiertagsrecht, 2. Aufl., 1991, S. 71; vgl. auch bereits H. P. *Ipsen*, DVBl. 1950, 385, 390, allerdings im Hinblick auf das Ladenschlussrecht.

[712] Zur Verbindlichkeit der Vorgaben des Art. 139 WRV vgl. *Kästner*, DÖV 1994, 464, 471.

[713] Dietlein, FS *Rüfner*, 131, 141.

[714] Vgl. ausdrücklich *Däubler*, DB-Sonderbeil. Nr. 7/88, S. 6; im Übrigen folgt dieses Ergebnis aus der verfassungsrechtlichen status-quo-Garantie für den Sonntag, dazu *Pahlke*, Sonn- und Feiertagsschutz als Verfassungsgut, in: EssGespr. 24 (1990), 53, 57; *Morlok*, in: Dreier, GG-Komm., Art. 140/Art. 139 WRV Rdn. 12; *Richardi*, Grenzen industrieller Sonntagsarbeit, 1988, S. 46 ff.

nung von Feiertagen ausschließlich anhand der Strukturmerkmale der Arbeitsruhe und seelischen Erhebung. Soweit ein Feiertag diesen Zwecken dient, steht Art. 139 WRV einer Anerkennung nicht entgegen. Insbesondere verlangt die Vorschrift keine Verhältnismäßigkeitsprüfung[715].

Als berufsausübungsregelnde Maßnahme ist die Anerkennung demgegenüber an die Wahrung der von Art. 12 GG statuierten Eingriffsgrenzen gebunden.

Gemäß Art. 12 I S. 2 GG kann die Berufsausübung durch Gesetz oder auf Grund eines Gesetzes geregelt werden[716]. Die Anerkennung von Feiertagen bedarf daher einer gesetzlichen Grundlage. Entweder muss ein Feiertag daher unmittelbar durch Gesetz festgelegt werden oder die Bestimmung erfolgt durch einen Akt der Exekutiven, der jedoch einer ausreichenden Ermächtigungsgrundlage bedarf.

Die entscheidenden Rechtfertigungsvoraussetzungen für die Anerkennung von Feiertagen im Rahmen des Art. 12 I GG ergeben sich aus der sog. „Drei-Stufen-Lehre“. Diese vom Bundesverfassungsgericht im „Apothekenurteil“[717] entwickelte Theorie differenziert im Rahmen der Eingriffsvoraussetzungen zwischen Berufsausübungs- sowie objektiven und subjektiven Berufszulassungsregelungen[718]. Berufsausübungsregelungen - wie sie die Anerkennung

---

[715] *Stober*, Handbuch des Wirtschaftsverwaltungs- und Umweltrechts, 1989, S. 473; *Mattner*, Sonn- und Feiertagsrecht, 2. Aufl., 1991, § 3 Rdn. 70 (S. 71).

[716] Dieser Gesetzesvorbehalt bezieht sich über den Wortlaut hinaus nicht nur auf Berufsausübungsregelungen, sondern auch auf Berufszugangsregelungen, da Art. 12 GG als einheitliches Grundrecht der Berufsfreiheit aufzufassen ist (BVerfGE 92, 140, 151; *Tettinger*, in: Sachs, GG-Komm., 2. Aufl., 1999, Art. 12 Rdn. 8; *Mattner*, Sonn- und Feiertagsrecht, 2. Aufl., 1991, S. 71). Die Differenzierung zwischen Berufswahl- und Berufsausübungsregelungen wird erst im Rahmen der Verhältnismäßigkeitsprüfung relevant.

[717] BVerfGE 7, 377 ff.; dem Urteil des BVerfG lag die Frage zugrunde, in welchem Umfang die Erteilung einer Erlaubnis zum Betrieb einer Apotheke neben der Approbation von weiteren Voraussetzungen abhängig gemacht werden darf. Die vom Beschwerdeführer angegriffenen Vorschriften des Landesapothekengesetzes sahen vor, dass die Erlaubnis nur erteilt werden darf, wenn ein Versorgungsinteresse der Bevölkerung besteht und anzunehmen ist, dass die wirtschaftliche Grundlage der Apotheke gesichert ist bzw. durch diese die wirtschaftliche Existenz anderer Apotheken nicht gefährdet wird. Der Gesetzgeber wollte durch dieses Gesetz freie Konkurrenz zwischen Apothekern ausschließen und dadurch die Volksgesundheit schützen. Das BVerfG hat entschieden, dass für die Erreichung dieses Zieles keine objektive Berufszugangsregelung erforderlich sei, sondern dem gesetzgeberischen Anliegen durchaus auch mit lediglich die Berufsausübung regelnden Maßnahmen auf niedrigerer Eingriffsstufe wie etwa Werbeverboten oder Beschränkungen des freien Verkaufs entsprochen werden könne.

[718] Ausführlich zur weithin anerkannten Stufenlehre *Czybulka*, NVwZ 1991, 141 ff.; *Ipsen*, JuS 1990, 634 ff.; *Tettinger*, in: Sachs, GG-Komm., 2. Aufl., 1999, Art. 12 Rdn. 100 ff.; *Breuer*, HStR VI, § 148 Rdn. 8; *Wieland*, in: Dreier, GG-Komm., Bd. I, 1996, Art. 12 Rdn.

von Feiertagen darstellt - sind danach zulässig, soweit „vernünftige Erwägungen des Gemeinwohls es zweckmäßig erscheinen lassen“[719]. Dabei dürfen in weitem Maße Gesichtspunkte der Zweckmäßigkeit zur Geltung kommen[720]. Allein daran gemessen ergäben sich aus Art. 12 I GG über die Notwendigkeit einer gesetzlichen Grundlage hinaus keine weiteren Voraussetzungen für die Anerkennung von Feiertagen. Denn die Anerkennung eines Feiertages stellt stets eine vernünftige Erwägung des Allgemeinwohls dar, wenn sie durch Art. 139 WRV legitimiert ist[721]. Wäre die Gemeinwohldienlichkeit alleiniger Rechtfertigungsmaßstab, so wäre das Ergebnis eine nur erheblich eingeschränkte selbständige Bedeutung des Art. 12 GG gegenüber Art. 139 WRV.

Dem „Apothekenurteil“ lag jedoch eine Grundrechtsdogmatik zugrunde, welche die rechtsstaatlich zwingende Bedeutung des Übermaßverbotes[722] noch nicht realisiert hatte[723]. Deshalb wird die Stufenlehre des Bundesverfassungsgerichts mittlerweile um eine Verhältnismäßigkeitsprüfung erweitert bzw. in diese integriert[724]. Entscheidende Bedeutung erlangt die Drei-Stufen-Theorie dabei auf der Ebene des verfassungsrechtlich legitimen Zweckes, indem sie an das Vorliegen eines solchen Zweckes abgestufte Anforderungen stellt[725]. Nach heutiger Dogmatik müssen darüber hinaus jedoch auch die weiteren Voraussetzungen des Verhältnismäßigkeitsgrundsatzes bei der Anerkennung von Feiertagen erfüllt sein. Die Anerkennung eines Feiertages unter Wahrung der

110; ablehnend hingegen *Hufen*, NJW 1994, 2913, 2917, der sich auf den ausdrücklichen Wortlaut des Art. 12 I S. 2 GG beruft.

719 BVerfGE 7, 377, 405.

720 BVerfGE 7, 377, 406.

721 Denn mittels Art. 139 WRV wird verfassungsunmittelbar das Allgemeininteresse an einem effektiven Sonn- und Feiertagsschutz festgeschrieben. Jeder Feiertag, der dem in dieser Vorschrift festgelegten Pflichtenprogramm entspricht, könnte daher zur Verfolgung vernünftiger Gemeinwohlinteressen staatlich anerkannt werden, vgl. auch *Mattner*, Sonn- und Feiertagsrecht, 2. Aufl., 1991, S. 71.

722 Zur Bedeutung des Übermaßverbots etwa *Stern*, Staatsrecht I, S. 861 ff. mwN.; *v. Münch*, in: ders./Kunig, GG-Komm., Bd. 1, 5. Aufl., 2000, Vorb. Art. 1- 19 Rdn. 55.

723 Vgl. *Tettinger*, in: Sachs, GG-Komm., 2. Aufl., 1999, Art. 12 Rdn. 110.

724 Vgl. etwa BVerfGE 46, 120, 138, wo die Stufenlehre als „Ergebnis einer strikten Anwendung des Verhältnismäßigkeitsgrundsatzes“ bezeichnet wird.

725 Berufsausübungsregelungen als Eingriffe auf der ersten Stufe müssen danach der Verfolgung vernünftiger Erwägungen des Gemeinwohls dienen (BVerfGE 7, 377, 405 f.; 70, 1, 28; 78, 155, 162; 85, 248, 259; 93, 362, 369); subjektive Berufszulassungsregelungen auf der zweiten Stufe, also solche, die eine Berufsaufnahme an das Vorliegen persönlicher Eigenschaften, Fähigkeiten oder Leistungsnachweise anknüpfen, können ausschließlich durch den Schutz besonders wichtiger Gemeinschaftsgüter legitimiert werden (BVerfGE 13, 97, 107; 19, 330, 337; 93, 213, 235), während objektive Berufszugangsregelungen als stärkste Eingriffe auf dritter Stufe nur zum Schutze überragend wichtiger Gemeinschaftsgüter zulässig sein können (BVerfGE 7, 377, 408; 85, 360, 374).

Grenzen des Art. 139 WRV kann vor diesem Hintergrund lediglich einen verfassungsrechtlich unbedenklichen Zweck legitimieren, nicht jedoch die berufsgrundrechtliche Zulässigkeit schlechthin begründen. Nur die Prüfung der weiteren Verhältnismäßigkeitsmerkmale - der Geeignetheit, der Erforderlichkeit und der Angemessenheit - ermöglicht eine hinreichende Einzelfallgerechtigkeit[726]. Dabei ist freilich zu berücksichtigen, dass schon Art. 139 WRV die Zulässigkeit der Anerkennung an die Geeignetheit des betreffenden Feiertages knüpft, die verfassungsrechtliche Intention des Art. 139 WRV zu fördern[727]. Neben Art. 139 WRV kommt der Geeignetheit zur Zweckerreichung im Rahmen des Art. 12 I GG mithin keine selbständige Bedeutung zu. Die Wahrung der Grenzen des Art. 139 WRV indiziert damit das Vorliegen eines legitimen Zweckes und die Geeignetheit der Anerkennung des betreffenden Feiertages zur Zweckerreichung.

Als gegenüber dem weiten Spielraum des Art. 139 WRV einschränkendes Korrektiv kommen jedoch die Ebenen der Erforderlichkeit und der Proportionalität als Verhältnismäßigkeit im eigentlichen Sinn in Betracht. Diesen Merkmalen der verfassungsrechtlichen Rechtfertigung berufsausübungsregelnder Maßnahmen kommt neben Art. 139 WRV eine selbständige Bedeutung zu.

Gegenüber der Anerkennung als Feiertag im Sinne des Art. 139 WRV käme insbesondere der bloße Schutz des betreffenden Tages als kirchlichem Feiertag im Sinne der Feiertagsgesetze der Länder in Betracht soweit es sich um einen Feiertag mit religiösem Hintergrund handelt. Dieser Ansatz vermag indes nicht durchzugreifen. Denn als milderes Mittel gegenüber einer staatlichen Anerkennung müsste der Schutz kirchlicher Feiertage dem mit einer Anerkennung verfolgten Zweck in gleicher Weise dienlich sein[728]. Dies ist im Verhältnis kirchlicher Feiertage zu staatlich anerkannten Feiertagen gerade nicht der Fall. Mit der Anerkennung eines Feiertages wird auf ein bestehendes Bedürfnis nach ganztägiger, allgemeiner Arbeitsruhe und seelischer Erhebung eingegangen. Der Gesetzgeber intendiert mit der Anerkennung eines Feiertages die Herstellung einer allgemeinen Sonntagsruhe entsprechend den Vorgaben des Art. 139 WRV. Hinter diesen Kriterien bleibt der Schutz kirchlicher Feiertage weit

---

[726] *Mattner*, Sonn- und Feiertagsrecht, 2. Aufl., 1991, § 3 Rdn. 70 (S. 71).

[727] Denn nach Art. 139 WRV muss ein staatlich anerkannter Feiertag zur Erreichung der in Art. 139 WRV enthaltenen Ziele der Arbeitsruhe und seelischen Erhebung geeignet sein. Gerade die nach Art. 139 WRV unabdingbare Verfolgung dieser Ziele legitimiert erst Eingriffe in Art. 12 GG.

[728] Vgl. BVerfGE 25, 1, 20; 30, 292, 319; 81, 70, 91, das eine „eindeutig gleichwertige Alternative" verlangt; aus der Lit. etwa *Stern*, StaatsR III/2, S. 780 mwN.; *Sachs*, in: ders., GG-Komm., 2. Aufl., 1999, Art. 20 Rdn. 152.

zurück. Er ist lediglich an der Glaubensfreiheit orientiert und gewährt Arbeitnehmern als Ausnahmeregelung zu verstehende Freistellungsansprüche. Dies hat zur Folge, dass der werktägliche Charakter an kirchlichen Feiertagen nicht verloren geht[729]. Ein seelischer Erhebung dienender, allgemeiner Ruhecharakter kann durch den Schutz als kirchlichem Feiertag nicht erreicht werden. Feiertage bloß als kirchliche Feiertage zu schützen dient der Förderung der mit der Anerkennung verfolgten Ziele daher nicht in gleicher Weise.

Schließlich spricht folgende Gegenüberlegung dagegen, im Schutz als kirchlichem Feiertag ein milderes, aber ebenso geeignetes Mittel zu erblicken: Denn träfe diese Annahme zu, so wäre eine Anerkennung von Feiertagen mit religiösem Hintergrund über den unantastbaren Kernbereich hinaus in keinem Falle zu rechtfertigen. Da der Gesetzgeber keine Möglichkeit hat, weltliche Feiertage wie kirchliche Feiertage zu schützen, würden für eine Anerkennung zudem wohl ausschließlich weltliche Feiertage in Betracht kommen. Anerkennt der Gesetzgeber aber weltliche Tage in einem Maße, das dem unantastbaren Kernbereich genügt, wäre für die Anerkennung religiöser Feiertage - einschließlich Weihnachten - verfassungsrechtlich keinerlei Raum. Da aber die gesellschaftlichen Bedürfnisse nach seelischer Erhebung nach wie vor stark religiös geprägt sind, ginge der Ausschluss religiöser Feiertage von der Anerkennung an der Intention des Art. 139 WRV vorbei[730]. Die Feiertagsgarantie würde nahezu vollständig ausgehöhlt. Der Schutz als kirchlichem Feiertag stellt auch aus diesem Grunde kein milderes Mittel zur Erreichung des mit der Anerkennung verfolgten Zweckes dar.

Als milderes, aber ebenso geeignetes Mittel käme jedoch unter Umständen eine nicht bundes- bzw. landesweite, sondern regional differenzierende Anerkennung in Betracht. Art. 139 WRV bedingt eine solche regionale Differenzierung nicht, so dass der grundrechtlichen Verhältnismäßigkeitsprüfung insoweit durchaus eine eigenständige Bedeutung zukommen könnte. Von Gesetzes wegen ist eine solche, regional begrenzte Anerkennung ohne weiteres möglich und in der Praxis bereits teilweise umgesetzt worden. So ist das Augsburger Friedensfest beispielsweise ausschließlich in der Stadt Augsburg als Feiertag

---

[729] Ansprüche auf Arbeitsruhe müssen an diesen Tagen vom Arbeitnehmer gegen den Arbeitgeber geltend gemacht werden; Arbeitsruhe ist an diesen Tagen als Ausnahme zu verstehen und kommt von vornherein nur für einen eng begrenzten Teil des Tages in Betracht.

[730] Vgl. insb. auch *Rüfner*, FS Heckel, 1999, S. 447, 449, der davon ausgeht, als Institutsgarantie statuiere Art. 139 WRV eine über den Kernbereich hinausragende Pflicht des Gesetzgebers, innerhalb des ihm überantworteten Gestaltungsspielraumes eine zeitgerechte Fortentwicklung und Ausgestaltung des Rechtsinstituts sicherzustellen. Diesem Ansatz widerspräche es, außerhalb des Kernbereichs den Schutz als kirchlichen Feiertag als milderes Mittel zu qualifizieren.

landesrechtlich anerkannt. Ein landesweiter Schutz dieses Tages wäre verfassungsrechtlich nicht zu legitimieren, da sich das Bedürfnis nach Begehung dieses Festes ausschließlich auf die Stadt Augsburg beschränkt. Außerhalb der Stadt wäre die Anerkennung dieses Tages nicht zur seelischen Erhebung geeignet. Eine Anerkennung des Augsburger Friedensfestes daher nur örtlich begrenzt erforderlich.

Dass ein Bedürfnis nach Anerkennung eines Feiertages schlechthin nur an einem bestimmten Ort besteht, dürfte demgegenüber jedoch die Ausnahme bilden. Dies gilt insbesondere für religiöse Minderheiten. Wird die Anerkennung von Feiertagen religiöser Minderheiten auf einen bestimmten Raum beschränkt, gelangen alle nicht dort lebenden Angehörigen dieser Religion nicht in den Genuss der mit der Anerkennung verbundenen Vorteile. Der mit der Anerkennung verfolgte Zweck würde daher nicht in gleicher Weise erreicht, so dass in diesen Fällen die regional begrenzte Anerkennung kein milderes, aber gleich wirksames Mittel darstellt.

Gleichwohl können die religiösen Strukturen der Gesellschaft auf der Ebene der Angemessenheit einer landes- bzw. bundesweiten Anerkennung entgegenstehen. Obgleich für die Prüfung der Angemessenheit einer Maßnahme kaum feste Maßstäbe bestehen[731], ist stets auf die Rechtsgüterproportionalität abzustellen. Dabei sind Beeinträchtigungs- und Nutzeffekte gegeneinander abzuwägen[732]. Angesichts des hohen Ranges der Berufsfreiheit im Verfassungsgefüge kann dem Feiertagsschutz des Art. 139 WRV nur dann Vorrang zukommen, wenn mit der Anerkennung eines Feiertages bedeutenden Bedürfnissen entsprochen wird. Zwar ist dem Gesetzgeber dabei ein Einschätzungsspielraum zuzugestehen, unter Umständen kann er jedoch gezwungen sein, die Anerkennung eines Feiertages regional zu begrenzen. Die Anerkennung Mariä Himmelfahrts ist in Bayern beispielsweise auf Gemeinden mit überwiegend katholischer Bevölkerung reduziert. Jedoch verlangt die Angemessenheit kein reines Mehrheitsprinzip bei der Auswahl der Feiertage, da insbesondere für die Anerkennung von Feiertagen beider christlicher Konfessionen bundesweit ein bedeutendes Bedürfnis besteht. Etwas anderes ergibt sich jedoch, soweit man den – zur Zeit nur theoretischen – Fall der Anerkennung von Feiertagen „echter" religiöser Minderheiten betrachtet. Weisen diese regionale Schwerpunkte auf, liegt eine angemessene Beschränkung der Berufsfreiheit nur dann vor, wenn dies vom Gesetzgeber berücksichtigt wird. Denn außerhalb ihrer regionalen Schwerpunkte käme die Anerkennung von Feiertagen religiöser Minderheiten nur einer verschwindend geringen Zahl an Grundrechtsträgern zugute, die es im Lichte des Art. 12 GG nicht vertretbar erscheinen lassen, die Berufsaus-

[731] *Sachs*, in: ders., GG-Komm., 2. Aufl., 1999, Art. 20 Rdn. 155.
[732] *Sachs*, in: ders., GG-Komm., 2. Aufl., 1999, Art. 20 Rdn. 157.

übung aller an diesen Tagen weitreichendsten Einschränkungen zu unterwerfen.

Die Verhältnismäßigkeitsprüfung kann nicht nur Einfluss auf die Art und Weise des Schutzes des einzelnen Feiertags haben, sondern auch der Anerkennung von Feiertagen eine Obergrenze setzen. Diese lässt sich abstrakt nicht bestimmen. Jedoch darf die Zahl der Feiertage nicht dazu führen, dass mittels Art. 139 WRV nicht nur die Berufsausübung, sondern faktisch der Berufszugang eingeschränkt wird. Dies wäre dann der Fall, wenn Erwerbstätige nicht nur in Einzelfällen, sondern in erheblichem Umfang ihrer beruflichen Tätigkeit nicht mehr nachgehen könnten. Da die Arbeitsruhe an Feiertagen erhebliche Kostenbelastungen für die Wirtschaft auslöst, kann ein allzu hohes Feiertagsniveau durchaus erdrosselnde Wirkung haben. Art. 139 WRV legitimiert ausschließlich die Berufsausübung regelnde Maßnahmen. Wirkt daher eine formal als Berufsausübungsregelung zu qualifizierende Anerkennung von Feiertagen tatsächlich wie eine Berufszugangsbeschränkung, so fehlt es bereits an einem legitimen Zweck für die Anerkennung.

Angesichts des politischen Drucks, unter dem die Feiertage gegenwärtig stehen, ist die Anerkennung einer derart großen Zahl an Feiertagen höchst unwahrscheinlich. Ein solches „Umschlagen" von einer Berufsausübungs- zu einer Berufszugangsregelung würde die zusätzliche Anerkennung einer Vielzahl an Feiertagen voraussetzen, an die zur Zeit nicht zu denken ist. Käme es jedoch dazu, so würde das Erfordernis der Verhältnismäßigkeit, insbesondere eines legitimen Zweckes, als Korrektiv eingreifen um die verfassungsrechtliche Bedeutung der Berufsfreiheit gegenüber dem Gestaltungsauftrag des Art. 139 WRV zu wahren.

Im Einzelfall kann Art. 12 GG dazu zwingen, einzelne Unternehmer vom Arbeitsverbot auszunehmen, wenn anderenfalls schwerwiegende Nachteile entstünden, die in keinem Verhältnis zu der mit der Sonn- und Feiertagsruhe verfolgten Intention stehen. Dies ist jedoch keine Frage, welche den Gestaltungsspielraum des Gesetzgebers im Hinblick auf die Anerkennung von Feiertagen betrifft, sondern die sich auf die Ausgestaltung des für aller Feiertage gleichermaßen geltenden Schutz bezieht. Im Übrigen nehmen die einfachgesetzlichen Vorschriften über den Feiertagsschutz in weitem Maße auf diese grundrechtliche Komponente Bezug, indem sie Ausnahmeregelungen vorsehen[733].

[733] Vgl. zur einfachgesetzlichen Ausgestaltung insbesondere durch das LSchlG und die §§ 9-13 ArbZG bereits oben (Teil 2, Kap. 1, Abschn. 2, II 2 a 3).

III.) Kollision mit Art. 14 GG

Als weiteres durch die Anerkennung von Feiertagen tangiertes Unternehmergrundrecht ist Art. 14 GG zu nennen. Der Schutz des Eigentums ist im Gegensatz zu Art.12 nicht auf Erwerbstätigkeit, sondern auf Substanzsicherung ausgerichtet. Art. 14 GG schützt als Eigentum die rechtliche Zuordnung eines vermögenswerten Gutes an einen Rechtsträger[734]. Unter den Eigentumsschutz des Art. 14 GG fällt insbesondere der eingerichtete und ausgeübte Gewerbebetrieb[735]. Soweit durch die Anerkennung eines Feiertages die Nutzung von Maschinen untersagt wird, stellt dies eine Beschränkung des Eigentums dar. Für die Zulässigkeit der Einführung von Feiertagen ergeben sich dabei die gleichen Kriterien wie im Rahmen des Art. 12 GG. Welches Verhältnis dabei zwischen den Schutzbereichen der beiden Grundrechte besteht, kann an dieser Stelle offen bleiben, da im hier zu untersuchenden Kontext allein die Rechtmäßigkeitsanforderungen von Bedeutung sind. Wie bei der Berufsfreiheit kommt dabei namentlich der Verhältnismäßigkeit entscheidende Bedeutung zu. Im Hinblick auf die Anerkennung von Feiertagen zeigt sich dabei ein Gleichlauf der Verhältnismäßigkeitsanforderungen im Rahmen des Art. 12 und des Art. 14 GG. Die Anerkennung eines Feiertages ist als Berufsausübungsregelung (1. Stufe der Drei-Stufen-Lehre), die zugleich eine Inhalts- und Schrankenbestimmung darstellt, grundsätzlich zulässig. Etwas anderes wird sich wiederum erst dann ergeben, wenn eine enteignende Wirkung vorliegt, der Unternehmer seine Produktionsmittel nicht mehr sinnvoll nutzen kann. Dieses Kriterium stimmt inhaltlich mit der Trennlinie zwischen Berufsausübungsregelung und Berufsbeschränkung überein. Insofern stellen Art. 12 GG und Art. 14 GG identische Anforderungen an die Ausgestaltung des Feiertagsrechts.

IV.) Kollision mit Art. 5 I GG

Die durch Art. 139 WRV bedingte allgemeine Arbeitsruhe erfasst auch Herstellung und Vertrieb von Druckerzeugnissen. Insoweit führt die Anerkennung von Feiertagen zu einer Einschränkung des Art. 5 I GG. Dabei handelt es sich um einen lediglich mittelbaren Eingriff. Die Pressefreiheit kann jedoch zum Schutz gleichwertiger Rechtsgüter – wie dies der Sonn- und Feiertagsschutz

---

[734] Ausführlich *Papier*, in: Maunz/Dürig, GG-Komm., Art. 14 Rdn. 56 ff.; vgl. auch *Wendt*, in: Sachs, GG-Komm., 2. Aufl., 1999, Art. 14 Rdn. 21.

[735] Vgl. BVerwGE 67, 93, 96; BGHZ 111, 349, 355 ff.; *Badura*, HdbVerfR, § 10 Rdn. 94 ff.; a.A. *Wieland*, in: Dreier, GG-Komm., Bd. I, 1996, Art. 14 Rdn. 44. Das BVerfG hat die Anwendbarkeit des Art. 14 wiederholt offengelassen, vgl. BVerfGE 51, 193, 221 f.; 84, 212, 232, stellt in seiner neueren Rechtsprechung jedoch ausdrücklich die Bedeutung als Funktionseinheit heraus, vgl. BVerfGE 93, 165, 175 f.

gem. Art. 139 WRV darstellt – eingeschränkt werden[736]. Dass Art. 5 I GG der Anerkennung von Feiertagen entgegensteht, kann lediglich für den theoretischen Fall einer völligen Entwertung der Pressefreiheit durch eine Vielzahl an Feiertagen angenommen werden. Der Maßstab hierfür entspricht den zu Art. 12 und Art. 14 GG entwickelten Kriterien.

Die Bedeutung der Pressefreiheit kann jedoch im Einzelfall zu Ausnahmen von Herstellungs- und Vertriebsverboten zwingen. Als Beispiel seien etwa der Verkauf von Sonntagszeitungen oder der Druck der Tageszeitung für Montag genannt[737]. Dies wiederum stellt aber nicht die Anerkennung eines Feiertages in Frage, sondern betrifft ausschließlich Maßstäbe, die der einfache Gesetzgeber bei der Ausgestaltung des Ruhetagsschutzes zu berücksichtigen hat.

Entsprechendes gilt für den Bereich des Rundfunks. So sieht beispielsweise der ZDF-Staatsvertrag ein Werbeverbot an Sonn- und Feiertagen vor. Einzelne Feiertagsgesetze verpflichten Rundfunkanstalten, den ernsten Charakter der Sonn- und Feiertage bei der Programmgestaltung zu wahren[738]. Auch wenn die Auslegung dieser Vorschriften im Einzelnen nicht abschließend geklärt ist[739], können diese nicht dazu führen, dass die Anerkennung von Feiertagen unzulässig wäre. Vielmehr sind die alle Sonn- und Feiertage gleichermaßen betreffenden Regelungen den verfassungsrechtlichen Anforderungen anzupassen.

V.) Kollision mit Art. 8 GG

Soweit die Feiertagsgesetze der Länder Verbote bestimmter Veranstaltungen an Feiertagen vorsehen[740], wird hierdurch die Versammlungsfreiheit des Art. 8 GG eingeschränkt. Ob demgegenüber bereits die Anerkennung eines Feiertages zu einem Eingriff in den Schutzbereich der Versammlungsfreiheit führt, erscheint fraglich. Denn Art. 140 GG iVm. Art. 139 WRV enthält keine Pflicht für den Gesetzgeber, entsprechende Regelungen zu schaffen. Derartige Regelungen in den Feiertagsgesetzen der Länder sind daher dem Bereich der gesetzgeberischen Gestaltung, mithin nicht dem Kernbereich des Art. 139 WRV

---

736 Vgl. etwa BVerfGE 20, 162, 177; Mattner, Sonn- und Feiertagsrecht, 2. Aufl., 1991, § 3 Rdn. 61 (S. 65); zwar steht das Grundrecht der Pressefreiheit nach dem Wortlaut des Art. 5 II unter dem Vorbehalt der „allgemeinen Gesetze“, doch ist dieser Vorbehalt funktionsbezogen, d.h. der Bedeutung und Stellung der Pressefreiheit im Verfassungsgefüge entsprechend auszulegen. Vor diesem Hintergrund sind Einschränkungen der Pressefreiheit lediglich zu Gunsten wenigstens gleichrangiger Rechtsgüter zulässig.

737 Weiterführend dazu *Mattner*, Sonn- und Feiertagsrecht, 2. Aufl., 1991, § 3 Rdn. 62 f. (S. 65 f.).

738 Vgl. etwa § 6 IV FTG NW, der sich allerdings nur auf stille Feiertage bezieht.

739 Vgl. *Hoeren/Mattner*, Sonn- und Feiertagsgesetze der Bundesländer, 1989, § 6 Rdn. 17 mwN.

740 Dazu bereits oben (Teil 2, Kap. 1, Abschn. 2, II 2 a 3a).

zuzuordnen. Die Einschränkung der Versammlungsfreiheit hat ihren Grund nicht in dem Anerkennungsakt selbst, sondern erst in der Art und Weise der gesetzlichen Ausgestaltung des Feiertagsschutzes. Verletzen die entsprechenden Normen Art. 8 GG, so bleibt die Anerkennung des Feiertages als solche hiervon unberührt. Der Gesetzgeber hat dann lediglich die Feiertagsgesetze zu korrigieren[741].

3. Abschnitt: Fazit

Der Gesetzgeber hat sowohl bei der Anerkennung von Feiertagen als auch bei der Ausgestaltung des Feiertagsschutzes kollidierende Grundrechte zu beachten. Einer Anerkennung können dabei lediglich die Grundrechte aus Art. 12, 14 und 5 GG entgegenstehen, da deren Einschränkung durch das Merkmal der Arbeitsruhe von Art. 139 WRV selbst unmittelbar vorgegeben wird. Entscheidende Bedeutung kommt dabei der Proportionalität zu. Die kollidierenden Grundrechte verwehren es dem Gesetzgeber, Feiertage in einem solchen Ausmaß anzuerkennen, das die grundrechtlichen Gewährleistungen aushöhlt. Der Gesetzgeber darf Feiertage nicht in einem solchem Maße anerkennen, dass Art. 139 WRV den Charakter einer Berufszugangregelung annimmt bzw. enteignende Wirkung entfaltet.

Strikt davon zu trennen sind die Anforderungen an die Ausgestaltung des für alle Feiertage gleichermaßen geltenden Schutzes. Soweit diese Vorschriften gegen Grundrechte verstoßen, hat dies keine Auswirkungen auf die Anerkennung von Feiertagen. Vielmehr sind die Normen des einfachen Rechts den grundrechtlichen Anforderungen anzupassen.

[741] Für die Zulässigkeit einfachrechtlicher Versammlungsverbote gelten dabei folgende Maßstäbe: Der Gottesdienst sowie damit zusammenhängende Versammlungen fallen von vornherein nicht unter den Verbotstatbestand. Versammlungen unter freiem Himmel können gem. Art. 8 II GG durch Gesetz verboten werden. Art. 139 WRV rechtfertigt es, solche Versammlungen zu verbieten, die den Ruhecharakter des betreffenden Tages stören können. Jedoch muss im Feiertagsgesetz des Landes Art. 8 GG wegen Art. 19 I S. 2 GG ausdrücklich als eingeschränktes Grundrecht benannt sein. Versammlungen in geschlossenen Räumen sind nur durch kollidierendes Verfassungsrecht zu unterbinden. Sie werden in aller Regel jedoch den Ruhecharakter nicht stören, so dass ihre Abhaltung auch an Sonn- und Feiertagen nur in Ausnahmefällen untersagt werden kann; eingehend dazu *Mattner*, Sonn- und Feiertagsrecht, 2. Aufl., 1991, § 3 Rdn. 69 (S. 70 f.); *v. Campenhausen*, in: v. Mangoldt/Klein/Starck, GG-Komm., Bd. 3, 4. Aufl., 2001, Art. 139 WRV Rdn. 22; beachte aber auch *Höfling*, in: Sachs, GG-Komm., 2. Aufl., 1999, Art. 8 Rdn. 63; *v. Mutius*, Jura 1988, 79, 89, die von einer Verfassungswidrigkeit der betreffenden Regelungen ausgehen.

Teil 4: Der rechtliche Rahmen für die Anerkennung islamischer Feiertage

Bislang hat sich der Gesetzgeber – abgesehen von den beiden weltlichen Feiertagen - darauf beschränkt, die wesentlichen Feiertage der großen christlichen Kirchen durch Anerkennung real zu schützen. Angesichts der mittlerweile erheblichen religiösen Vielschichtigkeit unserer Gesellschaft gilt es jedoch auch die Frage in den Blick zu nehmen, ob und unter welchen Voraussetzungen das Grundgesetz die Anerkennung von Feiertagen anderer Religionen zulässt[742]. Hierfür kommen aber von vornherein nur solche Glaubensrichtungen in Betracht, die auch eine erhebliche gesellschaftliche Repräsentanz haben. Diese Voraussetzung erfüllt in Deutschland gegenwärtig nur der Islam, so dass der Schwerpunkt des folgenden Teils auf die Frage nach der Zulässigkeit der Anerkennung islamischer Feiertage gelegt sei.

Die in diesem Teil zu gewinnenden rechtlichen Voraussetzungen für eine Anerkennung muslimischer Feiertage gelten jedoch entsprechend für alle anderen Glaubensrichtungen. Die Zulässigkeit der Anerkennung von Feiertagen weiterer Glaubensrichtungen unterscheidet sich von der Möglichkeit einer Anerkennung islamischer Feiertage ausschließlich in den tatsächlichen Gegebenheiten, nicht jedoch in den rechtlichen Voraussetzungen.

Kapitel 1: Die Situation des Islam in Deutschland

Gegenwärtig leben nach Schätzungen der Bundesregierung etwa 2,8 bis 3,2 Millionen Menschen muslimischen Glaubens in der Bundesrepublik[743]. Dies

---

[742] Erstaunlicherweise wurde diese Problematik bislang noch keiner dezidierten wissenschaftlichen Erörterung unterzogen. Zwar sprach schon *Kaisenberg* davon, der Begriff der „seelischen Erhebung“ in Art. 139 WRV stelle eine bewusste Brücke zu anderen Weltanschauungen dar (in: *Nipperdey*, die Grundrechte der Reichsverfassung, Bd. 2, Art. 139), eine nähere Auseinandersetzung mit dieser Fragestellung unterblieb jedoch. In der neueren Literatur erfolgen lediglich ähnlich knappe Stellungnahmen. Neben der elektronischen Veröffentlichung dieser Arbeit als Dissertation hat kürzlich erstmals *Dietlein*, FS Rüfner, 131, 141 f., diesen Fragenkomplex aus rechtlicher Sicht beleuchtet.

[743] BT-Drs. 14/4530, S. 5 f., genaue Zahlen liegen nicht vor. Dies hat seinen Grund darin, dass bei den deutschen Meldebehörden Muslime unter dem Sachverhalt Religionszugehörigkeit als „verschiedene“ gezählt werden. Die Religionszugehörigkeit wurde in Deutschland letztmalig im Rahmen der Volkszählung am 25. 5. 1987 erfasst. Zu diesem Zeitpunkt bekannten sich exakt 1.650.952 Personen zum Islam. Für die weitere Entwicklung ist hingegen auf Schätzungen zurückzugreifen. Dabei werden folgende Annahmen zugrunde gelegt: Zum 31. Dezember 1999 hielten sich etwa 2,8 Millionen Ausländer aus überwiegend muslimischen Staaten auf. Da allerdings nicht alle Bürger dieser Staaten dem Islam angehören, ist ein

sind etwa 4% der Gesamtbevölkerung. Die juristische Prüfung der Zulässigkeit einer Anerkennung islamischer Feiertage setzt dabei einen Einblick in die tatsächliche Situation der Muslime in Deutschland voraus, hingewiesen sei etwa auf die Frage nach dem Verhältnis des Islam zum Staat und dabei speziell auf den islamischen Fundamentalismus, den Islamismus, der ganz erhebliche Ängste und Vorbehalte in der Bevölkerung erweckt[744].

1. Abschnitt: Entwicklung des Islam in Deutschland

Bis zur Gründung der Bundesrepublik waren neben den großen christlichen Kirchen allein die jüdischen Gemeinden von Bedeutung. Die erste nennenswerte Zahl Muslime kam im ersten Weltkrieg in Gestalt von rund 15.000 Gefangenen nach Deutschland[745]. Diese gründeten zwar erste muslimische Vereinigungen, auf die Gesamtbevölkerung bezogen fielen sie aber nicht ins Gewicht[746].

Eigentlich an Bedeutung gewann der Islam erst lange nach der Gründung der Bundesrepublik mit der Anwerbung von Gastarbeitern, insbesondere aus

---

gewisser rechnerischer Abschlag vorzunehmen. Zu dieser Zahl kommen noch die Muslime deutscher Staatsangehörigkeit. Dies waren 1987 zwar lediglich 47.966 Personen, jedoch wurden von 1988 bis 1998 etwa 344.000 Personen aus mehrheitlich islamischen Staaten eingebürgert. Auf Basis dieser Grundlagen ergibt sich die geschätzte Zahl von etwa 2,8 bis 3,2 Millionen Muslime in der Bundesrepublik; davon leben nach Schätzungen der nordrhein-westfälischen Landesregierung etwa 1 Million Muslime in Nordrhein-Westfalen, vgl. Landtags Drs. 13/1397, S. 4 f., wobei die Ermittlung dieser Zahl nach den gleichen Grundsätzen erfolgt ist wie auf Bundesebene.

[744] Vgl. zum islamischen Fundamentalismus *Tibi*, Fundamentalismus im Islam, 2000; *ders.*, Islamischer Fundamentalismus, moderne Wissenschaft und Technologie, 1992; *Steinbach*, Der islamische Fundamentalismus - eine Gefahr vor den Toren Europas?, 1996; Landesamt für Verfassungsschutz Berlin (Hrsg.), Durchblicke, Islamismus als politische Ideologie, 1997.

[745] Vgl. zur Geschichte des Islam in der Bundesrepublik die Antwort der Bundesregierung auf die große Anfrage des Abgeordneten *Rüttgers* sowie weiterer Unionsabgeordneter vom 8. 11. 2000, BT-Drs. 14/4530, S. 5; ferner *Lemmen*, Muslime in Deutschland: Eine Herausforderung für Kirche und Gesellschaft, 2001; *Spuler-Stegemann*, Muslime in Deutschland, Nebeneinander oder Miteinander, 1998, S. 35 ff.

[746] Vertiefend hierzu *Özcan*, Die türkische Minderheit, in: Schmalz-Jacobsen/Hansen (Hrsg.), Ethnische Minderheiten in der Bundesrepublik Deutschland. Ein Lexikon, München, 1995, S. 511; *ders.*, Türkische Immigrantenorganisationen in der Bundesrepublik Deutschland, 2. Aufl., Berlin, 1992; *Emre*, 300 Jahre Türken an der Spree. Ein vergessenes Kapitel Berliner Kulturgeschichte, Berlin, 1983.

der Türkei in den 60er Jahren[747]. Gut zwei Millionen der geschätzten bis zu 3,2 Millionen Muslime in der Bundesrepublik sind dementsprechend türkischer Herkunft[748]. Der Beginn muslimischer Zuwanderung in bedeutendem Umfang liegt nun schon etwa 40 Jahre zurück und manche Familien leben bereits seit drei Generationen in Deutschland. Ursprünglich ging man dabei allerdings nicht von einer Dauerhaftigkeit dieses Aufenthaltes aus; vielmehr rechnete man mit einer permanenten Fluktuation der Arbeitskräfte[749]. In der Tat kamen zunächst vor allem männliche Arbeitskräfte ins Land. Erst nach dem Anwerbe- und Vermittlungsstopp für ausländische Arbeitnehmer aus Nicht-EG-Staaten vom 23. 11. 1973 holten viele der hier lebenden und arbeitenden Gastarbeiter ihre Familien ins Land, womit erst der eigentliche Prozess der auf Dauer angelegten Zuwanderung einer Vielzahl Muslime in die Bundesrepublik begann[750]. Viele Muslime sind so mittlerweile in Deutschland sesshaft geworden, ihre Kinder und Enkel sind hier aufgewachsen. Die Muslime sind innerhalb von nur drei Jahrzehnten zur zweitgrößten Glaubensgemeinschaft in Deutschland angewachsen; ein Vorgang, den zu Beginn der Anwerbung ausländischer Arbeitnehmer niemand für möglich gehalten hätte[751].

„Den" Islam als monolithischen Block gibt es auch in der Bundesrepublik nicht[752]. Vielmehr ist zu unterscheiden zwischen Sunniten, den Schiiten, den Aleviten und der Ahmadiyya-Muslim-Bewegung. Den Großteil der in Deutschland lebenden Muslime bilden die vorwiegend aus der Türkei stammenden

[747] *Feindt-Riggers/Steinbach*, Islamische Organisationen in Deutschland, 1997, S. 14; BT-Drs. 14/4530, S. 6 f.; Von 1955 bis 1969 wurden Anwerbeverträge zwischen der Bundesrepublik und verschiedenen Mittelmeeranrainerstaaten geschlossen, so auch mit der Türkei (1961), Tunesien (1965), Marokko (1966) und Jugoslawien (1969), wobei der Großteil der Gastarbeiter aus der Türkei kam, vgl. dazu *Feindt-Riggers/Steinbach*, Islamische Organisationen in Deutschland, 1997, S. 14 mwN.

[748] BT-Drs. 14/4530, S. 6 f.

[749] *Spuler-Stegemann*, aaO., S. 36 f.; auch die meisten Gastarbeiter richteten sich zunächst auf einen nur vorübergehenden Arbeitsaufenthalt von wenigen Jahren ein, um dann in ihre Heimat zurückzukehren, vgl. *Feindt-Riggers/Steinbach*, Islamische Organisationen in Deutschland, 1997, S. 14.

[750] Dazu *Hillgruber*, JZ 1999, 538 f.; *Feindt-Riggers/Steinbach*, Islamische Organisationen in Deutschland, 1997, S. 14, nach dem Anwerbestopp wäre Gastarbeitern aus nicht der EG angehörigen Staaten eine Rückkehr in die Bundesrepublik unmöglich gewesen. Von daher haben sich viele für eine dauerhafte Sesshaftigkeit in der Bundesrepublik entschieden, wobei sie häufig ihre Familien nachkommen ließen.

[751] Vgl. *Spuler-Stegemann*, aaO., S. 36 f.

[752] BT-Drs. 14/4530, S. 3; zur Spaltung der islamische Glaubensgemeinschaft *Endreß*, Der Islam: eine Einführung in seine Geschichte, 2. Aufl., München, 1991, S. 47 ff.; zu den verschiedenen Glaubensrichtungen im Islam *Feindt-Riggers/Steinbach*, Islamische Organisationen in Deutschland, 1997, S. 17 ff.

Sunniten[753]. Bei den Sunniten handelt es sich um die Anhänger der orthodoxen Sunna. Etwa 92% der Muslime weltweit sind Sunniten. Die zweite muslimische Hauptkonfession bilden die Schiiten, deren Zahl in Deutschland allerdings auf lediglich 125.000 geschätzt wird[754]. Im Unterschied zu den Sunniten erkennen die Schiiten Ali und seine Nachkommen aus der Ehe mit der Prophetentochter Fatima als die allein berechtigten Leiter (iman) der Gesamtgemeinde an und bestreiten die Rechtmäßigkeit der sunnitischen Kalifen[755]. Die Zahl der Aleviten in Deutschland beträgt etwa 400.000 bis 600.000, bei den Ahmadi kann lediglich auf deren eigene Angaben (60.000) zurückgegriffen werden[756].

Die Türkei bildet das Hauptherkunftsland von Ausländern islamischen Glaubens in Deutschland. Am 31.12.1999 lebten zwei Millionen Menschen türkischer Staatsangehörigkeit in der Bundesrepublik. Die Zahl der Ausländer aus sonstigen, überwiegend muslimischen Herkunftsstaaten betrug zu diesem Zeitpunkt demgegenüber lediglich 755.000[757]. Schwerpunktmäßig leben die Muslime in Deutschland vor allem in den Ballungsräumen[758].

2. Abschnitt: Verhältnis zum Staat

I.) Islamische Organisationen

Grundsätzlich kennt der Islam keine Organisationsstrukturen, sondern nur die alle Muslime umfassende islamische Gemeinschaft, die „Umma“[759]. Da die zugewanderten Muslime aus Ländern kommen, die traditionell vom Islam geprägt sind, ergab sich mit der Übersiedlung aber das Erfordernis, spezielle

---

753 Schätzungsweise 2,1 bis 2,4 Millionen.

754 Vgl. BT-Drs. 14/4530, S. 6.

755 Vertiefend zu den Unterschieden zwischen Sunniten und Schiiten *Brisaud*, Islam und Christentum, Berlin, 1993, S. 31 ff.

756 Allgemein gilt festzuhalten, dass statistische Angaben über die Situation der Muslime in der Bundesrepublik eine gewisse Ungenauigkeit in sich bergen, vgl. dazu aber das umfangreiche Datenmaterial in BT-Drs. 14/4530, S. 5 ff.

757 Quelle: BT-Drs. 14/4530, S. 6 f.

758 Nach Angaben des Ausländerzentralregisters beim Bundesverwaltungsamt Köln lebten am 31.12. 1999 von insgesamt 217.973 Türken im Regierungsbezirk Düsseldorf 156.139 in den kreisfreien Städten. Im Regierungsbezirk Köln lebten zum selben Zeitpunkt 176.199 Türken, wovon 100.717 auf die kreisfreien Städte entfielen. Weiteres, aussagekräftiges Zahlenmaterial, das eine Konzentration der Muslime auf die kreisfreien Städte belegt, findet sich in der Antwort der LReg. NW auf die Große Anfrage 4 v. 9.7. 2001 (LT-Drs. 13/1397), S. 67 ff.

759 Vgl. *Steinbach*, Der Islam - Religion ohne Kirche, in: Abromeit/Wewer (Hrsg.), Die Kirchen und die Politik, 1989, S. 109; *Muckel*, JZ 2001, 58, 60.

Strukturen für die Wahrnehmung der gemeinsamen religiösen Interessen in einer nichtislamischen Umgebung zu schaffen. So haben sich seit den 70er Jahren diverse islamisch geprägte Vereine gebildet[760]. Wichtigste Dachverbände sind der Zentralrat der Muslime in Deutschland e.V. (ZMD)[761] mit Sitz in Köln sowie der Islamrat für die Bundesrepublik Deutschland (IR)[762]. Diesen Dachorganisationen ist jeweils eine Vielzahl an Mitgliedsorganisationen angeschlossen[763]. Der Islamrat wird von der „Islamischen Gemeinschaft Milli Görüs" (IGMG) beherrscht, die der islamistischen Wohlfahrtspartei des ehemali-

---

[760] Zunächst wurden vor allem alte Lagerräume, Keller oder Fabrikhallen angemietet und als Moscheen umfunktioniert, vgl. *Feindt-Riggers/Steinbach*, Islamische Organisationen in Deutschland, 1997, S. 14; mittlerweile wird die Zahl der eingetragenen muslimischen Vereine auf ca. 2000 geschätzt, vgl. *Hillgruber*, JZ 1999, 538, 539. Diese Zahl ist freilich mit Vorsicht zu genießen, da in Deutschland keine Gesamtstatistik über die Zahl der eingetragenen Vereine existiert, vgl. BT-Drs. 14/4530, S. 8.

[761] Diese Organisation ging im Dezember 1994 aus dem 1986 gegründeten „Islamischen Arbeitskreis in Deutschland" (IAK) hervor, der sich als „multinationales Handlungsorgan der islamischen Organisationen, die die meisten in Deutschland lebenden Muslime vertreten", versteht, wobei es Ziel sein sollte, sich mit allen die Muslime in Deutschland betreffenden Angelegenheiten auseinanderzusetzen. Der ZMD erklärt sich offiziell bereit, in einen interreligiösen Dialog einzutreten. Der ZMD versteht sich als integralen Bestandteil der pluralistischen Gesellschaft in der Bundesrepublik und will auch der deutschen Öffentlichkeit als zentraler Ansprechpartner zur Verfügung stehen. Vertiefend hierzu sowie mit einer Übersicht der im ZMD zusammengeschlossenen 18 Mitglieder: *Feindt-Riggers/Steinbach*, Islamische Organisationen in Deutschland, 1997, S. 31 ff.

[762] Der IR wurde im November 1986 gegründet und versteht sich nach den Worten seines Gründers und ersten Vorsitzenden Muhammad Salim *Abdullah* als „gemeinsame Gesprächsebene und Koordinationsinstanz für die islamische Arbeit" (zit. nach *Feindt-Riggers/Steinbach*, aaO., S. 33). Voraussetzungen für eine Mitgliedschaft sind nach dessen Worten u.a. parteipolitische Neutralität, Gesellschaftsoffenheit und die Rechtsfähigkeit nach deutschem Recht. Mitglied des IR ist jedoch auch die Islamische Gemeinschaft Milli Görüs e.V. (IGMG), die z.T. verdächtigt wird, dem Islamismus nahezustehen. Aus diesem Grunde äußerte der Vorsitzende des ZMD, *Nadeem Elyas*, Kritik am IR (vgl. *Feindt-Riggers/Steinbach*, aaO., S. 35). Gleichwohl besteht ein gemeinsamer Koordinierungsausschuss von IR und ZMD. Einem beim nordrhein-westfälischen Kultusministerium 1996 gestellten Antrag auf Anerkennung als Körperschaft des öffentlichen Rechts wurde nicht stattgegeben. Zu den im IR vertretenen Organisationen vgl. *Feindt-Riggers/Steinbach*, aaO., S. 35 f.

[763] So sind im ZMD 18 Organisations- bzw. Personenmitglieder zusammengefasst; im IR sind es 23. Zu den weiteren Dachorganisationen sowie den angeschlossenen Vereinen vgl. die Übersicht bei *Feindt-Riggers/Steinbach*, aaO., S. 34. Dem IR wird bisweilen vorgeworfen, von der IGMG beherrscht zu werden, die der islamistischen türkischen Wohlfahrtspartei nahe steht; dem ZMD, er repräsentiere Mitgliedsvereine, die die strengste Auslegung der Scharia befürworten und so als fundamentalistisch einzustufen seien, vgl. *Hillgruber*, JZ 1999, 538, 539.

gen türkischen Ministerpräsidenten *Erbakan* nahesteht[764]. Des Weiteren existieren mehrere türkisch-islamisch geprägte Vereine. Größte Organisation mit einer Vielzahl von Mitgliedsvereinen ist die „Türkisch-Islamische Union der Anstalt für Religion e.V. (DITIB). Sie stellt die Auslandsorganisation des türkischen staatlichen „Präsidiums für Religiöse Angelegenheiten“ (Diyanet Isleri Baskanligi - DIB) dar und vertritt die laizistischen Grundpositionen des türkischen Staates[765]. Der Organisation sollen nach eigenen Angaben 776 Mitgliedsvereine im Bundesgebiet und 150.000 Muslime europaweit angehören[766]. Weiter sollen etwa 100.000 Muslime türkischer Herkunft dem „Verband der Islamischen Kulturzentren e.V.“ (VIKZ) angehören.

Arabische Muslime sunnitischer Glaubensrichtung, auch Schiiten aus dem Iran und dem Libanon, organisieren sich oft in so genannten „Islamischen Zentren“ oder „Islamischen Gemeinen“[767].

Insgesamt ist der Organisationsgrad der Muslime relativ gering. Die formale Mitgliedschaft in einer Moscheegemeinde oder einer islamischen Organisation ist für Muslime aufgrund ihrer Glaubensvorstellungen von geringer Bedeutung. Vielen Organisationen fehlt daher eine exakte Regelung der Mitgliedschaft[768]. Nach innerislamischen Darstellungen[769] werden die von den Spitzenverbänden in der Bundesrepublik repräsentierten Muslime allenfalls auf etwa 10% geschätzt[770].

---

[764] *Hillgruber*, JZ 1999, 538, 539.

[765] Aus diesem Grunde wird sie von den mit ihr rivalisierenden islamischen Gruppen abgelehnt, vgl. *Hillgruber*, JZ 1999, 538, 539.

[766] Vgl. BT-Drs. 14/4530, S. 8.

[767] Vgl. BT-Drs. 14/4530, S. 9.

[768] *Lemmen*, Türkisch-islamische Organisationen in Deutschland, 1998, S. 13 f.; *Muckel*, JZ 2001, 58, 61.

[769] Z.B. 309.000 nach Angaben des Zentralinstitutes Islam-Archiv Deutschland, Dokumentation 1/2000; zumeist wird jedoch lediglich das Familienoberhaupt erfasst, so dass zu der o.g. Zahl wohl die Familienmitglieder hinzuzuzählen sind. Nach *Feindt-Riggers/Steinbach*, S. 10 f. sind im Wesentlichen drei Gründe dafür verantwortlich, dass sich keine exakten Zahlen über die Organisationsstärke muslimischer Vereine ermitteln lassen: Erstens handelt es sich bei vielen lokalen Moscheevereinen nicht um rechtlich selbständige Vereine, sondern lediglich um Außen- oder Zweigstellen eines Verbandes. Zweitens die genannte Tatsache, dass häufig nur ein Familienmitglied eingetragenes Vereinsmitglied ist, sich die übrigen Familienmitglieder gleichwohl der entsprechenden Moschee zugehörig fühlen. Drittens kann die Zahl der am Freitagsgebet teilnehmenden Muslime nicht als tatsächliche Zahl der in den Vereinen organisierten Personen betrachtet werden, da lediglich die männlichen Muslime zur Teilnahme am freitäglichen Gebet verpflichtet sind.

[770] Beachte aber *Hillgruber*, JZ 1999, 538, 539, der - allerdings ohne Quellenangabe - von einem weitaus höheren Organisationsgrad ausgeht und annimmt, etwa 1 Million Muslime in Deutschland seien in islamischen Vereinen organisiert.

Die muslimischen Organisationen in Deutschland finanzieren sich neben Mitgliedsbeiträgen und Spenden hauptsächlich durch ökonomische Aktivitäten der den Vereinen angeschlossenen oder von ihren Führungskräften persönlich betriebenen Unternehmungen[771]. Vor allem die IGMG und VIKZ erhalten darüber hinaus finanzielle Zuwendungen aus dem Ausland, vornehmlich aus islamischen Staaten, die auf diese Weise ihren Einfluss in der islamischen Szene wahren wollen[772]. Exakte Zahlen über das Vermögen der Vereine liegen jedoch nicht vor, da insoweit die Auskunft grundsätzlich verweigert wird[773].

II.) Islamistischer Fundamentalismus

Neben einer diffusen Angst vor der „Fremdartigkeit des Islam"[774] begründet vor allem die Furcht vor einem Aufkeimen des islamischen Fundamentalismus erhebliche Vorbehalte gegenüber den Muslimen in Deutschland.

Der Islamismus bildet eine politische Ideologie[775], „die auf Politisierung von Religion zum Zweck der Errichtung einer Gottesherrschaft anstelle der modernen säkularen Ordnung basiert"[776]. Die Religion wird nach diesem Verständnis als Mittel zur Begründung politischer Machtansprüche instrumentalisiert. Der historische Hintergrund des Islamismus ist insbesondere in der Konfrontation der vormodernen Weltsicht des zeitgenössischen Islam mit der expandierenden technisch-wissenschaftlichen Zivilisation zu sehen[777]. Hinzu kommt eine anti-

---

[771] Zahlreiche wirtschaftliche Tätigkeiten stehen dabei in Zusammenhang mit der religiösen Tätigkeit: So etwa der Verkauf religiöser Literatur, Kleidung oder sonstiger Devotionalien. Aber auch Reisebüros werden von türkisch-muslimischen Dachorganisationen betrieben, vertiefend *Feindt-Riggers/Steinbach*, aaO., S. 40 f.

[772] *Feindt-Riggers/Steinbach*, aaO., S. 41.

[773] Das Vermögen der IGMG wird auf etwa 80 Mio. DM geschätzt; der Mitgliedsbeitrag lag 1997 bei 20 DM pro Monat, was bei geschätzten 20.000 Mitgliedern zu einer monatlichen Summe von 400.000 DM führen würde. Allerdings bestreitet, die IGMG die Existenz offizieller Mitgliedsbeiträge; vgl. vertiefend *Feindt-Riggers/Steinbach*, aaO., S. 41 mwN.

[774] Abwegig hierzu *Abdullah*, Was will der Islam in Deutschland, 1993, S. 28, der behauptet, das Bild des Islam in der deutschen Öffentlichkeit sei von einem durch die Medien hochstilisierten Feindbild „Islam" geprägt. Differenzierter hingegen die Stellungnahme der Bundesregierung, BT-Drs. 14/4530, S. 2 f.

[775] Vgl. dazu *Steinbach*, Der islamische Fundamentalismus - eine Gefahr vor den Toren Europas?, 1996, S. 3 ff.; *Tibi*, Fundamentalismus im Islam, 2000, S. 1 ff.; Landesamt für Verfassungsschutz Berlin (Hrsg.), Durchblicke . Islamismus als politische Ideologie, 1997, S. 9 ff.

[776] *Tibi*, Der religiöse Fundamentalismus im Übergang zum 21. Jahrhundert, 1995, S. 40.

[777] Durchblicke, Islamismus als politische Ideologie, hrsg. v. Landesamt für Verfassungsschutz Berlin, 1997, S. 39; vertiefend dazu *Steinbach*, Der islamische Fundamentalismus - eine Gefahr vor den Toren Europas?, 1996, S. 3ff, der darauf hinweist, dass der Islam von Beginn an eine Religion mit auch politischen Ansprüchen gewesen sei. So sei beim Tode des

jüdische bzw. antizionistische Haltung, die ihre Ursache in dem Streben hat, die heiligen Stätten des Islam in Jerusalem zu befreien und die in ihren Ausprägungen bis zu einer beabsichtigten Zerschlagung des Staates Israel bzw. der Bekämpfung der Schutzmacht USA geht[778].

Ergänzt wird diese politische Ausrichtung des islamischen Fundamentalismus durch eine religiöse Komponente. Sowohl unter Sunniten als auch unter Schiiten ist zum Teil die Auffassung verbreitet, die bestehenden Unterschiede zwischen den islamischen Glaubensrichtungen müssten aufgelöst und die Einheit des Islam, wie sie zur Zeit Mohammeds existierte, wiederhergestellt werden[779]. Ein wesentliches Merkmal des Islamismus stellt die Supranationalität bzw. Universalität der muslimischen Glaubensgemeinschaft dar. Die in diesem Zusammenhang postulierte „islamische Nationalität" erkennt die gegenwärtige internationale Organisation von Menschen in Nationalstaaten nicht an - vor allem nicht, wenn solche Nationalstaaten von westlichen Kolonialstaaten mehr oder weniger willkürlich kreiert worden waren[780]. Es gilt vielmehr: „Die Nationalität des Muslim ist sein Glaube". Dieses Bekenntnis umschließt mehr als nur die eher traditionell-islamische „Umma", die gleichsam ökumenische Gesamtheit der Muslime.

Propheten Muhammed im Jahre 632 die gesamte arabische Halbinsel muslimisch gewesen. Der Islam sei daher nicht als Fremdkörper in einer anderen Ordnung entstanden, sondern sei von Beginn an „in die Gesellschaft hinein" (*Steinbach*, aaO.) gepredigt worden. Der immense Impetus der islamischen Welt in den ersten Jahrhunderten nach dem Tode Muhammeds sei durch die Kolonialisierung zerstört worden. Mit der Besiegung der ägyptisch-muslimischen Truppen durch Napoleon Bonaparte 1798, der in Angesicht der Pyramiden mit den Worten: „Soldaten, bedenkt, 40 Jahrhunderte schauen auf Euch herab" im Handumdrehen gewann, begannen zwei Jahrhunderte des Niedergangs in der islamischen Welt. Anlehnungen an westliche Gesellschaftsmodelle wie den Sozialismus, den Kommunismus, Liberalismus oder Kapitalismus scheiterten, wie sich im Sechs-Tage-Krieg zeigte. Zur Überwindung dieses Rückstandes und des ideologischen Vakuums werde häufig der Islam als „die" Lösung angesehen. Mit der Wiedererrichtung des Islams als Gesellschaftsordnung könne zu „altem Glanz" zurückgefunden werden. Es verbreite sich die Auffassung, nur so könne deutlich gemacht werden, dass der Islam die „vollkommene Gemeinde" sei.

[778] Dazu *Steinbach*, Der islamische Fundamentalismus - eine Gefahr vor den Toren Europas?, 1996, S. 12 f.; Landesamt für Verfassungsschutz Berlin, aaO., S. 35. Der in der islamischen Welt häufig zu findende Antiamerikanismus hat seine Wurzel nicht nur in der Rolle der Vereinigten Staaten als Schutzmacht Israels, sondern auch darin, dass die USA die „verhassten" westlichen Lebensformen symbolisieren.

[779] Landesamt für Verfassungsschutz Berlin (Hrsg.), Durchblicke - Islamismus als politische Ideologie, 1997, S. 33; vgl. zur Spaltung der islamischen Glaubensgemeinschaft *Endreß*, Der Islam - Eine Einführung in seine Geschichte, 2. Aufl., 1991, S. 47 ff.

[780] Vgl. Landesamt für Verfassungsschutz Berlin, aaO., S. 37.

Das Theorem des Islamismus basiert auf der Grundannahme, der Islam gelte als alleinige, für alle verbindlich geoffenbarte Wahrheit[781]. Auf der Grundlage dieses religiösen Absolutheitsanspruchs wird der Unterschied zwischen Staat und Religion verneint. Staat und Religion bilden eine Einheit. Dieser islamische Gottesstaat gründet sich auf dem islamischen Recht, der Scharia[782]. Die Schaffung eines solchen Gottesstaates wird vom Islamismus als verpflichtend angesehen[783]. Weiter wird der Kampf gegen alle „Ungläubigen" als unverrückbares Gebot betrachtet. Mittel dieses Kampfes sind die soziale und politische Revolution sowie der Jihad („heiliger Krieg")[784]. Im Hinblick auf diese Prinzipien lehnen die Vertreter des Islamismus in der Regel den Pluralismus und das Parteiensystem - zumindest das Mehrparteiensystem - grundsätzlich ab[785]. Dieser religiös-politische Absolutheitsanspruch, den die Islamisten dem Islam beimessen, ist mit dem westlichen Verständnis von Menschenrechten und Demokratie schlechthin unvereinbar[786].

Bei dem Islamismus handelt es sich allerdings nicht um eine alle Muslime repräsentierende, sondern um eine besonders radikale Interpretation des Islam[787]. Zwar besteht im Islam durchaus die Idealvorstellung der vollkommenen islamischen Gemeinschaft, in der Religion, Politik und Gesellschaft eine Einheit bilden[788], doch zwingt die in der klassischen islamischen Lehre entwickel-

---

[781] Vgl. Durchblicke, Islamismus als politische Ideologie, hrsg. v. Landesamt für Verfassungsschutz Berlin, 1997, S. 35.

[782] BT-Drs. 14/4530, S. 67; näher dazu *Endreß*, Der Islam, Eine Einführung in seine Geschichte, 2. Aufl., 1991, S. 72 ff.; *Tibi*, Fundamentalismus im Islam, 2000, S. 87 ff.; 103 ff.

[783] Vgl. Landesamt für Verfassungsschutz Berlin, aaO., S. 35.

[784] Dazu *Brissaud*, Islam und Christentum, Gemeinsamkeit und Konfrontation, 1993, S. 35 f.; Landesamt für Verfassungsschutz Berlin, aaO., S. 38.

[785] Vgl. Landesamt für Verfassungsschutz Berlin, aaO., S. 35 ff.

[786] Einer auf einem religiösen Absolutheitsanspruch basierenden Rechtsordnung fehlt die notwendige demokratische Legitimation. Die Menschenwürde als Kern unserer Werteordnung lässt ein Strafrecht mit Leibes- oder Todesstrafen, wie es das Hudud-Strafrecht darstellt, nicht zu (hierzu *Tibi*, Fundamentalismus im Islam, 2000, S. 97 ff.); weitere Kollisionen mit der grundgesetzlichen Ordnung finden sich in der Publikation des Landesamtes für Verfassungsschutz Berlin, aaO., S. 36.

[787] Hier ist scharf zu unterscheiden: Zwar werden muslimische Lebensformen - erinnert sei etwa an das Frauenbild im Islam, allgemein dazu *Brissaud*, Islam und Christentum, 1993, S. 27 f.; *Pinn*, Von der exotischen Haremsschönheit zur obskuren Fundamentalistin, in: Hafez (Hrsg.), Der Islam und der Westen, 1997, S. 67 ff. - häufig als fremdartig empfunden, den Islamisten geht es jedoch nicht darum, bestimmte Lebensformen innerhalb unserer Rechtsordnung zu entfalten, sondern eben diese Ordnung zu beseitigen; zum Ausmaß des Fundamentalismus in der Bundesrepublik sogleich.

[788] Ausführlich zum Verhältnis von Staat und Religion im Islam *Gellner*, Der Islam als Gesellschaftsordnung, 1992; *Ebert*, Die Interdependenz von Staat, Verfassung und Islam im

te Theorie von der Zweiteilung der Welt in das Haus des Islam (dar al-islam) und das Haus des Krieges (dar al-harb) nicht zu einer Bekämpfung bzw. Islamisierung nichtislamischer Staaten. Nach dem historischen Vorbild des Abkommens von Hudaibiya aus dem Jahr 628 kann ein nichtislamisches Land zeitweilig zum Haus des Vertrages (dar al-ahd) erklärt werden[789]. In diesem Haus des Vertrages sind die Muslime zwar verpflichtet, ihren Glauben auszuüben, andererseits aber auch gehalten, die dortige Rechtsordnung anzuerkennen. Das islamische Rechtssystem fordert nicht grundsätzlich die Bekämpfung anderer Rechtsordnungen. So hat der Vorsitzende des Zentralrates der Muslime, Dr. Nadeen *Elyas* hierzu ausgeführt: „Die gesellschafts- und staatsrelevanten Leitbilder des Islam haben aber nur Gültigkeit für die Muslime und haben nur in einem islamischen Staat mit einer islamischen Bevölkerungsmehrheit verbindlichen Charakter. Der Islam erlaubt seinen Anhängern als Minderheit in einem nichtislamischen Staat zu leben und verpflichtet sie, seine Gesellschafts- und Staatsordnung zu respektieren, solange diese die freie Religionsausübung garantiert“[790].

Im Jahre 2000 wurden von den Verfassungsschutzbehörden 20 islamistische Organisationen beobachtet[791]. Die Zahl der in aktiven islamistischen Organisationen tätigen Muslime wird von den Verfassungsschutzbehörden auf etwa 1,2% der in Deutschland lebenden Ausländer muslimischen Glaubens geschätzt[792], die islamistisch geprägten Organisationen geben jedoch an, eine weitaus größere Anzahl Muslime zu vertreten[793].

Eine exakte statistische Erfassung des islamischen Fundamentalismus dürfte freilich - abgesehen von den organisatorischen Schwierigkeiten - deshalb kaum gelingen, weil es unter dem Oberbegriff „Fundamentalismus“ verschiedene

---

Nahen und Mittleren Osten in der Gegenwart, 1991, S. 3 ff.; *Krämer*, Der „Gottesstaat“ als Republik, in: Hafez (Hrsg.), Der Islam und der Westen, S. 44 ff.

789 Vgl. BT-Drs. 14/4530, S. 72, durch den Vertrag von Hudaibiya wurde Muslimen der Zutritt zum Heiligtum von Mekka eröffnet, dazu *Endreß*, Der Islam, 2. Aufl., 1991, S. 192.

790 In: Das weiche Wasser wird besiegen den harten Stein, Islamischer Informationsdienst Aachen 1997, S. 122 f.; allgemein zur islamischen Rechtsordnung: *Nagel*, Das islamische Recht: Eine Einführung, 2001.

791 Quelle: BT-Drs. 14/4530, S. 66, dort findet sich auch eine Auflistung. Mitgliederstärkste Organisation ist die IGMG (27.000), gefolgt von der multilateralen „Muslimbruderschaft“ (1.200 Mitgl.). Der im Jahre 2001 verbotene „Kalifstaat“ zählte ca. 1.100 Mitglieder.

792 Vgl. etwa die Angaben des Verfassungsschutz Berlin, in: Durchblicke, Islamismus als politische Ideologie, 1997, S. 61 f.; BT-Drs. 14/4530, S. 68.

793 Die Zahl der Mitglieder der von den Verfassungsschutzbehörden Ende 2000 erfassten 20 islamistischen Organisationen betrug zum damaligen Zeitpunkt rund 31300; vgl. BT-Drs. 14/4530, S. 68. Demgegenüber behauptet die „Milli Görüs“, sie habe europaweit über 250.000 „Gemeindemitglieder“.

Strömungen - von extrem radikal bis gemäßigt - gibt und die Übergänge zwischen „fundamentalistisch" und „nicht fundamentalistisch" fließend sind[794]. Besondere Schwierigkeiten bereitet daher die Erfassung und Bekämpfung radikaler islamistischer Organisationsstrukturen in der Bundesrepublik. So wird beispielsweise die Islamische Gemeinschaft Milli Görüs (IGMG), die zugleich Mitglied im Islamrat ist, vom Bundesamt für Verfassungsschutz und von mehreren Landesämtern für Verfassungsschutz als „extremistisch" eingeschätzt[795]. Verbal bekennt sie sich jedoch stets zum Grundgesetz und beteuert, sich für die Integration der türkischen Landsleute in Deutschland einzusetzen[796]. Ein vorbehaltloses Bekenntnis zur bestehenden Rechts- und Gesellschaftsordnung hat die IGMG jedoch nicht abgegeben. Vielmehr macht sie die Integrationsbereitschaft von der Gewährung „uneingeschränkter" Religionsfreiheit abhängig, die das Grundgesetz jedoch gerade nicht schrankenlos einräumt, sondern verfassungsimmanenten Schranken unterwirft. Auch steht die IGMG in Verdacht, der islamistischen „Refah Partisi" des zeitweiligen türkischen Ministerpräsi-

---

794 Ergiebiger als ein Festhalten an kategorisierenden Begrifflichkeiten scheint daher ein Blick auf die soziologischen Ursachen des religiösen Radikalismus unter Muslimen speziell in Deutschland. Eine Forschergruppe unter Leitung des Bielefelder Soziologen *Heitmeyer* befragte 1221 Schüler und Schülerinnen im Alter von 15 - 21 Jahren zu ihrer Lebenslage und ihren Überzeugungen (*Heitmeyer/Müller/Schröder*, Verlockender Fundamentalismus. Türkische Jugendliche in Deutschland, Frankfurt/Main, 1997). Dabei ergab sich bei den türkischen Befragten eine 15-30%ige Hinwendungsbereitschaft zur islamisch-extremistischen „Islamischen Gemeinschaft - Milli Görüs". Die Studie kommt weiter zu dem Ergebnis, dass am anfälligsten für fundamentalistische Verlockungen ist, wer sich in der bestehenden Gesellschaft die schlechtesten Zukunftschancen ausrechnet. Auch stelle die Hinwendung zum Fundamentalismus häufig eine bewusste Entscheidung der dritten Generation der hier lebenden Muslime, nicht zuletzt gegen die „Verwestlichung" der Eltern dar. Ein Drittel der islamischen Befragten folgt den Lehren des Islam „aufs Wort", während zwei Drittel nicht streng religiös oder auf ihre Weise religiös sind. Dennoch artikulieren 50% deutliche Überlegenheitsansprüche des Islam.

Diese Studie ist allerdings nicht ohne Kritik geblieben (vgl. *Amman*, Sie leben nicht auf einer Insel, Frankfurter Rundschau Nr. 164 v. 18.7. 1997). Kritisiert wird vor allem eine nicht hinreichend genaue Unterscheidung zwischen traditionalistischer und fundamentalistischer Religiosität.

Steinbach, Der islamische Fundamentalismus - eine Gefahr vor den Toren Europas?, 1996, S. 15 ff., weist darauf hin, dass auch die Tatsache, in einer von einer anderen Religion geprägten Gesellschaft zu leben, das Bedürfnis hervorruft, auf die eigene Religion aufmerksam zu machen. Soziale Ausgrenzung verstärke die religiöse Identifizierung, die als aggressive Opposition zur gegenwärtigen Situation häufig fundamentalistische Züge annehme.

795 Vgl. etwa Bundesministerium des Innern (Hrsg.): Verfassungsschutzbericht 1995, S. 232 f.; *Feindt-Rigger/Steinbach*, Islamische Organisationen in Deutschland, 1997, S. 21 mwN.; eine hiergegen gerichtete Klage wies das VG Hamburg mit Urteil vom 27.4. 1995 (7 VG 1689/95) zurück.

796 Vgl. BT-Drs. 14/4530, S. 71.

denten *Erbakan* nahezustehen und diese finanziell zu unterstützen[797]. Weiter lehnen die IGMG-Funktionäre die laizistisch-demokratische Verfassung der Türkei entschieden ab und wollen diese durch eine islamistische Ordnung ersetzen[798]. Die behauptete Dialogbereitschaft der IGMG steht in Widerspruch zu ihrem Umgang mit an ihr geäußerter Kritik[799]. Dieses Bild der IGMG nährt den Verdacht einer strategischen Doppelbödigkeit, die nach außen auf ein moderates Erscheinen, in der Sache aber auf die Verfolgung islamistischer Interessen gerichtet ist[800]. Gerade dies macht die Einschätzung des fundamentalistischen Gefährdungspotentials extrem schwierig.

Anhand dieses prominenten Beispiels zeigen sich die Schwierigkeiten von Staat und Gesellschaft in der Erfassung und Bekämpfung des islamistischen Fundamentalismus. Dieser repräsentiert jedoch nur eine Minderheit der Muslime als radikale Ausprägung des Islam. Der Großteil der Muslime in Deutschland hingegen akzeptiert die grundgesetzliche Ordnung und übt ihren Glauben im Rahmen dieser Ordnung aus[801].

3. Abschnitt: Islamische Feiertage

I.) Wichtige islamische Feiertage

Grob können drei Kategorien islamischer Feiertage unterschieden werden: Zunächst die religiösen Feste im islamischen Jahresverlauf, die auf eine Erwähnung im Koran zurückgehen, ferner die traditionellen Feste unabhängig vom islamischen Mondkalender, die eher volksreligiösen Charakter haben und sich nicht eindeutig auf den Koran zurückführen lassen und schließlich die Familienfeste, die nach islamischer Tradition und in enger Verbindung mit volksreligiösen Traditionen gefeiert werden.

---

797 Dazu *Feindt-Riggers/Steinbach*, aaO., S. 21 f.

798 BT-Drs. 14/4530, S. 71.

799 Auf einen Artikel des Nachrichtenmagazins „Spiegel" vom 12.2. 1996 unter dem Titel „Islamisten in Deutschland", in dem der IGMG vorgeworfen wurde, dass „über Kulturvereine, Fußballclubs und Koranschulen die religiösen Fanatiker vor allem jugendliche und arbeitslose Türken rekrutieren", reagierte sie mit der Aussage, der Artikel sei integrationsfeindlich und „habe den Tätern von Mölln und Solingen neues Material und Mut zu neuen Anschlägen gemacht" (zit. nach *Feindt-Riggers/Steinbach*, aaO., S. 23). In einem von der IGMG vertriebenen Buch mit dem Titel „Wenn muslimische Mädchen weinen" wird zur strikten Trennung von muslimischen und nichtmuslimischen Kindern aufgefordert (Rassoul, Sonia-Iman, Wenn muslimische Mädchen weinen, Köln, 2. Aufl., 1992, S. 11 f., 20 f., 32, 34). Weitere Beispiele finden sich bei *Feindt-Riggers/Steinbach*, aaO., S. 23 f.

800 So *Feindt-Riggers/Steinbach*, aaO., S. 22; vgl. weiter BT-Drs. 14/4530, S. 71.

801 Vgl. die Einschätzung der Bundesregierung, BT-Drs. 14/4530, S. 72 f.

Am bedeutendsten sind dabei das 4-tägige Opferfest (id al-adha/Kurban bayrami), das als wichtigstes islamisches Fest an die Bereitschaft Abrahams erinnert, auf Gottes Wunsch hin seinen Sohn Isaak zu opfern sowie das 3-tägige Fest des Fastenbrechens (id al-fitr/ramazan bayrami, seker bayrami), das die Fastenzeit des Monats Ramadan beendet (auch „Zuckerfest" genannt). Beide Feste sind zeitlich an den islamischen Mondkalender gebunden und korrespondieren nicht mit dem gregorianischen Sonnenkalender. Sie „wandern" dementsprechend durch das Jahr.

II.) Berücksichtigung islamischer Feiertage nach geltendem Recht

Ausdrückliche Erwähnung finden islamische Feiertage weder auf bundes- noch auf landesverfassungsrechtlicher Ebene. Auch ist durch das Landesrecht bislang kein islamischer Feiertag ausdrücklich anerkannt worden.

Soweit die Feiertagsgesetze der Länder keine enumerative Aufzählung der kirchlichen Feiertage, sondern im Wege eines „offenen" Tatbestandes bei der Definition kirchlicher Feiertage auf das Selbstverständnis der Kirchen zurückgreifen[802], stellt sich die Frage, ob in diesen Fällen auch islamische Feiertage als „kirchliche Feiertage" geschützt sind.

Im Grundsatz ist davon auszugehen, dass die Arbeitsbefreiung zum Besuch des Gottesdienstes aus Paritätsgründen nicht auf christliche Kirchen begrenzt werden darf, sondern für alle gilt[803]. Probleme hinsichtlich muslimischer Arbeitnehmer ergeben sich jedoch daraus, dass es „den" Islam als Religionsgemeinschaft nicht gibt. Der Islam hat in Deutschland keine Organisationsstrukturen entwickelt, zu denen eine Instanz gehört, die islamische Glaubenssätze für alle Muslime verbindlich zu definieren befugt ist. Knüpfen die Feiertagsgesetze der Länder aber an solche „allgemeinverbindlichen" Glaubenssätze an, stellt sich die Frage, inwieweit Muslime in der Begehung der Feiertage geschützt sind, die ihren individuellen Glaubensüberzeugungen entsprechen.

Bislang wurde Muslimen zur Begehung „ihrer" Feiertage ein Freistellungsanspruch aus den Feiertagsgesetzen der Länder versagt[804].

Im Privatrecht gewährt Art. 4 GG unmittelbar keinen Anspruch auf Arbeitsbefreiung für die Zeit des Gottesdienstes[805], jedoch kann einem Arbeitnehmer gem. § 616 BGB ein Anspruch auf bezahlte Freistellung von der Arbeit zuste-

---

[802] Vgl. beispielsweise § 8 I FTG NW, der darauf abstellt, ob ein Feiertag von den Kirchen oder Religionsgemeinschaften als Feiertag begangen wird.

[803] *V. Campenhausen*, in: v. Mangoldt/Klein/Starck, GG-Komm., Bd. 3, 4. Aufl., 2001, Art. 139 WRV Rdn. 18.

[804] Vgl. BT-Drs. 14/4530, S. 18; Drs.-Landtag NW 13/1397, s. 18.

[805] LAG Düsseldorf, BB 1964, 587, *Hoeren/Mattner*, Feiertagsgesetze der Bundesländer, 1989, § 7 Rdn. 12; *Voll*, Handbuch des Bayerischen Staatskirchenrechts, 1985, S. 318.

hen, wenn er an der Erbringung der Arbeitsleistung für eine verhältnismäßig nicht erhebliche Zeit aus einem in seiner Person liegenden Grund verhindert ist, ohne dass ihn daran ein Verschulden trifft. Eine Verhinderung im Sinne dieser Vorschrift liegt vor, wenn dem Arbeitnehmer die Arbeitsleistung nicht möglich oder unzumutbar ist[806]. Der Begriff der „Unzumutbarkeit" bedarf einer ausfüllenden Wertung, bei der grundrechtlich getroffene Aussagen mit einfließen (mittelbare Drittwirkung der Grundrechte). Nach überwiegender Auffassung[807] liegt mit Blick auf Art. 4 GG eine Unzumutbarkeit vor, wen die Ausübung religiöser Pflichten nur während der Arbeitszeit möglich ist. Als solch religiöse Pflicht ist insbesondere die Teilnahme an einem feiertäglichen Gottesdienst zu betrachten. Im Rahmen der Zumutbarkeitsabwägung können einer bezahlten Freistellung jedoch im Einzelfall überwiegende betriebliche Belange entgegenstehen. Dann ist zu prüfen, ob ein Anspruch auf unbezahlte Freistellung aus § 242 BGB iVm. Art 4 GG und der Fürsorgepflicht des Arbeitgebers in Betracht kommt. Nach herkömmlicher Auffassung werden die religiösen Belange auch der muslimischen Arbeitnehmer bereits ohne Qualifizierung islamischer Feiertage als kirchliche Feiertage hinreichend berücksichtigt.

Für Beamte muslimischen Glaubens gelten die arbeitsrechtlichen Vorschriften des BGB zwar nicht, doch können sie, soweit dienstliche Belange nicht entgegenstehen, Erholungsurlaub oder Sonderurlaub in Anspruch nehmen. Im Rahmen der gleitenden Arbeitszeit besteht darüber hinaus die Möglichkeit, stundenweise (z.B. zum Besuch des Gottesdienstes) oder durch Inanspruchnahme eines freien Tages dem Dienst fernzubleiben. Die praktische Handhabung in der Verwaltung geht zum Teil darüber hinaus, indem eine Freistellung unter Weiterzahlung der Bezüge erfolgt[808].

Vor diesem Hintergrund darf der Frage nach einer feiertagsrechtlichen Einordnung islamischer Feiertage als „kirchliche Feiertage" keine übersteigerte Bedeutung beigemessen werden. Denn die Feiertagsgesetze der Länder, die - wie in Nordrhein-Westfalen - zur Bestimmung kirchlicher Feiertage auf das kirchliche Selbstverständnis zurückgreifen, würden muslimischen Arbeitnehmern lediglich Ansprüche auf Arbeitsbefreiung vermitteln, wobei ein etwaiger Lohnausfall ausdrücklich nicht ausgeschlossen wäre[809]. Ein echtes „Mehr" an Rechten für muslimische Gläubige brächte die begriffsdogmatische Einord-

[806] Palandt/Putzo, § 616 Rdn. 8.

[807] Staudinger/Oetker, § 616, Rdn. 68; MüKo-Schaub, § 616 Rdn. 23; Palandt/Putzo, § 616 Rdn. 8.

[808] Nachweise bei *Kästner*, HStKR II, S. 365 Fn. 120.

[809] Vgl. nur § 8 II S. 2 FTG NW: *„Weitere Nachteile als ein etwaiger Lohnausfall für die versäumte Arbeitszeit dürfen den Arbeitnehmern aus ihrem Fernbleiben nicht erwachsen."*

nung muslimischer Feiertage als kirchliche Feiertage iSd. Feiertagsgesetze der Länder daher nicht.

Dennoch könnten - nicht zuletzt angesichts der jüngsten Entscheidung des Bundesverfassungsgericht zur Erteilung von Ausnahmegenehmigungen für das Schächten von Tieren zu Gunsten eines muslimischen Metzgers[810] - gute Gründe für eine erweiternde Auslegung von Vorschriften wie § 8 FTG NW sprechen, die nicht nur auf Glaubenssätze organisierter Kirchen und Religionsgemeinschaften abstellt, sondern auch die religiösen Interessen solcher Gläubigen berücksichtigt, die nicht von einer religiösen Organisation repräsentiert werden. Denn erfolgt ein generalklauselartiger Rückgriff auf kirchliches Selbstverständnis, ist dies kein Selbstzweck, sondern dies geschieht wie bei § 4a II Nr. 2 TierSchG im Interesse der Grundrechte der einzelnen Gläubigen. Der formale Anknüpfungspunkt einer Religionsgemeinschaft darf nicht zur Barriere der Grundrechtsausübung erhoben werden. So vertritt das Bundesverfassungsgericht ausdrücklich die Auffassung, Art. 4 GG sei als Individualgrundrecht zu verstehen. Soweit durch das Schächtverbot daher die Religionsausübungsfreiheit eingeschränkt werde, weil das Schächten lediglich einer individuellen Glaubensüberzeugung, nicht aber zwingenden Grundsätzen einer Religionsgemeinschaft iSd. § 4a II Nr. 2 TierSchG entspreche, so müsse dieser Ausnahmetatbestand verfassungskonform erweiternd ausgelegt werden[811]. Anders als im Verbot des Schächtens ist in der Nichtgewährung von Freistellungsansprüchen - also der staatlichen Einflussnahme auf grundsätzlich der Privatautonomie zuzurechnenden Rechtsverhältnissen - kein staatlicher Grundrechtseingriff zu sehen. Verfassungsrechtlich lassen sich Freistellungsansprüche nicht ableiten. Anders als bei § 4a II Nr. 2 TierSchG ist in den Feiertagsgesetzen der Länder - soweit diese eine „offene" Definition kirchlicher Feiertage enthalten - kein Raum für eine erweiternde, verfassungskonforme Auslegung soweit es um Arbeitnehmer geht, die in privatrechtlichen Arbeitsverhältnissen stehen. Islamische Feiertage sind daher nicht als kirchliche Feiertage einzuordnen, gleichwohl stehen muslimischen Arbeitnehmern an „ihren" Feiertagen regelmäßig arbeitsrechtlich begründete Freistellungsansprüche zum Besuch des Gottesdienstes zu.

Für Beamte bzw. Schüler an staatlichen Schulen ist hingegen Art. 4 GG unmittelbar anwendbar. Wird ihnen keine Dienst-/Unterrichtsbefreiung zum Gottesdienstbesuch gewährt, liegt darin ein rechtfertigungsbedürftiger Eingriff in

---

[810] BVerfG, NJW 2002, 663 ff. m. Anm. *Oebbecke*, NVwZ 2002, 302; *Volkmann*, DVBl. 2002, 335 ff.

[811] BVerfG, NJW 2002, 663 ff. m. Anm. *Oebbecke*, NVwZ 2002, 302; *Volkmann*, DVBl. 2002, 335 ff.

die Glaubensausübungsfreiheit, der nur bei vorrangigen dienstlichen Gründen zulässig ist[812].

---

812 *Strätz*, HStKR II, 2. Aufl., 1995, S. 818; *Hoeren/Mattner*, Feiertagsgesetze der Bundesländer, 1989, § 7 Rdn. 11.

Kapitel 2: Art. 139 WRV und islamische Feiertage

Bei der Prüfung, ob Art. 139 WRV auch die Anerkennung islamischer Feiertage rechtfertigt, ist in zwei Schritten vorzugehen. Zunächst gilt es zu klären, ob die Vorschrift die Anerkennung nichtchristlicher religiöser Feiertage grundsätzlich zulässt und sodann ist zu untersuchen, ob der Anerkennung gerade islamischer Feiertage spezifische Gründe entgegenstehen.

1. Abschnitt: Lässt Art. 139 WRV die Anerkennung nichtchristlicher religiöser Feiertage grundsätzlich zu?

I.) Wortlaut und Historie

Der Wortlaut des Art. 139 WRV spricht lediglich von staatlich anerkannten Feiertagen, die der seelischen Erhebung dienen. Daraus lässt sich folgern, dass jeder Feiertag, der geeignet ist, seelischer Erhebung zu dienen, anerkennungsfähig im Sinne des Art. 139 WRV ist. Der Wortlaut spricht somit für die Zulässigkeit der Anerkennung nichtchristlicher, also auch islamischer Feiertage mit religiösem Bezug.

Das Funktionselement der seelischen Erhebung wurde bereits von den Kommentatoren der Weimarer Republik als bewusste Brücke zu anderen Religionen und Weltanschauungen aufgefasst[813]. Dem stand die Auffassung gegenüber, die Vorschrift des Art. 139 WRV diene der Wahrung der Kontinuität in feiertagsrechtlicher Hinsicht und schütze daher den traditionell christlich geprägten Bestand überkommener Feiertage. Betrachtet man Art. 139 WRV hingegen allein als Ausdruck eines religionsverfassungsrechtlichen Prinzips des Bestandsschutzes[814], hätte dies in der Tat eine Beschränkung des Art. 139 WRV auf christliche und weltliche Feiertage zur Folge. Rechtshistorisch lässt sich dies jedoch nicht belegen. Richtig ist zwar, dass sich keine Belege dafür finden lassen, die auf eine ausdrückliche Einbeziehung anderer als christlicher Religionen in den Schutz des Art. 139 WRV hindeuten. Umgekehrt deutet jedoch auch nichts darauf hin, dass eine bewusste und endgültige Beschränkung auf die traditionellen Feiertage erfolgen sollte. Vielmehr sind die gesellschaftlichen Umstände der Zeit der Entstehung der Norm in die Erwägungen einzubeziehen. Zu jener Zeit war neben den christlichen Konfessionen lediglich der

[813] So ausdrücklich *Kaisenberg*, in: Nipperdey, Die Grundrechte Bd. 2, Art. 139.

[814] Dazu *Morlok*, in: Dreier, GG-Komm., Bd. III, 2000, Art. 140/Art. 139 WRV Rdn. 9; vgl. auch *v. Campenhausen*, in: v. Mangoldt/Klein/Starck, GG-Komm., Bd. 3, 4. Aufl., 2001, Art. 139 WRV Rdn. 7.

jüdische Glaube in Deutschland in nennenswertem Umfang existent. Die Anerkennung eines islamischen Feiertages war in der Entstehungsgeschichte der Norm völlig fernliegend. Auffallend ist jedoch, dass die Möglichkeit, jüdische Feiertage anzuerkennen, nirgends diskutiert wurde[815]. Zwingende Schlussfolgerungen im Hinblick auf die Anerkennung islamischer Feiertage können daraus jedoch nicht abgeleitet werden. Die Entstehungsgeschichte des Art. 139 WRV war lediglich geprägt von einem Geist, der unausgesprochen davon ausging, in absehbarer Zeit käme ausschließlich die Festlegung christlicher Feiertage als Festtage mit religiösem Hintergrund in Betracht.

II.) Systematik und Telos des Art. 139 WRV

Unsere Gesellschaft war bislang maßgeblich von den christlichen Bindungskräften geprägt, die sich nunmehr einem im Zuge multikultureller Durchmischung verstärkten „Wettbewerb" der Religionen stellen müssen[816]. Diese gewandelten Gegebenheiten des religiösen Umfeldes werfen aber die Frage auf, ob ein Abrücken von der historisch gewachsenen, paritätisch orientierten Ausgestaltung des durch Art. 139 WRV vermittelten Spielraumes angezeigt ist. Zwar deutet die historische Auslegung auf eine christliche Orientierung des Feiertagsrechts hin[817], doch kann diesem Befund angesichts der massiven gesellschaftlichen Umwälzungen kein entscheidendes Gewicht zukommen. Die Lösung der Frage nach dem Verhältnis des Art. 139 WRV zu Feiertagen nichtchristlicher Religionen ist daher auf der systematisch-teleologischen Ebene zu suchen.

1.) Die Systematik der Art. 136 ff. WRV

Ein zwingender Ausschluss islamischer Feiertage aus dem Gewährleistungsgehalt des Art. 139 WRV könnte sich möglicherweise dann ergeben, wenn sich den Vorschriften der Art. 136 ff. WRV, dem Staatskirchenrecht im engeren Sinn, eine christlich orientierte Prägung entnehmen ließe. Dies ist freilich nicht der Fall. Die Systematik der Art. 136 ff. WRV lässt klar erkennen,

---

[815] So verfügten die jüdischen Gemeinden während der Weimarer Republik doch über einen ganz erheblichen gesellschaftlichen Einfluss.

[816] Vgl. etwa *Hillgruber*, JZ 1999, 538 ff., der von einem muslimischen „Kulturimport" spricht; weiter *Britz*, JZ 2000, 1127 ff.

[817] Vgl. nur *Kästner*, HStKR II, 2. Aufl., 1995, § 51, S. 337, 352, der die faktische Privilegierung der christlichen Kirchen im Feiertagsrecht ausdrücklich anerkennt, ebenso *Hoeren/Mattner*, Feiertagsgesetze der Bundesländer, 1989, Einf. Rdn. 20 f., die für die Privilegierung offenbar eine verfassungsrechtliche Notwendigkeit sehen, da sonst der Schutz der Mehrheit in sich zusammenfiele.

dass die dort getroffenen Regelungen nicht nur für die christlichen Großkirchen, sondern für alle Religionsgemeinschaften gelten sollen. Eindeutig kommt dies in der Regelung des Art. 137 V WRV zum Ausdruck. Wenn dessen Satz 1 festlegt, dass die Religionsgesellschaften Körperschaften des öffentlichen Rechts *bleiben*, sofern sie solche bisher waren, kann die Regelung des Satzes 2 sinnvollerweise nur dahingehend verstanden werden, dass die Korporationsmöglichkeit auch nichtchristlichen Glaubensrichtungen offen steht[818]. Vor allem anerkennt diese Regelung die Relevanz eines religiösen Pluralismus im Rahmen des Staatskirchenrechts. Neben die Kontinuitätsgarantie in Art. 137 V S. 1 WRV tritt die verfassungsrechtlich anerkannte Möglichkeit, auf Veränderungen in der religiösen Struktur zu reagieren. Auch der in Art. 137 WRV verwendete Leitbegriff der Religionsgesellschaft ist unter dem Eindruck der in dem vorangehenden Art. 136 WRV statuierten Religionsfreiheit auszulegen und erfasst somit alle Zusammenschlüsse, die sich auf die kollektive Ausübung der in Art. 136 WRV umschriebenen Freiheitssphäre beziehen[819]. Da die Religionsfreiheit des Art. 136 WRV nicht auf christliche Glaubensinhalte und –äußerungen bezogen ist, spricht auch dies dafür, dem Gesamtkomplex der Art. 136 ff. WRV keine Privilegierung des christlichen Glaubens zu entnehmen.

Nicht zuletzt aus dem in Art. 137 I WRV statuierten Trennungsgebot wird überdies die Neutralitätspflicht des Staates in religiösen Angelegenheiten hergeleitet[820], so dass die Art. 136 ff. WRV insgesamt eher für eine grundgesetzlich vorausgesetzte Gleichwertigkeit aller Glaubensrichtungen sprechen.

2.) Parallelwertung mit der Sonntagsgarantie des Art. 139 WRV

Ein grundsätzlicher verfassungsrechtlicher Ausschluss der Anerkennung islamischer Feiertage könnte sich aber unmittelbar aus Art. 139 WRV selbst ergeben. Möglicherweise zwingt dabei ein Vergleich mit der Sonntagsgarantie zu einem Ausschluss der Anerkennung islamischer Feiertage. Als wöchentlichen Ruhetag bestimmt Art. 139 WRV den christlichen Sonntag. Dies bedeutet zugleich eine negative Entscheidung der Verfassung zu Lasten der Ruhetage

---

[818] *Morlok*, in: Dreier, GG-Komm., Bd. III, 2000, Art. 140/Art. 137 WRV Rdn. 78.

[819] Vielmehr wohnt dem Begriff aus Paritätsgründen eine Offenheit für unterschiedliche religiöse Vorstellungen inne, vgl. *Morlok*, in: Dreier, GG-Komm., Bd. III, 2000, Art. 140/Art. 137 WRV Rdn. 26; *v. Campenhausen*, in: v. Mangoldt/Klein/Starck, GG-Komm., Bd. 3, 4. Aufl., 2001, Art. 137 WRV Rdn. 18.

[820] Vgl. *v. Campenhausen*, in: v. Mangoldt/Klein/Starck, GG-Komm., Bd. 3, 4. Aufl., 2001, Art. 140 Rdn. 15; *Morlok*, in: Dreier, GG-Komm., Bd. III, 2000, Art. 140/Art. 137 WRV Rdn. 14.

anderer Religionsgemeinschaften[821]. Das Grundgesetz greift an dieser Stelle bewusst die religiösen Bedürfnisse und Traditionen der Mehrheit auf[822]. Angehörige anderer Religionen haben sich darauf einzustellen.

Diese christliche Orientierung der Sonntagsgarantie erstreckt sich möglicherweise auch auf die anzuerkennenden Feiertage[823]. Dagegen spricht jedoch, dass Art. 139 WRV den wöchentlichen Ruhetag der Disposition des einfachen Gesetzgebers entzieht und eine verfassungsrechtliche Fixierung des Sonntages enthält. Bei den Feiertagen hingegen geht der Verfassunggeber von einem Spielraum des Gesetzgebers aus. Er soll die anerkannten Feiertage den gesellschaftlichen Bedürfnissen nach seelischer Erhebung anpassen können[824]. In Zusammenwirken mit der staatlichen Neutralitätspflicht spricht daher vieles dafür, grundsätzlich die Möglichkeit anzuerkennen, bei der Auswahl religiöser Feiertage auch solche nichtchristlicher Religionen berücksichtigen zu dürfen, wenn die religiöse Struktur der Bevölkerung entsprechend entwickelt ist[825]. Von der in der Tat privilegierenden Sonntagsgarantie unterscheidet sich die Feiertagsgarantie mithin bereits strukturell durch die Einräumung eines Gestaltungsspielraums bei der Auswahl anzuerkennender Feiertage.

Sonn- und Feiertage werden in ihrem Schutz jedoch gleich behandelt. Der einfachrechtliche Schutz der Sonntage und der Feiertage orientiert sich dabei an den Bedürfnissen von Anhängern christlichen Glaubens. Er ist am Leitbild eines traditionellen christlichen Festtages ausgerichtet[826]. Dass diese auf christliche Feiertage zugeschnittenen Regelungen auch für den Schutz der anerkannten Feiertage maßgeblich sind, könnte den Schluss nahe legen, als anerkannte

---

[821] *Hoeren/Mattner*, Feiertagsgesetze der Bundesländer, 1989, Einf. Rdn. 20 ff.

[822] *V. Campenhausen*, in: v. Mangoldt/Klein/Starck, GG-Komm., Bd. 3, 4. Aufl., 2001, Art. 139 WRV Rdn. 14 ff.; *Hollerbach*, HStR VI, § 140 Rdn. 60.

[823] Dies gilt jedenfalls für die gegenwärtig anerkannten Feiertage, vgl. *v. Campenhausen*, in: v. Mangoldt/Klein/Starck, GG-Komm., Bd. 3, 4. Aufl., 2001, Art. 139 WRV Rdn. 15, hier ist aber fraglich, ob eine verfassungsrechtliche Pflicht zu einer solchen prochristlichen Ausrichtung besteht. Immerhin ist dies für den Sonntag mittels Art. 139 WRV ausdrücklich geschehen.

[824] Vgl. nur *v. Campenhausen*, in: v. Mangoldt/Klein/Starck, GG-Komm., Bd. 3, 4. Aufl., 2001, Art. 139 WRV Rdn. 13, der formuliert, die „merkwürdig anmutende Redewendung" solle individuellen Belangen der Staatsbürger dienen „und zwar in einer Weise, die von gläubigen sowie nichtgläubigen Menschen in gleicher Weise angenommen werden kann".

[825] Legt man den Ansatz *Rüfners*, FS Heckel, 1999, S. 447, 448 ff. zugrunde, nach dem Art. 139 WRV dem Gesetzgeber nicht nur das Recht zur Ausschöpfung des Gestaltungsspielraums gewährt, sondern zugleich die Pflicht auferlegt, im Rahmen des Gestaltungsauftrages auf aktuelle Strömungen und Entwicklungen in der Gesellschaft zu reagieren, führt dies in letzter Konsequenz geradezu zwingend zu dem Ergebnis, die grundsätzliche Möglichkeit der Anerkennung nichtchristlicher kirchlicher Feiertage zuzulassen.

[826] Als Beispiele seien die Vorschriften über den Schutz der (Haupt-) Gottesdienste in den Feiertagsgesetzen der Länder genannt.

religiöse Feiertage kämen lediglich christliche Feiertage in Betracht. Dieser Einwand kann jedoch nicht durchgreifen. Zunächst ist festzustellen, dass die allgemeinen Regelungen des Sonntagsschutzes auch auf weltliche Feiertage angewandt werden. Überdies ist es ohne weiteres möglich, differenzierte gesetzliche Regelungen zu schaffen, die auf die besonderen Anforderungen bestimmter Tage Bezug nehmen[827].

Entscheidend ist aber, dass die Regelungen des einfachen Rechts nicht maßgeblich für die Auslegung von grundgesetzlichen Vorschriften sein können. Ein Gleichlauf von Sonn- und Feiertagsschutz in allen Nuancen lässt sich Art. 139 WRV freilich nicht entnehmen. Zwar müssen Sonn- und Feiertage gleichermaßen als Tage der Arbeitsruhe und seelischen Erhebung geschützt werden, bei der Ausgestaltung dieses Schutzes wiederum steht dem Gesetzgeber ein erheblicher Spielraum zu, der es ihm ermöglicht bzw. sogar gebietet, auf die Verschiedenheiten anerkannter Feiertage Rücksicht zu nehmen[828]. Entscheidend ist mithin nicht, ob ein Feiertag wie ein christlicher Sonntag begangen werden kann, sondern, ob der Feiertag entsprechend den verfassungsrechtlichen Vorgaben der Arbeitsruhe und seelischen Erhebung dienend geschützt werden kann.

Zwar beinhaltet Art. 139 WRV mit der Sonntagsgarantie eine Anknüpfung an christliche Traditionen, diese ist jedoch in zwingender Weise allein auf den Schutz des wöchentlichen Ruhetages beschränkt und für die Anerkennung von Feiertagen keineswegs bindend.

3.) Enthält das Grundgesetz Strukturen, die zu einer faktischen Privilegierung des christlichen Glaubens führen?

Möglicherweise lässt sich aber der Gesamtsystematik des Grundgesetzes eine immanente Privilegierung des christlichen Glaubens entnehmen. So weist das Grundgesetz auch außerhalb der Art. 136 ff. WRV Bezüge zu religiösen Belangen auf.

---

[827] Vgl. nur die speziellen Regelungen über „stille Feiertage“ in § 6 FTG NW, die auf den betont ernsten Charakter Rücksicht nehmen oder die Regelung des § 9 FTG NW, der auf die Besonderheiten jüdischer Feiertage abgestimmt ist. Vgl. auch *Dietlein*, FS Rüfner, 131, 141, der in dem funktionalen Moment des Begriffs der „seelischen Erhebung“ zu Recht durchaus eine Gelenkstelle und Brücke zu anderen Weltanschauungen sieht.

[828] Vor allem lassen sich die verfassungsrechtlichen Vorgaben des Merkmals „Arbeitsruhe“ wesentlich präziser erfassen als bei dem „merkwürdig anmutenden Begriff“ (*v. Campenhausen*, in: v. Mangoldt/Klein/Starck, GG-Komm., Bd. 3, 4. Aufl., 2001, Art. 139 WRV Rdn. 13) der „seelischen Erhebung“. In diesem Bereich ist der Spielraum des Gesetzgebers mithin umso größer.

Bei der Klärung dieser Frage gilt es zunächst festzustellen, ob das Grundgesetz eine „offene“ Privilegierung der christlichen Großkirchen enthält, sodann ist zu prüfen, ob dem Grundgesetz Strukturen entnommen werden können, die eine tatsächliche Privilegierung bedingen und aus denen sich gegebenenfalls Rückschlüsse auf die Auslegung des Art. 140 GG iVm. Art. 139 WRV ziehen lassen.

a.) Die Bedeutung der Präambel

Einen ersten Anhaltspunkt einer derartigen, möglicherweise auch die Auslegung des Art. 139 WRV beeinflussenden Privilegierung der christlichen Kirchen durch das Grundgesetz könnte die Inbezugnahme Gottes in der Präambel darstellen[829]. Zwar dient die Präambel als Verkündungsformel dem Anliegen, die entstehungsgeschichtliche Lage, die Beweggründe und Ziele des Verfassunggebers und damit Bedeutung und Zweck der Verfassung in wenigen markanten Worten aufzuzeigen[830], doch folgt daraus keine rechtliche Bedeutungslosigkeit. Die Präambel geht dem Grundgesetz nicht voraus, sondern ist Teil der verfassungsmäßigen Ordnung selbst[831]. Dies folgt schon aus dem Wortlaut der Präambel, nach dem sich das Deutsche Volk nicht das „folgende“, sondern „*dieses* Grundgesetz“ (also einschließlich der Präambel) gegeben hat. Über den moralischen Appellcharakter hinaus hat die Präambel damit rechtlichen Gehalt.

Dieser besteht weniger in konkreten Vorgaben oder Ansprüchen, sondern vielmehr in der Aufstellung von Staatszielen. Der rechtliche Gehalt der Präambel kommt vor allem bei der Auslegung von anderen Rechtsvorschriften zum Tragen[832]. Hier ist vor allem von Interesse, welche Bedeutung die Inbezugnahme Gottes in Zusammenhang mit der Aufstellung dieser Staatsziele insbesondere für die Auslegung des Art. 139 WRV gewinnt. Eine Verpflichtung des Grundgesetzes auf das Christentum bestünde jedenfalls dann, wenn diese Passage der Präambel als invocatio dei zu verstehen wäre[833]. In diesem Falle hätte

---

[829] Zur Bedeutung der Präambel für die Rechts- bzw. Verfassungsauslegung vgl. etwa *Essen*, KuR 110, S. 143 ff.; *Ennuschat*, NJW 1998, 953 ff.; *Hofmann*, ZRP 1994, 215 ff.

[830] *Starck*, in: v. Mangoldt/Klein/Starck, GG-Komm., Bd. 1, 4. Aufl., 1999, Präambel, Rdn. 29.

[831] *Starck*, aaO., Rdn. 30; *Hamann/Lenz*, GG-Komm., Präambel, Bem. A; *v. Münch*, in: ders./Kunig, GG-Komm., Bd. 1, 5. Aufl. 2000, Präambel, Rdn. 2; *Stern*, StaatsR I, S. 509; *Häberle*, FS Broermann, 1982, S. 224, 240; *Maunz*, in: Maunz/Dürig, GG-Komm., Präambel, Rdn. 7; BVerfGE 5, 85, 127.

[832] BVerfGE 63, 343, 370; BVerwGE 11, 9, 13; *Huber*, in: Sachs, GG-Komm., 2. Aufl., 1999, Präambel, Rdn. 11a; *Kunig*, in: v. Münch/ders., GG-Komm., Bd. 1, 5. Aufl., 2000, Präambel Rdn. 3.

[833] Eine invocatio dei wurde noch von *v. Münch*, in: ders./Kunig, GG-Komm., Bd. 1, 4. Aufl., 1992, Präambel Rdn. 6 angenommen.

der Verfassunggeber im Namen (des christlichen) Gottes gehandelt. Schon der Wortlaut der Präambel widerlegt jedoch diese Annahme. Das deutsche Volk hat sich „kraft seiner Souveränität“ das Grundgesetz gegeben, also erkennbar in eigenem Namen gehandelt. Gott ist nach der Systematik der Präambel nicht als Verfassunggeber zu verstehen, sondern als höhere Instanz, der gegenüber der Verfassunggeber lediglich verantwortlich ist. Gott kommt in der Präambel die Funktion einer über jedem geschriebenen Recht stehenden Kontrollinstanz zu[834].

Diese Verantwortlichkeit des Verfassunggebers gegenüber einer höheren Instanz geht auf die Erfahrungen während der NS-Herrschaft zurück, die sich über jede Bindungen an die elementarsten Gebote der Menschlichkeit und Toleranz hinweggesetzt hatte[835]. Es sollte eine klare Absage an jede Form intoleranter und barbarischer Herrschaft erteilt werden. Selbst der Verfassunggeber ist an elementare Grundsätze der Menschlichkeit gebunden, die schlechthin unabänderlich bzw. unentziehbar sind. Dabei handelt es sich um über jedem geschriebenen Recht stehende, superpositive Rechtssätze. Diese Klarstellung in der Präambel stellt zugleich eine Absage an den in der NS-Zeit emporgekommenen Rechtspositivismus dar[836].

Überdies ginge eine andere Deutung der Präambel am ausdrücklichen Willen des Verfassunggebers vorbei. Im Zuge der Grundgesetznovelle 1994 wurde auf die vorgeschlagene Streichung des Wortes „Gott“ unter Verweis auf das soeben herausgearbeitete Verständnis der Präambel verzichtet[837].

Eine Deutung der Präambel als Festlegung des Grundgesetzes auf ein monokratisches Gottesverständnis setzte sich ferner in Widerspruch zu grundlegenden Wertentscheidungen des Grundgesetzes. Sie wäre unvereinbar mit Art. 4 sowie 3 GG sowie den Art. 136 ff. WRV iVm. Art. 140 GG. Diesen Vorschriften liegt die Annahme eines weltanschaulich neutralen Staates zugrunde, die über die bloße Tolerierung anderen Glaubens durch einen weltanschaulich involvierten Staat hinausgeht.

Vor diesem Hintergrund ist die Wahl Gottes als derjenigen Instanz, der sich der Verfassunggeber zu verantworten hat, als Hinweis auf den entstehungsgeschichtlichen Hintergrund des Grundgesetzes zu verstehen. Das Grundgesetz

---

834 Vgl. *Schmidt-Bleibtreu/Klein*, in: dies., GG-Komm., 9. Aufl., 1999, Präambel, Rdn. 2; *Maunz*, in: Maunz/Dürig, GG-Komm., Präambel, Rdn. 17; *Huber*, in: Sachs, GG-Komm., 2. Aufl., 1999, Präambel, Rdn. 36.

835 *Schmidt-Bleibtreu/Klein*, in: dies., GG-Komm., 9. Aufl., 1999, Präambel Rdn. 2; *Ennuschat*, NJW 1998, 953, 955; Hofmann, ZRP 1994, 215, 216.

836 *Huber*, in: Sachs, GG-Komm., 2. Aufl., 1999, Präambel Rdn. 36; Bericht GemVerf-Komm., BR-Drs. 800/13, S. 211.

837 BT-Drs. 12/6000, S. 108, 110, die Befürworter einer Streichung monierten, eine „unspezifische Rede von Gott“ habe in einem staatlichen Verfassungstext nichts zu suchen.

ist aus einem christlichen Kulturverständnis heraus entstanden, verpflichtet aber nicht auf das Christentum. Kurz gesprochen: Das Grundgesetz ist christlich geprägt, aber nicht christlich. Insbesondere geht aus der Präambel keine Pflicht zu einer prochristlichen Rechtsauslegung hervor[838].

Im Wege dieser Auslegung lässt sich die Inbezugnahme Gottes ohne Wertungswidersprüche erklären und rechtfertigen. Eine Ausnahme islamischer Feiertage aus der Schutzgarantie des Art. 139 WRV vermag die Präambel damit nicht zu belegen.

b.) Die rechtliche Integration der Muslime im Spiegel des Grundgesetzes - Integrationsprobleme als Ausdruck eines „christlichen" Grundgesetzes?

Nunmehr ist zu klären, ob das Grundgesetz Strukturen enthält, die eine faktische Privilegierung des christlichen Glaubens bewirken und die zu einer entsprechenden Auslegung des Art. 140 GG iVm. Art. 139 WRV führen könnten. Zunächst sollen die aktuellen Rechtsprobleme in Zusammenhang mit der Integration der Muslime[839] wie etwa die Zulässigkeit des rituellen Schächtens, die Erteilung islamischem Religionsunterricht an staatlichen Schulen oder das Tragen eines Kopftuches durch Lehrerinnen beleuchtet werden. Darauf aufbauend wird der Frage nachgegangen, ob sich daraus Maßstäbe für die Auslegung des Art. 140 GG iVm. Art. 139 WRV ergeben können[840].

(1) Die rechtliche Bewertung rituellen Schächtens

Besonders stark umstrittenes Beispiel für die mit der Integration der Muslime verbundenen Rechtsprobleme ist die Frage, unter welchen Voraussetzungen die betäubungslose Schlachtung eines Tieres (Schächten) zulässig ist. Gemäß § 4a I TierSchG darf ein warmblütiges Tier nur geschlachtet werden, wenn es vor Beginn des Blutentzuges betäubt worden ist. § 4a II Nr. 2 TierSchG sieht eine Ausnahme von diesem Verbot vor, wenn zwingende Vorschriften ihrer Religionsgemeinschaft Gläubigen das Schächten vorschreiben oder den Genuss von Fleisch nicht geschächteter Tiere untersagen. Mit dieser

---

838 *Kunig*, in: v. Münch/Kunig, GG-Komm., Bd. 1, 5. Aufl., 2000, Präambel, Rdn. 16; *Jarass*, in: Jarass/Pieroth, GG-Komm., 5. Aufl., 2000, Präambel, Rdn. 3; *Dreier*, in: ders., GG-Komm., Bd. I, 1996, Präambel, Rdn. 19; *Ennuschat*, NJW 1998, 953, 955.

839 Zu den neuen Fragestellungen des Staatskirchenrechts, die gerade durch den Zustrom an Muslimen ausgelöst werden vgl. etwa *Rüfner*, KuR 110, S. 119, 120 ff.; *v. Campenhausen*, KuR 110, S. 113 ff.

840 Vgl. allgemein zu den Auswirkungen religiöser Pluralisierung auf das Rechtssystem *Britz*, JZ 2000, 1127 ff., *Hillgruber*, JZ 1999, 538 ff.

Ausnahmeregelung soll nach dem Willen des Gesetzgebers den religiösen Bedürfnissen von Juden und Muslimen entsprochen werden[841].

Gleichwohl sind Muslimen bislang häufig die begehrten Erlaubnisse nicht erteilt worden. Teilweise wurde dabei darauf abgestellt, ein zwingendes Verbot, nicht geschächtetes Fleisch zu essen könne dem Koran nicht entnommen werden. Ferner fehlt es regelmäßig am Vorliegen einer Religionsgemeinschaft. Diese Sichtweise verkennt allerdings, dass es sich bei der Religionsfreiheit um ein Individualgrundrecht handelt, das nicht in die Abhängigkeit einer herrschenden „Lehrmeinung" gestellt werden darf. Maßgeblich ist vielmehr, dass der Einzelne ein bestimmtes Verhalten für sich als religiös verbindlich hält[842]. § 4a II Nr. 2 TierSchG könnte daher verfassungskonform erweiternd auszulegen sein. Dann wäre zu fragen, welche grundrechtlichen Vorgaben im Hinblick auf die Zulässigkeit des Schächtens zu beachten sind.

Zunächst sind dabei die Fälle zu untersuchen, in denen die betäubungslose Schlachtung bzw. der Verzehr geschächteten Fleisches als religiös geboten angesehen werden. Angesprochen ist damit insbesondere die rituelle Schlachtung. Bleibt diese verboten, liegt ein rechtfertigungsbedürftiger Eingriff in die Glaubensausübungsfreiheit vor. Eine Verletzung der Religionsfreiheit wurde dabei von der Rechtsprechung des Bundesverwaltungsgerichts verneint[843]. Das Gericht zog dabei die Vorschrift des Art. 140 GG iVm. Art. 136 I WRV als Schranke der Religionsfreiheit heran und behandelte Art. 4 GG als unter einfachem Gesetzesvorbehalt stehend. Diesem Ansatz kann nicht gefolgt werden, da in der Neufassung der Religionsfreiheit in Art. 4 GG gegenüber Art. 135 WRV der Wille des Verfassunggebers zu einer vorbehaltlosen Gewährleistung zum Ausdruck kommt[844].

Das OVG Hamburg nahm demgegenüber zwar eine Vorbehaltlosigkeit der Religionsfreiheit an, stellt dem jedoch den Tierschutz als kollidierendes Verfassungsgut gegenüber und kam zu dem Ergebnis, Letzterem gebühre der Vorrang vor der Religionsfreiheit des Einzelnen[845]. Ein Verfassungsrang des Tierschutzes war zum Entscheidungszeitpunkt jedoch nicht nachweisbar[846]. Aller-

---

841 BT-Drs. 10/5259, S. 38.

842 *Mayer*, NVwZ 1997, 561, 562; auch das BVerwG, NJW 2001, 1225, 1226 anerkannte aus diesem Grunde einen Eingriff in die Religionsfreiheit.

843 BVerwG, NJW 2001, 1225, 1226.

844 Ausführlich dazu oben (Teil 2, Kap. 2, Abschn. 2, I 4).

845 OVG Hamburg, NVwZ 1994, 592, 594 f.

846 Vgl. nur *Dreier*, in: ders., GG-Komm., Bd. I, 1996, Art. 1 I Rdn. 63 f. mwN.; das OVG Hamburg, NVwZ 1994, 592, 594 f., hingegen leitet einen Verfassungsrang des Tierschutzes aus einer fragwürdigen Verbindung zur Menschenwürde, die nach Meinung des Gerichts auch den würdevollen Umgang des Menschen mit seinen Mitgeschöpfen (!) bedinge. Diese Auffassung stuft jedoch die Menschenwürdegarantie zu „kleiner Münze" herab und setzt in

dings hat der verfassungsändernde Gesetzgeber im Jahre 2002 den Tierschutz ausdrücklich in Art. 20 a GG aufgenommen[847]. Dies bedeutet freilich nicht zwangsläufig die Unzulässigkeit rituellen Schächtens. Denn dem Tierschutz gebührt keineswegs ein genereller Vorrang vor individueller Glaubensfreiheit. Vielmehr stehen beide Rechtsgüter abstrakt auf gleicher Stufe. Entscheidend ist daher, welchem Verfassungsgut im Einzelfall der Vorrang bebührt. Stellt man dabei den lediglich als Staatsziel formulierten Tierschutz der wichtigen religiösen Bedeutung des Schächtens entgegen, deutet vieles auf die Notwendigkeit hin, den Interessen der Gläubigen Vorrang zu gewähren. Die Ausübung religiöser Bräuche und Riten ist zwar verfassungsrechtlich unmittelbar in Art. 4 GG angesprochen, sie weist jedoch durchaus gewichtige Bezüge zur Menschenwürde auf. Derartige Bezüge fehlen dem Tierschutz (auch wenn dies das OVG Hamburg, aaO. durchaus anders sehen mag). Liegt dem Antrag auf Erteilung einer Ausnahmegenehmigung für betäubungsloses Schlachten daher ein zwingender Glaubenssatz zugrunde, ist die Genehmigung zu erteilen. Der Anspruch darauf folgt entweder aus Art. 4 GG unmittelbar oder im Wege der verfassungskonformen Auslegung aus § 4a II Nr. 2 TierSchG.

Fraglich ist, ob ein solcher Anspruch auch für die wesentlich häufigeren Fälle gilt, in denen das Fleisch lediglich zum „gewöhnlichen" Verzehr bestimmt ist. Zwar existiert kein bindender Glaubenssatz, Fleisch zu essen, sondern lediglich das Verbot, nicht geschächtetes Fleisch zu essen. Der Verzehr geschächteten Fleisches fällt daher nicht in den Schutzbereich der Religionsfreiheit, sondern der allgemeinen Handlungsfreiheit[848]. Diese steht vor allem unter dem Vorbehalt der allgemeinen Gesetze. Entscheidend ist daher primär, ob die Versagung einer Schlachterlaubnis im Einzelfall verhältnismäßig ist. Das Bundesverfassungsgericht hat im Fall eines muslimischen Metzgers, der im Hinblick auf seine Kundschaft eine Erlaubnis zum betäubungslosen Schlachten

---

letzter logischer Konsequenz den Stellenwert eines Tieres mit dem des Menschen gleich. Überdies vermag die biblische Herleitung unter Verweis auf die Schöpfungsgeschichte vor dem Hintergrund des Neutralitätsgebots nicht zu überzeugen. Der Staatszielbestimmung des Art. 20a GG kann lediglich ein Verfassungsrang des Artenschutzes, nicht jedoch der Integrität des einzelnen Tieres entnommen werden (vgl. *Murswiek*, in: Sachs, GG-Komm., 2. Aufl., 1999, Art. 20a Rdn. 31 mwN). Aus der Nennung des Tierschutzes als Kompetenztitel in Art. 74 I Nr. 20 GG kann nicht auf den verfassungsrechtlichen Stellenwert des Tierschutzes schlussgefolgert werden (allgemein dazu: *Degenhart*, in: Sachs, GG-Komm., 2. Aufl., 1999, Art. 74 Rdn. 81 mwN), so dass der Verfassungsrang des Tierschutzes insgesamt zu verneinen ist.

[847] Ges. z. Änd. d. GG v. 26. 7. 2002 (BGBl. I, S. 2862; dazu BT-Drs. 14/8860, BT-Prot. 14/23656.

[848] So auch BVerfG, NJW 2002, 663 ff. m. Anm. *Oebbecke*, NVwZ 2002, 302; *Volkmann*, DVBl. 2002, 335 ff.

begehrte, entschieden, die Versagung der Genehmigung sei unverhältnismäßig[849]. Die Entscheidung beruht maßgeblich auf der Annahme, ein vollständiger Verzicht auf Fleisch als Nahrungsmittel sei den muslimischen Kunden ebenso wenig zumutbar wie ein Ausweichen auf importiertes Fleisch. Dem ersten Ansatz ist uneingeschränkt zuzustimmen, da es sich bei Fleisch um ein in unserer Gesellschaft weit verbreitetes Nahrungsmittel handelt. Die Unzumutbarkeit eines Ausweichens auf Importfleisch begründet das Bundesverfassungsgericht damit, dass das persönliche Vertrauen gegenüber dem Schlachter nicht gewährleistet sei und der Kunde nicht sicher sein könne, ob das von ihm verzehrte Fleisch auch seinen religiösen Speisevorschriften entspreche. Diese Argumente führen für sich allein nicht zwingend zur Pflicht, eine Ausnahmegenehmigung zu erteilen. Vielmehr ist dem das gesetzgeberische Anliegen des Tierschutzes gegenüberzustellen. Danach dürfen Tiere grundsätzlich zur Vermeidung unnötiger Qualen nur nach vorheriger Betäubung geschlachtet werden. Die Gesetzessystematik bringt jedoch zum Ausdruck, dass dem Tierschutz kein unbedingter Vorrang gegenüber widerstreitenden Interessen zukommen soll. So lässt § 4 I S. 1 TierSchG Ausnahmen von der Betäubungspflicht vor, soweit eine Betäubung nach den gegebenen Umständen nicht möglich ist. § 4b S. 1 Nr. 3 TierSchG ermächtigt zum Erlass von Rechtsverordnungen, die eine generelle Ausnahme von der Betäubungspflicht für Geflügel zulassen. Zu dieser weitreichende Ausnahmen - selbst aus kommerziellen Gründen (Geflügel) - zulassenden Systematik des TierSchG kommt der mit der Regelung des § 4a II Nr. 2 TierSchG verfolgte gesetzgeberische Zweck, islamische und jüdische Speisevorschriften zu berücksichtigen. Sie soll nicht nur dann angewendet werden, wenn ein Gebot zum Verzehr von Fleisch besteht, sondern insbesondere auch dann, wenn lediglich ein religiöses Verbot, nicht geschächtetes Fleisch zu verspeisen, existiert. Dass „der" Islam keine Religionsgemeinschaft bildet, kann den muslimischen Gläubigen nicht zum Nachteil gereichen.

Muslimen ist daher grundsätzlich eine Genehmigung zum Schächten zu erteilen, auch wenn dies nicht zu rituellen Zwecken erfolgt. Voraussetzung ist aber, dass sie glaubhaft machen können, sie hielten den Verzehr nicht geschächteten Fleisches aus religiösen Gründen für verboten.

---

[849] BVerfG, NJW 2002, 663 ff. m. Anm. *Oebbecke*, NVwZ 2002, 302; *Volkmann*, DVBl. 2002, 335 ff.

(2) Der Muezzin-Gebetsruf

Fraglich ist, inwieweit der Muezzin-Gebetsruf nach deutschem Recht zulässig ist[850]. Der Ruf wird in arabischer Sprache gesungen und lautet: „Allah ist der Allergrößte. Ich bezeuge, dass es keinen anderen Gott außer Allah gibt. Ich bezeuge, dass Muhammad der Gesandte Allahs ist. Kommt her zum Gebet! Kommt her zum Heil! Allah ist der Allergrößte. Es gibt keinen Gott außer Allah."[851] Grundrechtlich ist der Gebetsruf als Ausübung der Religionsfreiheit anzusehen[852]. Beschränkungen können sich aus kollidierendem Verfassungsrecht ergeben. Als kollidierende Grundrechte kommen dabei das Recht auf körperliche Unversehrtheit (Art. 2 II GG), das Eigentum (Art. 14 GG) sowie die negative Religionsfreiheit (Art. 4 GG) in Betracht.

Der Schutz der körperlichen Unversehrtheit von Anwohnern und Nachbarn wird insbesondere durch das Immissionsschutzrecht gesetzlich konkretisiert[853]. Eine pauschale immissionsrechtliche Unzulässigkeit des Muezzinrufs besteht nicht. Jedoch kann sich im Einzelfall, insbesondere bei der Verwendung von Lautsprecheranlagen ein Verbot rechtfertigen lassen[854]. Die Prüfung des Einzelfalls haben die zuständigen Behörden vorzunehmen, wobei als Kriterien für die Beurteilung einer erheblichen Lärmbelästigung die Gebietsart und die tatsächlichen Verhältnisse sind. Dabei sind auch wertende Elemente wie Herkömmlichkeit, soziale Adäquanz und allgemeine Akzeptanz mit einzubeziehen. Alle diese Umstände müssen im Sinne einer „Güterabwägung" in eine wertende Gesamtbetrachtung einfließen[855].

Die negative Religionsfreiheit spielt demgegenüber nur eine untergeordnete Rolle, da dieses Grundrecht lediglich vor staatlichen Eingriffen schützt und insbesondere nicht vor der Kenntnisnahme fremder Religionsausübung schützt[856]. Auch das Eigentumsgrundrecht, durch baurechtliche Vorschriften konkretisiert, wird dem Gebetsruf in aller Regel nicht entgegenstehen.

Dennoch zeigt der Blick auf das Immissionsrecht einige Unterschiede gegenüber dem christlichen Glockenläuten. Vor allem ist der Aspekt der allgemeinen Akzeptanz in die Abwägung einzubeziehen. Diese wird bei christlichem Geläut regelmäßig vorliegen, bei dem muslimischen Gebetsruf hingegen, da er eine religiöse Minderheit repräsentiert, nicht. Der Gebetsruf hat sich in seiner Intensität an den sozialen Strukturen zu orientieren, was insbesondere

---

[850] Zur verfassungs- und einfachrechtlichen Bewertung des muslimischen Gebetsruf vgl. *Muckel*, NWVBl. 1998, 1 ff.; *Schmehl*, JA 1997, 866 ff.

[851] Zitiert nach *Muckel*, NWVBl. 1998, 1, 2.

[852] Vgl. BT-Drs. 14/4530, S. 15; *Muckel*, NWVBl. 1998, 1, 2 f.

[853] Vgl. BVerwGE 68, 62, 68 f.

[854] So *Muckel*, NWVBl. 1998, 1, 2 ff.; BT-Drs. 14/4530, S. 15.

[855] BVerwGE 90, 163, 165 f.

[856] *Starck*, KuR 131.

den Verzicht auf den Einsatz von Lautsprechern in vielen Fällen, unter Umständen auch eine Unzulässigkeit des Rufes überhaupt bedingen kann. Gegenüber dem christlichen Glockenschlagen erweist sich der Muezzin-Gebetsruf als rechtlich weitaus problematischer.

(3) Sarglose Erdbestattung

Nach deutschem Recht weitestgehend unzulässig ist hingegen die den Muslimen vorgeschriebene sarglose Erdbestattung, von der nur im Notfall abgewichen werden darf. Lediglich Hamburg und Hessen haben eine Ausnahme von der Sargpflicht für die Fälle geregelt, in denen religiöse Vorschriften eine sarglose Bestattung anordnen[857]. Ob eine grundrechtlich herzuleitende Pflicht auf Erteilung einer Ausnahmegenehmigung besteht, ist fraglich, da die allgemeine Sargpflicht der Sicherung von Rechtsgütern mit Verfassungsrang wie etwa der Volksgesundheit, dient[858]. Vor diesem Hintergrund wird die Mehrzahl der verstorbenen Muslime zur Bestattung in ihr Heimatland zurückgeführt[859]. An diesem Punkt zeigen die islamischen Glaubensvorschriften eine Inkompatibilität mit dem einfachen Recht [860].

(4) Rechtsfragen in Zusammenhang mit der wenig ausgeprägten Organisationsstruktur der Muslime

Im Verhältnis zum Staat erweist sich die wenig ausgeprägte Organisationsstruktur des Islam als problematisch. Grundsätzlich kennt der Islam keine Organisationsstrukturen, sondern nur die alle Muslime umfassende Gemeinschaft, die „Umma“[861]. Mit der Zuwanderung haben sich zwar gewisse organisatorische Strukturen in der Bundesrepublik herausgebildet[862], doch vermögen diese

---

[857] § 1 IV BestattungsVO Hamburg, § 10 I der hessischen Verordnung über das Leichenwesen. In Nordrhein-Westfalen ist geplant, in dem neuen Landesbestattungsgesetz auch unter bestimmten Voraussetzungen eine sarglose Erdbestattung zuzulassen.

[858] So kann die sarglose Erdbestattung zu ganz erheblichen Belastungen des Grundwassers führen, die im Hinblick auf das Verfassungsgut der Volksgesundheit eine Einschränkung der religiös vorgeschriebenen sarglosen Bestattung rechtfertigen.

[859] Von den im Jahre 1999 in Bayern verstorbenen 260 türkischen Staatsangehörigen wurden beispielsweise 250 in die Türkei zur Beisetzung überführt, in Bremen werden knapp 90% der verstorbenen Muslime in ihr Heimatland zurückgeführt, vgl. dazu BT-Drs. 14/4530, S. 20 ff.

[860] Vgl. in diesem Zusammenhang auch BVerfGE 50, 256, 262 ff. („Friedhofszwang für Urnen“); ausführlich zum rechtlichen Rahmen für Bestattungen nach islamischen Glaubensvorschriften *Hertlein*, NVwZ 2001, 890 f.

[861] Dazu BT-Drs. 14/4530, S. 8.

[862] So etwa die „Türkisch-Islamische Union der Anstalt für Religion e.V.“ (DITIB), der „Verband der Islamischen Kulturzentren e.V.“ (VIKZ) oder die vielerorts anzutreffenden „Is-

Organisationen nur für einen jeweils geringen Anteil der Muslime sprechen. Der Organisationsgrad der Muslime ist traditionell sehr gering[863]. Das deutsche Staatskirchenrecht hingegen scheint über weite Strecken vom Leitbild einer organisierten Großkirche geprägt zu sein. Auch wenn der Religionscharakter „des“ Islam unstreitig ist, hat sich in der Bundesrepublik keine alle Muslime repräsentierende Religionsgemeinschaft gebildet. Vielmehr existieren viele dezentrale Organisationen und Vereine, deren Charakter als Religionsgemeinschaft im Einzelfall zweifelhaft sein kann[864]. Im Folgenden gilt es daher zu untersuchen, ob die wenig ausgeprägte Organisationsstruktur der Muslime zu einer faktischen Privilegierung der christlichen Großkirchen führt, die auch bei der Auslegung des Art. 139 WRV von Bedeutung sein könnte.

(a) Voraussetzungen einer Anerkennung als Körperschaft des öffentlichen Rechts

Eine strukturelle Benachteiligung der Muslime durch das Grundgesetz läge vor, wenn Muslime von Verfassungs wegen nicht die Möglichkeit hätten, als Religionsgemeinschaft den Status einer Körperschaft des öffentlichen Rechts zu erlangen.

Das deutsche Recht, insbesondere das Verfassungsrecht orientiert sich am Leitbild organisierter Glaubens- und Religionsgemeinschaften wie dies schon im verfassungsrechtlichen Leitbegriff der Religionsgemeinschaft zum Ausdruck kommt. Dem Islam ist demgegenüber eine ausgeprägte Organisationsstruktur fremd. So erwähnt Art. 137 V S. 2 WRV ausdrücklich auch die Möglichkeit einer Anerkennung als Körperschaft des öffentlichen Rechts für andere als die traditionellen, das heißt bereits am 11. August 1919 anerkannten Religionsgemeinschaften. Ganz offensichtlich will diese Vorschrift eine Brücke zu nichtchristlichen Glaubensrichtungen herstellen, so dass die Verleihung des Körperschaftsstatus nicht als Privileg der großen christlichen Kirchen konzipiert ist[865]. Dies schließt es jedoch nicht aus, weitere Kriterien für die Anerkennung als Körperschaft des öffentlichen Rechts aufzustellen, sofern dadurch nicht gezielt einzelne Religionsgemeinschaften diskriminiert werden[866]. So

---

lamischen Zentren“ oder „Islamischen Gemeinden“, näher dazu BT-Drs. 14/4530, S. 8 ff.; vgl. auch *Hillgruber*, JZ 1999, 538, 539; *Heckel*, JZ 1999, 741, 753 f.

[863] BT-Drs. 14/4530, S. 12.

[864] Dazu *Muckel*, JZ 2001, 58, 60 ff. mit Beispielen aus der Rechtsprechung.

[865] Vgl. schon *Ebers*, in: Nipperdey, Die Grundrechte der Reichsverfassung, Bd. 2, 1930, S. 375; näher dazu *Friesenhahn*, HStKR I, 1. Aufl., 1974, § 11, S. 545, 553.

[866] Zur Zulässigkeit ungeschriebener Tatbestandsmerkmale in Art. 137 V S. 2 WRV vgl. *Weber*, ZevKR 34, (1989), 337, 356; *Muckel*, DÖV 1995, 311, 315; *Ehlers*, in: Sachs, GG-Komm., 2. Aufl., 1999, Art. 140/Art. 137 WRV Rdn. 20; *v. Campenhausen*, in: v. Man-

verlangt bereits Art. 137 V S. 2 WRV iVm. Art. 140 GG, dass die anzuerkennenden Religionsgemeinschaften durch ihre Verfassung und die Zahl ihrer Mitglieder die Gewähr auf Dauer bieten[867]. Diese (Anerkennungs-) Kriterien werden nach übereinstimmender Auslegung in den Ländern wie folgt präzisiert[868]:

- Vorliegen einer Organisationsordnung (Satzung, Verfassung), die mindestens der Satzung eines eingetragenen Vereins entspricht
- Größe der Mitgliederzahl, die auf eine gewisse Bedeutung im öffentlichen Leben schließen lässt, Richtzahl: 1/1000 der Bevölkerung des Landes[869]
- Dauer des Bestehens von im Allgemeinen 30 Jahren[870]
- Ausreichende Finanzausstattung, d.h. die Gemeinschaft muss über hinreichende eigene Mittel verfügen, um ihre Aufgaben erfüllen und ihre Organisation unterhalten zu können.
- Als weiterer ungeschriebener Vorbehalt ist zu verlangen, dass der Antragsteller das Merkmal der „Rechtstreue" erfüllt[871].

---

goldt/Klein/Starck, GG-Komm., Bd. 3, 4. Aufl., 2001, Art. 137 WRV Rdn. 228; *Pagels*, JuS 1996, 790, 792.

[867] Zum Merkmal der „Gewähr auf Dauer" vgl. etwa *Kirchhof*, HStKR I, 2. Aufl., 1994, § 22, S. 651, 684ff mwN.

[868] Eingehend zu den Voraussetzungen der Verleihung des Körperschaftsstatus *Tillmanns*, DÖV 1999, 441 ff. sowie *Fechner*, Jura 1999, 515 ff.; *Zacharias*, KuR 210, S. 21 ff.; vgl. auch *Petri*, JA 2001, 641 ff.

[869] Diese Größe entspricht der Verleihungspraxis der Länder, die auf die Vorgaben der Kultusministerkonferenz vom 12. 3. 1954 zurückgeht, zur Kritik an dieser „eher hilflos als überzeugenden" Richtzahl vgl. *Fechner*, Jura 1999, 515, 517.

[870] Dieser Zeitraum entspricht „einer Generation" und geht wiederum auf die Empfehlungen der Kultusministerkonferenz vom 12. 3. 1954 zurück, vgl. zur Kritik *Fechner*, Jura 1999, 515, 517; *Tillmanns*, DÖV 1999, 441, 446. Zuzugeben ist zwar, dass ein längerer Zeitraum des Bestehens nicht zwingend vor Untergang schützt und daher kein verlässliches Zeichen der Gewähr von Dauer sein kann. Allerdings spricht in diesem Fall vieles für eine hinreichende Festigkeit. Das Merkmal „Gewähr von Dauer" setzt meines Erachtens schon begriffsnotwendig eine prognostizierende Einschätzung der Anerkennungsbehörde voraus, die durchaus auch an die Vergangenheit des Antragstellers anknüpfen kann (bzw. mangels anderer Möglichkeiten sogar sollte). Der Verdacht der „Willkür", wie ihn *Fechner* aaO. sieht, kann daher nicht bestätigt werden.

[871] BVerfG, EuGRZ 2001, 659, 665 f.; VG Berlin, NVwZ 1994, 609, 611; *Muckel*, DÖV 1995, 311, 315.; vgl. auch *Tillmanns*, DÖV 1999, 441, 450 f., der das Erfordernis der Rechtstreue überzeugend mit einem Selbsterhaltungsrecht des Staates begründet, zugleich aber darauf hinweist, dass dies keinen „Kulturvorbehalt" bedeute; vgl. aber auch *Morlok/Heinig*, NVwZ 1999, 697, 702 f., die die Rechtstreue als ungeschriebenes Tatbestandsmerkmal zwar ablehnen, jedoch im Rahmen des Art. 137 V S. 2 WRV das grundrechtliche Eingriffs-/Rechtfertigungsschema anwenden und so die Frage der Staatsloyalität auf der Ebene der Eingriffsrechtfertigung positionieren.

Bislang ist eine Anerkennung einer islamischen Glaubensgemeinschaft als Körperschaft des öffentlichen Rechts nicht erfolgt, doch wurden bereits mehrere dahingehende Anträge gestellt[872]. Als problematisch und der Anerkennung islamischer Religionsgemeinschaften möglicherweise entgegenstehend haben sich dabei folgende Punkte herausgebildet:

- Für die Beurteilung des Merkmals der „Gewähr von Dauer" ist die Existenz des Islam als einer Weltreligion seit Jahrhunderten ohne Belang. Für die einzelnen islamischen Gruppierungen ist deshalb das Vorliegen dieser Voraussetzung ausschließlich im Hinblick auf die jeweilige Antragstellerin zu prüfen. Die konkrete Organisation muss folglich eine Mindestbestandszeit von 30 Jahren aufweisen. Bis jetzt ist eine solche Bestandszeit von keiner der muslimischen Gruppierungen in Deutschland erreicht[873].
- Als Stabilitätsindiz ist die Verfassung der Gemeinschaft heranzuziehen. Zu fordern ist in diesem Zusammenhang ein Mindestmaß an organisatorischer Struktur. Hier bestehen Schwierigkeiten, weil der geforderte Organisationsgrad dem Selbstverständnis des Islam fremd ist[874].
- Wegen der erforderlichen Mindestzahl an Mitgliedern stoßen Ermittlungen, ob ein stabiles mitgliedschaftliches Gemeinwesen vorhanden ist, auf Schwierigkeiten. Es fehlen in der Regel klare Mitgliedschaftsregelungen, nicht zuletzt deshalb, weil zumeist nur das Familienoberhaupt stellvertretend für die gesamte Familie als Mitglied registriert ist. Ferner bleiben bloß anstaltlich betriebene Einrichtungen wie Gebets- oder Versammlungsstätten, Koranschulen etc. hierbei außer Betracht, da sie über keine Mitglieder, sondern Benutzer verfügen. Schließlich bildet die Konkurrenz der unterschiedlichen muslimischen Gruppierungen untereinander ein instabilisierendes Moment.
- Schließlich wird immer wieder in Frage gestellt, ob Teile der Glaubenslehre des Islam in ihrer nach außen gerichteten Wirkung mit der Ordnung und den Wertvorstellungen der Verfassung vereinbar sind. Die Beurteilung dieser Frage in der Praxis wird sich als überaus schwierig erweisen, da keine verbindliche islamische Glaubenslehre vorliegt. Dem Staat ist es überdies grund-

---

[872] In Nordrhein-Westfalen liegen Anträge auf Verleihung der Rechte einer Körperschaft des öffentlichen Rechts vom Islamrat für die Bundesrepublik Deutschland, vom Verband der Islamischen Kulturzentren und von der Föderation der Aleviten Gemeinden e.V. vor, über die bislang nicht entschieden wurde. In Schleswig-Holstein wurde schon 1990 ein Antrag des „Islamrat Schleswig-Holstein e.V., Kiel" abgelehnt. In Bayern wurden in den vergangenen fünf Jahrzehnten mehrere Anträge gestellt, die jedoch am Nichterreichen der erforderlichen Mitgliederzahlen scheiterten bzw. von den Antragstellern nicht weiterverfolgt wurden, vgl. BT-Drs. 14/4530, S. 34 f.

[873] Vgl. Landtag Nordrhein-Westfalen, Drs. 13/1397, S. 37.

[874] Dazu bereits oben (Teil 4, Kap. 1, Abschn. 2, I).

sätzlich verwehrt, anstelle einer geistlichen Instanz den Koran theologisch zu interpretieren. Maßgeblich für die Beurteilung dieser Frage kann jedoch nicht der Islam in seiner Gesamtheit, sondern nur die antragstellende Gemeinschaft sein.

Diese Rechtsprobleme in Zusammenhang mit der Anerkennung islamischer Religionsgemeinschaften als Körperschaften des öffentlichen Rechts, die vor allem aus der unterentwickelten Organisationsstruktur der Muslime auch in Deutschland herrühren, erschweren die vom Grundgesetz grundsätzlich vorgesehene Möglichkeit einer Korporation durch verfassungsunmittelbare Erfordernisse, welche den Traditionen des Islam widersprechen. Das Staatskirchenrecht in der Bundesrepublik knüpft diverse den Religionsgemeinschaften gewährte Privilegien an eine Organisationsstruktur, die zwar die christlichen Kirchen traditionell aufweisen, die dem Wesen des Islam aber fremd ist. Der Status der großen christlichen Kirchen als Körperschaften des öffentlichen Rechts wurde überdies von der Verfassung aufgefunden und auf Grundlage eines allgemeinen Wertekonsenses übernommen und gleichzeitig grundsätzlich auch anderen Religionen zugänglich gemacht. Dies bedeutet jedenfalls faktische Nachteile und Erschwernisse für den Islam[875]. Der Islam „passt" nicht in Organisationsstrukturen, die sich am Leitbild der christlichen Großkirche orientieren und auf denen das Staatskirchenrecht des Grundgesetzes zu weiten Teilen beruht. Die Muslime in der Bundesrepublik gelangen erst in den Genuss des mit der Verleihung der Körperschaftsrechte verbundenen „Privilegienbündels", wenn sie entsprechende Organisationsstrukturen aufbauen. Derartige Strukturen lassen sich freilich nicht innerhalb weniger Jahre errichten, sondern verlangen ein erhebliches Maß an Kontinuität und Beständigkeit. Insbesondere gibt es innerhalb des Islam Stimmen, die sich dem Aufbau solcher Organisationsstrukturen gegenüber kritisch äußern und vor einer „Verbiegung" des islamischen Selbstverständnisses warnen[876].

(b) Die Erteilung islamischen Religionsunterrichts an staatlichen Schulen

Weiter könnten die Voraussetzungen für die Erteilung von Religionsunterricht an staatlichen Schulen[877] einen Hinweis auf grundgesetzimmanente Struk-

---

[875] Vgl. *Britz*, JZ 2000, 1127, 1133, die unserer Rechtsordnung (richtigerweise) eine kulturchristliche Prägung zugrunde legt, aus der sich faktische Nachteile für Angehörige anderer Glaubensrichtungen ergeben.

[876] Vgl. BT-Drs. 14/4530, S. 37.

[877] Anschaulich zu diesem Themenkomplex etwa *Muckel*, JZ 2001, S. 58 ff.; *Heckel*, JZ 1999, 741 ff.; *Hillgruber*, JZ 1999, 538, 543; *Loschelder*, KuR 730, S. 31 ff.; beachte zuletzt auch die konträre Auffassung von *Renck*, NWVBl. 2001, 425f, der das Erfordernis eines An-

turen geben, die zu einer Benachteiligung der Muslime aufgrund ihres Organisationsgrades führen und möglicherweise im Rahmen des Art. 140 GG iVm. Art. 139 WRV von Bedeutung sein könnten.

Gemäß Art. 7 III GG ist der Religionsunterricht an öffentlichen Schulen mit Ausnahme der bekenntnisfreien Schulen ordentliches Lehrfach (Satz 1) und wird in Übereinstimmung mit den Grundsätzen der Religionsgemeinschaften erteilt (Satz 2). Historisch ist diese Regelung erkennbar auf die beiden großen deutschen Kirchen zugeschnitten[878]. Intendiert wird mit dieser Regelung ein dem Bekenntnis der Schule entsprechender Religionsunterricht. Da bislang aber keine islamischen öffentlichen Schulen existieren, wird die Erteilung islamischen Religionsunterrichts nicht dem Bekenntnis der Schule entsprechen können. Dieser systematische Zusammenhang kann aber nicht dazu führen, die Erteilung anderen Religionsunterrichts auszuschließen. Dem steht der Wortlaut des Art. 7 III S. 2 GG entgegen, der lediglich auf die Grundsätze der Religionsgemeinschaften abstellt. Dass diese mit der Konfessionsgebundenheit der Schule, an der der Religionsunterricht erteilt werden soll, in Einklang stehen mag der Verfassunggeber zwar als Regelfall zugrundegelegt haben, andere Konstellationen hat er jedoch nicht ausdrücklich ausgeschlossen[879].

Erstes Kriterium für die Zulässigkeit islamischen Religionsunterrichts ist daher das Vorliegen einer Religionsgemeinschaft im Sinne des Art. 7 III GG. Die h.M.[880] vertritt die Auffassung, dieser Begriff entspreche dem der „Religionsgesellschaft" im Sinne des Art. 137 WRV. Teilweise wird allerdings Art. 7 III GG dahingehend ausgelegt, dass eine Anerkennung als Körperschaft des öf-

---

sprechpartners in Form einer Bekenntnisgemeinschaft in Zweifel zieht und auch andere Organisationsformen den Anforderungen des Art. 7 III genügen lassen will. Das Festhalten an einer Religionsgemeinschaft bezeichnet *Renck* in diesem Zusammenhang als „am römischen Recht geschultes Verbandsdenken". Zutreffend ist jedoch die darauf ergangene Erwiderung durch *Rüfner*, NWVBl. 2001, 426, der zunächst darauf hinweist, das Absehen vom Erfordernis eines Ansprechpartners in Form einer Religionsgemeinschaft widerspreche dem insoweit klaren Wortlaut des Art. 7. Daneben greifen die Bedenken gegen die praktische Umsetzung des Ansatzes von *Renck* durch: Denn entweder müßte der Staat die Inhalte des Religionsunterrichts selbst bestimmen, was ihm durch die Neutralitätspflicht untersagt ist, oder er müßte die Lehren einer Gemeinschaft für verbindlich erklären, die nur wenige Anhänger einer Religion repräsentiert.

[878] Vgl. nur *Schmitt-Kammler*, in: Sachs, GG-Komm., 2. Aufl., 1999, Art. 7 Rdn. 41.; allgemein zur Bedeutung der Kirchen im staatlichen Schulsystem *Lecheler*, HStKR II, 2. Aufl., 1995, § 53, S. 415 ff.; speziell zum Religionsunterricht *Link*, HStKR II, 2. Aufl., 1995, § 54, S. 439 ff.; die Möglichkeiten einer kirchlichen Schulträgerschaft beleuchtet *Loschelder*, HStKR II, 2. Aufl., 1995, § 55, S. 511 ff.

[879] Vgl. dazu *Schmitt-Kammler*, in: Sachs, GG-Komm., 2. Aufl., 1999, Art. 7 Rdn. 41 f.

[880] *Ehlers*, Entkonfessionalisierung des Religionsunterrichts, 1975, S. 30; *v. Campenhausen*, ZevKR 25 (1980), 134, 146; *Eiselt*, DÖV 1981, 205 ff.; *Link*, HStKR II, 1. Aufl., 1975, S. 541 f.

fentlichen Rechts Wesensmerkmal einer Religionsgemeinschaft im Sinne dieser Vorschrift sei[881]. Danach wäre die Erteilung islamischen Religionsunterrichts jedenfalls gegenwärtig ausgeschlossen. Begründet wird diese Auffassung damit, dass der Staat für die Erteilung von Religionsunterricht in Einklang mit bestimmten, von ihm nicht festzulegenden Glaubensinhalten eines verlässlichen Ansprechpartners bedürfe. Diese Voraussetzung könnten zwar durchaus auch Religionsgesellschaften erfüllen, eine hinreichende Sicherheit bestehe jedoch nur bei der Rechtsform der Körperschaft des öffentlichen Rechts. Gegen dieses Verständnis spricht jedoch die Wortverwandtheit der Begriffe „Religionsgemeinschaft" und „Religionsgesellschaft". Es deutet einiges darauf hin, dass hier eine inhaltliche Kongruenz besteht und der Begriff der „Religionsgemeinschaft" bewusst anstelle des überkommenen, distanzierten, eher an ein Handelsunternehmen erinnernden Begriff der „Religionsgesellschaft" verwendet wurde, um die grundsätzlich kirchenfreundliche Haltung des Staates zu verdeutlichen. Teleologisch sprechen die überwiegenden Argumente für eine weite Auslegung des Art. 7 III GG. Da der Religionsunterricht durch den Staat erteilt wird, ist nicht ersichtlich, weshalb die Vorschrift gerade eine mit hoheitlichen Befugnissen ausgestattete Organisationseinheit als Ansprechpartner voraussetzen soll. Entscheidend ist vielmehr die Kooperationsfähigkeit der Religionsgemeinschaft. Als Körperschaft des öffentlichen Rechts können jedoch auch kleine Gruppen anerkannt werden, die lediglich 1/1000 der Bevölkerung repräsentieren. Auch das Vorliegen einer vereinsmäßigen Satzung garantiert ebenfalls nicht zwingend eine Übereinstimmung der Glaubenssätze der Angehörigen einer Glaubensgemeinschaft. Die überwiegenden Gründe sprechen daher dafür, unter einer Religionsgemeinschaft iSd. Art. 7 III GG eine Religionsgesellschaft iSd. Art. 137 WRV zu verstehen.

Für die Erteilung islamischen Religionsunterrichts stellt sich dabei insbesondere das Problem, dass es „den Islam" als Religionsgemeinschaft nicht gibt. Es bestehen vielmehr diverse Einzelorganisationen, die zum Teil bereits die Erteilung islamischen Religionsunterrichts beantragt haben[882]. Ob die Einzelorganisationen die Eigenschaften einer Religionsgemeinschaft erfüllen, ist im Einzelfall zweifelhaft. Die Ablehnung von Anträgen des Zentralrats der Muslime und des Islamrats auf Einrichtung von islamischen Religionsunterricht an

---

[881] *Korioth*, NVwZ 1997, 1041, 1046 ff.; *Schmoeckel*, Der Religionsunterricht, 1964, S. 176 ff.

[882] Vgl. dazu etwa den Fall der „Islamischen Föderation in Berlin" (IFB). Dabei ging es um die Frage, ob diese Organisation als Religionsgemeinschaft iSd. § 23 des Berliner Schulgesetzes einzustufen sei. Das OVG Berlin hat diese Frage bejaht (OVG 7 B 3.98), diese Entscheidung ist vom BVerwG bestätigt worden (BVerwG 6 C 5.99). Damit wäre die wichtigste Voraussetzung für die Erteilung islamischen Religionsunterrichts erfüllt. Weitere Anträge liegen in nahezu allen Bundesländern vor (dazu BT-Drs. 14/4530, S. 42 f.).

einzelnen Schulen hat das VG Düsseldorf beispielsweise mit der Begründung bestätigt, diese Organisationen bildeten keine Religionsgemeinschaften[883].

Unbeschadet der Erfüllung der Merkmale einer Religionsgemeinschaft[884] im Einzelfall birgt die Erteilung islamischen Religionsunterrichts in Übereinstimmung mit den Grundsätzen des Antragstellers erhebliche Schwierigkeiten, da islamische Vereinigungen in der Regel nicht für die Gesamtheit der Muslime repräsentativ sind, sondern nur für deren Mitglieder. Aus der Systematik des Art. 7 III GG ergibt sich jedoch, dass die antragstellende Gemeinschaft zur Kooperation bereit und in der Lage sein muss. Die Gemeinschaft muss legitimiert sein, verbindliche Erklärungen über den Glaubensinhalt abzugeben[885]. Diese Legitimation kann sie allein von denjenigen erhalten, die vom Religionsunterricht betroffen sind. Repräsentiert die jeweilige Organisation jedoch nur einen Bruchteil der muslimischen Schüler, ist sie für den Staat nicht kooperationsfähig. Die zersplitterte Organisationsstruktur der Muslime steht einer dem Sinn des Art. 7 III GG entsprechenden Veranstaltung muslimischen Religionsunterrichts gegenwärtig entgegen. Nach einer organisatorischen Verfestigung des Islam wird ein islamischer Religionsunterricht an staatlichen Schulen jedoch kaum verweigert werden können[886]. Der nordrhein-westfälische Gesetzgeber griff das Anliegen vieler Muslime nach Erteilung islamischen Religionsunterrichts dergestalt auf, dass seit 1999 im Rahmen eines Schulversuchs an 24 Schulen des Landes Islamische Unterweisung als religionskundlicher Unterricht in deutscher Sprache angeboten wird[887]. Im Rahmen dieses Unterrichtsfaches wird allein religiöses Wissen vermittelt, nicht jedoch ein bestimmter Glaube verkündet. Es handelt sich folglich nicht um Religions-

---

883 VG Düsseldorf, NWVBl. 2001, 110; anders offenbar die Auslegung des OVG Berlin (aaO.).

884 Als Religionsgemeinschaft ist ein Verband, der die Angehörigen ein und desselben Glaubensbekenntnisses – oder mehrerer verwandter Glaubensbekenntnisse – zu allseitiger Erfüllung der durch das gemeinsame Bekenntnis gestellten Aufgaben zusammenfasst, anzusehen; so schon *Anschütz*, Die Verfassung des Deutschen Reiches, 11. Aufl., 1929, Art. 137 Anm. 2. Der notwendige religiöse Konsens wird dabei kaum zweifelhaft sein; vgl. *Muckel*, JZ 2001, 58, 61. Im Hinblick auf den Status der islamischen Dachverbände ist jedoch problematisch, dass als Religionsgemeinschaft primär nur Zusammenschlüsse natürlicher Personen in Betracht kommen. Bei Zusammenschlüssen juristischer Personen ist entscheidend, ob diese ein „personales Substrat" erkennen lassen [*Weber*, ZevKR 34 (1989), 337, 347].

885 *Link*, HStKR II, 2. Aufl., 1995, S. 439, 501; *Loschelder*, EssGespr. 20 (1986), S. 17; *Muckel*, JZ 2001, 58, 61.

886 *Schmitt-Kammler*, in: Sachs, GG-Komm., 2. Aufl., 1999, Art. 7 Rdn. 42 mwN.

887 Zu den Rechtsproblemen in Zusammenhang mit islamischem Religionsunterricht und Islamkunde an öffentlichen Schulen vgl. *Muckel*, JZ 2001, 58 ff.

unterricht im Sinne des Art. 7 III GG, so dass auch die Notwendigkeit eines Rückgriffs auf die Glaubensinhalte einer Religionsgemeinschaft entfällt[888].

Religionsunterricht iSd. Art. 7 III GG, der auf die Vermittlung von Glaubensinhalten, also über die eigentliche Information hinausgehend, ausgerichtet ist[889], setzt hingegen einen verlässlichen Ansprechpartner für den Staat voraus[890], den die Muslime in Deutschland wegen ihrer zersplitterten Organisationsstruktur bislang nicht in der Form hervorgebracht haben, dass dieser stellvertretend für alle Muslime oder wenigstens deren größten Teil die Glaubensgrundsätze des Islam definieren könnte.

(5) Tragen eines Kopftuches als Eignungsmangel bei der Lehrereinstellung?

Eine strukturelle Benachteiligung des Islam könnte sich ferner im Bereich des Ämterzugangs im Hinblick auf das Tragen eines Kopftuchs während des Schulunterrichts ergeben. Das schlichte Tragen eines Kopftuches ist von der allgemeinen Handlungsfreiheit bzw. – wenn es als religiöses Symbol getragen wird – von der Religionsfreiheit geschützt. Schülern ist daher das Tragen eines Kopftuches auch während des Unterrichts zu gestatten. Zwingende Bekleidungsvorschriften des Islam können insbesondere auch eine Befreiung vom Sportunterricht rechtfertigen[891]. Heftig umstritten ist hingegen die Frage, ob staatliche Lehrpersonen während des Unterrichts an staatlichen Schulen ein Kopftuch als religiöses Symbol tragen dürfen[892]. Dabei wird eine private Glaubensüberzeugung des Lehrers während der Ausübung eines staatlichen Amtes geäußert[893]. Der Staat muss jedoch seine religiös-weltanschauliche Neutralität

[888] Zur Islamischen Unterweisung vgl. Landtag Nordrhein-Westfalen, Drs. 13/1397, S. 52.

[889] Vgl. *Schmitt-Kammler*, in: Sachs, GG-Komm., 2. Aufl., 1999, Art. 7 Rdn. 40; *Oebbecke*, DVBl. 1996, 336, 341.

[890] Dazu etwa *Muckel*, JZ 2001, 58, 60 ff.

[891] Vgl. BVerwG NVwZ 1994, 578.

[892] Dazu *Böckenförde*, NJW 2001, 723 ff.; *Goerlich*, NJW 2001, 2862 ff.; *Halfmann*, NVwZ 2000, 862 ff.; *Janz/Rademacher*, NVwZ 1999, 706 ff.; *Kästner*, FS Heckel, S. 359 ff.; vgl. auch die hierzu ergangene Rechtsprechung: EGMR, NJW 2001, 2871 ff.; VGH Baden-Württemberg, NJW 2001, 2899 ff.; VG Stuttgart, NVwZ 2000, 959 ff.; VG Lüneburg, NJW 2001, 767 ff. Zur - erst nach Fertigstellung des Manuskripts ergangenen - Entscheidung des BVerfG sogleich.

[893] Ob es sich beim Kopftuch um ein religiöses Symbol oder einen profanen Kleidungsgegenstand handelt erörtern *Janz/Rademacher*, JuS 2001, 440 ff. Wäre das Kopftuch nicht als religiöses Symbol zu verstehen, bedeutete dessen Verbot keinen Eingriff in die Glaubensfreiheit, sondern lediglich eine Einschränkung der allgemeinen Handlungsfreiheit. Dann dürfte meines Erachtens jedoch bereits die Möglichkeit, das Kopftuch könne als religiöses Symbol missverstanden werden, ein Verbot rechtfertigen. Richtigerweise ist jedoch auf die Intention des Trägers abzustellen und in aller Regel eine religiöse Bedeutung zu bejahen.

wahren. Er darf sich grundsätzlich nicht mit den Inhalten einer Religion identifizieren[894]. Insbesondere beim Umgang mit Minderjährigen im Schulbereich in Ausübung des staatlichen Erziehungsauftrags kann eine trennscharfe Abgrenzung zwischen dem Lehrer als Privatperson und Amtsträger nicht gelingen. Der Lehrer tritt mit seiner gesamten Persönlichkeit vor die Schüler und repräsentiert in dieser Weise die Erziehungsziele des Staates. Dieses Zusammentreffen von persönlicher Glaubensentfaltung und staatlicher Ämterausübung bedingt, dass das Tragen religiöser Symbole während des Unterrichtes jedenfalls dann als Verstoß gegen die Neutralitätspflicht zu bewerten ist, wenn diese Symbole nicht nur unscheinbar und unauffällig, sondern offensiver Ausdruck eines bestimmten Glaubens sind[895].

Für eine Zulässigkeit des Tragens eines Kopftuches durch Lehrerinnen an staatlichen Schulen könnte jedoch der Grundsatz des freien Ämterzugangs (Art. 33 II GG) sprechen. Besteht eine Lehramtsanwärterin darauf, während des Unterrichts ein religiöses Kopftuch zu tragen, könnte darin allerdings ein Eignungsmangel iSd. Art. 33 II GG zu sehen sein, so dass eine Berufung auf den freien Ämterzugang nicht durchgreifen würde. Hiergegen könnte wiederum Art. 33 III GG sprechen, der eine Beschränkung des Ämterzugangs aufgrund der Religionszugehörigkeit ausschließt. Dieser besondere Gleichheitssatz unterliegt jedoch seinerseits Beschränkungen durch kollidierendes Verfassungsrecht[896]. Will man die Einhaltung religiöser Bekleidungsvorschriften als Eignungsmangel iSd. Art. 33 II GG ansehen, muss sich dies unmittelbar aus der Verfassung selbst ableiten lassen. Als kollidierendes Verfassungsgut sind sowohl die staatliche Neutralitätspflicht als auch die negative Religionsfreiheit der Schüler zu nennen.

Aufgrund der notwendigen Abwägung der kollidierenden Verfassungsgüter kann das Tragen religiöser Kleidung von Beamten nicht als genereller Eignungsmangel qualifiziert werden. Vielmehr ist dies im Einzelfall mit Blick auf das konkrete Amt festzustellen. Abstrakte Kriterien sind die Frage, ob und inwieweit in dem betreffenden Amt gegenüber der Religionszugehörigkeit Neutralität geübt werden soll sowie die Intensität, mit der das eigene Bekenntnis kundgetan werden soll[897]. Wird durch die Einhaltung religiöser Bekleidungsvorschriften die Neutralität des Staates in Zweifel gezogen, ist von einem Eignungsmangel auszugehen.

---

[894] Vgl. *Maunz*, in: Maunz/Dürig, GG-Komm., Art. 140 Rdn. 43 ff.; dazu bereits oben (Teil 2, Kap. 2, Abschn. 2, V 3).

[895] Vgl. zur parallelen Problematik des Anbringens von Kreuzen in Klassenzimmern BVerfGE 93, 1 ff.; *Ipsen*, FS Kriele, 1997, S. 301 ff.; *Brugger*, Jus 1996, 233 ff.

[896] *Jachmann*, in: v. Mangoldt/Klein/Starck, GG-Komm., Bd. 2, 4. Aufl., Art. 33 Rdn. 27; *Sachs*, HStR V, § 126 Rdn. 129.

[897] *Jachmann*, in: v. Mangoldt/Klein/Starck, GG-Komm., Bd. 2, 4. Aufl., Art. 33 Rdn. 18.

Wann dies der Fall ist, kann im Einzelnen schwer zu ermitteln sein. Denkbar wäre einerseits, einen Eignungsmangel stets anzunehmen, wenn durch das konkrete Amt der Staat gegenüber dem Bürger repräsentiert wird. Entscheidend wäre danach, ob die Tätigkeit des Amtsträgers die Außendarstellung betrifft. Das Tragen eines Kopftuches wäre nach diesem Ansatz wohl lediglich bei behördeninterner Tätigkeit zulässig. Diese Auslegung setzt einen extrem weiten Identifizierungsbegriff voraus. Indem der Staat sichtbare Identifikationen seiner Beamten mit einer Religion zulässt, identifiziert er sich jedoch nicht notwendigerweise selbst mit dem jeweiligen Bekenntnis[898]. Ein Eignungsmangel kann meines Erachtens nur dann angenommen werden, wenn das offen symbolisierte weltanschauliche Bekenntnis des Beamten den Verdacht einer Voreingenommenheit im Rahmen seiner Amtsausübung zu begründen vermag. Dies setzt nicht unbedingt einen Zusammenhang des Amtes mit religiösen oder weltanschaulichen Aspekten voraus, so dass beispielsweise auch Richtern und Staatsanwälten das Tragen religionstypischer Kleidung im Dienst nicht gestattet ist.

Diese Grundsätze gelten insbesondere auch im Rahmen des hier zu untersuchenden staatlichen Erziehungsauftrages. Dabei geht es um die Vermittlung von Erziehungs- und Bildungszielen durch den Lehrer als Mittler. Dessen Wirken soll eine prägende Funktion auf die Schüler ausüben, so dass in diesem Bereich der Wahrung staatlicher Neutralität ein besonderes Gewicht zukommt. Dementsprechend wurde in Baden-Württemberg einer Lehramtsanwärterin die Aufnahme in den Schuldienst verweigert worden, da sie es ablehnte, während des Unterrichts auf das Tragen des Kopftuches zu verzichten. Diese vom VG Stuttgart in erster Instanz vertretene Auffassung[899] hat der VGH Baden-Württemberg mittlerweile bestätigt[900]. Das VG Lüneburg hat demgegenüber einer Klage auf Einstellung stattgegeben (wobei zu beachten ist, dass dieser Auffassung durch das OVG Lüneburg nicht gefolgt wird)[901]. Angesichts der

---

[898] *Lübbe-Wolff*, in: Dreier, GG-Komm., Bd. 2, Art. 33 Rdn. 42.

[899] VG Stuttgart, NVwZ 2000, 959 ff.

[900] Der VGH Baden-Württemberg, NJW 2001, 2899 ff. mit Anm. *Rux*, DVBl. 2001, 1542 ff.; der EGMR (NJW 2001, 2871 ff.) sieht im Verbot für eine Lehrerin an einer Grundschule, während des Unterrichts ein islamisches Kopftuch zu tragen, zwar einen Eingriff in die Religionsfreiheit gem. Art. 9 EMRK, dieser sei jedoch gerechtfertigt, da er ein berechtigtes Ziel verfolge und innerhalb einer demokratischen Gesellschaft notwendig sei; vertiefend zur europarechtlichen Problematik des „Kopftuchstreits“ *Wittinger*, VBlBW 2001, 425 ff.

[901] VG Lüneburg, NJW 2001, 767 ff., allerdings hat das OVG Lüneburg diese Entscheidung aufgehoben und die Klage abgewiesen (2 LB 2171/01). Die Glaubensfreiheit der Lehramtsanwärterin findet nach dieser Entscheidung ihre Schranke in der kollidierenden negativen Glaubensfreiheit der Schüler sowie dem Neutralitätsgebot. Die Schüler würden ohne Ausweichmöglichkeit einem deutlichen Bekenntnis zum Islam ausgesetzt. Die sich hieraus erge-

restriktiven Auffassung des Bundesverfassungsgerichts im „Kruzifixbeschluss"[902] erscheint es jedoch naheliegender, hier einen Ablehnungsgrund für die Einstellung zu sehen[903]. Ist es dem Staat aus Neutralitätsgründen bzw. aus Rücksicht auf die negative Religionsfreiheit anderer Schüler verwehrt, Kreuze als religiöse Symbole in Klassenzimmern nicht konfessionell gebundener Schulen anzubringen, so ist es nur konsequent, das Tragen aufdringlicher religiöser Symbole, zu denen auch das Tragen einer Kopfbedeckung zählt, als unzulässig anzusehen, wenn es durch staatliche Lehrpersonen als Mittler staatlicher Bildungs- und Erziehungsziele erfolgt.

Denn durch das Tragen religiöser Kleidung werden die staatlichen Bildungs- und Erziehungsziele verdeckt, sie werden von der persönlichen Einstellung des Lehrers überlagert. Als wertsetzende bzw. wertvermittelnde Personen geraten Lehrer daher in besonderem Maße in den Verdacht einer Voreingenommenheit, wenn sie sich im Rahmen ihrer Tätigkeit mit den Inhalten einer bestimmten Religion oder Weltanschauung identifizieren. Das Tragen eines Kopftuches einer religiösen Kleidungsvorschrift entsprechend stellt daher jedenfalls für Lehrer einen Eignungsmangel iSd. Art. 33 II GG dar. Entsprechendes gilt für alle anderen Fälle, in denen durch religiöse Kleidung der Verdacht einer Voreingenommenheit des Staates entstehen kann[904].

---

bende Wirkung des Kopftuches könne auch nicht durch eine ansonsten geübte Zurückhaltung in religiösen Fragen „kompensiert" werden.

[902] BVerfGE 93, 1 ff.; wobei in der Literatur zum Teil der staatliche Charakter des Anbringens der Kreuze geleugnet und dieses als private Veranstaltung von Lehrern und Schülern in Zusammenhang mit dem Unterricht bezeichnet wird (vgl. zu den anderen Auffassungen etwa *Pirson*, BayVBl. 1995, 755 ff.; *Müller-Volbehr*, JZ 1995, 996 ff.; *Badura*, BayVBl. 1996, 33 ff.; *Benda*, ZRP 1995, 427 ff.; *Flume*, NJW 1995, 2904 ff.; *Heckel*, DVBl. 1996, 453 ff.; zum Diskussionsstand *Muckel*, KuR 110, S. 21 ff.; *Steiger*, FS Kriele, 1997, S. 105 ff.), was jedoch nicht zu überzeugen vermag. Schließlich erfolgt die Anbringung regelmäßig nicht aus freier Entscheidung der Schüler, sondern regelmäßig auf Initiative des Staates bzw. des Lehrers. Da sich aber private Persönlichkeit und Amtsträgerschaft aufgrund der mit dem Amt intendierten Vorbildfunktion nicht trennen lassen, ist auch das Anbringen von Kreuzen auf Initiative des Lehrers als staatliche Handlung anzusehen.

[903] Vgl. insoweit bereits BVerwG, DVBl. 1988, 937 ff., das das an einen Lehrer gerichtete Verbot, im Unterricht in bhagwan-typischer Kleidung aufzutreten, billigte.

[904] Mit Urteil vom 24.9.2003 (NJW 2003, 3111 ff.) hat das Bundesverfassungsgericht jedoch (nach Fertigstellung des Manuskripts) entschieden, dass ein Verbot für Lehrkräfte, in Schule und Unterricht ein Kopftuch zu tragen, im geltenden Recht des Landes Baden-Württemberg keine hinreichend bestimmte gesetzliche Grundlage finde. Als Eingriff in die Glaubensfreiheit bedürfe es hierfür jedoch einer gesetzlichen Grundlage. Die allgemeinen Vorschriften über die Eignung in den Landesbeamtengesetzen seien hierfür nicht hinreichend. Mangels empirischen Nachweises einer konkreten Gefährdung kollidierender Verfassungsgüter durch das Tragen eines Kopftuches liege lediglich eine abstrakte Gefahr vor. Daher sei eine spezielle gesetzliche Grundlage erforderlich, deren Erlass im Ermessen des Landesgesetzgebers

(6) Folgerungen

Es zeigen sich somit einige Bereiche, in denen die Ausübung des islamischen Glaubens mit unserer Rechtsordnung kollidieren kann. Soweit die Glaubensausübung mit Vorschriften des einfachen Rechts kollidiert, ist zu prüfen, ob diese Regelungen Ausdruck der verfassungsmäßigen Schranken der Religionsfreiheit sind. Denn die Religionsfreiheit kann ausschließlich durch kollidierendes Verfassungsrecht eingeschränkt werden. Dabei zeigt sich, dass die verfassungsrechtlichen Wertungen teilweise mit der Ausübung des islamischen Glaubens in Widerspruch geraten. Das anschaulichste Beispiel hierfür bildet die Unvereinbarkeit einer verfassungsrechtlich gebotenen neutralen Ämterausübung staatlicher Lehrpersonen mit der individuellen Persönlichkeitsentscheidung stets ein Kopftuch als Symbol des eigenen Glaubens zu tragen. Die soeben betrachteten Einzelfälle werfen die Frage auf, ob dem Gesamtzusammenhang des Grundgesetzes möglicherweise tradierte Wertvorstellungen, die im christlichen Glauben wurzeln, zugrunde liegen, die auch die Auslegung des

---

stehe. Dieses abstrakte Spannungsverhältnis zwischen staatlicher Neutralität und Glaubensfreiheit habe der Gesetzgeber aufzulösen. Die negative Glaubensfreiheit der Schüler gebe zudem kein Recht, von religiösen Symbolen eines fremden Glaubens verschont zu bleiben. Da das Tragen des Kopftuches nicht auf einer staatlichen Anordnung beruhe, müsse sich der Staat die damit verbundene Glaubensbekundung auch nicht als eigene zurechnen lassen. Dieser Auffassung sind die Verfassungsrichter *Jentsch*, *Di Fabio* und *Mellinghoff* in ihrem Sondervotum entgegengetreten. Die Glaubensfreiheit der Lehrerin dürfe nicht überbewertet werden. Die Rechtsstellung eines Bewerbers sei nicht aus der Abwehrperspektive eines Grundrechtsträgers zu beurteilen, sondern aus der eines künftig Grundrechtsverpflichteten. Zudem ergebe sich die Neutralitätspflicht des Staates unmittelbar aus der Verfassung selbst.Angesichts der eingeschränkten Möglichkeiten, einen Beamten nachträglich aus dem Dienst zu entfernen, sei es nicht nachvollziehbar, einen Eignungsmangel nur bei einer konkreten Gefährdung des Schulfriedens anzunehmen.
Im Ergebnis ist dem Sondervotum zuzustimmen. Der in allen Landesgesetzen als Berufungsvoraussetzung enthaltene Begriff der „Eignung“ ist im Lichte des Grundgesetzes auszulegen. Daher ist durchaus von einer bestehenden und hinreichend bestimmten gesetzlichen Grundlage auszugehen. Auch scheint die Differenzierung zwischen abstrakter und konkreter Gefährdung des Schulfriedens in diesem Zusammenhang nicht sehr glücklich. Denn - gerade an Grundschulen - werden die Schüler kaum in der Lage sein, nachzuvollziehen, aus welchen Gründen ihre Lehrerin das Kopftuch trägt.
Nach der Entscheidung des BVerfG sind nun die Landesgesetzgeber aufgerufen, über die Schaffung entsprechender Regelungen zu entscheiden. In welchem Umfang diskutierte Lösungsmodelle - wie etwa ein Verbot lediglich islamischer Symbole- vor dem Grundgesetz Bestand haben können, wird das BVerfG in absehbarer Zukunft entscheiden müssen. Zwar war in dem jüngsten Verfahren keine generelle Aussage zur Reichweite des Neutralitätsgebotes im Schnittfeld zwischen christlichen und islamischen Wertvorstellungen notwendig, diese Frage wird aber unausweichlich auf das höchste deutsche Gericht zukommen. Da die „Kopftuchentscheidung“ im Wesentlichen Aussagen zum Gesetzesvorbehalt trifft, lassen sich aus ihr kaum Erkenntnisse für die hier diskutierte Problematik ableiten.

Art. 139 WRV dergestalt beeinflussen könnte, dass die Anerkennung nichtchristlicher religiöser Feiertage grundgesetzlich ausgeschlossen wäre.

Für eine solche Schlussfolgerung könnte die Regelung des Art. 7 III S. 1 sprechen. Wortlaut und Systematik dieser Vorschrift lassen auf einen Ausnahmecharakter der bekenntnisfreien Schule und die Annahme bekenntnisgebundener Schulen als Regelform staatlicher Schulen schließen[905]. Die Bekenntnisschule verlangt aber notwendigerweise eine Identifikation des Staates mit bestimmten religiös-weltanschaulichen Inhalten im Rahmen des Schulbetriebs[906]. Zwar enthält das Grundgesetz keine ausdrückliche Bestimmung der christlichen Gemeinschaftsschule als Regelschultyp, soweit dies jedoch in den Landesverfassungen angeordnet ist[907], verstößt die christliche Gemeinschaftsschule als Regelschultyp[908] nicht gegen das Grundgesetz[909]. Das Grundgesetz enthält keine Festlegung bestimmter Schulformen, sondern setzt die verschiedenen Schultypen einschließlich der christlichen Gemeinschaftsschule als rechtlich möglich voraus[910]. Damit legitimiert das Grundgesetz zugleich aber auch eine Durchbrechung des Neutralitätsgebots, die bislang nur zu Gunsten der christlichen Kirchen wirkte. Sicherlich hatte der Verfassunggeber bei der Schaffung des Art. 7 III S. 1 GG die christliche Gemeinschaftsschule als Bekenntnisschule vor Augen, dies schließt es jedoch nicht grundsätzlich aus, bei einer entsprechenden Bevölkerungsstruktur anderweitig religiös gebundene staatliche Schulen einzurichten.

Vielmehr zeigt sich an dieser Stelle die grundlegende Schwierigkeit der rechtlichen Integration anderer als christlicher Glaubensrichtungen. Denn das Grundgesetz basiert ideengeschichtlich auf einem christlich geprägten Kultur- und Werteverständnis. Der „Verfassungsessenz“ wohnen christlich geprägte Wertekategorien inne[911].

---

905 Diese Frage ist im Einzelnen umstritten, dazu *Schmitt-Kammler*, in: Sachs, GG-Komm., 2. Aufl., 1999, Art. 7 Rdn. 30.

906 *Thiel*, Der Erziehungsauftrag des Staates in der Schule, 2000, S. 112 f.; *Keim*, Schule und Religion, S. 154.

907 So bspw. in Baden-Württemberg Art. 15 der LVerf.; Art. 56 II HessLVerf.; Art. 12 VI Verf.NW.

908 Beachte dazu *Renck*, ThürVBl. 2001, 145, 147.

909 BVerfGE 41, 29 ff.; 41, 65 ff.; 41, 88 ff.

910 Vgl. BVerfGE 41, 29, 46.

911 Vgl. *Schmitt-Kammler*, in: Elternrecht, S. 43; *Britz*, JZ 2000, 1127, 1133. *Rüfner*, in: KuR 110, S. 119, 120, geht davon aus, dass „die christlichen Kirchen und der Staat in ihren prinzipiellen Wertungen übereinstimmten“; vgl. auch BVerfGE 93, 1, 22: „ Auch ein Staat, der die Glaubensfreiheit umfassend gewährleistet und sich damit selber zu religiös-weltanschaulicher Neutralität verpflichtet, kann die kulturell vermittelten und historisch verwurzelten Wertüberzeugungen und Einstellungen nicht abstreifen, auf denen der Zusammenhalt beruht und von denen auch die Erfüllung seiner eigenen Aufgaben abhängt. Der christli-

Unsere Rechts- und insbesondere die Verfassungsordnung ist Ausdruck der christlich-abendländischen Tradition in unserem Lande, die nicht von ihrem Ursprung, der christlichen Überlieferung, zu trennen ist[912]. Die häufig als „christlich" bezeichneten ethischen Grundwerte sind aber mittlerweile in einen säkularen Zusammenhang zu bringen, der den Schluss, das Grundgesetz habe sich durch die Orientierung an Wertekategorien christlichen Ursprungs zugleich den christlichen Glauben zu Eigen gemacht, ausschließen. Die mit der Säkularisierung einhergehenden schwindenden Bindungskräfte des Christentums in unserer Gesellschaft haben dazu geführt, dass unsere Werteordnung nicht als religiöse, sondern in erster Linie als kulturelle Kategorie anzusehen ist. In dieser Gestalt liegt sie der Entstehung des Grundgesetzes zugrunde. Begreift das Grundgesetz diese Werteordnung als ethische Ordnung, so liegt darin keine Identifizierung des Staates mit einer bestimmten Religion.

Ginge man über die bloße Anerkennung eines christlichen Ursprunges der dem Grundgesetz zugrundeliegenden Werteordnung hinaus und nähme an, diese Ordnung sei gerade als christliche Ordnung aufgegriffen worden, entstünde ein eklatanter Widerspruch zur übrigen Ausgestaltung des Staat-Kirche-Verhältnisses im Grundgesetz. Dieses basiert maßgeblich auf der Annahme prinzipieller Gleichwertigkeit aller Glaubensinhalte. Dem widerspräche es, unter Hinweis auf eine christliche Prägung des Grundgesetzes eine immanente Privilegierung des christlichen Glaubens herzuleiten. Denn gerade die Vorschriften der Art. 4 und Art. 3 III, aus denen die Gleichwertigkeit aller Glaubensüberzeugungen hervorgeht, sind Ausdruck dieser Werteordnung, zu der auch die Toleranz gehört.

Der kulturgeschichtliche Hintergrund des Grundgesetzes rechtfertigt mithin keine generelle Abstufung nichtchristlicher Religionen. Jedoch ist die auf christlicher Traditionslinie liegende Werteordnung des Grundgesetzes in ihrer Verbindlichkeit anzuerkennen. Dies kann dazu führen, dass punktuelle Nachteile für Angehörige nichtchristlicher Religionen hinzunehmen sind. Dabei kann es sich jedoch nur um eng umrissene Ausnahmefälle handeln, die keinen Rückschluss auf eine grundgesetzimmanente Privilegierung der christlichen Kirchen zulassen. Sie sind in jedem Einzelfall konkret aus dem Grundgesetz herzuleiten - wie etwa im Fall der „Lehrerin mit Kopftuch" - und dürfen keinesfalls zu einem verfassungsrechtlichen Prinzip verdichtet werden.

---

che Glaube und die christlichen Kirchen sind dabei, wie immer man ihr Erbe heute beurteilen mag, von überragender Prägekraft gewesen. Die darauf zurückgehenden Denktraditionen, Sinnerfahrungen und Verhaltensmuster können dem Staat nicht gleichgültig sein"; ausführlich zum religiösen Ursprung der Grundwerte unserer Verfassung auch *Folkers*, KuR 110, S. 73 ff.

[912] *Britz*, JZ 2000, 1127 ff.; *Thiel*, Der Erziehungsauftrag des Staates in der Schule, 2000, S. 129.

2. Abschnitt: Spezifische Voraussetzungen des Art. 139 WRV für die Anerkennung islamischer Feiertage

Daraus folgt, dass Art. 139 WRV im Grundsatz Raum für die Anerkennung nichtchristlicher religiöser Feiertage bietet. Dazu verpflichtet das Verfassungsprinzip der religiös-weltanschaulichen Neutralität. Dies schließt es aber nicht aus, die verfassungsrechtliche Zulässigkeit der Anerkennung religiöser Feiertage von der Erfüllung weiterer Voraussetzungen abhängig zu machen, sofern damit keine gezielte Diskriminierung bestimmter Religionen verbunden ist. Als solche Kriterien kommen die Anerkennung als Körperschaft des öffentlichen Rechts sowie das Erfordernis einer „Rechtstreue" in Betracht.

I.) Körperschaftsstatus erforderlich?

Verlangte man für die staatliche Anerkennung religiöser Feiertage, dass diese den Glaubenssätzen einer als Körperschaft des öffentlichen Rechts anerkannten Religionsgemeinschaft entsprechen, käme die Anerkennung islamischer Feiertage gegenwärtig nicht in Betracht, da die muslimischen Organisationen größtenteils die Voraussetzungen des Art. 137 V S. 2 WRV iVm. Art. 140 GG nicht erfüllen und die Verleihung körperschaftlicher Rechte bislang unterblieben ist. Fraglich ist daher, ob der Körperschaftsstatus iSd. Art. 137 V WRV Voraussetzung für die Anerkennung religiöser Feiertage ist.

Der Wortlaut des Art. 139 WRV enthält keinen diesbezüglichen Anhaltspunkt. Auch verfassungssystematisch lässt sich ein solches Erfordernis nicht begründen. Einziger ausdrücklich in der Verfassung genannter Vorteil ist das Recht zur Steuererhebung[913]. Daneben treten die Dienstherrenfähigkeit, die Disziplinargewalt sowie das Recht zur Widmung und Entwidmung öffentlicher Sachen („res sacrae"). Diese Rechtswirkungen ergeben sich jedoch nicht aus dem kirchenrechtlichen Status im Besonderen, sondern sind Ausfluss allgemeiner, für alle Körperschaften des öffentlichen Rechts gleichermaßen geltenden Grundsätze. Einfachgesetzlich werden den als Körperschaft des öffentlichen Rechts anerkannten Kirchen im Rahmen des sog. „Privilegienbündels" weitere Rechte eingeräumt, die jedoch nicht auf einer grundgesetzlichen Anordnung beruhen, sondern eine Ausgestaltung durch den Gesetzgebers darstellen[914]. Die übrigen staatskirchenrechtlichen Regelungen des Grundgesetzes

---

[913] Art. 137 VI WRV iVm. Art. 140 GG; dazu *Morlok*, in: Dreier, GG-Komm., Bd. III, 2000, Art. 140/Art. 137 WRV Rdn. 102 ff.

[914] Vgl. dazu bereits oben (Teil 2, Kap. 2, Abschn. 2, III), ausführlich zum „Privilegienbündel" etwa *v. Campenhausen*, in: v. Mangoldt/Klein/Starck, GG-Komm., Bd. 3, 4. Aufl., 2001, Art. 137 WRV Rdn. 260 ff. mwN.

knüpfen demgegenüber an den Leitbegriff der Religionsgemeinschaft bzw. Religionsgesellschaft an[915]. Die „Essentialia" einer Verleihung des Status als Körperschaft des öffentlichen Rechts bestehen in der Teilhabe an hoheitlichen Befugnissen. Vor allem durch diese unterscheiden sich die korporierten Kirchen strukturell von „bloßen" Religionsgemeinschaften. Da mit der Anerkennung von Feiertagen aber gerade keine Hoheitsrechte verliehen werden, lässt es sich nicht begründen, als ungeschriebene Voraussetzung zu fordern, es müsse sich bei anerkannten religiösen Feiertagen um Feiertage einer als öffentlich-rechtliche Körperschaft organisierten Religionsgemeinschaft handeln.

II.) Muss eine Religionsgemeinschaft vorliegen?

Ist die Anerkennung als Körperschaft des öffentlichen Rechts mithin nicht für die Anerkennung von Feiertagen erforderlich, so stellt sich nunmehr die Frage, ob die Anerkennung religiöser Feiertage nur in Übereinstimmung mit den Grundsätzen der Religionsgemeinschaften erfolgen kann. Dem verfassungsrechtlich gebotenen Rückgriff auf das Selbstverständnis der Religionsgemeinschaften im Rahmen des Art. 7 III GG liegt die Tatsache zugrunde, dass der Staat als Veranstalter des Religionsunterrichts eines verlässlichen Partners zur Bestimmung der Unterrichtsinhalte bedarf[916]. Der Staat hat im Religionsunterricht Glaubensinhalte zu vermitteln, die er aufgrund seiner Neutralitätspflicht nicht selbst bestimmen darf[917]. Art. 139 WRV hingegen dient nicht der Vermittlung von Glaubensinhalten, sondern soll lediglich einen äußeren Rahmen für die dem Anlass eines Feiertages entsprechende Begehung sichern. Die Vorschrift stellt nicht auf die Grundsätze einer Religionsgemeinschaft ab, sondern auf die Möglichkeit, zu seelischer Erhebung zu gelangen. Nach der verfassungsrechtlichen Intention hat sich der Staat bei der Auswahl anzuerkennender Feiertage am Bestehen eines gesellschaftlichen Bedürfnisses nach Begehung eines bestimmten Tages zu orientieren[918]. Dieses Bedürfnis festzustellen ist seine Aufgabe. Art. 139 WRV verlangt eine autonome Entscheidung des Staates über die Anerkennung von Feiertagen. Bei der Anerkennung religiöser Feiertage hat er dabei maßgeblich auf den Grad der religiösen Bindungskraft[919] sowie die Bedeutung des jeweiligen Feiertages für die Angehörigen der betreffenden Religion abzustellen. Für die Bestimmung der Bedeutung eines Feier-

---

[915] Vgl. etwa Art. 7 III, Art. 137 III WRV, Art. 138 WRV.

[916] Dazu *Schmitt-Kammler*, in: Sachs, GG-Komm., 2. Aufl., 1999, Art. 7 Rdn. 41; *Muckel*, JZ 2001, 58, 60 ff.

[917] Vgl. *Muckel*, JZ 2001, 58, 60.

[918] Statt vieler *Kästner*, DÖV 1994, 464, 472; ausführlich dazu bereits oben (Teil 3, Kap. 2, Abschn. 3).

[919] Darunter ist primär die Zahl der betroffenen Gläubigen zu verstehen.

tages für die Angehörigen einer Religion erweist sich der Rückgriff auf das Selbstverständnis einer die religiösen Empfindungen der Gläubigen repräsentierenden Religionsgemeinschaft durchaus als hilfreich. Geboten ist ein solcher Rückgriff jedoch nicht[920]. Entscheidend ist, dass sich ein prinzipielles gesellschaftliches Bedürfnis nach Anerkennung eines Feiertages nachweisen lässt. Wie dies geschieht, legt Art. 139 WRV hingegen nicht fest. Anders etwa als bei der Erteilung von Religionsunterricht, der auch theologische Details vermittelt und daher die Existenz einer verbindlichen, alle Gläubigen repräsentierenden Instanz voraussetzt, lässt sich ein gesellschaftliches Bedürfnis nach Anerkennung eines Feiertages auch mit der tatsächlichen Begehung bzw. Akzeptanz eines solchen Tages nachweisen.

Da der Staat keine fremden Glaubensinhalte vermittelt, sondern lediglich den äußeren Rahmen für die individuelle religiöse Begehung eines Feiertages zur Verfügung stellt und darüber eine eigene Entscheidung trifft, ist das Vorliegen eines Feiertages einer Religionsgemeinschaft nicht als ungeschriebene Voraussetzung in Art. 139 WRV hineinzulesen. Er bedarf - anders als im Rahmen des Art. 7 - nicht notwendig eines Ansprechpartners[921].

III.) Rechtstreue

Als ungeschriebenes Merkmal des Art. 139 WRV könnte freilich ein bestimmtes Maß an Rechts- bzw. Verfassungstreue zu verlangen sein. Soweit es die Anerkennung als Körperschaft des öffentlichen Rechts bzw. die Erteilung von Religionsunterricht im Sinne des Art. 7 III GG betrifft, ist anerkannt, dass die entsprechende Religionsgemeinschaft sich rechtstreu verhalten muss[922]. Das Bundesverfassungsgericht hat das Erfordernis der Rechtstreue als Voraussetzung einer Anerkennung als Körperschaft des öffentlichen Rechts aus der mit der Verleihung von Hoheitsgewalt folgenden Bindung öffentlich-rechtlicher Körperschaften an Recht und Gesetz (Art. 20 III) hergeleitet[923].

---

[920] Ausführlich dazu oben (Teil 3, Kap. 2, Abschn. 3, I 2 a). Etwas anderes gilt jedoch bei der Bestimmung kirchlicher Feiertage. Hier ist von einer Definitionskompetenz der Religionsgemeinschaften auszugehen. Im Rahmen anerkannter Feiertage verlangt jedoch Art. 139 WRV eine eigene Entscheidung des Staates.

[921] Wie hier: *Dietlein*, FS Rüfner, 131, 142.

[922] Zum Erfordernis der Rechtstreue als Voraussetzung einer Anerkennung als Körperschaft des öffentlichen Rechts vgl. BVerfG, NVwZ 2001, 924 ff. = EuGRZ 2001, 659, 665 ff. („Zeugen Jehovas"); *Morlok/Heinig*, NVwZ 1999, 697, 703 f. ordnen das Erfordernis der Rechtstreue zwar nicht als ungeschriebenes Tatbestandsmerkmal ein, sondern verlagern diese Problematik auf die Rechtfertigungsebene; zur Rechtstreue einer Religionsgemeinschaft bei der Erteilung von Religionsunterricht an öffentlichen Schulen vgl. *Muckel*, JZ 2001, 58, 62 ff.

[923] BVerfG, NVwZ 2001, 924, 926 ff.; vgl. auch *Tillmanns*, DÖV 1999, 441, 450, der zutreffend von einem „Selbsterhaltungsrecht" des Staates spricht.

Außerhalb des Bereichs hoheitlichen Handelns jedoch trifft die als Körperschaften des öffentlichen Rechts anerkannten Kirchen wie jeden Bürger die Pflicht zur Achtung der Gesetze. Verhält sie sich nicht rechtstreu, ordnet das Gesetz gegebenenfalls Sanktionen an. Trotz dieser Sanktionsmöglichkeiten erscheint aber die Versagung des Körperschaftsstatus gegenüber nicht rechtstreuen Religionsgemeinschaften schon deshalb geboten, weil gerade von einer Vereinigung, die in öffentlich-rechtlicher Gestalt auftritt, erwartet werden muss, dass sie nicht erst durch die Drohung mit staatlichem Handeln und Sanktionen zu rechtstreuem Verhalten angehalten werden muss[924].

Für die Erteilung von Religionsunterricht wird das Erfordernis der Rechtstreue daraus hergeleitet, dass der Staat als „Unternehmer" des Religionsunterrichts eine Unterwanderung der Rechtsordnung in dem von ihm zu verantwortenden Unterricht nicht hinnehmen darf[925].

Für die genannten Sachgebiete ist dem Erfordernis der Rechtstreue als ungeschriebenem Tatbestandsmerkmal uneingeschränkt zuzustimmen. Wäre der Staat von Rechts wegen gezwungen, Organisationen zu fördern, welche in Widerspruch zur staatlichen Rechtsordnung stehen, begründete dies einen vor dem Hintergrund des Art. 20 III GG schwer zu rechtfertigenden Wertungswiderspruch. Überdies widerspräche ein solches Vorgehen dem Prinzip einer „wehrhaften" bzw. „streitbaren Demokratie"[926], da ein Absehen von der Pflicht zur Rechtstreue eine Förderung derjenigen Kräfte bedeutete, welche eben die Rechts- und Gesellschaftsordnung zu beseitigen suchen, die es zu schützen gilt und für die das Grundgesetz mannigfaltige Schutzmechanismen vorsieht (vgl. Art. 18, 20 IV, 21 II, 79 III).

Zweifelhaft ist aber, ob die zu Art. 7 III und Art. 137 WRV entwickelten Grundsätze auf die Anerkennung von Feiertagen zu übertragen sind. Bei der Erteilung von Religionsunterricht bzw. der Anerkennung als Körperschaft des öffentlichen Rechts handelt es sich um „Leistungen" des Staates, die auf Antrag hin bei Vorliegen bestimmter Voraussetzungen zu erbringen sind. Das Erfordernis der Rechtstreue erfüllt dabei die Funktion eines korrigierenden Regulativs, um Schaden für den Staat bzw. unsere Rechtsordnung abzuwenden. Das Rechtsinstitut der anerkannten Feiertage enthält zwar auch eine subjektivrechtliche Komponente, diese ist jedoch auf die Wahrung der Grenzen des Art. 139 WRV beschränkt[927]. Charakteristikum des Art. 139 WRV ist vielmehr der Ge-

---

924 BVerfG EuGRZ 2001, 659, 666.

925 *Muckel*, JZ 2001, 58, 62; auch hier greift das von *Tillmanns*, DÖV 1999, 441, 450 f. angeführte „Selbsterhaltungsrecht" des Staates ein.

926 Dazu etwa *Herzog*, in: Maunz/Dürig, GG-Komm., Art. 20 II Rdn. 29 ff.

927 Dazu schon oben (Teil 3, Kap. 2, Abschn. 3, II), vgl. auch *Morlok*, in: Dreier, GG-Komm., Bd. III, 2000, Art. 140/Art. 139 WRV Rdn. 17 ff.; *Morlok/Heinig*, NVwZ 2001, 846 ff.

staltungsspielraum des Staates. Es existieren keine „Ansprüche“ auf Anerkennung eines Feiertages[928]. Die Anerkennung von Feiertagen erfolgt auf Initiative des Staates. Vor diesem Hintergrund scheint es ausgeschlossen, dass der Staat einen Feiertag einer Glaubensrichtung schützt, an deren Verfassungstreue auch nur der geringste Zweifel besteht.

Anders als bei Art. 7 III GG und Art. 137 WRV stellt sich die Frage der Rechtstreue hier primär nicht auf der rechtlichen, sondern auf der politischen Ebene. Ein ungeschriebener „Verfassungstreuevorbehalt“ im Rahmen des Art. 139 WRV wäre zudem kaum justiziabel. Art. 139 WRV verlangt, dass der Staat in eigener Kompetenz gesellschaftliche Bedürfnisse aufgreift. Eines Ansprechpartners oder Antragstellers bedarf es hierfür nicht. Es ist aber anerkannt, dass sich nur die jeweilige Religionsgemeinschaft, die als Körperschaft des öffentlichen Rechts anerkannt werden möchte bzw. die Erteilung von Religionsunterricht entsprechend ihren Glaubensinhalten begehrt, rechtstreu verhalten muss. Der „Islam“ als Religionsgemeinschaft, auf dessen Rechtstreue es bei der Anerkennung islamischer Feiertage ankommen müsste, existiert jedoch nicht. Es kann lediglich eine Zusammenschau aller dem Islam zuzurechnenden Religionsgemeinschaften vorgenommen werden. Dass dabei aber die Verfassungsfeindlichkeit auch nur einer einzelnen islamischen Organisation zur Verneinung der Rechtstreue des Islam im juristischen Sinne insgesamt führen könnte, erschiene in höchstem Maße befremdlich. Richtigerweise hat innerhalb des Art. 139 WRV die Frage entscheidend zu sein, ob die gegenwärtige Situation des Islam eine Anerkennung muslimischer Feiertage als politisch gerechtfertigt erscheinen lässt. Dabei sind Fragen des Extremismus selbstverständlich mit einzubeziehen, die Verlagerung dieser Problematik auf die politische Ebene eröffnet dem Staat dabei zugleich ein erhebliches Ermessen, welches eine differenzierte Betrachtung des Islam insgesamt erst ermöglicht.

Die Rechtstreue als rechtliche Voraussetzung einer staatlichen Anerkennung von Feiertagen ist lediglich subsidiär von Bedeutung. Erkennt der Staat einen Feiertag an, der Ausdruck einer verfassungsfeindlichen Anschauung ist, kann wie gezeigt zwar nicht immer auf die „Rechtstreue“ einzelner juristischer Personen (Religionsgemeinschaften) abgestellt werden, jedoch ist in diesem Fall von einem Ermessenfehlgebrauch des Staates bei der Auswahl der anerkannten Feiertage auszugehen. Es widerspräche dem Willkürverbot, wenn der Staat gerade solche Feiertage schützt, deren zugrundeliegende Ideologie unsere Rechtsordnung in Frage stellt. Dies wäre mit dem in Art. 139 WRV zum Ausdruck kommenden Prinzip einer religionsfreundlichen Haltung des Staates un-

---

[928] Vgl. nur BVerfG, NJW 1995, 3378, 3379; *Maunz*, in: Maunz/Dürig, GG-Komm., Art. 139 WRV Rdn. 4; *Morlok*, in: Dreier, GG-Komm., Bd. III, 2000, Art. 140/Art. 139 WRV Rdn. 21.

vereinbar. Denn dieses Prinzip kann nur funktionieren, wenn sich weder Staat noch Religion gegenseitig in Frage stellen[929]. Im Rahmen der Ermessensausübung bzw. des Willkürverbots kann der Rechtstreue daher auch (allerdings nur sekundär im Sinne eines Korrektivs) auf der rechtlichen Ebene Bedeutung zukommen.

[929] *Dietlein*, FS Rüfner, 131, 143; *Rüfner*, EssGespr. Bd. 26, S. 60, 83.

Kapitel 3: Die grundrechtliche Dimension einer Anerkennung islamischer Feiertage

Bei der Frage nach der grundrechtlichen Zulässigkeit sind im Bereich der Freiheitsrechte die oben abstrakt herausgearbeiteten Kriterien nunmehr konkret auf ihre Einschlägigkeit hin zu untersuchen. Dabei ist allein problematisch, ob und inwieweit die Verhältnismäßigkeit gewahrt bliebe. Neben die freiheitsrechtliche Komponente tritt in diesem Zusammenhang auch die gleichheitsrechtliche Ebene.

1. Abschnitt: Die Freiheitsrechte

Im Hinblick auf die Freiheitsrechte ist zu beachten, dass die Anerkennung eines islamischen Feiertages den religiösen Bedürfnissen lediglich einer Minderheit der Bevölkerung Rechnung tragen würde. Insoweit stellt sich die Frage nach der Verhältnismäßigkeit des mit der Anerkennung verbundenen Grundrechtseingriffs[930]. Zwar verpflichtet Art. 139 WRV den Gesetzgeber nicht zur Umsetzung eines Mehrheitsprinzips, doch könnte die grundrechtlich bedingte Verhältnismäßigkeitsprüfung den Gestaltungsspielraum des Gesetzgebers einschränken und eine Anerkennung islamischer Feiertage ausschließen.

Dient ein Feiertag nicht den Bedürfnissen der Mehrheit, erlangen die entgegenstehenden Grundrechte bei der Abwägung gegenüber Art. 139 WRV ein erhöhtes Gewicht. Dies kann dazu zwingen, religiöse Strukturen bei der Art und Weise der Anerkennung zu berücksichtigen. Beim Islam beispielsweise handelt es sich in Deutschland um eine Religion mit regionalen Schwerpunkten, insbesondere in Großstädten[931]. Die Anerkennung eines islamischen Feiertages kann daher an verschiedenen Orten in höchst unterschiedlichem Umfang die intendierte Funktion erreichen. So würde die Festlegung islamischer Feiertage in ländlichen Gebieten nur in geringstem Maße der seelischen Erhebung dienen und lediglich als zusätzliche Freizeit empfunden, die eine Begrenzung

---

[930] Insbes. in die Berufs- und Unternehmergrundrechte.

[931] Nach Angaben des Ausländerzentralregisters beim Bundesverwaltungsamt Köln lebten am 31.12. 1999 von insgesamt 217.973 Türken im Regierungsbezirk Düsseldorf 156.139 in den kreisfreien Städten. Im Regierungsbezirk Köln lebten zum selben Zeitpunkt 176.199 Türken, wovon 100.717 auf die kreisfreien Städte entfielen. Weiteres, aussagekräftiges Zahlenmaterial, das eine Konzentration der Muslime auf die kreisfreien Städte belegt, findet sich in der Antwort der LReg. NW auf die Große Anfrage 4 v. 9.7. 2001 (LT-Drs. 13/1397), S. 67 ff.

der Berufsausübung nicht zu rechtfertigen vermag[932]. In städtischen Bereichen kann der Feiertag die durch Art. 139 WRV intendierte Funktion durchaus erfüllen. Eine flächendeckende Anerkennung nichtchristlicher Feiertage erweist sich vor diesem Hintergrund als unangemessene Maßnahme, welche der verfassungsrechtlichen Bedeutung der Berufsfreiheit nicht hinreichend gerecht würde. Die regionalen Schwerpunkte wären durch den Gesetzgeber zwingend zu berücksichtigen. Wie die Regelungen in Bayern zu Mariä Himmelfahrt, zum Augsburger Friedensfest oder Fronleichnam in Sachsen[933] belegen, kann der Gesetzgeber durchaus regionale Differenzierungen vorsehen. Theoretisch denkbar wäre eine Abstufung der Geltung des Feiertagsschutzes bis hinab zur kleinsten Gebietseinheit. Erkennt der Staat Feiertage religiöser Minderheiten an, muss er die religiösen Strukturen zwingend berücksichtigen, um der Wechselwirkung zwischen Art. 139 WRV und den Freiheitsgrundrechten gerecht zu werden. Dabei ist ihm allerdings ein Einschätzungsspielraum zuzugestehen. Beachtet der Gesetzgeber diese Vorgaben, lassen sich auch bei der Anerkennung von Feiertagen religiöser Minderheiten durchaus ausgewogene Ergebnisse erzielen[934].

2. Abschnitt: Die Gleichheitsebene

Zuvor wurde festgestellt, dass der Gesetzgeber islamische Feiertage grundsätzlich anerkennen kann. Unter gleichheitsrechtlicher Perspektive stellt sich die Frage, ob die - abgesehen von den weltlichen Feiertagen - gegenwärtig zu findende Beschränkung der staatlichen Anerkennung auf die wesentlichen Feiertage der großen christlichen Kirchen gegen den religionsrechtlichen Paritätsgrundsatz verstößt. Mit anderen Worten: Ist der Staat verpflichtet, Feiertage anderer Religionen anzuerkennen?

---

[932] Leben in einer Region praktisch keine Angehörigen der entsprechenden Religion, so kann die Anerkennung eines solchen Feiertages in diesem Gebiet die verfassungsrechtlich vorgesehene Funktion, der Bevölkerung in weitestmöglichem Maße zu seelischer Erhebung zu verhelfen, lediglich in einem gegen Null tendierenden Umfang erreichen.

[933] Zu diesen Sonderregelungen bereits oben (Teil 2, Kap. 1, Abschn. 2, II 2 a).

[934] Grundsätzlich steht Art. 12 der Anerkennung islamischer Feiertage daher nicht entgegen. Verfassungsrechtlich ist die Anerkennung jedoch auf die „Schwerpunktregionen" zu begrenzen. Praktisch bedeutet dies, dass für die Anerkennung islamischer Feiertage neue, von der bisherigen Anerkennungspraxis abweichende Konzepte zu entwickeln wären. So wäre es durchaus sinnvoll, in Ballungsgebieten bzw. in Stadtteilen mit extrem hohen muslimischen Bevölkerungsanteil über die dort zulässige Anerkennung solcher Feiertage nachzudenken, während in den übrigen Gebieten mit Rücksicht auf Art. 12 eine Anerkennung zu unterbleiben hätte; vgl. hierzu auch *Dietlein*, FS Rüfner, 131, 142..

Zunächst ließe sich daran denken, die Auswahl der gegenwärtig anerkannten Feiertage am Maßstab des Art. 3 III GG zu messen. Es gilt zu prüfen, ob die Beschränkung auf christliche Feiertage eine Benachteiligung der Angehörigen anderer Glaubensrichtungen bzw. eine Bevorzugung christlicher Gläubiger wegen ihres Glaubens darstellt.

Sachs[935] weist darauf hin, dass die durch eine staatliche Anerkennung ausgelösten Rechtsfolgen - Arbeits- und Handlungsverbote - unterschiedslos für Angehörige aller Glaubensrichtungen gelten und es schon aus diesem Grunde an einer unterschiedlichen Behandlung fehle. Auch die Rechtsprechung hat im Feiertagsrecht bislang von einer Anwendung des Art. 3 III GG abgesehen[936] und stattdessen lediglich das Willkürverbot als Grenze herangezogen.

Gegen die von *Sachs* herangezogene Begründung, die auf die unterschiedslose Ausgestaltung des Feiertagsschutzes verweist, könnte möglicherweise angeführt werden, dass hiervon der eigentliche Akt der Anerkennung zu trennen und zu fragen sei, ob gerade in der Nichtberücksichtigung nichtchristlicher Feiertage ein Gleichheitsverstoß zu sehen ist. Auf Grundlage der bislang h.M., die Art. 139 WRV iVm. Art. 140 GG lediglich als objektivrechtliches Institut ansieht, sprechen allerdings durchaus gute Gründe dafür, die Einschlägigkeit der Gleichheitssätze zu verneinen, weil sich die Anerkennung von Feiertagen danach als adressatenloser Legislativakt erweist, der keine subjektiven Rechte berührt, insbesondere keine differenzierende Behandlung von Einzelpersonen darstellt. Durch die Anerkennung eines Feiertages würde noch niemand gleich oder ungleich „behandelt". Insoweit kann nach der h.M. auch keine individuelle Benachteiligung oder Bevorzugung *wegen* des Glaubens vorliegen[937].

Nach der hier vertretenen Auffassung hingegen beinhaltet Art. 139 WRV iVm. Art. 140 GG auch eine subjektivrechtliche Komponente[938]. Vor diesem Hintergrund lässt sich die Anwendbarkeit des Art. 3 nicht ohne weiteres ver-

---

[935] *Sachs*, Grenzen des Diskriminierungsverbots, 1987, S. 253; zustimmend auch *Rüfner*, in: BoKo, Art. 3 Rdn. 557.

[936] Vgl. BVerfG, NJW 1995, 3378, 3379, das zwar den besonderen Gleichheitssatz ansprach, eine Verletzung aber mit der Erwägung verneinte, Gläubige könnten nach wie vor den Buß- und Bettag ihrem Bekenntnis entsprechend begehen, so dass eine Benachteiligung ausscheide. Der BayVerfGH (NJW 1982, 2652) hat ausdrücklich entschieden, die christliche Orientierung des Feiertagsrechts in Bayern sei verfassungsgemäß. Er hat dabei nicht den besonderen Gleichheitssatz angewendet, sondern lediglich eine Prüfung am Maßstab des Willkürverbots vorgenommen; dazu *Sachs*, Grenzen der Diskriminierungsverbote, 1987, S. 253.

[937] So im Ergebnis die einhellige Lit., vgl. nur *Hoeren/Mattner*, Feiertagsgesetze der Bundesländer, 1989, Einf., Rdn. 22, die von einer „durch Art. 139 WRV und Art. 3 III GG gewollten und zulässigen Festlegung" sprechen; ferner *Sachs*, Grenzen des Diskriminierungsverbots, 1987, S. 253; *Rüfner*, in: BoKo, Art. 3 Rdn. 557.

[938] Dazu ausführlich oben, Teil 3, Kap. 2, Abschn. 3, II.

neinen. Dem von *Sachs* vorgetragenen Argument, es liege keine Ungleich-, sondern eine Gleichbehandlung vor, ist mit der Erwägung entgegenzutreten, dass den Angehörigen anderer Glaubensrichtungen die Gewährung der mit der staatlichen Anerkennung von Feiertagen verbundenen Vorteile und Annehmlichkeiten versagt wird. Wie bereits gezeigt erweist sich der Begriff der „seelischen Erhebung" als Summe individueller, grundrechtsnaher Interessen. Dieser individuelle Bezug der Feiertagsgarantie wird nicht in einer zu schaffenden „äußeren Ruhe" aufgelöst, sondern er bleibt bestehen[939]. Die an den christlichen Lehren orientierte Ausgestaltung des Feiertagsrechts bildet sich auch auf der subjektivrechtlichen Ebene ab, so dass durchaus gute Gründe dafür sprechen, auf der Grundlage der hier entwickelten Konzeption eine Ungleichbehandlung anzunehmen. Dies wirft die Frage auf, ob die Beschränkung der Feiertage zugleich eine Verletzung des Art. 3 III GG darstellt.

Die Herleitung einer Pflicht zur Anerkennung nichtchristlicher Feiertage könnte durch den gem. Art. 140 GG iVm. Art. 139 WRV dem Gesetzgeber eingeräumten Gestaltungsspielraum verneint werden. Ließe sich die Beschränkung anerkannter religiöser Feiertage auf christliche Feiertage unmittelbar aus dem Grundgesetz begründen, läge eine Regelungskollision auf gleicher Normebene vor. So hat das Bundesverfassungsgericht eine Verletzung des Art. 3 II bzw. Art. 3 III GG durch die Beschränkung der Wehrpflicht auf Männer mit der Begründung verneint, das Grundgesetz selbst enthalte mit Art. 12a I eine Ausnahme vom Gleichheitsgebot[940]. Dieser Gedanke könnte auch im Rahmen des Art. 140 GG iVm. Art. 139 WRV zum Tragen kommen. Dagegen spricht jedoch, dass Art. 140 GG iVm. Art. 139 WRV - wie bereits oben gezeigt[941] - keine Verpflichtung ausspricht, ausschließlich christliche Feiertage als religiöse Feiertage anzuerkennen, sondern die Berücksichtigung etwa islamischer Feiertage durchaus zulässt. Art. 140 GG iVm. Art. 139 WRV überantwortet die Auswahl der staatlich anerkannten Feiertage grundsätzlich dem Gesetzgeber. Anders als im Rahmen des Art. 12a GG fehlt es an einer zwingenden Einschränkung. Umgekehrt ließe sich aber auch argumentieren, Art. 140 GG iVm. Art. 139 WRV schütze gerade die Gestaltungsfreiheit des Gesetzgebers bei der Auswahl der Feiertage, die durch Art. 3 III GG beeinträchtigt würde. Gegen den letztgenannten Ansatz kann hingegen eingewendet werden, Art. 139 WRV iVm. Art. 140 GG differenziere zwischen einem unantastbaren Kernbereich und einem Außenbereich. Zutreffend dürfte aber zunächst sein, dass jedenfalls

---

[939] Vgl. aber OVG Greifswald, NVwZ 2000, 948, 949 mwN.; dagegen aber *Morlok/Heinig*, NVwZ 2001, 846, 850.

[940] BVerfG, Beschl. v. 27.3.2002 (2 BvL 2/02); zustimmend aus der Lit. etwa *Rüfner*, in: BoKo, Art. 3 Rdn. 576, der sogar von einer „evidenten" Ausnahme spricht.

[941] Vgl. Teil 4, Kap. 2.

im Rahmen des unantastbaren und damit inhaltlich unmittelbar durch Art. 139 WRV vorgegebenen Kernbereichs eine Verletzung des Art. 3 III GG durch das Mehrheitsprinzip im Feiertagsrecht ausgeschlossen ist. Insoweit handelt es sich um eine unmittelbar im Grundgesetz selbst enthaltene Ausnahme. Da der Kernbereich funktional zu bestimmen ist[942], wird hiervon die Anerkennung einer Vielzahl christlicher Feiertage verfassungsrechtlich legitimiert. Bei der Ausschöpfung des Gestaltungsspielraumes im Außenbereich aber ist der Gesetzgeber nach der Intention des Art. 140 GG iVm. Art. 139 WRV durchaus an die Vorgaben kollidierender Grundrechte gebunden[943], so dass sich die Frage stellt, ob die Nichtberücksichtigung anderer Glaubensrichtungen im Außenbereich inhaltlich mit Art. 3 III GG in Einklang steht.

Die Reichweite dieses Diskriminierungsverbots ist bislang nicht abschließend geklärt. Im Wesentlichen ist dabei die Bedeutung des Wortes „*wegen*" umstritten. Die Lösungsansätze hierzu reichen von absoluten Differenzierungsverboten bzw. strikten Unterscheidungsverboten[944] bis hin zu einem Verständnis des Art. 3 III GG als einem (begrenzt) wertungsoffenen Gleichbehandlungsgebot, das Raum für Abwägungen, allerdings unter besonderer Berücksichtigung des Schutzzwecks der Vorschrift, belässt[945].

Für einen weiten Anwendungsbereich der Vorschrift wird vor allem das Interesse an größtmöglicher Effektivität des Schutzzweckes angeführt[946]. Das Bundesverfassungsgericht hat noch keine klare Position entwickelt. Einerseits übt es bei der Anwendung des Art. 3 III GG besondere Zurückhaltung durch eine restriktive Auslegung bzw. stillschweigende Ausklammerung der besonderen Gleichheitssätze[947]. Andererseits hat das Bundesverfassungsgericht bei der Auswahl eines Bewerbers durch den Arbeitgeber entschieden, eine Maßnahme sei rechtswidrig, wenn in dem Motivbündel, das eine Entscheidung beeinflusst hat, das Geschlecht als positives oder negatives Kriterium enthalten ist[948]. Letztere Entscheidung betraf zwar kein staatliches Handeln, doch deutet

---

[942] Vgl. oben, Teil 3, Kap. 2, Abschn. 2.

[943] Vgl. oben, Teil 3, Kap. 4, Abschn. 2. Dies bedingt bei einer Kollision mit Freiheitsgrundrechten im Wesentlichen die Wahrung des Verhältnismäßigkeitsgrundsatzes. Auf der Gleichheitsebene sind hingegen die Grenzen zulässiger Differenzierungen außerhalb des Kernbereichs zu wahren.

[944] *Sachs*, HStR V, § 126, Rdn. 52 ff., 65 ff.

[945] *Heckel*, FS Dürig, 1990, S. 241 ff.; Überblick über den Meinungsstand bei *Heun*, in: Dreier (Hg.), GG-Komm., Bd. 1, 1996, Art. 3 Rdn. 105 mwN.

[946] *Sachs*, aaO.

[947] Vgl. dazu *Osterloh*, in: Sachs, GG-Komm., 2. Aufl., 1999, Art. 3 Rdn. 248 ff.

[948] BVerfGE 89, 276, 288 f.; das BVerfG verwarf dabei eine fachgerichtliche Entscheidung des LAG Frankfurt am Main, die eine Benachteiligung wegen des Geschlechts nur dann als gegeben ansah, wenn alleine das Geschlecht zur Ablehnung der Einstellung als Arbeitnehmer

sie auf eine strenge Handhabung des besonderen Gleichheitssatzes hin, sobald das Bundesverfassungsgericht diesen für einschlägig erachtet.

Verstünde man indes Art. 3 III GG als Verbot jeder Differenzierung, so hätte dies dramatische Konsequenzen. Art. 3 III GG liefe auf ein Gebot zu formaler Gleichbehandlung in religiösen Belangen hinaus[949]. Sähe man Art. 3 III GG durch die Beschränkung auf christliche Feiertage als verletzt an, zöge dies einen Anspruch aller anderen Gläubigen auf Anerkennung ihrer Feiertage nach sich, eine Aufgabe, die der Staat zu leisten nicht imstande ist. Anders gewendet ließe sich dem Art. 3 III GG damit die Notwendigkeit entnehmen, auf die Anerkennung kirchlicher Feiertage insgesamt zu verzichten. Dies widerspräche dem Auftrag des Art. 139 WRV auf die Bedürfnisse der Bevölkerung Rücksicht zu nehmen.

Diese Konsequenz ergäbe sich für alle Konstellationen, in denen der Staat mit Kirchen kooperiert. Ihm wäre jede Möglichkeit genommen, sachgerecht zu differenzieren. Durch ein Gebot zu formaler Gleichbehandlung ohne Raum für Differenzierungen würde freilich das gesamte gegenwärtige Staatskirchenrecht hinfällig[950]. Als striktes Differenzierungsverbot verstanden verpflichtete Art. 3 III GG zu einer formalen Gleichbehandlung. Dies aber widerspräche - bei weitem Verständnis - der übrigen Gleichheitssystematik des Grundgesetzes und insbesondere der des Staatskirchenrechts[951]. Es gibt keine absolute Gleichheit. Es gibt weder zwei identische Menschen, noch identische Sachverhalte[952]. Gleichheit kann vielmehr „immer nur Abstraktion von gegebener Ungleichheit" sein[953]. Das Gebot materieller Gerechtigkeit würde in sein Gegenteil verkehrt, müssten wesentlich verschiedene Sachverhalte strikt gleich behandelt

---

geführt hat. Das BVerfG führt aus, nach der ratio des Art. 3 III GG verbiete es § 611a BGB, das Geschlecht eines Bewerbers bei der Entscheidung über eine Einstellung überhaupt zu Lasten des Bewerbers zu berücksichtigen.

[949] Vgl. insoweit *Heckel*, FS Dürig, 1990, S. 241, 242, der ausführt, „als striktes Anknüpfungsverbot verstanden würde Art. 3 III GG das gesamte institutionelle Staatskirchenrecht aushebeln, ja auch die Religionsfreiheitsgarantie sinn- und systemwidrig auf das rechtsfreie forum internum zurückdrängen und ihrer eigentlichen rechtlichen Schutz-, Entfaltungs- und Ausstrahlungswirkung berauben. Die Verfassungsinterpretation würde auf diese Weise ein striktes religionsfeindliches Trennungssystem einführen, das der Verfassunggeber selbst gerade verworfen hat, bewusst abweichend von den strikten Trennungssystemen der sozialistischen Länder, aber auch Frankreichs und der Vereinigten Staaten".

[950] Vgl. *Heckel*, FS Dürig, 1990, S. 241, 242.

[951] Vgl. *Heckel*, FS Dürig, 1990, S. 241, 242; vgl. auch *v. Campenhausen*, in: v. Mangoldt/Klein/Starck, GG-Komm., Bd. 3, 4. Aufl., 2001, Art. 140 Rdn. 28, der darauf abstellt, dass sich der Versuch einer totalen Gleichstellung aller Religionsgemeinschaften schon in der Weimarer Republik nicht hat durchsetzen können.

[952] *Osterloh*, in: Sachs, GG-Komm., 2. Aufl., 1999, Art. 3 Rdn. 1.

[953] *Radbruch*, Rechtsphilosophie, 8. Aufl., 1973, S. 122.

werden. Formale Gleichbehandlung führt zu materieller Benachteiligung. Dies kann indes nicht die Regelungsintention des Art. 3 III GG bilden, der ja gerade Benachteiligungen verbietet.

Der Anwendungsbereich des Art. 3 III GG ist daher einer differenzierten Analyse zu unterziehen. Als entscheidend sind dabei die Begriffe der „*Benachteiligung*" und die Bedeutung des Wortes „*wegen*" zu bezeichnen.

Rüfner sieht in dem Wort „wegen" zwar ein striktes Anknüpfungsverbot[954], verlagert jedoch materielle Wertungen in den Begriff der Benachteiligung[955]. Der Staat verstoße nicht gegen Art. 3 III GG, wenn er „Religionsgemeinschaften entsprechend ihrem Status, ihrem Selbstverständnis differenziert behandelt"[956]. So sei die Anordnung allgemeiner Feiertage nach den Bedürfnissen der Mehrheit unbedenklich[957].

Im Ergebnis ist *Rüfner* in der Erkenntnis zuzustimmen, dass Art. 3 III GG begrenzt offen für Wertungen und Differenzierungen ist[958]. Der terminologische Unterschied zwischen Ungleichbehandlung und Benachteiligung darf aber nicht zu einem Einfallstor für weitreichende Differenzierungen werden. Eine differenzierende Regelung kann de facto immer von einer Gruppe als Nachteil empfunden werden. Vor diesem Hintergrund ist der Nachteilsbegriff des Art. 3 III GG weit auszulegen. Zwar unterscheidet Art. 3 GG offenbar sprachlich zwischen Ungleichbehandlungen iSd. Art. 3 I GG und Benachteiligungen oder Bevorzugungen iSd. Art. 3 III GG, ein inhaltlicher Unterschied ist jedoch nicht feststellbar[959]. Eine restriktive Auslegung des Nachteilsbegriffs führte hingegen in letzter Konsequenz dazu, dass jede sachliche Rechtfertigung einen Verstoß gegen Art. 3 III GG ausschließen würde. Dies bedingte eine inhaltliche Nivellierung von allgemeinem und besonderem Gleichheitssatz, die weder mit dem Telos noch der Systematik des Art. 3 GG in Einklang zu bringen ist. Die Norm zielt auf eine Intensivierung des Schutzes bestimmter Gruppen ab.

Der Schlüssel zu angemessenen, mit der Systematik des Grundgesetzes und insbesondere des Staatskirchenrechts zu vereinbarenden Ergebnissen liegt meines Erachtens vielmehr in der Bedeutung des Wortes „wegen". Eine Interpretation als striktem Anknüpfungsverbot in dem Sinne, dass die Zugehörigkeit zu einer bestimmten Glaubensgemeinschaft schlechthin nicht conditio sine qua non einer Benachteiligung sein darf, wird dem Telos des Art. 3 III GG

---

[954] *Rüfner*, in: BoKo, Art. 3 Rdn. 561; ebenso BVerfGE 89, 276, 288 f.
[955] *Rüfner*, in: BoKo, Art. 3 Rdn. 556 f.
[956] *Rüfner*, in: BoKo, Art. 3 Rdn. 556.
[957] *Rüfner*, in: BoKo, Art. 3 Rdn. 557.
[958] So auch *Heckel*, FS Dürig, 1990, S. 241, 247, der von einer „zulässigen Bevorzugung aus nichtreligiösen Gründen" spricht.
[959] Vgl. nur *Heun*, in: Dreier, GG-Komm., Bd. 1, 1996, Art. 3 Rdn. 104.

nicht gerecht[960]. Die Norm ist Ausdruck des weltanschaulich neutralen, jedoch nicht vollkommen laizistischen Staates[961]. Dem Staat ist es verwehrt, theologische Lehren und Überzeugungen inhaltlich zu bewerten oder gar als richtig oder falsch zu bezeichnen[962]. Von diesen Inhalten als Glauben im eigentlichen Sinn sind mannigfaltige äußere Umstände zu trennen. Dazu gehören etwa die Größe einer Glaubensgemeinschaft, soziales Engagement oder kulturelle Aktivitäten. So erfolgt die Bevorzugung der Großkirchen in ihren diakonischen und karitativen Anstalten und Aktivitäten vor den Freikirchen und Sekten nicht wegen ihrer dogmatisch „richtigeren" Begründung und Zielsetzung, sondern wegen ihrer sozialen Effizienz, die den Sozialstaat entlastet. Die strikte Gleichheit in der Achtung der verschiedenen religiösen Positionen schließt die abgestufte Behandlung der weltlichen kultur- und sozialpolitischen Wirkungen der Religionsgemeinschaften durch den Staat nicht aus[963]. Beide Bereiche kirchlichen Wirkens sind randscharf voneinander abzugrenzen. Art. 3 III GG verbietet nicht die Ungleichbehandlung von Religionsgemeinschaften schlechthin, sondern nur solche, die einen spezifischen Glaubensbezug aufweisen und sich nicht auf das weltliche Hervortreten der Religionsgemeinschaften beschränken[964].

Eine Benachteiligung „wegen" des Glaubens kann daher nur dann vorliegen, wenn die Ungleichbehandlung auf einer Ablehnung des Staates gegenüber bestimmten religiösen Überzeugungen beruht[965]. Es genügt nicht, dass die Zugehörigkeit zu einem bestimmten Glauben conditio sine qua non einer Differenzierung ist. Art. 3 III GG ist nur dann verletzt, wenn die Differenzierung an diesen inneren, glaubensspezifischen Bereich und nicht die äußere, religiöse „Sozialsphäre" anknüpft. Eigentlich ursächlich muss die Ablehnung eines Glaubens durch den Staat sein. Anderenfalls würden spezifische Glaubensmerkmale, für die Art. 3 III GG in der Tat ein striktes Differenzierungsverbot statuiert, und äußere, weltliche Aspekte unzulässig vermischt.

Für das Sonn- und Feiertagsrecht ergibt sich daraus die Zulässigkeit einer Beschränkung auf christliche Tage, solange diese die Bedürfnisse der Mehrheit

---

960 *Heckel*, FS Dürig, 1990, S. 241, 242.

961 *Heckel*, FS Dürig, 1990, S. 241, 242.

962 BVerfGE 33, 23, 30

963 *Heckel*, FS Dürig, 1990, S. 241, 247.

964 Dieser Ansatz ähnelt dem Verständnis des Art. 3 III GG als Begründungsverbot (*Heun*, in: Dreier, GG-Komm., Bd. 1, 1996, Art. 3 Rdn. 110; *Sachs*, Grenzen des Diskriminierungsverbots, 1987, S. 423 ff.), der verlangt, dass die Ungleichbehandlung ohne Rückgriff auf eines der verpönten Merkmale begründet werden kann. Dies wäre nach der hier vertretenen Lösung der Fall, wenn man zwischen dem Glauben als religiöser Überzeugung und dessen Bedeutung innerhalb der Sozialgemeinschaft als äußerem Umstand differenziert.

965 So auch *Heckel*, FS Dürig, 1990, S. 241, 250.

widerspiegeln. Anknüpfungspunkt ist nicht ein Glaubensinhalt, sondern allein die Größe einer Glaubensgemeinschaft. Die Sonn- und Feiertagsregelung wird heute nicht mehr aus dem Dekalog legitimiert. Der Staat soll vielmehr gem. Art. 139 WRV den Bedürfnissen der Bevölkerung nach „Arbeitsruhe und seelischer Erhebung" entsprechen und damit ein soziales Engagement erfüllen. Je größer die gesellschaftliche Repräsentanz einer Religion ist, desto mehr Menschen kann die Anerkennung bei ihrer seelischen Erhebung unterstützen. Nicht zuletzt auch die sozialstaatliche Komponente des Art. 140 GG iVm. Art. 139 WRV zeigt, dass der Staat bei der Auswahl der Feiertage von vornherein nicht an bestimmte Glaubensinhalte, sondern ausschließlich an die gesellschaftliche Bedeutung der Glaubensrichtungen anknüpft[966]. Der Mehrheitsgedanke sichert eine größtmögliche Effektivität einer Anerkennung im Hinblick auf die verfolgten Ziele. Solange sich der Staat ausschließlich von derartigen Erwägungen leiten lässt, ohne damit eine inhaltliche Bewertung einzelner Glaubensüberzeugungen zu verbinden, liegt der Grund der Ungleichheit im Feiertagsrecht nicht in einem Glauben, sondern allein in äußeren, weltlichen Umständen begründet.

Nur so ist eine widerspruchslose Platzierung des Art. 3 III GG im Gesamtgefüge des Staatskirchenrechts denkbar. Ein Feiertagsrecht unter Anerkennung von Feiertagen aller Religionen wäre nicht zu realisieren. Einziger Ausweg wäre der vollständige Verzicht auf anerkannte Feiertage außerhalb des Kernbereichs. Das Grundgesetz bekennt sich aber zu einem positiven Verhältnis von Staat und Kirche zueinander und erteilt einem strikten Laizismus eine klare Absage[967]. Art. 3 III GG würde bei extremer Auslegung jede Kooperation von Staat und Kirchen wegen des formalen Gleichbehandlungsgebotes in der Praxis vereiteln. Der Staat müsste sich von den vom Grundgesetz bewusst vorgesehenen Berührungspunkten mit der Kirche zurückziehen, wenn ihm an diesen Punkten jede sachlich begründete Differenzierung selbst unter Wahrung des Neutralitätsgebotes verwehrt wäre[968].

Art. 3 III GG ist folglich zwar als striktes Differenzierungsverbot zu betrachten, gilt jedoch nur, soweit der Ungleichbehandlung eine Bewertung des Glaubensinhalts zugrunde liegt und nicht ausschließlich auf äußere Umstände abgehoben wird. Die an der Größe der Religionsgemeinschaft orientierte Aus-

---

[966] Etwas anderes gilt nur dort, wo Grund der Nichtanerkennung eine Verfassungsfeindlichkeit einer bestimmten Glaubensrichtung ist. In diesem Fall ist die „Benachteiligung" aber ohne weiteres unmittelbar aus der Verfassung heraus legitimiert. Insoweit sei auf die obigen Ausführungen zum Aspekt der Rechtstreue verwiesen.

[967] Ausführlich dazu oben, Teil 2, Kap. 2, Abschn. 2, V., 4.

[968] *Heckel*, FS Dürig, 1990, S. 241, 242.

gestaltung des Bestandes anerkannter Feiertage stellt keine Zurücksetzung wegen eines Glaubens dar[969].

Fraglich ist, ob sich dieses Ergebnis auch auf der Ebene des allgemeinen Gleichheitssatzes finden lässt. Das Bundesverfassungsgericht maß die Zulässigkeit von Gleichheitsverstößen im Rahmen des Art. 3 I GG zunächst nach Maßgabe der vom ihm entwickelten Willkürformel[970]. Danach ist der allgemeine Gleichheitssatz erst dann verletzt, „wenn sich ein vernünftiger, sich aus der Natur der Sache ergebender oder sonstwie sachlich einleuchtender Grund für die gesetzliche Differenzierung oder Gleichbehandlung nicht finden lässt“[971]. Angesichts der differenzierten Eingriffsmaßstäbe bei den Freiheitsrechten wurde die Begrenzung auf eine Evidenzkontrolle im Rahmen des Art. 3 I GG als unbefriedigend empfunden[972].

Ausgangspunkt der Überlegungen zu einer Präzisierung des allgemeinen Gleichheitssatzes bildete die Tatsache, dass das Ziel des Art. 3 I GG nicht in der Schaffung formaler Gleichheit besteht[973]. Vielmehr will der Gleichheitssatz den Personen in ihrer jeweiligen Situation gerecht werden[974]. Art. 3 I GG dient der Wahrung gerechter Vergleichsmaßstäbe[975]. Um dem Zurückbleiben des allgemeinen Gleichheitssatzes hinter der differenzierten und entwickelten Eingriffsdogmatik der Freiheitsrechte zu begegnen, ist die Willkürformel um die sog. „neue Formel“ des ersten Senats des Bundesverfassungsgerichts ergänzt worden[976]. Danach ist das Gleichheitsgrundrecht „vor allem dann verletzt, wenn eine Gruppe Normadressaten im Vergleich zu anderen Normadressaten anders behandelt wird, obwohl zwischen beiden Gruppen keine Unterschiede von solcher Art und solchem Gewicht bestehen, dass sie die ungleiche Behand-

---

[969] So im Ergebnis auch *Rüfner*, in: BoKo, Art. 3 Rdn. 556 mwN., *Heckel*, FS Dürig, 1990, S. 241 ff.

[970] BVerfGE 1, 14, 52; 61, 138, 147; 68, 237, 250; 83, 1, 23; 89, 132, 141.

[971] BVerfG, aaO.

[972] Vgl. zur Kritik an formelhaften Selbstbeschränkung des BVerfG durch die „Willkürrechtsprechung“ etwa *Kloepfer*, Gleichheit als Verfassungsfrage, 1980, S. 54 ff.; *Sachs*, JuS 1997, 124 ff.

[973] *Rüfner*, in: BoKo, Art. 3 Rdn. 5; vgl. auch *Osterloh*, in: Sachs, GG-Komm., 2. Aufl., 1999, Art. 3 Rdn. 1 ff.; anders offenbar *Martini*, Art. 3 Abs. 1 GG als Prinzip absoluter Rechtsgleichheit, 1997.

[974] *Rüfner*, in: BoKo, aaO.

[975] *Osterloh*, in: Sachs, GG-Komm., 2. Aufl., 1999, Art. 3 Rdn. 3.

[976] Vgl. BVerfGE 55, 72, 88. Der Begriff der „neuen“ Formel weist dabei lediglich darauf hin, dass es sich um eine Weiterentwicklung der Willkürformel handelt. Verwendet wird dieser Prüfungsmaßstab insbesondere von 1. Senat des Bundesverfassungsgerichts schon seit 1980.

lung rechtfertigen könnten"[977]. Der Verstoß gegen den Gleichheitssatz wird damit nicht mehr als Frage der Evidenz, sondern verfassungsrechtlicher Abwägung verstanden[978].

Auf Grundlage der bislang h.M., die Art. 139 WRV iVm. Art. 140 GG als rein objektivrechtliche Institutsgarantie auffasst, spricht vieles dafür, in der Beschränkung auf christliche Feiertage eine bloß sachbezogene Differenzierung zu sehen, auf die nach verbreiteter Auffassung nicht die „neue Formel", sondern lediglich das Willkürverbot als Rechtfertigungsmaßstab anzuwenden wäre[979]. Eine eindeutige Festlegung des Anwendungsbereichs der „neuen Formel" kann jedoch unterbleiben, wenn sich die Realisierung des Mehrheitsprinzips im Feiertagsrecht selbst an den gegenüber dem Willkürverbot strengeren Voraussetzungen der „neuen Formel" als sachlich begründet erweisen würde[980].

Mit der Beschränkung auf die wesentlichen christlichen Feiertage kann der Staat den Bedürfnissen der Mehrheit in einem weiten Maß entsprechen. Er verschafft mit der Anerkennung eines christlichen Feiertages mehr Menschen die Möglichkeit, zu seelischer Erhebung zu gelangen, als er es mit irgendeinem anderen Feiertag zu erreichen imstande wäre[981]. Überdies ist zu berücksichtigen, dass ihn die Freiheitsgrundrechte hindern, Feiertage kleinster Glaubensgemeinschaften anzuerkennen, wenn dies einen unverhältnismäßigen Eingriff darstellen würde. Insofern ist die Nichtberücksichtigung kleinster Religionen freiheitsgrundrechtlich präjudiziert.

Auch wenn Art. 139 WRV für die Feiertage - anders als für den Sonntag - nicht ausdrücklich die christlichen Traditionen aufgreift, sind der Norm selbst Wertungen zu entnehmen, die eine Beschränkung auf christliche Feiertage nicht als willkürlich erscheinen lassen können. Wären aus paritätsrechtlichen Gründen auch die Feiertage anderer Glaubensgemeinschaften anzuerkennen, käme es zu einer unüberschaubaren Zahl (anerkannter bzw. anzuerkennender) Feiertage. Das in Art. 139 WRV enthaltene Element einer staatlichen Anerkennung würde praktisch zur Bedeutungslosigkeit entwertet, wenn der Staat so weitgehend bei der Auswahl der Feiertage präjudiziert wäre. Nach dem Telos des Art. 139 WRV soll der Staat eine Auswahl in eigener Entscheidung treffen.

---

977 BVerfG, aaO.

978 Vgl. dazu *Osterloh*, in: Sachs, GG-Komm., 2. Aufl., 1999, Art. 3 Rdn. 14.

979 Dazu etwa *Gubelt*, in: v. Münch/Kunig, GG-Komm., Bd. 1, 4. Aufl., 1992, Art. 3 Rdn. 14.

980 Für eine generelle Anwendung der „neuen Formel" spricht m.E. entscheidend, dass eine klare Abgrenzung zwischen sach- und personenbezogenen Differenzierung kaum gelingen wird; wie hier *Gubelt*, in: v. Münch/Kunig, GG-Komm., Bd. 1, 4. Aufl., 1992, Art. 3 Rdn. 14; *Hesse*, AöR 109 (1984), 174, 189 mwN.

981 So auch *Dietlein*, FS Rüfner, 131, 143 f.

Andererseits soll durch die Kategorie anerkannter Feiertage einer „Flut“ von Feiertagen entgegengewirkt werden und nur eine Auswahl besonderen staatlichen Schutz genießen. Entscheidet sich der Staat vor diesem Hintergrund dafür, nur Feiertage der großen Kirchen anzuerkennen, weil er damit den größten Teil der Bevölkerung erreichen kann, so wird diese Festlegung von einem sachlichen Grund getragen.

Der Staat ist somit insgesamt nicht gehindert, im Feiertagsrecht differenzierende Regelungen zu treffen, die auf Größe, Selbstverständnis und soziale Bedeutung der verschiedenen Glaubensrichtungen abstellen. Da Art. 139 WRV selbst mit dem Merkmal der seelischen Erhebung bereits auf solche Umstände abstellt, ist es nur folgerichtig, die Berücksichtigung der Interessen der Mehrheit als sachlichen Grund anzusehen. Der subjektivrechtliche Charakter des Art. 140 GG iVm. Art. 139 WRV eröffnet zwar den Anwendungsbereich der Gleichheitssätze und insbesondere des Art. 3 III GG, eine Verletzung liegt jedoch durch die Entscheidung des Gesetzgebers zu Gunsten des Mehrheitsprinzips nicht vor. Ansprüche auf Anerkennung bestimmter Feiertage kommen daher nicht in Betracht[982]. Der Staat kann, muss aber nicht islamische Feiertage anerkennen.

[982] So auch *Morlok*, in: Dreier, GG-Komm., Bd. 3, 2000, Art. 139 WRV Rdn. 14 f.; *Hoeren/Mattner*, Feiertagsgesetze der Bundesländer, 1989, Einf. Rdn. 22 ff.; BayVerfGH, NJW 1982, 2652.

Teil 5: Zusammenfassung und Fazit

Dem einfachen Gesetzgeber steht bei der Auswahl der anerkannten Feiertage ein erheblicher Gestaltungsspielraum zu. Der Wortlaut des Art. 139 WRV verpflichtet lediglich zur Anerkennung zweier Feiertage. Allerdings ist der Gesetzgeber an das durch die Merkmale „Arbeitsruhe und seelische Erhebung" skizzierte Pflichtenprogramm gebunden. Bei der gebotenen funktionalen Auslegung kann er daher verpflichtet sein, weit mehr als zwei Feiertage anzuerkennen, wovon gegenwärtig auszugehen ist. Von Art. 139 WRV iVm. Art. 140 GG erfasst werden religiöse und weltliche Feiertage gleichermaßen. Einen absolut geschützten Feiertag gibt es nicht.

Bei der Auswahl der anerkannten Feiertage kommt dem Funktionsmerkmal der „seelischen Erhebung" eine besondere Rolle zu. Es bindet den Gesetzgeber, ausschließlich Feiertage anzuerkennen, nach denen ein gesellschaftliches Bedürfnis besteht. Eine Instrumentalisierung zu politischen Zwecken ist dadurch ausgeschlossen. Zugleich bildet der Begriff der „seelischen Erhebung" die Gelenkstelle zwischen religiösen und staatlichen Interessen im Feiertagsrecht. Schwinden konfessionelle Bindungen in der Gesellschaft, sinkt zugleich das gesellschaftliche Bedürfnis nach Anerkennung religiöser Feiertage. In dem Maße wie diese Bindungen abnehmen, kann die Zahl an Feiertagen reduziert werden. Dem Gesetzgeber steht dabei ein erheblicher Prognosespielraum zu.

Entschließt sich der Gesetzgeber, die Zahl der Feiertage zu reduzieren, ist er bei der Auswahl der wegfallenden Tage an eine sich aus dem Willkürverbot ergebende Rangfolge an Feiertage entsprechend dem Grad ihrer gesellschaftlichen Verfestigung gebunden, wobei auch dabei ein Einschätzungsspielraum besteht. Besonders bedeutende Feste wie Weihnachten oder Ostern genießen dadurch jedoch gegenwärtig einen nahezu unantastbaren Schutz. Ein besonderes Rangverhältnis zwischen religiösen und weltlichen Feiertagen besteht jedoch nicht. Ein rechtserhebliches Mitspracherecht der Kirchen hinsichtlich der Festlegung von Feiertagen ist abzulehnen. Sie können lediglich bei der Feststellung eines gesellschaftlichen Bedürfnisses nach Anerkennung eines bestimmten Feiertages unterstützend wirken.

Auch wirtschaftliche Kostenerwägungen dürfen den Anlass für eine Reduzierung der Zahl anerkannter Feiertage bilden, wenn dabei die besondere Funktion der Feiertage als Tage der Arbeitsruhe und seelischen Erhebung beachtet wird.

Art. 139 WRV schließt die Anerkennung religiöser Feiertage mit nichtchristlichem Hintergrund nicht aus. Auch die Anerkennung islamischer Feiertage ist nach dieser Vorschrift zulässig, wenn hierfür ein gesellschaftliches Bedürfnis besteht.

Feiertage werden aus kulturpolitischen Gründen festgelegt. Zuständig für die Anerkennung von Feiertagen sind daher grundsätzlich die Länder, es sei denn es ergibt sich ausnahmsweise eine Bundeskompetenz aus der Natur der Sache. Die Kompetenztitel des Art. 74 I Nr. 11 u. 12 GG legitimieren keine bundesrechtliche Bestimmung von Feiertagen, sondern den Erlass von Vorschriften über den Schutz der Feiertage.

Entgegen der herrschenden Meinung enthält Art. 139 WRV eine subjektivrechtliche Komponente. Daraus folgt jedoch kein individueller Anspruch auf Anerkennung eines bestimmten Feiertages. Der Einzelne kann jedoch verfassungsprozessual die Wahrung der Grenzen des Art. 139 WRV durch den Gesetzgeber überprüfen lassen, ohne dass die Möglichkeit einer Grundrechtsverletzung fingiert werden müsste.

Art. 139 WRV steht im Range auf gleicher Stufe mit den Grundrechten. Lediglich die Wahrung des Kernbereiches genießt absoluten Vorrang vor den Grundrechten. Im Übrigen verdrängen weder die Grundrechte den Art. 139 WRV noch dieser prinzipiell die Grundrechte. Kollidiert Art. 139 WRV mit grundrechtlichen Gewährleistungen, ist vielmehr gemäß den Grundsätzen der praktischen Konkordanz ein schonender Ausgleich zu suchen.

Begrenzungen des gesetzgeberischen Gestaltungsspielraums können sich dabei insbesondere aus dem im Rahmen des Art. 139 WRV nicht zu beachtenden Verhältnismäßigkeitsgrundsatz ergeben. So kann der Gesetzgeber verpflichtet sein, die Anerkennung eines Feiertages regional auf solche Gebiete zu begrenzen, in denen ein erhebliches Bedürfnis nach Begehung dieses Tages besteht. Dieser Aspekt ist namentlich dann von Relevanz, wenn sich der Gesetzgeber entschließt, nichtchristliche Feiertage mit religiösem Hintergrund anzuerkennen.

Bei einer Streichung von Feiertagen ist hingegen eine Verletzung von Grundrechten offensichtlich ausgeschlossen. Die gemäß den Vorgaben des Art. 139 WRV erfolgende Anerkennung von Feiertagen geht weit über das grundrechtlich gebotene Maß eines Feiertagsschutzes hinaus. Eine Schutzdichte entsprechend Art. 139 WRV kann daher nicht unter Berufung auf grundrechtliche Positionen verlangt werden.

Zwar hat sich der Bestand der staatlich anerkannten Feiertage über die Jahre hinweg als erstaunlich konstant erwiesen, doch ist langfristig mit durchaus erheblichen Veränderungen zu rechnen, in welchen sich die gewandelten gesellschaftlichen Strukturen widerspiegeln werden. Denn die traditionellen Feiertage werden gegenwärtig zu großen Teilen lediglich als willkommene, zusätzliche Freizeit empfunden, was dem Zweck der Institutsgarantie des Art. 139 WRV nicht entspricht. Diese Feiertage werden auf lange Sicht jedenfalls nicht alle dem politischen und wirtschaftlichen Druck standhalten können, den die volkswirtschaftlichen Kosten von rund 9 Milliarden D-Mark je Feiertag ausüben.

Andererseits hat die zunehmende gesellschaftliche Integration der 2,8 bis 3,2 Millionen Muslime dazu geführt, dass die Anerkennung eines islamischen Feiertages (wenn auch in begrenztem Umfang) nicht mehr abwegig erscheint. Das Grundgesetz steht dem nicht entgegen. Insbesondere lassen sich der Bundesverfassung keine Strukturen entnehmen, die eine Begünstigung christlicher Glaubensrichtungen bedingen würden. Zwar müssen Muslime bestimmte Einschränkungen ihrer Glaubensausübungsfreiheit hinnehmen, erinnert sei in diesem Zusammenhang etwa an die Tatsache, dass nach hier vertretener Auffassung das Tragen eines Kopftuches durch die Lehrperson während des Unterrichts einen Eignungsmangel iSd. Art. 33 GG darstellt, diese Einzelbeispiele lassen sich jedoch nicht zu einem verfassungsrechtlichen Prinzip verdichten. Vielmehr sind derartige Grundrechtseinschränkungen in jedem einzelnen Fall rechtfertigungsbedürftig. Da es sich bei dem Islam in Deutschland allerdings um eine religiöse Minderheit handelt, wäre eine flächendeckende Anerkennung eines oder mehrerer islamischer Feiertage jedenfalls gegenwärtig nicht mit dem Verhältnismäßigkeitsgrundsatz in Einklang zubringen. Vielmehr wäre der Gesetzgeber angehalten, regionale Unterschiede in der religiösen Struktur mit zu berücksichtigen.

Gleichheitsrechtliche Ansprüche religiöser Gruppierungen auf Anerkennung bestimmter Feiertage bestehen nicht.

Unabhängig von allen gesellschaftlichen Prozessen werden sich Veränderungen des Bestandes anerkannter Feiertage jedoch stets an den oben herausgearbeiteten Kriterien zu orientieren haben.

Literaturübersicht

Abdullah, Muhammed S. — Was will der Islam in Deutschland?, Gütersloh, 1993.

Abel, Gunther — Die Bedeutung der Lehre von den Einrichtungsgarantien für die Auslegung des Bonner Grundgesetzes, Berlin, 1964.

Achterberg, Norbert — Die Einwirkungen des Verfassungsrechts auf das Verwaltungsrecht, in: Jura 1980, 210 ff.

Albers, Marion — Faktische Grundrechtsbeeinträchtigungen als Schutzbereichsproblem, in: DVBl. 1996, 233 ff.

Albrecht, Alfred — Koordination von Staat und Kirche in der Demokratie, Freiburg i. Br., 1965.

Albrecht, Karl — Anstaltsseelsorge, in: HStKR II, 1. Aufl., Berlin, 1975, § 38, S. 701 ff.

Alexy, Robert — Theorie der Grundrechte, Baden-Baden, 1985.

Anschütz, Gerhard — Die Verfassung des Deutschen Reiches, 11. Aufl., Berlin, 1929.

Bachof, Otto — Anmerkung zu BVerwG, JZ 1991, 616 ff.; in: JZ 1991, 622 ff.

Badura, Peter — Das Kreuz im Schulzimmer, in: BayVBl. 1996, 33 ff.

ders. — Der Schutz von Religion und Weltanschauung durch das Grundgesetz: Verfassungsfragen zur Existenz und Tätigkeit der neuen „Jugendreligionen", Tübingen, 1989.

ders. — Eigentum, in: HdbVerfR, 2. Aufl., 1994, § 10.

ders. — Das Staatskirchenrecht als Gegenstand des Verfassungsrechts. Die verfassungsrechtlichen Grundlagen des Staatskirchenrechts, in: HStKR I, 2. Aufl., Berlin, 1994, § 6, S. 211 ff.

ders. — Die Rechtsprechung des Bundesverfassungsgerichts zu den verfassungsrechtlichen Grenzen wirtschaftspolitischer Gesetzgebung im sozialen Rechtsstaat, in: AöR 92 (1967), S. 382 ff.

Baldus, Manfred — Gottesdienstliche Handlungen als Störungen der Sonntagsruhe, in: DÖV 1971, 338 ff.

ders. — Kirchenasyl und Vertragskirchenrecht, in: NVwZ 1999, 716 ff.

Bardenz, Alexander — Rechtsfragen des Trödelmarkts, in: GewArch 1998, 53 ff.

Benda, Ernst — „Das Kruzifix-Urteil ist zu apodiktisch", in: ZRP 1995, 427 ff.

ders.; *Klein*, Eckhart — Lehrbuch des Verfassungsprozeßrechts, 2. Aufl., Heidelberg, 2001.

ders. — Probleme der industriellen Sonntagsarbeit, Baden-Baden, 1990.

ders.; *Maihofer*, Werner; *Vogel*, Hans-Jochen — Handbuch des Verfassungsrechts, 2. Aufl., Berlin, New York, 1994 (zit.: HdbVerfR).

Berg, Wilfried — Konkurrenzen schrankendivergenter Freiheitsrechte im Grundrechtsabschnitt des Grundgesetzes, Berlin, 1968.

Bethge, Herbert — Zur Problematik von Grundrechtskollisionen, Köln, 1977.

ders. — Probleme des Zitiergebotes nach Art. 19 Abs. 1 S. 2, in: DVBl. 1972, 365 ff.

Bettermann, Karl August; *Nipperdey*, Hans Carl; *Scheuner*, Ulrich — Die Grundrechte, Vierter Band: Grundrechte und institutionelle Garantien, 1. Halbband, Berlin, 1960.

Bleckmann, Albert; *Wiethoff*, Claudia — Zur Grundrechtskonkurrenz, in: DÖV 1991, 722 ff.

Bock, Wolfgang — Die Religionsfreiheit zwischen Skylla und Charybdis, in: AöR 123 (1998), S. 444 ff.

Böckenförde, Ernst Wolfgang — Das Grundrecht der Gewissensfreiheit, in: VVDStRL 28 (1970), S. 33 ff.

ders. — „Kopftuchstreit" auf dem richtigen Weg?, in: NJW 2001, 723 ff.

Bohl, Elke Dorothea — Der öffentlich-rechtliche Körperschaftsstatus der Religionsgemeinschaften, Baden-Baden, 2001.

Braun, Klaus — Kommentar zur Verfassung des Landes Baden-Württemberg, Stuttgart, München, Hannover, 1984.

Bredt, Johannes Victor — Neues evangelisches Kirchenrecht für Preußen, Bd. 2, Berlin, 1922.

ders. — Der Geist der deutschen Reichsverfassung, Berlin, 1924.

Breuer, Rüdiger — Die staatliche Berufsregelung und Wirtschaftslenkung, in: HStR VI, § 148.

Brissaud, Alain — Islam und Christentum, Berlin, 1993.

Britz, Gabriele — Der Einfluß christlicher Traditionen auf die Rechtsauslegung als verfassungsrechtliches Gleichheitsproblem, in: JZ 2000, 1127 ff.

Brugger, Winfried — Der praktische Fall – Öffentliches Recht: Das störende Kreuz in der Schule, in: JuS 1996, 233 ff.

Burtscheid, Franz — Der Sonn- und Feiertagsschutz nach der Reichsverfassung vom 11. August 1919, Eschweiler, 1932.

Busch, Eckhart; *Werner*, Sascha — Der Buß- und Bettag: Umstrittener Spielball zur Erreichung sozialpolitischer Ziele, in: DÖV 1998, 680 ff.

Buschmann, Arno — Kaiser und Reich, München, 1984.

Buschmann, Rudolf; *Ulber*, Jürgen — Arbeitszeitgesetz: Basiskommentar mit Nebengesetzen, 3. Aufl., Frankfurt a.M., 2000.

Campenhausen, Axel Freiherr von — Religiöse Wirtschaftsbetriebe als Idealvereine?, in: NJW 1990, 887 ff.

ders. — Freie Träger, in: EvStL, Bd. I, 3. Aufl., Stuttgart, 1987, Sp. 959 ff.

ders. — Der heutige Verfassungsstaat und die Religion, in: HStKR, Bd. I, 2. Aufl., Berlin, 1994, § 2, S. 47 ff.

Campenhausen, Axel Freiherr von — Offene Fragen im Verhältnis von Staat und Kirche am Ende des 20. Jahrhunderts, in: KuR 110, S. 113 ff.

Conring, Hans-Tjabert — Der Islam und das Menschenrecht der Religionsfreiheit, in: KuR 110, S. 11 ff.

Czermak, Gerhard — "Religions(verfassungs)recht" oder "Staatskirchenrecht"?, in: NVwZ 1999, 743 f.

Czybulka, Detlef — Berufs- und Gewerbefreiheit: Ende oder Fortbildung der Stufentheorie?, in: NVwZ 1991, 145 ff.

Dästner, Christian — Die Verfassung des Landes Nordrhein-Westfalen, Köln, 1996.

Däubler, Wolfgang — Sonntagsarbeit aus technischen und wirtschaftlichen Gründen, in: DB 1988, Sonderbeilage Nr. 7.

Dietlein, Johannes — Die Lehre von den grundrechtlichen Schutzpflichten, Münster, 1992.

ders. — Landesverfassungsbeschwerde und Einheit des Bundesrechts, in: NVwZ 1994, 6 ff.

ders. — Die Kontrollbefugnis des Landesverfassungsgerichts, in: Jura 2000, 19 ff.

ders. — Die Rezeption von Bundesgrundrechten durch Landesverfassungsrecht, in: AöR 120 (1995), S. 1 ff.

ders. — Das Feiertagsrecht in Zeiten religiösen Wandels, in: Kirche und Religion im sozialen Rechtsstaat, in: Festschrift für Wolfgang Rüfner, Berlin, 2003, S. 131 ff.

Dirksen, Gebhard — Das Feiertagsrecht, Göttingen, 1961.

Dreier, Horst — Grundgesetz, Kommentar,
Band I, Artikel 1-19, Tübingen, 1996;
Band II, Artikel 20-82, Tübingen, 1998;
Band III, Artikel 83-146, Tübingen, 2000 (zit.: Bearb., in: Dreier, GG-Komm.).

Drews, Bill; *Wacke*, Gerhard; *Vogel*, Klaus; *Martens*, Wolfgang — Gefahrenabwehr, 9. Aufl., Köln, Berlin, Bonn, München, 1985.

Ebers, Godehard Josef — Staat und Kirche im neuen Deutschland, München, 1930.

Ebert, Hans-Georg — Die Interdependenz von Staat, Verfassung und Islam im Nahen und Mittleren Osten in der Gegenwart, Frankfurt a.M., 1991.

Eckhoff, Rolf — Der Grundrechtseingriff, Münster, 1992.

Emre, Gültekin — 300 Jahre Türken an der Spree. Ein vergessenes Kapitel Berliner Kulturgeschichte, Berlin, 1983.

Endreß, Gerhard — Der Islam: eine Einführung in seine Geschichte, 2. Aufl., München, 1991.

Ennuschat, Jörg — „Gott" und Grundgesetz, in: NJW 1998, 953 ff.

Essen, Georg — Der „Präambelgott" – Verfassungsanker oder Verfassungsstörer?, in: KuR 110, S. 143 ff.

Fechner, Frank — Zur Verleihung des Körperschaftsstatus an Religionsgemeinschaften, in: Jura 1999, 515 ff.

Fehn, Karsten; *Fehn*, Bernd Josef — Grundrecht versus Grundrecht - Die Problematik der Grundrechtskollisionen, in: VR 1994, 413 ff.

Feindt-Riggers, Nils; *Steinbach*, Udo — Islamische Organisationen in Deutschland, Hamburg, 1997.

Feine, Hans Erich — Staat und Kirche, Stuttgart, Tübingen, 1946.

Feller, Hans — Sonn- und Feiertage im Recht von Staat und Kirche, Frankfurt a.M., 1990.

Fiedler, Wilfried — Die Verteilung der Gesetzgebungskompetenzen, in: DÖV 1977, 580 ff.

Fischer, Hans — Industrielle Sonntagsarbeit, München, 1957.

Flume, Werner — Das „Kruzifixurteil“ und seine Berichtigung, in: NJW 1995, 2904 ff.

Fohmann, Lothar H. — Konkurrenzen und Kollisionen im Grundrechtsbereich, in: EuGRZ 1985, 49 ff.

Folkers, Horst — Grundwerte in unserer Verfassung – ihr religiöser Ursprung und Gehalt, in: KuR 110, S. 73 ff.

Friesenhahn, Ernst — Die Kirchen und Religionsgemeinschaften als Körperschaften des öffentlichen Rechts, in: HStKR I, 1. Aufl., Berlin, 1974, S. 545 ff.

Gallwas, Hans-Ullrich — Faktische Beeinträchtigungen im Bereich der Grundrechte, Berlin, 1970.

Geis, Max-Emanuel — Kirchenasyl im demokratischen Rechtsstaat, in: JZ 1997, 60 ff.

Gellner, Ernest — Der Islam als Gesellschaftsordnung, München, 1995.

Göbel-Zimmermann, Ralph; *Masuch*, Thorsten — Die Neuregelung des Staatsangehörigkeitsrechts, in: DÖV 2000, 95 ff.

Göppel, Helmut — Die Zulässigkeit von Arbeitszwang nach Art. 12 Abs. 2 S. 1 GG, München, 1967.

Görisch, Christoph — „Staatskirchenrecht“ am Ende?, in: NVwZ 2001, 885 ff.

Goerlich, Helmut — Res sacrae und Rechtsweg, in: JZ 1984, 221 ff.

ders. — Religionspolitische Distanz und kulturelle Vielfalt unter dem Regime des Art. 9 EMRK, in: NJW 2001, 2862 ff.

Grundmann, Siegfried — Vertragskirchenrecht, in: EvStL, 1. Aufl., Stuttgart, Berlin, 1966, Sp. 2378 ff.

Guber, Tillo — Religiöse Geschäftsbetriebe als Idealvereine?, in: NVwZ 1990, 40 ff.

Gusy, Christoph — Arbeitszwang, Zwangsarbeit, Strafvollzug, in: JuS 1989, 710 ff.

Häberle, Peter	Der Sonntag als Verfassungsprinzip, Berlin, 1988.
ders.	Feiertagsgarantien als kulturelle Identitätsmerkmale des Verfassungsstaates, Berlin, 1987.
ders.	Präambeln im Text und Kontext von Verfassungen, in: FS Johannes Broermann, 1982, S. 211 ff.
Hafez, Kai	Der Islam und der Westen, Frankfurt a.M., 1997.
Hailbronner, Kay	Die Reform des deutschen Staatsangehörigkeitsrechts, in: NVwZ 1999, 1273 ff.
Halfmann, Ralf	Der Streit um die „Lehrerin mit Kopftuch", in: NVwZ 2000, 862 ff.
Hamann, Andreas *Lenz*, Helmut	Das Grundgesetz für die Bundesrepublik Deutschland vom 23. Mai 1949: ein Kommentar für Wissenschaft und Praxis, 3. Aufl., Neuwied, 1970 (zit.: Hamann/Lenz).
Heckel, Martin	Die religionsrechtliche Parität, in: HStKR I, 1. Aufl., Berlin, 1974, § 10, S. 445 ff.
ders.	Die religionsrechtliche Parität, in: HStKR I, 2. Aufl., Berlin, 1994, § 20, S. 589 ff.
ders.	Das Gleichbehandlungsgebot im Hinblick auf die Religion, in: HStKR I, 2. Aufl., Berlin, 1994, § 21, S. 623 ff.
ders.	Augsburger Religionsfriede, in: EvStL, 1. Aufl., Stuttgart, Berlin, 1966, Sp. 91 ff.
ders.	Staat und Kirche nach den Lehren der evangelischen Juristen Deutschlands in der ersten Hälfte des 17. Jahrhunderts, Heidelberg, 1955.
ders.	Reformation und Recht, in: JuS 1967, 492 ff.

Heckel, Martin — Gesammelte Schriften: Staat, Kirche, Recht, Geschichte, Hrsg. v. Klaus Schlaich,
Band 1, Tübingen, 1989,
Band 2, Tübingen, 1989,
Band 3, Tübingen, 1997,
Band 4, Tübingen, 1997.

ders. — Religionsfreiheit im säkularen pluralistischen Verfassungsstaat, in: FS Kriele, München, 1997, S. 281 ff.

ders. — Das Kreuz im öffentlichen Raum. Zum „Kruzifix-Beschluß" des Bundesverfassungsgerichts, in: DVBl. 1996, 453 ff.

ders. — Religionsunterricht für Muslime?, in: JZ 1999, 741 ff.

ders. — Das Verhältnis von Kirche und Staat nach evangelischem Verständnis, in: HStKR I, 2. Aufl., Berlin, 1994, § 5, S. 157 ff.

ders. — Art. 3 III GG - Aspekte des besonderen Gleichheitssatzes, in: FS Dürig, München, 1990, S. 241 ff.

Held, Gottfried — Die kleinen öffentlich-rechtlichen Religionsgemeinschaften im Staatskirchenrecht der Bundesrepublik, München, 1974.

Heinig, Hans Michael; *Morlok*, Martin — Der vertragliche Sonn- und Feiertagsschutz als subjektives Recht der Kirchen – eine Besprechung der Entscheidung des Oberverwaltungsgerichtes Mecklenburg-Vorpommern vom 22.12. 1999 – 2 M 99/99, in: KuR 160, S. 13 ff.

Heitmeyer, Wilhelm; *Müller*, Joachim; *Schröder*, Helmut — Verlockender Fundamentalismus. Türkische Jugendliche in Deutschland, Frankfurt/Main, 1997.

Hense, Ansgar — Glockenläuten und Uhrenschlag. Der Gebrauch von Kirchenglocken in der kirchlichen und staatlichen Rechtsordnung. Berlin, 1998.

Hertlein, Katja — Der rechtliche Rahmen für Bestattungen nach islamischen Vorschriften, in: NVwZ 2001, 890 ff.

Herzog Roman; *Kunst*, Hermann; *Schlaich*, Klaus; *Schneemelcher*, Wilhelm — Evangelisches Staatslexikon, Bd. 1, A-M, 3. Aufl., Stuttgart, 1987, Bd. 2, N-Z, 3. Aufl., Stuttgart, 1987 (zit.: EvStL).

Hesse, Konrad — Das Selbstbestimmungsrecht der Kirchen und Religionsgemeinschaften, in: HStKR I, 1. Aufl., Berlin, 1974, § 9, S. 409 ff.

ders. — Die Entwicklung des Staatskircherechts seit 1945, in: JöR 10 (1961), S. 3 ff.

ders. — Feste und Feiern VI, in: Die Religion in Geschichte und Gegenwart (RGG), Bd. 2, 3. Aufl., Tübingen, 1958, Sp. 923 f.

ders. — Grundrechtsbindung der Kirchen?, in: FS Werner Weber, Berlin, 1974, S. 447 ff.

ders. — Freie Kirche im demokratischen Gemeinwesen, in: ZevKR 11(1964/65), 337 ff.

ders. — Inhalt und Bedeutung des Art. 137 RV in der Gegenwart, in: Staat und Kirchen in der Bundesrepublik, hrsg. von Helmut Quaritsch und Hermann Weber, Bad Homburg, 1967, S. 121 ff.

ders. — Der Bedeutungswandel der kirchenpolitischen Artikel der Weimarer Reichsverfassung, in: Staat und Kirchen in der Bundesrepublik, hrsg. von Helmut Quaritsch und Hermann Weber, Bad Homburg, 1967, S. 221 ff.

ders. — Das Selbstbestimmungsrecht der Kirchen und Religionsgemeinschaften, in: HStKR I, 2. Aufl., Berlin, 1994, § 17, S. 521 ff.

Hillgruber, Christian — Der deutsche Kulturstaat und der muslimische Kulturimport, in: JZ 1999, 538 ff.

Hinschius, Paul — Kirchenrecht, Bd. 4, Graz, 1959.

Hoeren, Thomas; *Mattner*, Andreas — Feiertagsgesetze der Bundesländer, Synoptischer Kommentar, Köln, Berlin, Bonn, München, 1989 (zit.: Hoeren/Mattner).

Hofmann, Hans — Das Grundgesetz ohne Gott – aber mit Mitmenschlichkeit?, in: ZRP 1994, 215 ff.

Hollerbach, Alexander — Grundlagen des Staatskirchenrechts, in: HStR VI, Heidelberg, 1989, (§ 138), S. 471 ff.

ders. — Freiheit kirchlichen Wirkens, in: HStR VI (§ 140), S. 595 ff.

ders. — Die verfassungsrechtlichen Grundlagen des Staatskirchenrechts, in: HStKR I, 1. Aufl., Berlin, 1974, § 5, S. 215 ff.

ders. — Die vertragsrechtlichen Grundlagen des Staatskirchenrechts, in: HStKR I, 2. Aufl., Berlin, 1994, § 7, S. 253 ff.

ders. — Verträge zwischen Staat und Kirche in der Bundesrepublik Deutschland, Frankfurt a.M., 1965.

Huber, Ernst Rudolf; *Huber*, Wolfgang — Staat und Kirche im 19. und 20. Jahrhundert. Dokumente und Geschichte des deutschen Staatskirchenrechts, Bd. 1, Berlin, 1973 (zit.: Huber, Dokumente).

Huber, Heinz — Ladenschluß am Samstag vor einem nach § 14 LadSchlG verkaufsoffenen Sonntag, in: GewArch 1998, 406 ff.

Huber, Peter M.; *Butzke*, Kirsten — Das neue Staatsangehörigkeitsrecht und sein verfassungsrechtliches Fundament, in: NJW 1999, 2769 ff.

Huber, Wolfgang — Kirchenasyl: ein Konfliktfeld zwischen Kirche und Staat, in: Dokumentation Evang. Akad. Mülheim/Ruhr, 1995, Heft 4, S. 47 ff.

Hufen, Friedhelm — Berufsfreiheit – Erinnerung an ein Grundrecht, in: NJW 1994, 2913 ff.

Ipsen, Hans Peter — Wochenend' und Grundgesetz, in: DVBl. 1950, 385 ff.

Ipsen, Jörn — Glaubensfreiheit als Beeinflussungsfreiheit? – Anmerkungen zum „Kruzifix-Beschluß" des Bundesverfassungsgerichts, in: FS Kriele, München, 1997, S. 301 ff.

ders. — „Stufentheorie" und Übermaßverbot, in: JuS 1990, 634 ff.

Isensee, Josef — Idee und Gestalt des Föderalismus im Grundgesetz, in: HStR IV (§ 98), S. 517 ff.

Isensee, Josef — Staat und Verfassung, in: HStR I (§ 13), S. 591 ff.

ders. — Die karitative Betätigung der Kirchen und der Verfassungsstaat, in: HStKR II, 2. Aufl., 1995, § 59, S. 665 ff.

Israel, Carl — Geschichte des Reichskirchenrechts, dargestellt auf Grund der stenographischen Berichte über die Verhandlungen der Verfassunggebenden Deutschen Nationalversammlung von Weimar, Berlin 1922

Jannasch, Wilhelm — Feste und Feiern V, in: Die Religion in Geschichte und Gegenwart (RGG), 3. Aufl. Bd. 2, Tübingen, 1958, Sp. 921 ff.

Janz, Norbert; *Rademacher*, Sonja — Islam und Religionsfreiheit, in: NVwZ 1999, 706 ff.

dies. — Das Kopftuch als religiöses Symbol oder profaner Bekleidungsgegenstand? – BayVGH, NVwZ 2000, 952 und VG Stuttgart, NVwZ 2000, 959, in: JuS 2001, 440 ff.

Jarass, Hans D.; *Pieroth*, Bodo — Grundgesetz für die Bundesrepublik Deutschland: Kommentar, 5. Aufl., München, 2000 (zit.: Bearb., in: Jarass/Pieroth, GG-Komm.).

Jurina, Josef — Neuere Gerichtsentscheidungen zum Kirchensteuerrecht, in: KuR 410, S. 75 ff.

Kahl, Wilhelm — Lehrsystem des Kirchenrechts und der Kirchenpolitik, Freiburg, Leipzig, 1894.

Kästner, Karl Hermann — Der Sonntag und die kirchlichen Feiertage, in: HStKR, Bd. II, 2. Aufl., Berlin, 1995, § 51, S. 337 ff.

ders. — Sonn- und Feiertage zwischen Kultus, Kultur und Kommerz, in: DÖV 1994, 464 ff.

ders. — Die „zweiten" Feiertage als politische Manövriermasse?, in: NVwZ 1993, 148 ff.

ders. — Die Geltung von Grundrechten in kirchlichen Angelegenheiten, in: JuS 1977, 715 ff.

Kästner, Karl Hermann — Religiös akzentuierte Kleidung des Lehrpersonals staatlicher Schulen, in: FS Heckel, Tübingen, 1999, S. 359 ff.

Keihl, Bernhard — Das staatliche Recht der res sacrae, Köln, 1977.

Keim, Wolfgang — Schule und Religion, Hamburg, 1969.

Kirchhof, Ferdinand — Verwerfungen der Kirchenzuschlagsteuern wegen des Maßstabs der Einkommenssteuer, in: FS Heckel, Tübingen, 1999, S. 373 ff.

Kirchhof, Paul — Verwalten durch „mittelbares" Einwirken, Köln, 1976.

ders. — Die Kirchen und Religionsgemeinschaften als Körperschaften des öffentlichen Rechts, in: HStKR I, 2. Aufl., Berlin, 1994, § 22, S. 651 ff.

Kirste, Stephan — Flexibilisierung des Ladenschlusses zum Segen des Sonn- und Feiertagsschutzes, in: NJW 2001, 790 ff.

Klein, Eckart — Grundrechtliche Schutzpflichten des Staates, in: NJW 1989, 1633 ff.

Klein, Hans. H. — Die grundrechtliche Schutzpflicht, in: DVBl. 1994, 489 ff.

Kloepfer, Michael — Gleichheit als Verfassungsfrage, Berlin, 1980.

Köhler, Michael — Zwangsarbeitsverbot und Jugendstrafrecht, in: JZ 1988, 749 ff.

Köttgen, Arnold — Kirche im Spiegel deutscher Staatsverfassungen der Nachkriegszeit, in: DVBl. 1952, 485 ff.

Kollmer, Norbert — Das neue Arbeitszeitrecht, in: GewArch 1994, 406 ff.

ders. — Neues Ladenschlußrecht 1996, in: GewArch 1997, 92 ff.

Kopp, Ferdinand — Nochmals: Religiöse Wirtschaftsbetriebe als Idealvereine, in: NJW 1990, 2669 f.

Korioth, Stefan — Islamischer Religionsunterricht und Art. 7 III GG, in: NVwZ 1997, 1041 ff.

Kromer, Michael — Sachenrecht des öffentlichen Rechts, Berlin, 1985

Krüger, Herbert — Allgemeine Staatslehre, 2. Aufl., Stuttgart, Berlin, Köln, Mainz, 1966.

Kuhr, Helmut — Die Sonntagsruhe im Arbeitszeitgesetz aus verfassungsrechtlicher Sicht, in: DB 1994, 2186 ff.

Kunig, Philip — Der Schutz des Sonntags im verfassungsrechtlichen Wandel, Berlin, New York, 1989.

Kunst, Hermann; *Grundmann*, Siegfried — Evangelisches Staatslexikon, 1. Aufl., Stuttgart, Berlin, 1966.

Landesamt für Verfassungsschutz Berlin — Durchblicke, Islamismus als politische Ideologie, Berlin, 1997.

Landmann, Robert von; *Rohmer*, Gustav — Gewerbeordnung und ergänzende Vorschriften, Gewerbeordnung, Kommentar, Band 1, München, Stand: 1. Juni 1998 (zit.: Bearbeiter, in: Landmann/Rohmer).

Laubinger, Hans-Werner — Nachbarschutz gegen kirchliches Glockengeläut, in: VerwArch 1992, 623 ff.

Lecheler, Helmut — Kirchen und staatliches Schulsystem, in: HStKR II, 2. Aufl., Berlin, 1995, § 53, S. 415 ff.

Lemmen, Thomas — Muslime in Deutschland: Eine Herausforderung für Kirche und Gesellschaft, Baden-Baden, 2001.

Link, Christoph — Verfassungsrechtliche Fragen zur Aufhebung der Staatskirche, in: BayVBl. 1966, 297 ff.

ders. — Religionsunterricht, in: HStKR II, 2. Aufl., Berlin, 1995, § 54, S. 439 ff.

Listl, Joseph; *Pirson*, Dietrich — Handbuch des Staatskirchenrechts der Bundesrepublik Deutschland, Erster Band, 2. Aufl., Berlin, 1994 (zit.: HStKR I).

dies. — Handbuch des Staatskirchenrechts der Bundesrepublik Deutschland, Zweiter Band, 2. Aufl., Berlin, 1995 (zit.: HStKR II).

Listl, Joseph — Glaubens-, Gewissens-, Bekenntnis- und Kirchenfreiheit, in: HStKR I, 1. Aufl., Berlin, 1974, § 8, S. 363 ff.

ders. — Konkordate und Kirchenverträge in der Bundesrepublik Deutschland, Bd. 1, Berlin, 1987.

Loritz, Karl-Georg — Möglichkeiten und Grenzen der Sonntagsarbeit, Stuttgart, 1989.

Lorz, Alexander — Urteilsbesprechung, in: JA 1992, S. 125 ff.

Loschelder, Wolfgang — Islamische Religionsunterweisung an öffentlichen Schulen, in: KuR 730, S. 31 ff.

ders. — Kirchen als Schulträger, in: HStKR II, 2. Aufl., Berlin, 1995, § 55, S. 511 ff.

Lücke, Jörg — Zur Dogmatik der kollektiven Glaubensfreiheit, in: EuGRZ 1995, 651 ff.

Maaßen, Hans-Georg — „Kirchenasyl" und Rechtsstaat, in: KuR 885, S. 7 ff.

Magen, Stefan — Zum Verhältnis von Körperschaftsstatus und Religionsfreiheit, in: NVwZ 2001, 888 ff.

Maier, Hans — Staat – Kirche – Bildung. Schriften zu Kirche und Gesellschaft, Bd. 2, Freiburg, 1984.

ders. — „Religionen in den Staat verwebt" – zur historischen Entwicklung von Kirche und Staat in Deutschland, in: KuR 120, S. 43 ff.

Mainusch, Rainer — Die öffentlichen Sachen der Religions- und Weltanschauungsgemeinschaften: Begründung und Konsequenzen ihres verfassungsrechtlichen Status, Tübingen, 1995.

Mangoldt, Hermann von; *Klein*, Friedrich; *Starck*, Christian — Das Bonner Grundgesetz, Kommentar;
Bd. 1, Präambel, Art. 1-19, 4. Aufl., München, 1999;
Bd. 3, Art. 79-146, 4. Aufl., München, 2001.

dies. — Das Bonner Grundgesetz, Kommentar;
Bd. 1, Präambel, Art. 1-5, 3. Aufl., München, 1985.

Mangoldt, Hermann von; *Klein*, Friedrich; *Campenhausen*, Axel Frhr. von	Das Bonner Grundgesetz, Kommentar; Bd. 14, Art. 136-146, 3. Aufl., München, 1991.
Marré, Heiner	Die Kirchensteuer als Paradigma staatlicher Kirchenförderung, in: KuR 410, S. 11 ff.
ders.	Das kirchliche Besteuerungsrecht, in: HStKR II, 2. Aufl., Berlin, 1994, § 37, S. 1101 ff.
Martens, Wolfgang	Kirchenglocken und Polizei, in: FS Wacke, Köln, 1972
Martina, Dietmar	Die Grundrechte der nordrhein-westfälischen Landesverfassung im Verhältnis zu den Grundrechten des Grundgesetzes, München, 1999.
Martini, Peter	Art. 3 Abs. 1 GG als Prinzip absoluter Rechtsgleichheit, Köln, 1997.
Mattner, Andreas	Sonn- und Feiertagsrecht, 2. Aufl., Köln, 1991.
ders.	Sonn- und Feiertagsschutz auf dem Gebiet der ehemaligen DDR, Arbeit und Arbeitsrecht, 1991.
ders.	Sonntagsruhe im Spiegel des Grundgesetzes und der Feiertagsgesetze der Länder, in: NJW 1988, 2207 ff.
Maunz, Theodor; *Dürig*, Günter	Grundgesetz, Kommentar, München (Loseblatt, Stand: 2000, zit.: Bearbeiter, in: Maunz/Dürig).
Mayer, Matthias	Religionsfreiheit und Schächtverbot, in: NVwZ 1997, 561 ff.
Meyer-Teschendorf, Klaus G.	Staat und Kirche im pluralistischen Gemeinwesen: verfassungstheoretische Vorverständnisse von Staat, Kirche und Gesellschaft in der staatskirchenrechtlichen Diskussion der Gegenwart, Bonn, 1977.
ders.	Die Weitergabe von Meldedaten an die Kirchen. Verfassungskräftiger Anspruch der Kirchen auf meldebehördliche Informationshilfe?, in: EssGespr. 15 (1981), S. 9 ff.

Mikat, Paul	Das Verhältnis von Kirche und Staat nach der Lehre der katholischen Kirche, in: HStKR I, 2. Aufl., Berlin, 1994, § 4, S. 111 ff.
ders.	Staat, Kirchen und Religionsgemeinschaften, in: HdbVerfR, § 29.
Morlok, Martin; *Heinig*, Michael	Parität im Leistungsstaat – Körperschaftsstatus nur bei Staatsloyalität?, in: NVwZ 1999, 697 ff.
dies.	Feiertag! Freier Tag? Die Garantie des Sonn- und Feiertagsschutzes als subjektives Recht im Lichte des Art. 139 WRV, in: NVwZ 2001, 846 ff.
Mörsdorf, Klaus	Lehrbuch des Kirchenrechts auf Grund des CIC, Bd. 2, 11. Aufl., München, Paderborn, Wien, 1967.
Muckel, Stefan	Muslimische Gemeinschaften als Körperschaften des öffentlichen Rechts, in: DÖV 1995, 311 ff.
ders.	Religionsfreiheit für die „Church of Scientology"?, in: KuR 110, S. 127 ff.
ders.	Islamischer Religionsunterricht und Islamkunde an öffentlichen Schulen in Deutschland, in: JZ 2001, 58 ff.
ders.	Überkreuz mit dem Kreuz, in: KuR 110, S. 21 ff.
ders.	Streit um den muslimischen Gebetsruf, in: NWVBl. 1998, 1 ff.
Müller, Markus H.	Abschiebungshaft bei einem „Kirchenasyl", in: NVwZ 2001, 879 ff.
Müller-Volbehr, Jörg	Positive und negative Religionsfreiheit, in: JZ 1995, 996 ff.
Münch, Ingo von; *Kunig*, Philip	Grundgesetz-Kommentar, Band 1, Präambel bis Art. 19, 5. Aufl., München, 2000; Band 2, Art. 21 bis Art. 69, 3. Aufl., München, 1995; Band 3, Art. 70 bis 146, 3. Aufl., München, 1996 (zit.: Bearb., in: v. Münch/Kunig, GG-Komm.).
Münch, Ingo von	„Kirchenasyl": ehrenwert, aber kein Recht, in: NJW 1995, 565 f.

Münch, Ingo von — „Kirchenasyl": Wer soll das bezahlen?, in: NJW 1995, 2271 f.

Mutius, Albert von — Die Versammlungsfreiheit des Art. 8 Abs. 1 GG, in: Jura 1988, 79 ff.

Nagel, Tilman — Das islamische Recht: Eine Einführung, Westhofen, 2001.

Neumann, Dirk — Das neue Ladenschlußgesetz, 3. Aufl., München,1997.

ders.; *Biebl*, Josef — Arbeitszeitgesetz, Kommentar, 13. Aufl., München, 2001.

Nipperdey, Hans Carl — Die Grundrechte und Grundpflichten der Reichsverfassung, Zweiter Band, Artikel 118-142, Berlin, 1930.

Novak, Richard — Verhältnismäßigkeitsgebot und Grundrechtsschutz, in: FS Günther Winkler, Wien, 1989, S. 39 ff.

Obermayer, Klaus — Staatskirchenrecht im Wandel, in: DÖV 1967, 12 ff.

Oebbecke, Janbernd — Reichweite und Voraussetzungen der grundgesetzlichen Garantie des Religionsunterrichts, in: DVBl. 1996, 336 ff.

ders. — Islamisches Schlachten und Tierschutz, in: NVwZ 2002, 302 f.

Özcan, Ertekin — Die türkische Minderheit, in: Schmalz-Jacobsen/Hansen (Hrsg.), Ethnische Minderheiten in der Bundesrepublik Deutschland, Ein Lexikon, München, 1995, S. 511 ff.

ders. — Türkische Immigrantenorganisationen in der Bundesrepublik Deutschland, 2. Aufl., Berlin, 1992.

Oeter, Stefan — „Drittwirkung" der Grundrechte und die Autonomie des Privatrechts, in: AöR 119 (1994), 529 ff.

Pagels, Carsten — Die Zuerkennung der Rechte einer öffentlichrechtlichen Körperschaft an eine Religionsgemeinschaft – OVG Berlin, NVwZ 1996, 478, in: JuS 1996, 790 ff.

Palandt, Otto — Bürgerliches Gesetzbuch, 61. Aufl., München, 2002 (zit.: Palandt/Bearbeiter).

Peters, Hans — Die Gegenwartslage des Staatskirchenrechts, in: VVDStRL 11 (1954), 177 ff.

Pfennig, Gero — Verfassung von Berlin, 3. Aufl., Berlin 2000 (zit.: Pfennig/Berab.).

Pieroth, Bodo; *Schlink*, Bernhard — Grundrechte, 16. Aufl., Heidelberg, 2000.

Pieroth, Bodo; *Kingreen*, Thorsten — Das Verbot von Religions- und Weltanschauungsgemeinschaften, in: NVwZ 2001, 841 ff.

Pietzcker, Jost — „Grundrechtsbetroffenheit" in der verwaltungsrechtlichen Dogmatik, in: FS Bachof, München, 1984, S. 131 ff.

ders. — Zuständigkeitsordnung und Kollisionsrecht im Bundesstaat, in: HStR IV, § 99, S. 693 ff., Heidelberg, 1990.

Pietzrak, Alexandra — Die Schutzpflicht im verfassungsrechtlichen Kontext - Überblick und neue Ansätze, in: JuS 1994, 748 ff.

Pirson, Dietrich — Sonn- und Feiertage, in: EvStL, Bd. II, 3. Aufl., Stuttgart, 1987, Sp. 3149 ff.

ders. — Vertragsstaatskirchenrecht, in: EvStL, Bd. II, 3. Aufl., Stuttgart, 1987, Sp. 3814 ff.

ders. — Die Seelsorge in staatlichen Einrichtungen als Gegenstand des Staatskirchenrechts, in: EssGespr. 23 (1989), S. 43 ff.

ders. — Anmerkung zu BVerfGE 93, 1 ff., in: BayVBl. 1995, 755 ff.

ders. — Die geschichtlichen Wurzeln des deutschen Staatskirchenrechts, in: HStKR I, 2. Aufl., Berlin, 1994, S. 3 ff.

Quaritsch, Helmut — Kirchenvertrag und Staatsgesetz, in: FS Friedrich Schack, Hamburg, 1966, S. 136 ff.

Quaritsch, Helmut; *Weber*, Hermann — Staat und Kirchen in der Bundesrepublik, Staatskirchenrechtliche Aufsätze 1950-1967, Bad Homburg, Berlin, Zürich, 1967.

Rebmann, Karl; *Rixecker*, Roland; *Säcker*, Franz Jürgen — Münchener Kommentar zum Bürgerlichen Gesetzbuch, Band 4, Schuldrecht, Besonderer Teil II, §§ 607-704, 3. Aufl., München, 1997 (zit.: MüKo/Bearbeiter).

Reich, Andreas — Feiertage zur Disposition?, in: ZRP 1993, 281 f.

Renck, Ludwig — St. Salvator und kein Ende, in: BayVBl. 1991, 200 ff. (Bespr. v. BVerwG, BayVBl. 1991, 214 ff.).

ders. — Agnostizismus in der staatlichen Schule, in: ThürVBl. 2001, 145 ff.

ders. — Islamischer Religionsunterricht – wann endlich?, in: NWVBl. 2001, 425 f.

ders. — Die unvollkommene Parität, in: DÖV 2002, 56 ff.

Rengeling, Hans-Werner — Gesetzgebungszuständigkeit, in: HStR IV, § 100, S. 723 ff.

Reupke, Dietrich — Die Religionskörperschaften des öffentlichen Rechts in der Wertordnung des Grundgesetzes, in: KuR 210, S. 7 ff. (1997).

Reuter, Hans-Richard — Subsidiärer Menschenrechtsschutz: Bemerkungen zum Kirchenasyl aus protestantischer Sicht, in: ZRP 1996, 97 ff.

Richardi, Reinhard; *Annuß*, Georg — Sonn- und Feiertagsarbeit unter der Geltung des Arbeitszeitgesetzes, Baden-Baden, 1999 (zit.: Richardi/Annuß).

Richardi, Reinhard — Grenzen industrieller Sonntagsarbeit, Bonn, 1988.

Rinken, Alfred — Die karitative Betätigung der Kirchen und Religionsgemeinschaften – Staatskirchenrechtliche Grundlagen, in: HStKR II, 1. Aufl., Berlin, 1975, § 27, S. 345 ff.

Robbers, Gerhard — Kirchliches Asylrecht?, in: AöR 113 (1988), 30 ff.

ders. — Sinn und Zweck des Körperschaftsstatus im Staatskirchenrecht, in: FS Heckel, Tübingen, 1999, S. 411 ff.

Röhl,, Klaus F. — Allgemeine Rechtslehre, Köln, 1994.

Röper, Erich — Feiertagsgesetzgebung im Bundesstaat, in: SächsVBl. 1993, 265 ff.

Rordorf, Willy — Sabbat und Sonntag in der alten Kirche, Zürich, 1972.

ders. — Der Sonntag, Geschichte des Ruhe- und Gottesdiensttages im ältesten Christentum, Zürich, 1962.

Rothenbücher, Karl — Die Trennung von Staat und Kirche, München, 1908.

Rozek, Jochen — Vorsprung durch Rechtsbruch?, in: NJW 1999, 2921 ff.

Rudolf, Walter — Redebeitrag, in: Die Kirchen unter dem Grundgesetz, in: VVDStRL 26, S. 107ff. (145 ff.).

Rüfner, Wolfgang — Die institutionelle Garantie der Sonn- und Feiertage, in: FS Heckel, Tübingen, 1999, S. 447 ff.

ders. — Die Geltung von Grundrechten im kirchlichen Bereich, in: EssGespr. 7 (1972), S. 9 ff.

ders. — Deutsche Einheit im Staatskirchenrecht, in: EssGespr. 26 (1992), S. 60 ff.

ders. — Grundrechtskonflikte, in: FG BVerfG II, Tübingen, 1976, S. 453 ff.

ders. — Zuständigkeit staatlicher Gerichte in kirchlichen Angelegenheiten, in: HStKR II, 2. Aufl., Berlin, 1995, § 73, S. 1081 ff.

ders. — Grundrechtsadressaten, in: HStR V (§ 117), S. 525 ff.

ders. — Der allgemeine Gleichheitssatz als Differenzierungsgebot, in: FS Kriele, München, 1997, S. 271 ff.

ders. — Staatskirchenrecht und gesellschaftlicher Wandel - Aktuelle Konfliktfelder zwischen Staat und Kirche, in: KuR 110, S. 119 ff.

ders. — Erwiderung auf Renck, Islamischer Religionsunterricht – wann endlich?, in: NWVBl. 2001, 426.

Rux, Johannes — Anmerkung zu VGH Bad.Württ., DVBl. 2001, 1534ff, in: DVBl. 2001, 1542 ff.

Sachs, Michael — Grundgesetz, Kommentar, 2. Aufl., München, 1999 (zit.: Sachs/Bearbeiter).

ders. — Grenzen des Diskriminierungsverbots, München, 1987.

ders. — Anmerkung zu BayVGH, BayVBl. 1987, 463 ff., in: BayVBl. 1987, 463 ff.

ders. — Besondere Gleichheitsgarantien, in: HStR V (§ 126), S. 1017 ff.

ders. — Die relevanten Grundrechtsbeeinträchtigungen, in: JuS 1995, 303 ff.

ders. — Grenzen des Diskriminierungsverbots, München, 1987.

ders. — Die Maßstäbe des allgemeinen Gleichheitssatzes – Willkürverbot und sogenannte neue Formel, in: JuS 1997, 124 ff.

Schatzschneider, Wolfgang — Anmerkung zu BVerwG, NJW 1984, 989 ff., in: NJW 1984, 991.

ders. — Maschinenlaufzeiten und Feiertagsschutz, in: NJW 1989, 681 ff.

Schenke, Wolf-Rüdiger — Rechtsprechungsübersicht zum Verwaltungsprozeß – Teil 1, in: JZ 1996, 998 ff.

Scheuner, Ulrich — Das System der Beziehungen von Staat und Kirchen im Grundgesetz. Zur Entwicklung des Staatskirchenrechts, in: HStKR I, 1. Aufl., Berlin, 1974, § 1, S. 5 ff.

Schlaich, Klaus — Neutralität als verfassungsrechtliches Prinzip, Tübingen, 1972

Schlief, Karl-Eugen — Die Entwicklung des Verhältnisses von Staat und Kirche und seine Ausgestaltung im Bonner Grundgesetz, Münster, 1961.

ders. — Entwicklung des Verhältnisses von Staat und Kirche in den neuen Bundesländern, in: KuR 120, S. 55 ff.

Schlink, Bernhard	Neuere Entwicklungen im Recht der kirchlichen öffentlichen Sachen und der res sacrae, in: NVwZ 1987, 633 ff.
Schmehl, Arnd	Der Ruf des Muezzin und das Lautsprecherverbot, in: JA 1997, 866.
Schmidt-Bleibtreu, Bruno; *Klein*, Franz	Kommentar zum Grundgesetz, 9. Aufl., Neuwied (u.a.), 1999 (zit.: Bearb., in: Schmidt-Bleibtreu/Klein).
Schmidt-Jortzig, Edzard	Die Einrichtungsgarantien der Verfassung, Göttingen, 1979.
Schmidt, Klaus Dieter; *Till*, Klaus	Kirchenkampf, in: EvStL, 1. Aufl., Stuttgart, Berlin, 1966, Sp. 940 ff.
Schmitt-Kammler, Arnulf	Elternrecht und schulisches Erziehungsrecht nach dem Grundgesetz, Berlin 1983 (zit.: Schmitt-Kammler, Elternrecht).
Schmitt, Carl	Verfassungsrechtliche Aufsätze, 2. Aufl., 1973.
Schmoeckel, Richard	Der Religionsunterricht, Die rechtlichen Grundlagen nach Grundgesetz und Landesgesetzgebung, Berlin, 1964.
Schnapp Friedrich E.	Die Verhältnismäßigkeit des Grundrechtseingriffs, in: JuS 1983, 850 ff.
ders.	Grenzen der Grundrechte, in: JuS 1978, 729 ff.
Scholtissek, Friedrich-Karl	Die Entwicklung des Sonn- und Feiertagsrechts von 1980 bis 1991, in: GewArch 1992, 51 ff.
Scholz, Rainer	„Neue Jugendreligionen“ und Grundrechtsschutz nach Art. 4 GG, in: NVwZ 1992, 1152 ff.
ders.	Rechtsfragen bei der wirtschaftlichen Betätigung von „neuen Jugendreligionen“, in: NVwZ 1993, 629 ff.
Scholz, Rupert; *Uhle*, Arnd	Staatsangehörigkeit und Grundgesetz, in: NJW 1999, 1510 ff.
Schütz, Dieter	Res sacrae, in: HStKR II, 2. Aufl., Berlin, 1995, § 38, S. 3 ff.
Schwabe, Jürgen	Probleme der Grundrechtsdogmatik, Darmstadt, 1977.

Schwabe, Jürgen — Grundrechtskonkurrenzen, in: JA 1979, 191 ff.

ders. — Nochmals: Der „mittelbare Grundrechtseingriff", in: DVBl. 1988, 1055 ff.

Seiler, Rudolf — Seelsorge in Bundeswehr und Bundesgrenzschutz, in: HStKR II, 1. Aufl., Berlin, 1975, § 37, S. 685 ff.

Selk, Michael — Zum heutigen Stand der Diskussion um das Zitiergebot, Art. 19 I 2 GG, in: JuS 1992, 816 ff.

Simon, Helmut — Das Verhältnis von Kirche und Staat nach der Lehre der evangelischen Kirche, in: HStKR I, 1. Aufl., Berlin, 1974, § 4, S. 189 ff.

Smend, Rudolf — Staat und Kirche nach dem Bonner Grundgesetz, in: ZEvKR 1 (1951), 4 ff.

ders. — Grundsätzliche Bemerkungen zum Korporationsstatus der Kirchen, in: ZEvKR 16 (1971), 241 ff.

Sohm, Rudolph — Staat und Kirche als Ordnung von Macht und Geist, Freiburg, Berlin, 1996.

Spillner, Gunther — Änderungen des Feiertagsrechts, in: ZRP 1994, 138.

Spuler-Stegemann, Ursula — Muslime in Deutschland. Nebeneinander oder Miteinander, Freiburg, Basel, Wien, 1998.

Starck, Christian — Zum Verhältnis von positiver und negativer Religionsfreiheit in der Schule, in: KuR 710, S. 1 ff.

Staudinger, Julius von — Kommentar zum Bürgerlichen Gesetzbuch mit Einführungsgesetz und Nebengesetzen, Buch 2. Recht der Schuldverhältnisse, §§ 616-619, 13. Bearb., Berlin, 1997 (zit.: Staudinger/Bearbeiter).

Steiger, Heinhard — Religion und Religionsfreiheit im neutralen Staat, in: FS Kriele, München, 1997, S. 105 ff.

Steinbach, Udo — Der islamische Fundamentalismus - eine Gefahr vor den Toren Europas?, Hamburg, 1996.

Steinbach, Udo — Der Islam - Religion ohne Kirche, in: Abromeit/Wewer (Hrsg.), Die Kirchen und die Politik, 1989.

Steiner, Udo — Nichts Neues zum Rechtsweg für Klagen von Geistlichen und Kirchenbeamten aus ihrem Amtsverhältnis, in: NJW 1983, 2560 ff.

ders. — Der Grundrechtsschutz der Glaubens- und Gewissensfreiheit, in: JuS 1982, 157 ff.

Stern, Klaus — Das Staatsrecht der Bundesrepublik Deutschland, Band I: Grundbegriffe und Grundlagen des Staatsrechts, Strukturprinzipien der Verfassung, 2. Aufl., München 1984 (zit.: Stern, Staatsrecht I).

ders. — Das Staatsrecht der Bundesrepublik Deutschland, Band II: Staatsorgane, Staatsfunktionen, Finanz- und Haushaltsverfassung, Notstandsverfassung, München 1980 (zit.: Stern, Staatsrecht II).

ders. — Das Staatsrecht der Bundesrepublik Deutschland, Band III/1: Allgemeine Lehren der Grundrechte, München 1988 (zit.: Stern, Staatsrecht III/1).

ders. — Das Staatsrecht der Bundesrepublik Deutschland, Band III/2: allgemeine Lehren der Grundrechte, München, 1994 (zit.: Stern, StaatsR III/2).

Stober, Ralf — Ladenschlußgesetz, Kommentar, 4. Aufl., Köln, Berlin, Bonn, München, 2000.

Stober, Rolf — Handbuch des Wirtschaftsverwaltungs- und Umweltrechts, Stuttgart, Berlin, Köln, 1989 (zit.: Stober, Handbuch).

Strätz, Hans-Wolfgang — Sonn- und Feiertage, in: HStKR II, 1. Aufl., Berlin, 1975, S. 801 ff.

Schwendewein, Hugo — Das neue Kirchenrecht, 2. Aufl., Graz, Wien, Köln, 1984.

Tettinger, Peter J. — Der Schutz der Sonn- und Feiertagsruhe im Gewerberecht, in: KuR 160, S. 7 ff.

Thiel, Markus — Der Erziehungsauftrag des Staates in der Schule: Grundlagen und Grenzen staatlicher Erziehungstätigkeit im öffentlichen Schulwesen, Berlin, 2000.

Tibi, Bassam — Der religiöse Fundamentalismus im Übergang zum 21. Jahrhundert, Mannheim, 1995.

ders. — Islamischer Fundamentalismus, moderne Wissenschaft und Technologie, Frankfurt a.M., 1992.

ders. — Fundamentalismus im Islam, Darmstadt, 2000.

Tillmanns, Reiner — Zur Verleihung des Körperschaftsstatus an Religionsgemeinschaften, in: DÖV 1999, 441 ff.

ders. — Staatskirchenverträge im Freistaat Sachsen: Die Neuordnung des Verhältnisses von Staat und Kirche nach der Wiedervereinigung durch kodifikatorische Verträge, Leipzig, 2001.

Uhle, Arnd — Das brandenburgische Lehrfach „Lebensgestaltung – Ethik – Religionskunde" – ein verfassungskonformes Substitut für den Religionsunterricht?, in: KuR 730, S. 1 ff.

Umbach, Dieter C.; *Clemens*, Thomas — Bundesverfassungsgerichtsgesetz, Heidelberg, 1992.

Unruh, Peter — Zur Dogmatik der grundrechtlichen Schutzpflichten, Berlin, 1996.

Volkmann, Uwe — Anmerkung zum Urteil des Bundesverfassungsgerichts vom 15.1.2002 (1 BvR 1783/99), in: DVBl. 2002, 332 ff.

Voll, Otto — Handbuch des Bayerischen Staatskirchenrechts, München, 1985.

Wallerath, Maximilian — Ladenschluß und Konkurrentenschutz, in: NJW 2001, 781 ff.

Wasmuth, Johannes; *Schiller*, Gernot — Verfassungsrechtliche Problematik der Inpflichtnahme von Arbeitnehmern und Arbeitgebern beim Kirchenlohnsteuereinzug, in: NVwZ 2001, 852 ff.

Wassermann, Rudolf — Tag der Deutschen Einheit - Ein Nachwort, in: NJW 2001, 793 f.

Wassermayer, Franz — Kirchensteuererhebung gegenüber zusammenveranlagten Eheleuten, in: FS Klein, Köln, 1994, S. 495 ff.

Weber, Hermann — Grundprobleme des Staatskirchenrechts, Bad Homburg, Berlin, Zürich, 1970.

ders. — Neue Staatskirchenverträge mit der Katholischen Kirche in den neuen Bundesländern, in: FS Heckel, Tübingen, 1999, S. 463 ff.

Weber, Albrecht — Das neue Staatsangehörigkeitsrecht, in: DVBl. 2000, 369 ff.

Weber, Hermann — Die Religionsgemeinschaften als Körperschaften des öffentlichen Rechts im System des Grundgesetzes, Berlin, 1966.

ders. — Die Verleihung der Körperschaftsrechte an Religionsgemeinschaften, in: ZevKR 34 (1989), 337 ff.

ders. — Neue Staatskirchenverträge mit der Katholischen Kirche in den neuen Bundesländern, in: FS Heckel, Tübingen, 1999, S. 463 ff.

Weise, Walter — Die Ladenschlußinitiative des Landes Berlin, in: GewArch 1994, 139 ff.

Werner, Fritz — Recht und Toleranz, Tübingen, 1963.

Winter, Jörg — Zum rechtlichen Schutz von Sonn- und Feiertagen, in: KuR 160, S. 1 ff.

Wittinger, Michaela — „Kopftuchstreit auf europäisch“: Aspekte des europäischen Grund- und Menschenrechtsschutzes, in: VBlBW 2001, 425 ff.

Wolf, Ernst — Der letzte Buß- und Bettag?, in: JZ 195, 139.

ders. — Kirchenkampf, in: Die Religion in Geschichte und Gegenwart (RGG), Bd. III, 3. Aufl., Tübingen, 1959, Sp. 1443 ff.

Zacharias, Diana — Verfassungsrechtliche Voraussetzungen für die Verleihung der Körperschaftsrechte, in: KuR 210, S. 21 ff.

Zenger, Erich — Alttestamentlich-jüdischer Sabbat und neutestamentlicher Sonntag, in: Fischer/Weitmann, Lebendige Seelsorge, Stegen-Eschbach bei Freiburg, 1982.

Zmarzlik, Johannes; *Roggendorff*, Peter	Kommentar zum Ladenschlußgesetz mit den Ladenschlußverordnungen; 2. Aufl., Heidelberg 1997 (zit.: Zmarzlik/Roggendorff).
Zorn, Wolfgang	Augsburg, Geschichte einer deutschen Stadt, Augsburg, 1972.

Abkürzungsverzeichnis

a.A.	andere(r) Ansicht (Auffassung)
aaO.	am angegebenen Ort
Abs.	Absatz
Abschn.	Abschnitt
AG	Amtsgericht
AK	Alternativkommentar
ALR	Allgemeines Landrecht für die preußischen Staaten, gültig ab 1.6.1794
AöR	Archiv des öffentlichen Rechts
ArbZG	Arbeitszeitgesetz
Art.	Artikel
Aufl.	Auflage
Az.	Aktenzeichen
BAG	Bundesarbeitsgericht
BayVBl.	Bayerische Verwaltungsblätter
BayVerfGH	Bayerischer Verfassungsgerichtshof
BB	Betriebs-Berater
Bd.	Band
Bem.	Bemerkung
BerlVerfGH	Berliner Verfassungsgerichtshof
BFH	Bundesfinanzhof
BGBl.	Bundesgesetzblatt
BGH	Bundesgerichtshof
BGHZ	Entscheidungen des Bundesgerichtshofs in Zivilsachen
BoKo	Bonner Kommentar
BR-Drs.	Bundesratsdrucksache
Bt-Drs.	Bundestagsdrucksache
BVerfG	Bundesverfassungsgericht
BVerfGE	Entscheidungen des Bundesverfassungsgerichts
BVerwG	Bundesverwaltungsgericht
BVerwGE	Entscheidungen des Bundesverwaltungsgerichts
BW	Baden-Württemberg
bzw.	beziehungsweise
DB	Der Betrieb
DDR	Deutsche Demokratische Republik
ders	derselbe
dies.	dieselbe

DÖV	Die Öffentliche Verwaltung
DVBl.	Deutsches Verwaltungsblatt
Einf.	Einführung
Erg.Lfg.	Ergänzungslieferung
EssGespr.	Essener Gerspräche
etc.	et cetera
EuGRZ	Europäische-Grundrechte-Zeitschrift
EvStL	Evangelisches Staatslexikon
f.	folgende
FeiertagsG	Feiertagsgesetz
ff.	fortfolgende
FG	Festgabe
Fn.	Fußnote
frz.	französisch
FS	Festschrift
GewArch	Gewerbearchiv
GewO	Gewerbeordnung
GG	Grundgesetz
ggf.	gegebenenfalls
GG-Komm.	Grundgesetzkommentar
h.M.	herrschende Meinung
HdbVerfR	Handbuch des Verfassungsrechts
Hg.	Herausgeber
HStKR	Handbuch des Staatskirchenrechts
HStR	Handbuch des Staatsrechts
idR.	in der Regel
insb.	insbesondere
iRd.	im Rahmen des/der
JA	Juristische Arbeitsblätter
JöR	Jahrbuch des öffentlichen Rechts der Gegenwart
JuS	Juristische Schulung
JZ	Juristenzeitung
Kap.	Kapitel
KiStG	Kirchensteuergesetz
KuR	Kirche und Recht
LAG	Landesarbeitsgericht
Lit.	Literatur
LReg.	Landesregierung
LSchlG	Ladenschlussgesetz
m.E.	meines Erachtens
mwN.	mit weiteren Nachweisen

n.F.	neue Fassung
Nachw.	Nachweis
NJW	Neue Juristische Wochenschrift
Nr.	Nummer
Nrn.	Nummern
NVwZ	Neue Zeitschrift für Verwaltungsrecht
NWVBl.	Nordrhein-Westfälische Verwaltungsblätter
o.g.	oben genannt
Okt.	Oktober
OLG	Oberlandesgericht
OVG	Oberverwaltungsgericht
RGBl.	Reichsgesetzblatt
RL	Richtlinie
S.	Seite
Sonderbeil.	Sonderbeilage
Sp.	Spalte
Urt.	Urteil
v.	vom
VG	Verwaltungsgericht
VGH	Verwaltungsgerichtshof
Vgl.	Vergleiche
VO	Verordnung
VR	Verwaltungsrundschau
VVDStRL	Veröffentlichungen der Vereinigung der Deutschen Staatsrechtslehrer
WRV	Weimarer Reichsverfassung
z.B.	zum Beispiel
ZEvKR	Zeitschrift für evangelisches Kirchenrecht
ZRP	Zeitschrift für Rechtspolitik

Kolibri 360 GmbH
Ferdinand-Jühlke-Straße 7
99095 Erfurt, Deutschland
produktsicherheit@kolibri360.de

Druck:
CPI Druckdienstleistungen GmbH
im Auftrag der
Kolibri 360 GmbH
Ferdinand-Jühlke-Str. 7
99095 Erfurt